启真馆 出品

下卷

# 知识社会史

从《百科全书》到"在线百科"

A Social History of
Knowledge II

From the *Encyclopédie*
to Wikipedia

[英]彼得·伯克 著　汪一帆　赵博囡 译
Peter Burke

浙江大学出版社
· 杭州 ·

图书在版编目（CIP）数据

知识社会史. 下卷，从《百科全书》到"在线百科" / （英）彼得·伯克著；汪一帆，赵博囡译. -- 杭州：浙江大学出版社，2024.10. -- ISBN 978-7-308-25378-9

Ⅰ. C912.67

中国国家版本馆CIP数据核字第2024DP0300号

知识社会史. 下卷，从《百科全书》到"在线百科"
[英] 彼得·伯克 著  汪一帆 赵博囡 译

| 责任编辑 | 凌金良 |
|---|---|
| 责任校对 | 黄梦瑶 |
| 装帧设计 | 周伟伟 |
| 出版发行 | 浙江大学出版社 |
| | （杭州天目山路148号 邮政编码310007） |
| | （网址：http://www.zjupress.com） |
| 排　　版 | 北京楠竹文化发展有限公司 |
| 印　　刷 | 北京天宇万达印刷有限公司 |
| 开　　本 | 635mm×965mm　1/16 |
| 印　　张 | 24.5 |
| 字　　数 | 326千 |
| 版 印 次 | 2024年10月第1版　2024年10月第1次印刷 |
| 书　　号 | ISBN 978-7-308-25378-9 |
| 定　　价 | 89.00元 |

版权所有　侵权必究　印装差错　负责调换
浙江大学出版社市场运营中心联系方式：（0571）88925591；http://zjdxcbs.tmall.com

# 致　　谢

完成此项工作我首先应当感谢的是相关研究机构：感谢剑桥大学伊曼纽尔学院，我在那里完成了大部分工作；感谢伦敦大学伯贝克学院，2010年我在其人文学院访问期间，得以在出版前将本书的某些想法展现在公众面前。同样要感谢的是让我就此话题发表演讲的会议邀请者，他们分别来自布鲁塞尔、格罗宁根、蒙特利尔、纽约、谢菲尔德、萨塞克斯和特隆赫姆。感谢剑桥大学艺术、社会科学和人文学科研究中心（CRASSH）2002年组织的"英国维多利亚时代的知识构成"工作坊。

这项工作也得益于许多个人。感谢阿萨·布里格斯（Asa Briggs），我的妻子玛利亚·卢西亚（Maria Lúcia），我与两人合作的项目在时间范围上涵盖了19世纪和20世纪，这使得我在研究现代早期的知识社会史时轻松不少。玛利亚·卢西亚和我的老友克里斯·斯特雷（Chris Stray）均阅读了书稿，给出了许多极富价值的建议。我还要感谢菲利波·德·维沃（Filippo De Vivo）、阿克塞尔·科尔纳（Axel Körner）、简妮·布拉特（Jenny Platt）和汉努·萨尔米（Hannu Salmi）提供的建议、鼓励和参考意见。

# 目　录

导　言 / 1

## 第一部分　知识实践 / 9

第一章　知识采集 / 11
第二章　知识分析 / 57
第三章　知识传播 / 97
第四章　知识应用 / 123

## 第二部分　进步的代价 / 155

第五章　知识丢失 / 157
第六章　知识分类 / 179

## 第三部分　三维视角下的知识社会史 / 207

第七章　知识地理学 / 209
第八章　知识社会学 / 245
第九章　知识年代学 / 277

注　释 / 309
参考文献 / 333
索　引 / 365

# 导　言

"迄今未有知识史。"1993年，管理学家、未来学家彼得·德鲁克（Peter Drucker）如是说。他预言，"在接下来的几十年"，这将成为一个重要的研究领域。[1] 然而他的预言滞后了：学界对知识史逐渐增强的兴趣早已显现——历史学著作是这一潮流的佐证：包括《知识就是力量》（*Knowledge Is Power*, 1989）、《知识的领域》（*Fields of Knowledge*, 1992）和《殖民主义及其知识形式》（*Colonialism and Its Forms of Knowledge*, 1996）。[2]

撰写《知识社会史（上卷）：从古登堡到狄德罗》（2000）时，在知识社会学的先锋、匈牙利人卡尔·曼海姆（Karl Mannheim）的影响下，我仍自以为掌握着主动权。[3] 然而，回想起来，无论有意还是无意，显然我也是被"知识社会"大讨论激发了热情的学者之一。也正是这一讨论引发了德鲁克的预言。1998年，已经有两位研究这一主题的学者提出了"知识热潮"（knowledge boom）的概念。[4] 2000年以来，这个趋势在出版行业、研究项目中日益增强，尤其是在德语国家之间。

本书既可以自成一体，也可以作为《知识社会史（上卷）：从古登堡到狄德罗》的延续（我希望不久后能出一个修订版，把两本书合为一个题目："从古登堡到谷歌"）。本书源于个人的好奇心，我尝试回答这一问题:"我们通过什么途径发展至现在这个知识大综合的阶段?"鉴于退休已把我从职业"阶段"和"领域"的桎梏中解放出来,此时沉浸于这份好奇心之中要比之前容易得多。

本书延续了《知识社会史(上卷):从古登堡到狄德罗》的形式,从宏观视野来审视从《百科全书》(1751—1766)到维基百科(2001)这段时间内学问世界的变化,主题涵盖众多过程:数量化、世俗化、职业化、专门化、民主化、世界化和科技化。

然而,反向的趋势也不容忽视。如果这本书有一个宗旨的话,那就是相反趋向的共存和交融。这是一种对抗性的、时不时地坠入失衡状态的平衡(见第176、211、250页[*])。知识的民族化与国际化、世俗化与反世俗化、职业化与业余化、标准化与传统习俗、专门化与不同领域的交融,以及民主化和反对或者限制民主的运动,这些潮流全都同时存在。即便知识在积累,在某种程度上也存在损耗(见第五章)。似乎只有科技化在毫无阻碍地大步向前。

如同其他历史一样,知识的历史通常也是以国家为背景书写的,这往往会给读者以夸大特定国家公民成就的假象。以极地探险为例,在这个背景下,英国人会想起罗伯特·斯科特(Robert Scott)和欧内斯特·萨克里顿(Ernest Shackleton),美国人会想起罗伯特·皮尔里(Robert Peary),俄罗斯人会想起奥托·施密特(Otto Shmidt),挪威人会想起弗里乔夫·南森(Fridtjof Nansen)和罗尔德·阿蒙森(Roald Amundsen),瑞士人会想起阿尔弗雷德·纳特霍斯特(Alfred Nathorst),芬兰人会想起阿道夫·诺登舍尔德(Adolf Nordenskiöld),而丹麦人则会想起库纳德·拉斯穆森(Knud Rasmussen)。[5] 为了弥补这种国家及地域的偏见,本研究明确地采用了比较方法。

本书主要关注西方,但尽力不囿于"五大国"(英国、法国、德

---

[*] 本书正文中所提及的页码均为英文原书页码,即本书页边码。——译者注

国、俄罗斯和美国），至少会时不时地将欧洲其他国家和拉丁美洲也纳入考察范围。例如，荷兰这样的小国也有大量对其自身知识的研究——殖民知识、科学史、博物馆史等。[6]

这里涉及的众多主题都产生过大量的优秀著作，尤以科学史为著。大多数这类专题著作都局限在某一个学科领域内，然而，为了避免上述学科和民族的偏见，本书采取了比较的方法。后面的努力，就是试图写出一个宏观的综述，生产并提纯出蒸馏后的产品，或者更确切地说，是科学史学家所说的"搜查、重组、时不时修正我的历史学家同事们的作品"。[7]另外的任务是弥补缺陷，因为某些主题所受到的学术关注远少于其他主题。同时，为不同地方和领域的发展找到相关的联系也是任务的一部分。

本书重要的一点是要展现一幅专家们常常视而不见的全面的图景，一幅综合描述了专业化自身的图景。这幅涵盖了约1750年至2000年的全面的图景将会被拿来同近代早期（即约1450年至1750年）比较，从而定义自身。我在学术生涯的大部分时间里都专注于近代早期。然而，近代早期和近代晚期的联系也不容忽视，如当代意识中大家熟知的"信息过载"问题。[8]我希望能够推动两种学者即现代前期史学家和现代后期史学家（交流较少）之间的对话。[9]

本书的题目给出了两个需要讨论的基本问题：什么是社会史？什么是知识？

## 社会历史

首先，"社会的"显然是一个内涵丰富的字眼。这里主要用来指代1750年到2000年的思想史带来的影响。

本书不会忽视思想史中那些赫然独立的大思想家，他们的确作出了巨大贡献，下文会提及其中约八百位，这对读者来说或许有点多了，但这一做法是为了平衡叙述，我们不能只关注对抽象的总体趋势做简要的概括。然而，本研究的主角是社会学家所谓的"知识持有群体"（knowledge-bearing groups），主要是但不限于小型的面对面接触的团体，以及"知识产生机构"，即那些有规律地会面、追求共同目标的小团体，他们中有从主教到教授，从总理到CEO等不同社会角色。[10]

波兰社会学家弗洛里安·兹纳涅茨基（Florian Znaniecki）提过"知识个体的社会角色"的概念，此书也会涉及知识持有人所扮演的众多社会角色，如大学、档案馆、图书馆、博物馆、智库、学会以及科学期刊等知识机构提供的各种角色。同时，本书也将探讨知识如何被制度化的问题。[11]

本书无法省略概念，没有它们就不能理解传统。但本研究更强调概念的外部历史而非内部演变，更强调思想环境而非思想问题本身。举例来说，本书研究的重心将会落在爱因斯坦曾作为其成员之一的普林斯顿高等研究院之上，而非他的相对论；抑或是爱德华·汤普森（Edward Thompson）关于华威大学的评论，而不是他对英国工人阶级形成的研究。

本书也会涉及小型的面对面的知识团体，不管它们是合作伙伴抑或竞争对手。这些小型的团体所作的贡献常常被个人据为己有。除却那些探险家传奇的英雄故事，至19世纪晚期，"探索的动力已经来自团体，而非个人"。[12]同样地，在这个历史阶段，实验室研究也逐渐地变为团队活动。

总而言之，随后我们会探讨一种早期社会学，这涉及考古学、人类学、地图绘制学甚至医药学等诸多学科。[13]其实这本书可以被看作一部知识的历史社会学。如同社会学家一样，它强调知识是相互联系的这一事实，这与那些躲在世界遥远的角落——实验室、天文台、图书馆，或者别的象牙塔——里的学者的传统观念恰恰相反。学者们的确需要"自己的空间",远离干扰,专心做研究,但是这种疏离是相对的。他们把这个世界(包括政治)带入了自己的实验室中,而他们的研究成果也常常——恰如第四章所描述的那样——用于全球性的目的。

因此,正像其中某一小节那样,本书可以被命名为"知识政治史",但事实上它的目标更为广泛。"社会的"这个词如同一把伞一样覆盖了经济史、政治史,以及狭义上的社会史。第二种可能是称本书为"知识的历史生态研究",因它涉及资源竞争所导致的分化、所需的有利环境,如特殊机构、领域以及全才之类学者的适当评价(见第161页及之后)。[14]

第三个可能的标题是"知识文明史"。"知识文明"(或者说"认识论文明",抑或是德语的 Wissenskulturen)这个表达正逐渐通行,而且显然相当有效,尤其是这里的知识概念是复数。[15] 随之而来的通常的实践同样也能被描述为文化的或者社会的,例如观测、绘图或者记录。同样,为了突出机构的作用,似乎也需要"社会的"这一表达,这样做的额外好处是能唤起知识社会学近一个世纪的传统。

# 知 识

第二个问题"什么是知识?",听上去与弗朗西斯·培根描述"开玩笑的彼拉多"的问题中的"什么是真理"十分相似,但他"从不耐心等待答案"。第一步或许是要把知识从波兰裔人类学家布罗尼斯拉夫·马林诺夫斯基(Bronislaw Malinowski)所说的"信息原材料"中区分出来。[16]"我们正淹没在信息中,却迫切渴求知识。"或许我们是"信息巨人",但可能变成"知识侏儒"。[17]

在此借用另一位著名人类学家克劳德·列维–斯特劳斯(Claude Lévi-Strauss)的一个比喻:信息可以被看作生的原材料,而知识是经过烹调的食物。当然，信息只是相对来说比较"生"，因为"数据"完全不是"客观"地被提供的，而是由人类充满了假设和偏见的大脑感知得来的。不过，知识经过"烹调"，这就意味着它是被加工过的。这个加工的过程，在第二章中将有充分的讨论，包括了确认、批评、测量、比较和系统化。

知识或者说知识的传统应该被看作多元的，正如米歇尔·福柯在20世纪70年代所做的那样。尽管直到现在，知识是单一的对于大众来说仍是个再熟悉不过的判断。这里要再次引用彼得·德鲁克的话："我们已经从知识转向了知识集群。"[18] 当伦敦的出租车司机说到"知识"的时候，他们的真正意思是首都的地形。这与那些持有"我不知道的便不是知识"这种假设（它被错误地归咎于本杰明·乔伊特[Benjamin Jowett，牛津贝利奥尔学院院长]）的人有着天壤之别。[19] 知识也许可以划分为显性的和隐性的（或者说不言而喻的）、纯理论的和应用的、地方和世界的。尽管很少有人书写技艺的历史，但是"'知道如何做'显然应该占有与'知道那样做'等同的一席之地"。[20] 在相同的情形下，已经被支配或征服的知识（*savoirs assujettis*）也应该拥有与占支配地位的知识相同的地位。[21] 这个问题隐含政治的维度，"什么是知识？"谁有权威来决定什么是知识？

正如西方一贯的做法，本书主要关注学术知识。因此，更为精确的题目应该是"西方学术知识史"。问题在于，除了显得很笨拙，这个题目还给人知识是孤立的错误印象。

实际上，不同知识间的互相作用是本书的重中之重。因此，我会重复提及侦探和间谍、政府和公司，还有新兴学术领域，如化学、经济学、地理学，以及实际应用的知识，如药剂学、商学、采矿学之间联系的讨论。比如说，亚当·斯密是格拉斯哥政治经济俱乐部的成员，他著名的《国富论》（1776）受益于他和其他成员（主要是商人）的讨论。确实，有人认为英国的经济发展"很大程度上并无学术或者其他官方认证的形式的推动"。[22]

此外，学术和情报工作间的界限也常常被打破，尤其是但不局限于战争时期。在美国，战争时期的战略服务局（Office of Strategic Services）招募了大批教授（见第119页）。在英国，彼得·罗素（Peter Russell）因其在西班牙研究中作出的卓越贡献而闻名，并在20世纪30年代成了秘密特工。艺术史学家安东尼·布朗特（Anthony Blunt）则同时为军情五处（MI5）及其对手苏联内务人民委员部（NKVD）工作。

从地理角度上说，尽管本书的重点放在欧洲和美洲，但世界其他地方同样也会被纳入讨论的范围，比如19世纪的埃及、中国和日本。这种讨论是极为必要的，因为在这个阶段，西方知识传播到了西方以外的世界。不过"传播"（spread）这个词暗指了转移的过程中知识不会改变，因此并不恰当。更现实的做法是将其想象成主动的接受，是西方之外的个人和团体为了自身而接受并改造西方的知识。另外，也有必要讨论非西方世界，因为在相对更近的时代有种反向的知识流动，其重要性已经（虽然是直到最近才）在西方获得认可。例如，这一时期的探险家和近代早期相同，都依赖于本土的向导和地图。植物学家、语言学家和其他学者亦是如此，即便他们以个人的名义呈现最终的"发现"。[23]

显然这是一个浩瀚的主题，很难浓缩在一本书或者几十万字内。我只求读者不要觉得我是在给已然过载的信息和讨论增加负担。作为一个涵盖了丰富内容的概要，它能够既展现知识的重大突破，又展现这些突破背后漫长的知识积累过程，正是这一过程逐渐导致了阐释方向的巨大转变。同样明显的是，这是一本从个人观点出发写作的书。我自己对知识的理解至少是不平衡的，而且我总是在两种选择之间徘徊：是尽可能地涵括自然科学，还是在我了解得更为充分的领域（从艺术史到人类学）做案例研究？方法上则更为个人化，因为我亲身经历知识制度最近半个世纪以来的变化，本书将会覆盖这阶段的大约五分之一。对于这些年的变化，我的考察主要集中在一个领域——历史，和三个地方——牛津大学、萨塞克斯大学和剑桥大学。

接下来的部分尽管有一定的篇幅，但仍应被看作一篇文章，方法上重视大致的轮廓，并非要得出什么定论，我不会自命不凡地去完全覆盖这一博大主题的方方面面，而是提供一个全景式视角。某种程度上说，它是一系列的文章。前四章着重说明采集、分析、传播和使用知识的过程，强调这些通常被认为一成不变的活动的历史特性。第五章和第六章尝试反驳知识是连续演进的或者说"知识的进步"这一通行理念，指出知识的积累充满各样的矛盾与问题。第七章和第八章从地理、经济、政治和社会的视角审视了知识史。最后一章则对全书因时而变的关键主题作出了更为清晰的表述。

专业化既影响了知识的历史文献，也影响了知识史本身。譬如说，科学史在很多大学里是一个独立的院系。此外，国际情报历史协会（International Intelligence History Association, 1993）和《情报史杂志》（*Journal of Intelligence History*, 2001）也相继创办。在很大程度上，知识史的二手文献要么按国家，要么按领域划分。比较而言，本研究的目的和依据就是跨越界限——国家的、社会的和不同领域的界限。牢记 E. M. 福斯特（E. M. Forster）的建议——"连接，只有连接"，本书尝试躲开阿比·瓦尔堡（Aby Warburg）所说的思想的"边境警察"，以期写出一部多层次、可以容纳多方视角的知识史。

尽管本书没有推荐某一种对待知识的特定观点，更不必说某种政策，然而读者仍需注意，本书的作者是一位多元主义者，坚信多元的知识和多元的观念一样，都是值得向往的。因为，理解总是来自思想对话甚至冲突。

第一部分

**知识实践**

# 第一章　知识采集

一部知识社会史显然需要关注不同人群获取、加工、传播和使用知识的方式，这一系列过程在情报世界——换句话说，间谍工作——中常被划分为四个主要阶段：收集（collection）、分析（analysis）、散布（dissenmination）和行动（action）（简称为CADA）。[1] 当然，完全分清这些阶段是不可能的。[2] 收集或观察时不可能头脑空空。正如人类学家克利福德·格尔茨（Clifford Geertz）所说，"文化研究中，分析渗透在对象的各个方面"。这个观点常常被那些喜欢用"文化建构"解释一切的学者们重申——如果不是夸张的话。[3] 散布往往包括分析。[4] 这些阶段看上去也许没有时间性，但每个阶段都位于时空之中。

本书的第一部分将会按顺序讨论这四个阶段，给出更多的区分。本章将关注第一阶段：知识采集或者说收集的过程。

## 知识采集

"采集"（gathering）或"收集"（collecting）这样形象生动的比喻会给人过于简单的联想，仿佛知识可以像贝壳一样从海边拾起，像果实一样从树枝上摘下，或像蝴蝶一样用网捕捉。相似的论点也可以用于"狩猎"或"捕获"这类比喻（现在管理学的最爱）。[5] 这些术语运用在这里，不只是一系列步骤的速记，包括探测、观察、鉴定和实验，还有购买、洗劫，以及相当重要的提问和倾听当地线人。

用学术语言来说，这些步骤就是做"研究"（research）。在1750年之前人们只是偶尔使用这个词，但18世纪中叶后，在各种欧洲语言的书名里就愈发流行起来——recherches, ricerche, Forschung 等——用来描述不同思想领域中的调查，诸如解剖学、天文学、政治经济学、人口统计学、地理学、物理学、化学、古生物学、医学、历史学和东方学。下面援引一些著名的例子：

1768　德保，《美洲人哲学研究》（de Pauw, *Recherches philosophiques sur les américains*）

1788　《亚洲人研究者》期刊（*Asiatic Researc-hes*）

1794　拉马克，《身体主要功能研究》（Lamarck, *Recherches sur les principaux faits physiques*）

1799　戴维，《化学哲学研究》（Davy, *Researches, Chemical and Philosophical*）

1812　居维叶，《骸骨化石研究》（Cuvier, *Recherches sur les ossemens fossiles*）

1838　库尔诺，《关于财富理论之数学原则的研究》（Cournot, *Recherches sur les principes mathématiques de la théorie des richesses*）

上面这些例子涉及了档案馆、博物馆和实验室里开展的各类研究，但也有其他例子，包括现在所说的"田野调查"，譬如探险。约翰·巴罗（John Barrow），曾参加过远征任务的英国海军部秘书，用《北极的发现研究之旅》(*Voyages of Discovery and Research in the Arctic Regions*, 1846)的题名发表了一些研究。探险家为知识采集提供了令人难忘的例证，促进了对知识产生过程的反思。[6]

## 第二个大发现时代

在我们所呈现的第一个世纪（1750—1850）所采集或收集的新知识总量是极其惊人的，尤其是欧洲人搜集到的关于动物学、植物学、地理学和世界其他地区历史的知识。无怪乎有历史学家将其称作"第二个大发现时代"。[7]

第一个大发现时代，从达·伽马到哥伦布，以广阔的海岸探索为标志。第二个大发现时代，则把海岸探索发展到了南太平洋和其他地方，但它同时也包括了对非洲内部、北美和南美、澳大利亚、西伯利亚、中亚以及其他地方的集中勘探，填补了约瑟夫·康拉德（Joseph Conrad）提出的著名的地图上的"空白地带"。其中一个探险家——亚历山大·冯·洪堡（Alexander von Humboldt）（图1）被认为是"德国的哥伦布"，他的名字将会在后文中不断出现。

作为其中的一员，约翰·海明（John Hemming）赋予"探险家"的定义是，"他深入自己了解的社会以外的世界，发现那里存在的东西，并且回来将其描述给他自己的社会成员听"。[8]海明的定义排除了一些女人（见第238页）和许多没能成功返回的探险家，但是，他强调带回知识这点与本书目的相符。

探险家的艰险、成功和悲剧的经历使他们染上了英雄色彩，他们的故事也不断被人讲述。其中最著名的有南太平洋的詹姆斯·库克（James Cook）和路易斯–安托尼·德·布干维尔（Louis-Antoine de Bougainville），非洲的蒙戈·帕克（Mungo Park）和大卫·利文斯通

图1 亚历山大·冯·洪堡在柏林的雕像,贝加斯(R.Begas)作(1883),卡尔(Adam Carr)摄(2006)

(David Livingstone），美国西部的梅里韦瑟·刘易斯（Meriwether Lewis）和威廉·克拉克（William Clark），南美洲的亚历山大·冯·洪堡，大洋洲的罗伯特·伯克（Robert Burke）和威廉·威尔斯（William Wills），西伯利亚的亚历山大·冯·米登多夫（Alexander von Middendorff）和中亚的尼古拉·普热瓦利斯基（Nikolai Przhevalsky）。如今，这些探险家对知识的贡献日益受到重视。[9]

拿洪堡来说，他同他的植物学家朋友埃梅·邦普朗（Aimé Bonpland）一起，花了五年时间探索西班牙属美洲（1799—1804），攀登山峰（包括钦博拉索火山）、游经河流（奥里诺科河和亚马孙河）。这次远征的结果是，他们对地理学、植物学、动物学（例如对电鳗的研究）、气象学和大量其他领域作出了知识方面的贡献（准确来说，正如第六章将要解释的那样，对之后将要形成的领域的贡献）。[10]

然而，这个阶段仍有许多不那么有名的探险家。法国人、德国人以及英国人调查了非洲内部：勒内·加耶（René Caillié）接受了巴黎地理学会（Société géographique de Paris）的挑战，在1828年抵达了廷巴克图；皮埃尔·萨沃尼昂·德·布拉柴（Pierre Savorgnan de Brazza）也是一位探险家，布拉柴维尔（Brazzaville）就是以他的名字命名的；亨利·杜韦里埃（Henri Duveyrier）19岁时探索了撒哈拉沙漠；杜韦里埃的朋友，即德国地理学家海因里希·巴尔特（Heinrich Barth），也是撒哈拉的探险者；还有德国植物学家格奥尔格·施魏因富特（Georg Schweinfurth），他发现了非洲中部的阿赞德人。[11]

南太平洋上，除了著名的库克船长和布干维尔外，让－弗朗索瓦·德·拉帕鲁兹（Jean-François de La Pérouse）、尼古拉斯·博丹（Nicolas Baudin）和马修·弗林德斯（Matthew Flinders）也促进了航海大发现。以博丹为例，他于1800年前后启程的环球航海完成了众多任务，包括测绘澳大利亚的海岸线，这一航海活动获得了主要学术团体——法兰西学院（Institut de France）的支持，以及不少外国专家的帮助，其中有天文学家、植物学家、矿物学家、动物学家，以及一名医学专家——也是我们通常认为的人种学家。

随着俄国向东开发和美国向西挺进，人们也同时在探索俄国和北美广阔的大陆内部。1803年到1806年之间，梅里韦瑟·刘易斯和威廉·克拉克受杰斐逊总统委派领导"发现军团"，探索了匹兹堡到太平洋海岸的广袤地带，整体面积占北美大陆的三分之二。刘易斯将这次有计划的远征形容为"将要深入一个国家至少两千英里，那是文明人从未踏足过的地方"。克拉克负责测量和绘图，刘易斯则负责自然史的部分。

探索者们发现了许多对西方科学来说是陌生的动物，例如草原犬鼠（prairie dog）、平原长角蟾蜍（plain horned toad）和佛罗里达林鼠（eastern woodrat）。他们送回了植物、动物和矿物的标本。刘易斯和克拉克还受命去了解所遇到的印第安部落的名字以及他们的语言、职业、使用的工具和习俗。他们绘声绘色地描述了苏族（Sioux）、肖肖尼族（Shoshones）和内兹帕斯族（Nez Perce）等部落，并带回了印第安语言的词汇。[12]

然而当地向导并没有在他们取得的这些成就里获得应有的地位，比如萨卡加维亚（Sacajawea）（见第205页），同样不受重视的还有"美洲土著居民的地理知识，这些知识融合进了地图里，指引着他们的旅程"。[13] 刘易斯和克拉克的成就，和许多别的探索一样，在很大程度上让学者们看到了一幅广阔的画面——整个美国西部——而这正是当地人所缺乏的。

在俄国，地理学会（Geographical Society）、科学院、俄国人类博物馆（Russian Ethnographic Museum）和其他机构组织了远征，以便测绘和探索帝国的遥远部分，包括西伯利亚和北极地区。德国学者彼得·帕拉斯（Peter Pallas）受叶卡捷琳娜大帝委派到西伯利亚调查当地自然资源（1768—1774）；俄国植物学家米哈尔·亚当斯（Mikhail

Adams）也在同一地区开展调查（1806）；挪威人克里斯托弗·汉斯廷（Christopher Hansteen）前往西伯利亚研究地球的磁性（1828—1830），亚历山大·冯·洪堡也曾到过那里（1829）。

然而第一次西伯利亚科学远征主要领导者是动物学家亚历山大·冯·米登多夫（1842—1845），这次远征由俄国政府出资，俄国科学院支持，目的是研究极地环境内的有机生命。米登多夫实际上做的远比这要多，他领导的队伍被认为是"19世纪最优秀的俄国科学远征队伍"，撒开了一张如刘易斯和克拉克在美国西部所做的大网。米登多夫和他的团队测绘了这个区域，研究了当地气候，测量了土壤温度，搜集了植物群和动物群的标本，以及当地人们使用的工具、歌谣、故事和词汇，包括奥斯蒂亚克人（Ostyaks）、雅库特人（Yakut）和通古斯人（Tungus）的部落。[14] 俄国对中亚的扩张引发了一系列中亚地理学、考古学和人种学的考察，主要领导者是尼古拉·普热瓦利斯基（1872）、塞缪尔·杜丁（Samuil Dudin，1900—1902）等。[15] 经过瑞典地理学家斯文·赫定（Sven Hedin）1894年至1908年的一系列远征，最终完成了中亚的地图绘制。

## 科学考察

无论是陆地还是海上，知识，尤其是地理学的知识，主要贡献往往不是来自学者，而是探险家。探险家通常需要当地居民的帮助，但后者却往往不为人所知。

不过，第一个大发现时代和第二个大发现时代有一个重大的区别。第一个大发现时代的船只满载士兵、商人、传教士和官员，而第二个大发现时代是一个专业分工日益细化的时代（见第160页及之后），船只上还载有天文学家、博物学家和其他学者。所谓"科学的"探险日益兴旺，这类探险的部分甚至主要目的便是收集知识。这里不仅仅说的是战略、政治和经济意义上的航线知识，也有总体上的自然界的知识和（比较少的）不同文化的知识。

有时候人们认为科学探险直到18世纪末才出现。[16]这个假设忽略了近代早期的先驱。例如弗朗西斯科·赫尔南德斯（Francisco Hernández），西班牙菲利普二世的医生，被派往墨西哥和菲律宾完成一个历时七年的任务（1571—1578），以便了解当地的医学草药。不过，科学或者纯知识收集的远征作为一种有组织且经常出现的现象（换言之，一种制度），其流行的确应该追溯到18世纪下半叶。

探险航海中一些船只的名称足以显示出对科学的关注，至少表面上如此：詹姆斯·库克远航的发现号，亚历山德罗·马拉斯皮纳（Alessandro Malaspina）的侦察号，拉帕鲁兹的星盘号，博丹的博物学家号和地理学家号，以及弗林德斯的调查者号，还有法国组织的太平洋考察（1792）和北极考察（1835）所用的发现者号（Recherche）。

船长的任务清单中包括了知识采集一项。船上可能会配备一支学者队伍，比如，船长库克的第一次航行就带有一名天文学家，他受皇家学会委派观察发生于1769年的金星凌日轨迹（transit of Venus across the sun）。这艘船上同时还有植物学家约瑟夫·班克斯（Joseph Banks）和他的瑞典同僚丹尼尔·索兰德（Daniel Solander）（由库克船长命名的"植物学湾"[Botany Bay]，现在仍是悉尼的一部分）。同样地，拉帕鲁兹从皇家地理学会和国家科学院获得了要收集哪些知识的详尽指示。他带了十名学者，包括天文学家、地理学家、植物学家和动物学家——还没算上画家，好让他们记录所到之处的地貌、动物群、植物群和本地居民。[17]

在菲利普二世和赫尔南德斯传统的影响下，西班牙在18世纪组织了超过60次的考察，主要是对新大陆的植物考察。法国更是有过之而无不及，它们包括对奥里诺科河的考察（1777—1788），对新格拉纳达总督辖区（现为哥伦比亚）的考察（1783—1808），以及对新西班牙总督辖区（现为墨西哥）的考察（1787—1803）。[18] 换言之，尽管洪堡对拉丁美洲的考察吸引了更多的国际关注，在更多不同的领域中有了诸多新发现，然而它远非第一次，也不是最长的一次。

## 第三个大发现时代？

上文对 18 世纪 60 年代到 19 世纪 60 年代这一时段，或者说从库克到利文斯通的集中关注，略去了不少探险家在北极圈和南极圈与艰苦环境做斗争的史诗叙述（尽管早在 1773 年康斯坦丁·菲普斯 [Captain Constantine Phipps] 就完成了一次到达北极点的考察）。在这两个地方搜寻知识，同样也是极其重要的。1895 年，第六届国际地理学会议宣布，"最大一块仍未开展地理探险的土地"是南极洲，它将会"增加几乎所有学科领域中的知识"。[19] 著名化学家德米特里·门捷列夫（Dmitri Mendeleev）催促俄国总理支持对南极和北极的"占领"，进而获取"知识上的胜利"。[20] 南森是动物学家和海洋地理学家，纳特霍斯特是地质学家和古植物学家。阿蒙森在 1918 年至 1925 年的北极考察时在冰上建立了一个地理观测点。

随着北极点和南极点的攻克，这个世界似乎不剩什么地方供人征服或者探索了。1904 年英国地理学家哈尔福德·麦金德（Halford Mackinder）遗憾地宣布，"哥伦布"时代结束了，"封闭空间"即将到来。

然而紧接着，另一侧边疆得到了开拓：海底世界。深海探索始于英国船只挑战者号（1872—1876，图 2）的远征，借助此次远征，英国探险家绘制了一幅海底地形图，测量了不同深度的水温，发现了大约 4700 种未知的海洋生物。自 20 世纪 30 年代起，进行深海探索的科

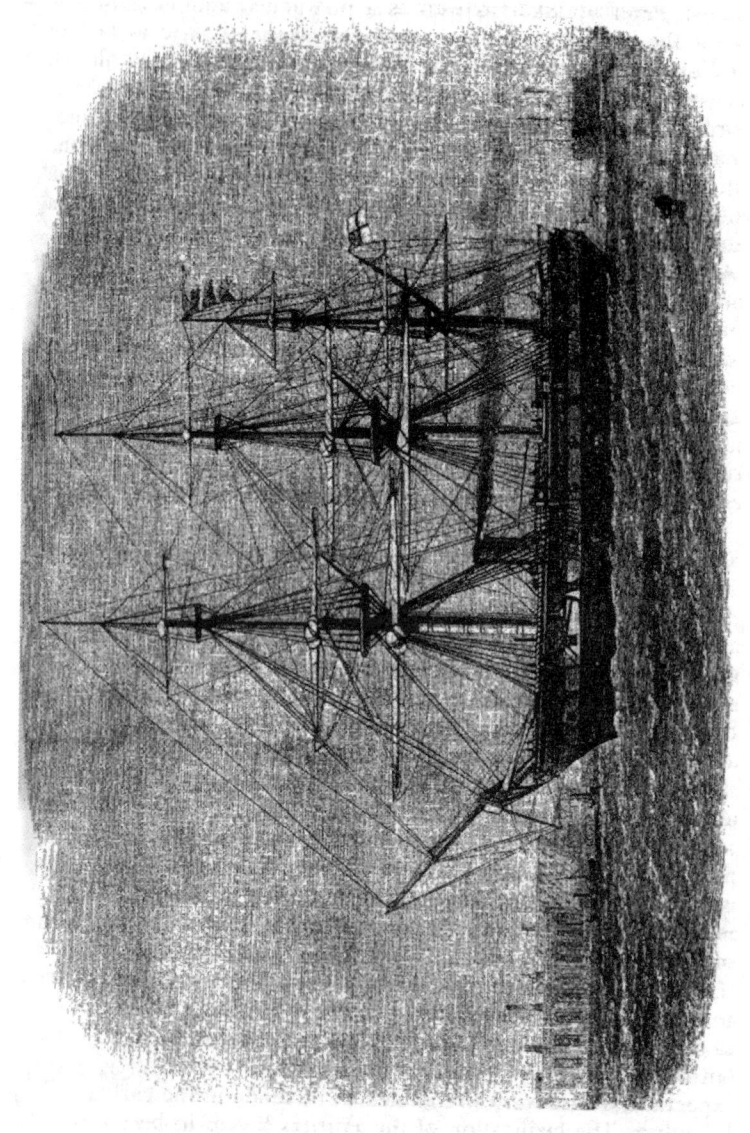

图 2　HMS 挑战者号（1858）

学家采用了特制的潜水器——潜水钟（从船的一个舱内降下），上面带有便于观察的巨大窗户，以及能够自行推进的深海潜水器。[21]

继陆地和海洋之后，太空也被列入了探险计划，由此促成了"第三个"大发现时代的诞生。[22] 1957 年，苏联发射了第一颗人造卫星斯普特尼克 1 号，紧随其后，美国成立了国家航空航天局（NASA，1958）。探索宇宙被认为"有助于推进基础科学知识的发展"，同时也有助于国家提高威望。美国宇宙飞船挑战者号（于 1983—1986 年服役）之名，正是对那艘 19 世纪的航船表达敬意。

和极地探险者一样，尤里·加加林、尼尔·阿姆斯特朗（更不用说在事故中丧生的宇航员）这些探索者的史诗故事，掩盖了大量载人、非载人航天任务过程中获得的知识，例如从月球上收集到的地质标本，在太空中用仪器研究海洋学，从金星、火星、木星、土星、天王星和海王星传送回地球的数据，以及对凤凰号火星探测器搜集到的火星土壤分析的数据（2008）。[23]

## 寻找消逝的文化

部分知识探索更着重于文化方面而非自然方面，那些文化包括过去的和现在的。其中一个早期例子是尼布尔（Carsten Niebuhr）1761 年至 1767 年在阿拉伯半岛（包括现代的埃及和叙利亚）的探险。这次探险是由德国圣经学者约翰·大卫·米凯利斯（Johann David Michaelis）提议的，目的是通过身处原始的环境，来了解《旧约》中描绘的那些民族。探险由丹麦国王资助，出征人员包括德国测量学家卡斯滕·尼布尔和一名瑞典植物学家彼得·福斯科尔（Peter Forsskål），还有一名文献学家和一名画家。与前往非洲或者南极洲的探险家类似，这次远征中大多数参与者的命运以悲剧收场，当然尼布尔自己最终幸存下来，并且出版了一本著名的描述阿拉伯半岛的书,书中提供了关于当地习俗、语言和波斯波利斯废墟残留雕塑的新消息。[24]文献学家拉斯姆斯·拉斯克（Rasmus Rask）独自游历了瑞士、芬兰、俄国、波斯和印度,致力于寻找各种手稿。他同样由丹麦国王资助。

仅仅相隔一代人,尼布尔的远征便在拿破仑面前相形见绌了。超过150名学者跟随着拿破仑大军在1798年入侵埃及。[25]依此先例,法国军队干预希腊独立战争时,也带有身负法兰西学院委派的莫里科学任务（Mission Scientifique de Morée,1828—1833）的随军人员。1841年至1843年间,被正式称作阿尔及利亚"科学探险"的任务,也是由法国政府发出的。此外,法国军队于1862年介入墨西哥,支持马西米连诺一世时,也有部分学者随军跟进。[26]知识在帝国构建和维持中的作用将在第四章获得进一步的探讨。

前往埃及、希腊、阿尔及利亚和墨西哥远征的探险家中有不少是考古学家。18世纪已经发现了众多古老文明的物质遗迹,包括古罗马城市遗址赫库兰尼姆古城（1738）和庞贝古城（1748）,以及墨西哥的玛雅遗迹帕伦克古城（1773）。

不过大多数著名的考古远征和发掘还是要追溯到19世纪中下叶。古代亚述帝国都城尼尼微由英国外交官奥斯汀·莱亚德（Austen Layard）发掘（1845年起）,特洛伊城（安纳托利亚的特洛伊）由德国人海因里希·施里曼（Heinrich Schliemann）发掘（1870年起）。法国考古学家厄内斯特·德·萨尔泽克（Ernest de Sarzec）在伊拉克的泰洛赫发现了苏美尔文明（1877年起）。英国人弗林德斯·皮特里（Flinders Petrie）发掘了众多埃及古迹（1880年起）。德国人罗伯特·科尔德威（Robert Koldewey）发掘了巴比伦城,英国人阿瑟·埃文斯（Arthur Evans）则发掘了克里特岛上的克诺索斯迷宫（两者均从1899年起开始发掘）。

20世纪初,仍有一些辉煌的发现呈现在人们面前。从1906年安纳托利亚的波格斯凯发掘开始，人们逐步揭开了赫梯文明的面纱。1907—1909 年，俄国人彼得·科兹洛夫（Pyotr Kozlov）发掘了中国西北的西夏黑水城。印加古城马丘比丘发现于 1911 年，是美国历史学家海勒姆·宾厄姆（Hiram Bingham）在当地农民的帮助下找到的。此外，玛雅遗址帕伦克古城的系统发掘始于 1934 年。

同一时期，人们还组织了多次人类学探险。最著名的有杰瑟普北太平洋远征（1897—1902），弗朗茨·博厄斯（Franz Boas）也参与了这次探险。还有前往托雷斯海峡的剑桥人类学远征（1898），这实际上是一个跨学科的项目。另有法国的达喀尔－吉布提远征（1931—1933），参与者里有人类学家的领导者马塞尔·格里奥列（Marcel Griaule）。同民俗学家一样，人类学家确信自己目睹了传统或"原始"文化的最后时光，它们注定要在现代社会中消亡，这样的信念强化了他们的好奇心。正如阿道夫·巴斯蒂安（Adolf Bastian）在 1880 年宣称的那样，"能做的必须现在就做，否则人种学就会永远消失"。[27] 根据马林诺夫斯基的说法，人种学的悲剧在于，正在它"准备好生效的时刻"，"它的研究材料便无可挽回地迅速消失了"。[28]

## 时间的发现

考古学家只是持续为"时间的发现"，尤其是"久远时间"的发现作出贡献的人之一。[29] 这些人或许能被称作"时间探险家"，因此，本章中，他们会和空间上的探险家一起被讨论。当然，时间维度的一级一级向前追溯的发现主要来自辛勤的分析，而非简单的观察。

1750 年，许多受过教育的欧洲人仍然坚持传统的观点，认为地球距离诞生已经 6000 年了。从那时起，6000 岁的地球这个观点遭到反复的挑战，这些挑战来自考古学家、古生物学家、地理学家和天文学家。19 世纪中叶,"史前时期"这一术语进入了英语词汇,考古学家和其他一些人用它来形容文字书写发明前的人类历史(法语中,*préhistoire* 出现得相对较晚——1876 年,但是 *antehistorique* 一词可以追溯到 19 世纪 30 年代)。

被称作"史前史"的这个阶段逐渐得到扩展。石器时代被划分为新石器时代和旧石器时代,随后又引入了中石器时代。旧石器时代则进一步细化为旧石器时代早期、中期和晚期,以区分如今看来越发漫长的时间段内的变化。

最近 150 年前后,人类作为能使用工具的哺乳动物的时间不断提前,这要功归于考古学家和古生物学家。1942 年路易斯·利奇和玛丽·利奇(Louis and Mary Leakey)在肯尼亚发现了一处人类据点——奥罗结撒伊利耶(Olorgesailie),发掘出包括石斧和动物残余化石在内的遗迹,据推测可以追溯到 70 万年至 90 万年前。利奇家族还考察了坦桑尼亚的奥杜威峡谷,那里有证据显示,人类在 250 万年前就开始制造工具了。不过这些发现都无法与"露西"的发现相比。"露西"是一具发现于埃塞俄比亚的 300 万年前的人体骨架,表明了人类的直立行走要早于制造工具。

不过正如 19 世纪初以来古生物学家向我们展示的那样,和动物相比,300 万年的人类历史并不算什么。法国古生物学家乔治·居维叶在他的《研究》(*Recherches*, 1812)一书中提出化石序列反映了生物的演化;爬行动物的产生要先于哺乳动物。他发现了猛犸象和乳齿象,并在 1809 年鉴别且命名了半个世纪前发现的翼手龙。居维叶以后,化石的年代又大大提前。现在的恐龙化石要追溯到 6600 万年至 2.45 亿年前的阶段。最早的化石可以追溯到 35 亿年前。如今的共识是,地球上生命的起源大约在 38 亿年前。

古生物学发现很快被地理学发现超越。布丰在《自然时期》(Buffon, *Époques de nature*, 1779)一书中区分了六个时期,将历史推到大概 75000 年前。这在如今看来微不足道,但在当时是骇人听闻的。

随后通过对沉积物的研究，布丰将地球的年龄增加到 300 万年，不过他没有发表这个发现。和布丰一样，英国物理学家威廉·汤姆森，即凯尔文男爵（William Thomson, Lord Kelvin）通过计算热量散失，在 1862 年提出地球年龄在 2000 万年到 4 亿年之间。但是这个数字仍不足以令年轻一代满意，物理学家罗伯特·斯特拉特（Robert Strutt）断定一块岩石的年龄是 20 亿年，地质学家亚瑟·霍姆斯（Arthur Holmes）宣称一些来自莫桑比克的岩石的年龄是 15 亿年。霍姆斯提供给新成立的地球年龄委员会的数字在 15 亿年到 30 亿年之间。现在普遍的估计值是 45 亿年。[30]

最终天文学超越了地理学，为我们展现了一个不是以百万年而是以数十亿年为单位计算的宇宙。20 世纪 20 年代，美国天文学家埃德温·哈勃（Edwin P. Hubble）提出了世界来源于一次"大爆炸"的想法，这个名字来源于这个理论的反对者——英国天文学家弗雷德·霍伊尔（Fred Hoyle）令人拍案叫绝的讽刺说法。可是"大爆炸"到底发生在多久之前呢？说法不尽相同，最大的估计值为 100 亿年。

## 调 查

调查是站在一个居高临下的位置上审视事物。土地调查，即测绘，作为确定不同地点间的距离的手段，至少早在古埃及时期就已出现了。某些测量工具由中世纪的阿拉伯人发明，但直到这个时期，测量在实践上才变得更加精确，并且拓展到了地球的不同部分。在技术层面上，探险家往往都是测量员。例如，库克船长将承担太平洋航行任务的能力归功于自己作为皇家海军的测量员时所掌握的技能。

欧洲和美洲扩张时期，测量海岸线对航海的帮助显得尤为重要。西班牙和英国曾同时热衷于占领太平洋的西北海岸线（两国差点因努特卡湾［Nootka Sound］的所有权发起战争），18世纪90年代，两个国家都组织了测量该地区的远征。美利坚合众国海岸测量（1808）是政府支持研究的一个早期案例。大不列颠帝国格外热衷于测量自己的版图。1764年起，詹姆斯·伦内尔（James Rennell）将军领导一支队伍考察印度，他不久即被任命为测量总督。

同一时期还有许多其他类型的测量（或者用法语来说，*enquêtes*，即"考察"）：地理学的，人类学的，考古学的，植物学的，等等。早期案例包括加拿大的地理测量（1842），俄国地理学会开展的人类学调查（1848），以及19世纪中叶美国西部的太平洋铁路测量。英国军械调查始于1791年，印度考古学考察始于1861年，而美国湖区考察始于1882年。

社会调查（这个名词直到1927年才出现）中最著名的当然是人口普查。人口普查的历史很长——耶稣的双亲就曾前往伯利恒参加过一次普查，这种调查可以追溯到公元前6世纪。但直到18世纪，人口普查才由政府有规律地开展，作为一项固定的活动，每五年到十年进行一次。最先开始的是瑞典（1749），紧接着的是西班牙（1768）、美国（1790）、法国（1801）和英国（1801）。[31]

不知是不是人口普查提供的灵感，随后出现了越来越多的专门化调查。例如，法国的国家经济状况调查始于1806年，而工作状况调查则始于1830年。1852年法国还开展了一次官方的流行诗歌调查。[32] 在英国，最著名的调查之一是公共健康调查，这直接促使埃德温·查德维克（Edwin Chadwick）写出了《英国工人阶级健康状况报告》（*Report on the Sanitary Condition of the Labouring Population*，1842），不久弗里德里希·恩格斯就撰写了《英国工人阶级状况》。挪威的社会学家埃勒尔特·森特（Eilert Sundt）于19世纪中叶首创了渔民和守林人调查。[33]

德国关于工厂工人和农业人员的调查可以追溯到19世纪70年代

到 90 年代，即国家统一后不久。不过与社会调查联系最密切的国家，毫无疑问是美国。美国的调查包括《菲律宾群岛的黑人》（1899），这是由威廉·爱德华·伯格哈特·杜波依斯（W. E. B. Du Bois）主持的对黑人在城市中社会和经济情况的研究。杜波依斯后来成了国家有色人种权益保护协会的领导者。还有《匹兹堡调查》（1909—1914），《春田调查》（the Springfield Survey，1918—1920），以及最为大众所熟知的阿尔弗雷德·金赛（Alfred Kinsey）的《人类男性的性行为》（1948）和《人类女性的性行为》（1953）。

## 标本的积累

上面提到的不少探险参与者，可以说是在字面意义上"采集"知识。18 世纪晚期以来，远征的领导者被要求带回当地的人工制品和科学标本是家常便饭。欧洲和美国的图书馆与博物馆逐渐被日益增长的"战利品"填满：化石、动物和人类骨架、工具、绘画、面具、图腾柱、佛教或婆罗门教雕像、（巴比伦）伊什塔尔城门之类的建筑部件，偶尔还有整座建筑。这里包括了艺术品，不仅仅因为它们对"鉴赏家"来说是知识载体，而且直到最近，西方收集非西方传统的艺术品，是因为他们更乐于了解它们所带来的"异国"文化，而不完全出于审美。

班克斯和索兰德从库克船长的第一次航行中带回了一千多件植物标本，几百件矿物、动物、鸟类和鱼类的标本。有生命的标本被送往邱园（Kew）之类的植物园，而干制植物标本则被保存在博物馆和标本集中。拿破仑远征埃及队伍中的学者，尤其以博物学家和巴黎自然历史博物馆教授乔弗莱·圣伊莱尔（Etienne Geoffroy St-Hilaire）为首，他们运回了成千上万的标本，填满了 40 个到 50 个大箱子，取道马赛运往巴黎，并保存在巴黎自然历史博物馆。[34]

美国对南太平洋的探索（1838—1842）超过了之前的种种探险，带回了超过 16 万件标本：早期的 5 万件标本来自里约热内卢，"接下来的三年，数以百计的木箱和锡箱，威士忌酒桶和啤酒桶，帆布袋和篮子接踵而至"。[35] 博物学家阿尔弗雷德·华莱士（Alfred Wallace）在婆罗洲从事植物、动物研究长达 8 年，带回了超过 12.5 万件的标本，如此大批物品对科学家个人来说，可称得上是惊人的纪录。

另一个惊人的纪录来自英国挑战者号的深海远征（1872—1876）。航行期间，英国探险者从百慕大、哈利法克斯、好望角、悉尼、中国香港和日本送回了大量样本。远征的首席科学家在科学报告的简介中写道：

> 船上装载的东西在希尔内斯港全部卸下，集中并清点之后，我们发现，一共有 563 个箱子，包括：2270 个大的玻璃罐，里面装有酒精浸泡的标本；1749 个小一些的带瓶塞的瓶子，1860 个试管和 176 个锡罐，也是酒精浸泡的标本；180 个装有干燥标本的锡罐，以及 22 个装有盐水浸泡标本的木桶。[36]

这些战利品最终保存于伦敦的自然历史博物馆。

这些收集的标本不仅有现存的动物物种骨骼，也有早已灭绝的物种的骨骼化石，例如发现于 19 世纪初的著名的恐龙。在世界各地都有发现已灭绝的动物化石——南美洲的雕齿兽、比利时的禽龙、北美洲的异特龙、澳大利亚的瑞拖斯龙等——它们的骨骼被古生物学家精心地重组了起来。

标本的概念扩展到了人类自身（huamn artefacts）。1896 年英国的一本邮购目录里，提供了一张所谓人种标本的购买清单。人类骨架和头骨，尤其是那些非西方人的，被当作了标本，未经允许就被从坟墓里挖了出来。柏林的自然历史博物馆保存了超过 6000 件人类头骨，全是收集于 19 世纪晚期所谓"颅相学"的全盛时期（见第 65、154 页）。[37] 不过最惊人的"标本"当然是保存在沼泽或冰层中的整具人体，例如图伦男子——一具 1950 年发现于丹麦的公元前 4 世纪的男子尸骨，冰人奥茨——1991 年发现于阿尔卑斯山的公元前 3300 年左右的尸骨。这些给考古学家提供了关于那些时代人类衣服、工具甚至食物的信息。[38]

活人偶尔也会被当作标本。探险家拍摄当地人的照片，以便展示种族特征，或者把他们带到欧洲或美国，在异国风情中被展览、展示，有时这种展览甚至能使当地村落获得重建。[39] 16 世纪，从巴西到法国都有图皮南巴族印第安人被当作新奇玩意或者战利品展出，却无人意识到他们身上所承载的知识（尽管蒙田抓住这个机会通过翻译问了这些土著居民一些问题）。1893 年，弗朗茨·博厄斯把一群夸扣特尔人从加拿大西北部带到了芝加哥，"以解答与他们的习俗和生活方式有关的所有问题"。[40]

考古学家和人类学家的标本采集以让人眩晕的速度增长，尤其是在 19 世纪。各主要博物馆、美术馆中的古埃及、亚述建筑是其曾在中东大量掠夺的证明，这种掠夺始于 1789 年拿破仑入侵埃及。例如大英博物馆的巨大亚述雕塑，是莱亚德从尼尼微送来的，1852 年保存于博物馆。一些著名的珍宝，从阿伽门农的面具（1876 年由施里曼发现于迈锡尼）到法老妻子纳费提提的半身像（发现于 1912 年），因其美学价值而著名，但它们也为知识的增长作出了贡献。

自然标本和手工制品的获取有很大的差异。"采集"一词适用于捡贝壳或摘花朵，另外，尽管某些手工制品是从其藏身千年的地下挖掘出来的，但更大一部分仍旧是属于他人的财产，由采集者通过贸易或者劫掠获得。库克船长发现努特卡湾的土著居民相当愿意出售面具、尖矛甚至独木舟，却不那么情愿售卖其他的东西。[41] 至于劫掠，拿破仑对卢浮宫的"充实"臭名昭著，他从意大利、西班牙以及其他遭受侵略的国家带回大量艺术品,但这绝非个例。第二次世界大战期间,德国人、苏联人和美国人也都遵从了这个先例。

美其名曰"合并"或者"科学征服"的强制没收行为,也波及了档案馆、图书馆和博物馆。例如教皇档案馆(papal archive)作为拿破仑的战利品的一部分被带到了巴黎。[42]1794 年法国侵略奥属尼德兰(Austrian Netherlands)后,满满五大列车厢的手稿、植物、化石和矿物被运往巴黎。法国入侵荷兰后,荷兰皇家图书馆的书籍流向了巴黎。海牙的一系列大象化石标本落户在了法国国家自然历史博物馆,征服意大利维罗纳之后,约 600 件化石藏品同样被运到此地。军队一般带有一位植物学家和一位矿物学家,由他们建议应该带走哪些东西。很难想象之前或之后还有哪个时代的军队对化石如此重视。[43]即便在同一个国家内,藏品的重新分配也可以被视作掠夺,例如修道院图书馆的充公。类似地,还有 1789 年后从私人花园里"剥夺植物财产"的运动使法国国家自然历史博物馆大大受益。[44]

古代文明的发现中有不少臭名昭著的掠夺案例。拿破仑的军队从埃及带回了方尖碑和木乃伊,差点还带走著名的罗塞塔石碑(Rosetta Stone),如果不是英国人抢先了一步的话。英国驻奥斯曼帝国(那时还包括希腊)大使额尔金勋爵(Lord Elgin)获得了官方批准,允许他拿走雅典帕特农神庙附近(无论地上还是地下)发现的古代雕塑,至今它们仍以"额尔金大理石"这个名字为人熟知,1816 年英国政府获得这些雕塑,并将其置于大英博物馆。尽管希腊政府一直没有放弃要求返还的努力,但现在它们仍然在那里。

"掠夺"(plunder)这个词在描述收集古物时常被使用,其中最著名的就是拜伦,他的《哈罗德的朝圣》(1812—1818)一诗把"额尔金大理石"称作"对流血大陆的最后掠夺"。这个词语也常被收藏家使用,通常用来攻击对手,不过对手之一——苏丹的法国大使也建议他的属下不要放过任何在希腊及其领土上掠夺的机会(*Ne négligez aucune occasion de piller dans Athènes et dans son territoire*）。[45]

在西方国家的博物馆中，许多其他文明的工艺品来源都成问题，尤其是在 19 世纪。举个例子，一些重要的前哥伦比亚时代的墨西哥艺术品，是随着拿破仑三世入侵墨西哥而流入法国和其他国家的。随军的不仅有考古学家，还有古董交易商。此外，当时著名的西非城市贝宁城（Benin）的青铜雕塑被运到大英博物馆，正是在 1897 年英国烧毁这座城市的"惩罚性远征"之后（图 3）。当时《伦敦新闻画报》（*Illustrated London News*）称之为"贝宁战利品"的雕塑，同一年就在大英博物馆展出。[46] 同样地，1900 年八国联军为了镇压所谓的义和团运动掠夺了北京城，带走了大量的雕塑、瓷器和玉器，这些大都进入了西方的博物馆。不久之后，一支前往中国西藏的英国远征队伍

图 3 1897 年英国军官从贝宁远征中掠夺的青铜器和象牙
© The Trustees of the British Museum

(1903—1904)搜刮了多座寺庙，为西方藏品添砖加瓦。[47]正如德国人类学家阿道夫·巴斯蒂安沾沾自喜地所说的那样，"军事行动能够结出科学研究的硕果，军事行动可以为此目的服务"。[48]

由不同国家发起的相互竞争的考古探险也有着类似的结果。例如1902年至1914年德国人四次在中国新疆探险，将16吨的手稿、雕像和壁画（直接从墙上剥离）从吐鲁番运往柏林。[49]19世纪，德国的人类学博物馆的藏品急速增长，以便与其他博物馆竞争。到了1886年，柏林人类学博物馆的非洲和大洋洲部分就有约15000件藏品，而1899年的藏品数量更是这个数字的四倍。柏林博物馆的约16000件藏品是一位职业收藏家远征北美、西伯利亚和印度尼西亚的成果，但这个纪录仍然逊色于宾厄姆从马丘比丘带回的4万件物品，从骨架到陶器，包罗万象。

此外，这一时期许多文献也被图书馆和博物馆发现并带回。手稿的收集在西方历史悠久，尤其流行于文艺复兴时期的人文主义者之间，从此就成了传统。许多人仍旧急切地搜寻着古希腊和古罗马作家的手稿。拿破仑的军队从奥属尼德兰带走了1500件手稿，从意大利（主要是博洛尼亚和梵蒂冈）带走了另外1500件。[50]人们为了找到并归类有关国家历史的手稿而作出了巨大努力。正是出于这个目的，英国在1869年建立了历史手稿委员会（Historical Manuscripts Commission）。

这个时期的新现象是对其他文化传统日益增长的兴趣。阿拉伯语、梵文、汉语、日语以及其他非欧洲语言的书籍和手稿引起了越来越多的重视。其中，发现于1799年的埃及罗塞塔石碑是最著名的文献之一，还有1901年发现于伊朗的古巴比伦《汉谟拉比法典》。在亚述，近50万件的楔形文字石板的发掘出土，足够让专家忙活几个世纪了。[51]

羊皮纸、纸和纸草书写的手稿源源不断地流入博物馆、图书馆和档案馆。至1886年，柏林大学的图书馆已经藏有大约2000件梵文手稿，大多数是 1886 年之前不久才获得的。[52] 1908 年，俄国考古学家科兹洛夫从他在黑水城的挖掘工程中带回了约 2000 件文件。1903 年，大英博物馆收到了近 2000 部藏文书和手稿，这是英国远征军的首席医疗官搜集的成果。[53] 1907 年，考古学家奥莱尔·斯坦因（Aurel Stein）在敦煌石窟发现并骗取了约 4 万件卷轴，包括唐代著名的《金刚经》。敦煌石窟坐落于中国的西部边境，是一座精致复杂的佛教寺庙。斯坦因为这些卷轴只支付了 220 英镑，自然这些卷轴也被收入了大英博物馆。

"捕获"知识作为修辞出现在"知识管理"这一日渐重要的领域中，偶尔这个动词也表达其字面意义。1794 年华沙被俄国军队占领后，约有 40 万卷书册被带到了新成立的圣彼得堡皇家图书馆。第二次世界大战期间，苏联军队从德国图书馆带走了大量图书，其中也包括柏林国家图书馆的，有些图书至今仍在莫斯科。还有一批著名的秘密文件，即苏联共产党斯摩棱斯克档案，在 1941 年的一次军事行动中被德国获得，随后又在 1945 年落入美国人的手中。美国将其移交给联邦档案中心（Federal Records Center），并创建了由一名苏联问题研究专家领导的"苏联统治下的斯摩棱斯克"研究项目（1958），这名专家将其称为"从苏联内部观察区域地方政府变化的无与伦比的机会"。

这个时期档案馆收藏了越来越多的文献。档案馆的历史源远流长，但在这个时期又有了重要的创新。其一是文件的储藏技术；其二是档案管理员的职业化；其三是逐步进入实践领域，让学者能接触档案，再往后是让普通大众也有机会接触档案。例如在 18 世纪 80 年代，胡安·包蒂斯塔·穆尼奥斯（Juan Bautista Muñoz）——一位对私人资源之价值极其敏锐的历史学家，说服了西班牙、印度等地事务院创立了一个为学院服务的档案馆。[54] 1794 年，法国国民公会发布一纸敕令，要求开放政府的档案馆——从 1800 年开始叫作国家档案馆。在别的地方，政府档案馆的建立和开放至少部分意义上来说是拿破仑侵略的未预料结果之一,他结束了从神圣罗马帝国到威尼斯共和国的传统统治,它们的文件由此变得过时。

一旦建立了档案馆,文件就源源不断地涌入。意大利国家档案馆建立于1861年国家统一之后(但也包括了早前政权的文献),到了1905年已经储藏了3736892份档案。[55] 如今,坐落于邱园的大英国家档案馆宣称,它的目录里已有1.1亿份文件。

大型的公共图书馆规模越来越庞大,这往往是通过吞并小的私人图书馆来实现的,甚至公共机构的图书馆也有可能以此种方式被吞并。1773年耶稣会士受到镇压时,他们在世界各地的经院图书馆就经常被其他机构吞并,例如弗赖堡大学和奥洛穆茨大学。再比如,1802年至1803年德国修道院被解散后,它们藏有的书籍和手稿被送到了非宗教类的图书馆——慕尼黑的巴伐利亚国家图书馆。图书馆员所说的"获得之物"(acquisitions)往往指的就是这种吞并所得之物。

无怪乎当时主要图书馆的馆藏以极快的速度增加。1800年前后,拥有20万册藏书的哥廷根大学图书馆无疑是最好的欧洲图书馆之一。1837年,大英博物馆藏有23.5万册图书,但是到了1856年,这个数字已经不止翻了一倍,馆藏有54万册图书。到1914年,巴伐利亚国家图书馆藏有将近70万册图书,而牛津的伯德利图书馆的馆藏已经达到了100万册。如今,哈佛大学的威德纳图书馆藏有近500万册图书,巴黎的法国国家图书馆有1300万册图书,大英图书馆有1400万册图书,美国国会图书馆拥有3000万册图书和超乎想象的1亿份文件,包括手稿和图片——照片、绘画、印刷品等。[56]

## 实地调查的多样性

博物馆和大学外的世界不仅是储存对象的仓库,更是学习和调查的场所。[57]18世纪晚期以来，田野调查日益成熟，并由此引发了"田野"（*terrain*）和"书斋"（*cabinet*）、外向型学者和定居型学者、边缘工作者和中心工作者的冲突。

田野工作者常有对所谓"扶手椅"（armchair）学者的不满，文化上也好，自然上也好，他们都认为自己更接地气。另外，自然历史领域里，居维叶在他的研究中坚持认为学者更为优越，认为他们能够掌握全局，优于那些只能看见部分实际情况的自然观光者（*naturaliste-voyageur*）——尽管他自己也做了不少地理的实际调查。[58]

人类学家有时认为实地调查是他们的专利，正如1910年英国人阿尔弗雷德·哈登（Alfred Haddon）所定义的："（这是在）有限领域内的集中研究。"下文将着重以该领域作为研究案例。[59]实际上，哈登是在他参与剑桥远征托雷斯海峡时，从科学史中引入"田野调查"的概念的。哈登曾驻留那不勒斯的动物观察站。他希望能在航行中同时对动物群、珊瑚礁和当地习俗有所研究。这种实践活动，或者说实践活动谱系，对各种"田野科学"工作者来说再平常不过：博物学家拿着双筒望远镜和捕捉网；人类学家用铲子挖掘过去；地质学家拿着锤子；还有生态学家、动物学家、地理学家、社会学家，甚至水文地理学家（他们的活动"实地"是水域）和天文学家（他们前往回归线或者太空实地观察，区别于留在本地观测的其他人），也在从事各种田野工作。

除了学术领域，相似的田野和书斋的对立也存在于新闻领域。一面是调查记者和驻外特派员，另一面是他们的编辑；还有间谍领域，一面是"实地工作者"，另一面是他们在白宫或弗吉尼亚的兰利（美国中央情报局［CIA］执行办公室所在地）的总部。电影《谎言之躯》（*Body of Lies*, 2008）就戏剧化地呈现了一个"实地工作者"（由莱昂纳多·迪卡普里奥饰演）和其办公室主管（由罗素·克劳饰演）的冲突。

如今流传着一个名为"马林诺夫斯基神话"（Malinowski myth）

图4 马林诺夫斯基在特布罗里恩群岛（1918）
© London School of Economics Archive

的故事。马林诺夫斯基在特布罗里恩群岛（Trobriand）获得了一些研究成果（1914—1918），并创造了一种使人类学区别于其他学科的独特方法（图4）。[60]马林诺夫斯基在其《西太平洋上的航海者》(*Argonauts of the Western Pacific*, 1922)一书的前言中写下了一篇宣言。他说道："田野调查的有效方法"就是走出门廊，"生活在没有其他白人，完完全全的土著人中间"，去观察、询问、收集关于文化规律的"翔实数据"，更新"旅行者、传教士等旧有简陋的粗糙信息"。这种方法遭到了当时最著名的研究型人类学家詹姆斯·弗雷泽爵士（Sir James Frazer）的反驳。

马林诺夫斯基发现的神话和人类学家研究的其他许多人类起源传说一样，也有其自身的象征意义，不能全部信以为真。更多时候，改变是逐渐产生而非突然发生的。马林诺夫斯基并没有一直在"土著人中间"搭起帐篷。相反，和后来的人类学家类似，一些传教士会在某个特定地区居住不少年岁，学习当地的语言，细心观察当地人的习俗。

不少传教士成了学院派的人类学家，比如曾在新喀里多尼亚的坎城（Kanak of New Caledonia）工作的法国人莫里斯·莱纳特（Maurice Leenhardt）。[61]

最近的历史研究表明，人们无法明确区分早先的旅行和后来的"田野调查"。[62] 例如，爱德华·连恩（Edward Lane，图5）1820年居住在埃及时，他这样描述自己，"说着该国的语言，效法穆斯林邻里的行为方式"，包括"抛弃刀叉"。[63] 又如，弗兰克·库欣（Frank Cushing）

图5 爱德华·连恩包头巾的肖像（1829）
© National Portrait Gallery, London

第一章 知识采集 | 37

住在祖尼人（Zuñi）中间时（1879年及之后），他接受了其宗教博教（Bow）的牧师职位，声称要"从内部"研究祖尼宗教。弗朗茨·博厄斯在1883年与因纽特人相处和1886年在温哥华岛上的短暂生活时间内，认真研究了当地的文化。

当然，有关实地人类学者和书斋学者的明确定义要早于马林诺夫斯基，其来自阿尔弗雷德·哈登的《人类学历史》（History of Anthropology, 1910）。1911年W. H. 里弗斯（W. H. Rivers）写给卡内基中心的报告里推荐了"密集型工作"，即"在一个社群里生活一年或者更久"。[64] 的确，马林诺夫斯基自己的报告充满了马林诺夫斯基式的分析：过去作为习俗"组成部分"的东西在现今如何发挥作用，而且坚持认定人类学和其他领域的分野。[65]

回归到笼统的实践科学概念，显然，实地和书斋之区隔被过分夸大了。诸如博物馆、动植物园、实验室以及实验所需控制环境之类的中间领域往往会被忽略。实验并不是在这个阶段产生的。它们在17世纪的科学革命中就发挥了巨大的作用，尤其是物理学中的实验（从伽利略到牛顿）。同样地，我们的时代里更多的实验是在一个更丰富的知识领域背景下展开的。

实验通常是用来验证假设（见第75页）或者向公众展示结果的（见第90页），但是它们也有可能是某种特定的观察，从而有益于知识的采集。此外，另有大量"模仿性实验"（mimetic experimentation）力求在实验室中复制自然现象，例如1895年在所谓的"云室"中复制云的生成。[66]

田野和书斋的对立对活跃在知识舞台上的人至关重要，当然，在各自的对话和交流中有一些细微差异。与此同时，劳动分工使两种学者间的竞争可形成互补。

例如，同一位学者很可能早期进行田野工作，随着年纪渐长转向"书斋工作"。约瑟夫·班克斯年轻时游历世界，之后便如他自称的那样"被固定在"他的扶手椅上。[67]18 世纪 30 年代，年轻的林奈（Carl Linnaeus）在拉普兰德开展野外调查，之后便隐退于其私人植物园内（类似于某种开放式书斋），依靠弟子们替他游历（从中国到秘鲁），以及依靠地方联系人向他传递信息和标本。再有，亚历山大·冯·洪堡 30 岁出头时进行了著名的南美考察，之后便退居书房，先是待在巴黎，后移居柏林。美国社会学家威廉·F. 怀特（William F. Whyte）为撰写其著作《街头社会》(*Street Corner Society*, 1943) 深入波士顿贫民窟调查，后因脊髓灰质炎离开街头回归书斋。

调查问卷是书斋学者影响实地研究者的手段，例如瑞典植物学家卡尔·林奈以及维多利亚时代的人类学家爱德华·泰勒（Edward Tylor）就为旅行者设定了一些问题。[68] 相对地，田野发现可以使问卷更加精练，成为更具自我意识的"问题艺术"。[69] 此外，人们可以也应该对正式的实地调查和非正式的观察对话进行相对的而非绝对的区分。"田野工作"更加严格、更为系统，也需要在当地人中浸淫更久。

长期来看更易发现实地和书斋之间微妙的动态平衡变化——自 18 世纪中叶到 20 世纪中叶，实地调查日益重要。不过最近至少在某些领域里，却有些反向的趋势。通信的发展削弱了旧有的实地与书斋之间的反差。库克船长多年没能联系基地，行走在月球上的阿姆斯特朗却无时无刻不与休斯敦控制中心保持着联系。之前提及的电影《谎言之躯》，清楚地展示了现代科技（使用卫星）如何使得人们能够在几百英里外实时观察地面行动，使得隐蔽的指挥中心能及时干预，从而剥夺了实地探员至少是一部分的主动性。

## 观测的多样性

实地研究优于书斋研究的理由之一是深入实地使人们可以获得更

近距离的观测机会。"当我每天早晨行走在村子里，"马林诺夫斯基这样描述其在特布罗里恩群岛的时光，"我能看见家庭成员亲密的细节，如厕、烹饪、进食；我能看见日常工作的组织开展，人们开始做自己的差事，一群男人或女人忙于生产活动"。[70]

乍看"观测"（observation）一词并无歧义，只是"看"（looking）的同义词罢了。这一行为似乎永无休止，无论观测者或旅行者、商人抑或天文学家。然而下文将着重于观测的历史真实性，不仅是观测设备和手段获得快速发展，而且该行为本身也引发了日益增长的问题意识。[71]

18世纪中叶以来，无论是把观测作为艺术还是科学，对其精确、系统、熟练的要求标准日益增加。1740年，出版商约翰·海因里希·泽德勒（Johann Heinrich Zedler）出版发行的著名的《德国百科全书》里就有一篇关于观测的文章。1770年，哈勒姆（Haarlem）的一个学术社团"荷兰科学社"（the Hollandsche Maatschappij der Wetenschappen）设立了一个奖项，以便评出拥有最好的观察技艺的论文。18世纪，在法国和其他一些地方，临床观测也越发受到重视。[72]

1799年，"人类观测组织"（Société des observateurs de l'homme）在巴黎成立，成员中就包括居维叶、西卡尔（Sicard）神父（聋哑人观测的先锋）和哲学家约瑟夫-玛丽·德杰朗多（Joseph-Marie Degérando）。1800年，德杰朗多发表了"对野蛮人的观测"的评论（《野蛮人观测多种方法的总体考量》[Considérations générales sur les diverses methodes à suivre dans l'observation des peuples sauvages]），来支持博丹船长及其同伴远赴澳大利亚的探险。如同后来的人类学家一样，德杰朗多批评早期旅行家的探险过于肤浅，强调了在陌生的地区需要停留足够长的时间来学习当地居民的语言（尤其要查明"野蛮人"有没有抽象思维，这是哲学家长久以来感兴趣的问题）。[73]

19世纪早期，天文学家威廉·赫歇尔（William Herschel）形容观测是一门需要学习和锻炼的技能。作为一位作曲家及表演家，赫歇尔把运用望远镜观测比作演奏一件乐器。[74] 全能人才洪堡尽管自己并不是一位卓越的观测者，但也撰文论述他所谓的"观察性理解"（*der beobachtende Verstand*）。

19世纪末期，在智力领域，人们对看似微不足道的细枝末节充满迷恋，这同时表现在艺术评论、心理分析和侦测学等不同领域。意大利鉴赏家乔万尼·莫雷利（Giovanni Morelli）在鉴别画家的技巧时着重于其对细节的处理，例如耳朵的画法。弗洛伊德的《日常生活精神病理学》（*Psychopathology of Everyday Life*, 1901）探讨了"口误"一类的小事所呈现的某种心理状态。柯南·道尔笔下的夏洛克·福尔摩斯首次登场于1887年，他曾向他的朋友华生抱怨："我永远不能让你明白袖子的重要性，大拇指指甲盖的暗示，或者鞋带能展现出的重要问题。"[75]

古文字学上的一个突出案例或许也能列入这个清单。路德维希·特劳伯（Ludwig Traube）是这一时期古文字学领域的翘楚。通过仔细研究古代历史学家马尔塞莱努斯（Ammianus Marcellinus）中世纪早期的手稿，包括誊稿人的笔误，他在1903年公开声明，这可能是德国富尔达地区某位英国或爱尔兰誊写员所写的副本，此人依据的则是一本全是大写字母的手抄本。[76] 以上这些例子均呈现了诊断的多样化特性，显然，道尔、弗洛伊德和莫雷利都接受过医学训练，这并不是巧合。特劳伯则是一位著名物理学家的儿子。自然观测者和文化观测者之间的不同并不影响他们相互借鉴。

除相似性之外，我们需要强调观测的多样性。文化观测者通常依赖"裸眼"，为此，人们更为强调观测的需求，正确观测也越发困难。19世纪早期出版了大量关于指导人"如何做"的书，例如英国改革者哈丽特·马蒂诺所著的《如何观测》（Harriet Martineau, *How to Observe*, 1838），以及地理学家朱利安·杰克逊上校写的《观测之物》（Julian

Jackson, *What to Observe*, 1841）。法国社会学家弗雷德里克·勒普莱（Frédéric Le Play）在其发表于19世纪中期的家庭研究作品中，强调了"对事实进行直接观察"的必要性。随后不久，他的德国同人斐迪南·滕尼斯（Ferdinand Tönnies）为他的"政府资助社会学观察"基金会奔走呼吁。[77] 1937年英国成立了名为"集体观测"（Mass-Observation）的团体，他们雇用了一批调查人员记录下日常生活，这正是这一传统的延续。[78]

社会观察者试图变得更为精确、系统，与此同时，问题本身也日益明晰。从前以某一"观点"或"观察角度"讨论的问题，如今从不同的"视角"（gaze，即 *le regard*, *der Blick* 等）再次进行了讨论。不同的个体有不同的兴趣点、知识和偏见。不同类型的人的观察必然不尽相同。比较政治学研究中，德国历史学家奥古斯特·路德维希·冯·施洛塞尔（August von Schlözer）提出了"统计学视角"，[79] 后来学者们又区分了医学视角（福柯叙述）、两性视角、游客视角、殖民视角、科学视角、鉴赏视角、军事视角（一眼就能把握战术，*coup d'oeil*）等。[80]

社会学对观测的争论尤其激烈。19世纪末期，英国社会学家比阿特丽斯·韦伯（Beatrice Webb）注意到观测（的结果）"会被扭曲，如果对象知道他们正在被观测的话"。[81] 为了避免出现这一问题，田野工作的人类学家继续从事田野工作；如果实地观测的时间足够长，他们的存在会被视为理所当然。马林诺夫斯基解释说："当地人每天见到我，他们已经不再因我的出现感到有兴趣、受惊吓或形成某种自我意识，而我也不再是所研究部落生活中的干扰因素了，这个干扰因素可能因方法本身改变对象。"[82] 同时，社会学家开始实践"沉浸式观测"（participant observation）的方法，尽管这个名词在20世纪中期才出现。[83] 19世纪80年代比阿特丽斯·韦伯在东伦敦调查犹太人服装贸易时，就亲自冒充犹太人劳动力。[84]

类似地，1891年，一名德国神学学生保罗·格雷（Paul Göhre）进入了开姆尼茨的一家工厂当了三个月的工人，以调查当地的社会状况。格雷希望"亲耳听到、亲眼看到"相关事实，他"隐姓埋名，蓄起凌乱的头发和胡子，看上去就像是个真正的工人"，周日晚和他的同志们一同度过，询问他们的政治和宗教观念。[85]

观测者作为参与者的例子并不局限于人类学和社会学。人们不能忽视爱德华·连恩这样的身着阿拉伯服装的东方学家，还有克里斯蒂安·史努克·许尔赫洛涅（Christiaan Snouck Hurgronje），这位荷兰学者在 1884 年伪装成穆斯林朝圣者探访了麦加。此外，间谍们显然也会伪装起来做沉浸式观测。

观测的技术手段自 20 世纪以来成倍增加。飞行器在第一次世界大战期间就被用于侦察工作，前飞行员格里奥列由此受到启发，20 世纪 30 年代将其用于人类学研究。[86] 然而在利用技术手段观测民众方面，最鲜明的例证还数谍报或更笼统的监视，尤其是近几十年来越发明显。美国和苏联冷战期间曾使用间谍机，1960 年一架美军 U–2 战略侦察机被苏联射落，引发了一场国际事件。间谍机后又出现了 UAV（无人驾驶飞行器）。谍报行话中，HUMINT（人员情报）日益被 TECHINT（技术情报）取代。

地面监视也不容小觑，20 世纪 60 年代至 70 年代录像监控系统和 CCTV（闭路监视系统）得以快速发展，从铁路站台和政治集会开始，扩展到了店铺和商场。通信卫星的发展促进了空中观测的实施，使情报部门的工作更为便利，同时受益的还有地理学家——谷歌地球（2005 年发起）是所谓地理信息系统（GIS）最直观的表现。微观层面上出现了"间谍软件"（spyware），这个术语最早出现于 1995 年，即那些在用户不知情的情况下将私人信息转移到第三方的软件。出于政治或经济目的，这些软件被安装于个人电脑中转播其信息。

让我们再回到自然。对自然精确、系统的观测源远流长，比如古希腊希波克拉底的医学，或是伊斯兰世界天文学观测的传统。自 17 世纪以来，望远镜和显微镜就进入了人们的常备物品使用清单，从而扩展了"裸眼"的功能。

同样地，随着功能日益完善的设备推陈出新，对自然的观测也在逐渐发展。望远镜变得更大了：威廉·赫歇尔于1789年制作了著名的反射望远镜——半世纪内都是世界上最大的望远镜，后被一系列更加强大的设备代替，例如加利福尼亚威尔逊山观测站投入使用的60英寸的望远镜（1908），再次成为当时世界之最；随后还是在威尔逊山，出现了100英寸的望远镜（1917，图6）；200英寸的望远镜出现于同在加利福尼亚州的帕洛马山观测站（1949）。望远镜在性能上也越加精细复杂，例如可以观测红外线。镜片是凹还是凸，是球体还是椭圆体，是金属还是玻璃，是固态还是液态，都有不同的讲究。

时至今日，已有一些望远镜进入了太空，例如哈勃太空望远镜（发射于1990年）和赫歇尔太空望远镜（发射于2009年）。空间站为宇航员观测恒星、太阳，甚至地球提供了便利，曾有宇航员如此评价太空那令人震撼的空旷："我们并未占用这世界多少。"[87] 无人航天器能够将数据传送回来交由地面科学家观测，凤凰号就曾传送回来火星的尘卷风和落雪。

在另一个领域里，人类也同样受惠于日益精密的观测手段和机械，这便是医学，其发展在20世纪（特别是后几十年）尤为引人注目。X射线是1895年被发现的，紧接着出现了能让医生看见X射线实时画面的镜片。染色让医生能够更容易地观察内部器官。放射性核素扫描始于20世纪50年代，超声波扫描（将声音转译成图像）始于60年代，而能提供身体各部分图像的计算机断层扫描技术则出现于70年代。

图6 威尔逊山胡克望远镜（1917）
© Ian H. Merritt

## 听觉和审问

信息采集时双耳和双眼一样有效。这里的听觉形式主要可分为两类：窃听和审问。两者分散在一个听觉可能性图谱的两端。

窃听技术大概和话语本身一样古老，不过现今仍能察觉到不少变化。沉浸式观测也包含了听觉内容。20 世纪 30 年代"集体观测"的调查员被要求从旁听取日常对话。此外，服务于各个国家的秘密情报机构开发的窃听装置越发臭名昭著——它们最早可追溯到 1912 年"侦听器"（dictograph）的发明，这是种隐藏型的麦克风，最早用于审断离婚案件，同时也为侦探和秘密警察所用。不仅如此，社会语言学家的大部分工作需要听取日常对话，标记出何时、何地、在何种情况下对话者会转换使用不同的语言。

至于什么是介于窃听和审问之间的方式，我们或许可以回到马林诺夫斯基"田野工作"的概念，包括让当地人"告诉你各类民间传说"，讨论他们的习俗等——讨论经常落入询问。19 世纪早期以来是中产阶级"发现民族"的年代，一大批信息收集者到欧洲村庄中寻找日常的乡村传统，这在英语和一些其他语言中被视作"民俗学"（folklore）（相较之下对城市传统的兴趣就淡薄多了）。[88] 方言词典也在这一时期产生并完善。

这些信息收集者包括音乐学家，其中就有国际知名的作曲家贝拉·巴托克（Béla Bartók）。20 世纪初，巴托克和他的朋友科达伊（Zoltán Kodály）开始游历匈牙利，寻找地方音乐。另一个收集口头传统的例子相对较晚，但无比全面：爱尔兰民俗调查会（Irish Folklore Commission）成立于 1935 年，拥有数以百计的全职或兼职收集者，以及 4 万名信息员，包括学生和他们的老师。[89]

审问同样也有悠久的历史，中世纪和现代早期的宗教法庭审判官足够让我们记起这一点。19世纪的英国皇家委员会组织，诸如童工委员会（1842），不仅传唤证人听取他们的证词，同时也盘问他们，如同法庭程序。马塞尔·格里奥列采用的询问方式更似检察官的风格，而非英美传统的民族学家。他假定信息携带者会向他隐瞒重要信息，他试图让他们自相矛盾，从而强迫他们吐露所知真相。[90] 格里奥列的英国同行艾德华·伊凡－普理查（Edward Evans-Pritchard）声称，他用激将法告诉一名赞德巫师，他的敌人知道的比他更多，从而让普理查获取相关信息。社会语言学家也实行审问，正如著名的纽约房地产销售员的语言实验，研究者所提问题的答案应为"四楼"（fourth floor），从中发现销售助理是否使用中间或是尾部的字母"r"。[91]

记者、社会学家、医生和心理学家常使用采访这一手段，通常来说，这是一种公认的较为温和的审讯，并且它在我们这个时代变得越发系统化，采访者也会有目的地选择相关的受访者。早在18世纪，新闻工作者就已经将此方法用于收集信息了，例如，1784年《早报》（*Morning Post*）采访了热气球驾驶者鲁纳尔多（Lunardo）。时至19世纪中期，记者亨利·梅耶（Henry Mayhew）为《早间消息》（*Morning Chronicle*）调查和报道伦敦穷人的工作生活状况。他生动形象的描述基于在城市中的"实地调查"，他和街上的普通人交谈，并把他们的回答直接复述出来。[92] 埃米尔·左拉（Émile Zola）由记者转变成小说家，他通过采访普通人，包括农民、矿工、妓女和售货员等人，来给自己的小说收集素材。他的手记已经发表了一部分。[93]

"采访"（interview）一词日益普及，标志着人们开始自觉使用这一信息采集方式。1884年，英国《波迈宪报》（*Pall Mall Gazette*）的一篇文章提到"'采访'在英国报业的本土化"，这是"调查性报道"兴起的标志，记者在此新型体裁中并不坐等事件发生，而是着手去发掘事件本身。举个例子，19世纪80年代，W. T. 斯替德（W. T. Stead）在《波迈宪报》中发表了一系列有关伦敦贫民窟和雏妓的文章，他称之为"白人奴役"。他的美国同行林肯·斯蒂芬斯（Lincoln Steffens）以其政治腐败调查文章闻名，并出版了一本题为《城市之耻》（*The Shame of the Cities*）的书。

这一手段从报纸自然而然地传至其他媒体——广播和电视——甚至其他领域，比如广告、政治和学术领域。19世纪晚期，社会调查兴起之时（见第23页），采访人员携带一系列问卷到受访人工作或生活的地方做调查，这一做法也逐渐普及。20世纪早期，不少美国的研究人员和民意调查人员有时也会做采访，社会学家则仿照他们的行为开展访问。

采访过程的方法论的问题越发清晰。阶层较高的人采访阶层较低的人时，往往会获得受访人认为采访者想要听到的话。一位20世纪早期的重要社会学家威廉·I.托马斯（William I. Thomas），充满了嘲讽地把采访形容为积累"大量为日后观察与比较时所用的错误"。[94]

## 问　卷

问卷可以作为采访的替代品，或是辅助采访者。问卷是针对不同对象而提出的一系列相似的问题，这使得回答可以比较甚至量化。现如今，问卷（尤其是印制形式的）已经成为西方日常生活不可或缺的一部分，但是这种文字形式有着很长的历史，例如中世纪和现代早期的主教访问他们的教区，无论是亲自访问或者通过代理人，都会带着一个关于教堂状况和牧师与信徒品行的问题清单。我们这个时代，问卷调查变得更长也更频繁，被用于调查更多的不同的生活侧面，有时甚至有侵犯之嫌。

将1750年至今的问卷历史划分为两个阶段或许更易理解。早期阶段，问题的对象是贵族，牧师也位列其中，还有科学远征者、旅行家、教育委员会检查员和人类学家，以便为其观测或问询提供指导。1762年，德国东方学家约翰·大卫·米凯利斯为尼布尔的阿拉伯远征（见第18页）制定了一个问题清单。1789年，波希米亚伯爵利奥波德·冯·贝希托尔德（Leopold von Berchtold）为"爱国旅行者"制定了需要询问的2500个问题。1790年，法国修道院院长亨利·格雷高尔（Henri Gregoire）起草了一个关于法国各个地区方言使用情况的问卷。还有，1805年克尔特学会（*Académie Celtique*）设计了一张含有51个问题的问卷清单，用以调查公众习俗。[95] 问卷（questionnaire）这个词在英文中的使用，正如德语中调查（enquête）这个词一样，受到了法国的影响。19世纪，问卷不计其数，用以调查民俗、工作条件、宗教参与等，设计者包括从公务员到学者，地区包括从爱尔兰到俄国。

在问卷使用的后期阶段，随着文字的普及，人们直接对受访者提问：工厂工人、士兵、不同商品的消费者，或者像在任意国家人口普查那样——各个家庭的家长。在采访的历史中，问题也随着时间越发凸显，比如说误解。马萨诸塞州劳动数据办公室（Massachusetts Bureau of Statistics of Labour，成立于1869年）的领导人员宣称，他更偏爱让办公室人员直接对被调查者使用问卷采访，因为在他看来，这样就避免了误解。类似地，1872年德国社会政策学会（*Verein für Sozialpolitik*）批评了由政府签发问卷的行为，建议专家们应该穿行于国家中倾听当地人的声音。[96]

# 记　录

其实在实践中，田野和书斋、采集和分析的界限不可能十分清晰，因为信息的处理早在收集时就开始了。笔录通常始于实地。詹姆斯·库克这样的船长都会保有他们的航海日志。人类学家和自然学家写作"调查笔记"，考古学家撰写每日发掘的报告。这么做的同时，他们已经将所见所闻转换成了文字，也记录下了他们的经验，从而供他人解读、研究。

文字显然不是记录实地调查结果的唯一途径，想想那些重要的地图和表格。上文中提到的那些探险家、知识采集远征队的参与人员，或多或少都带回了一些草稿，之后在办公室和书房中被制作成地图。出版于 1825 年的法国的《埃及地形测绘图》就是个著名的例子。除了陆地地图，海洋图、天空图也很快出现了，例如 1801 年由柏林观测站的约翰·巴德（Johann Bode）出版了《天体图》（Uranographia）。19世纪的另一个主要进步是主题地图的产生，例如语言分布地图、文化普及地图、犯罪地域地图、地理地图、人口分布图、种族分布图、疾病传播图、贫困地区图等。[97] 到 19 世纪末期，摄影技术开始被用来制作星空图。[98]

图像的重要性向来为知识采集远征的组织者所认同，他们招揽了艺术家（之后则有摄影师）作为队伍成员。艺术家，著名的如威廉·霍奇斯（William Hodges）和约翰·韦伯（John Webber），曾随库克船长一同参与了他那三次著名的航行，画下了南太平洋的景观以及不少当地居民的速写。[99] 19 世纪 30 年代，乔治·凯特林（George Catlin）自己进行了一次远征，记录了美国西部印第安部落的外貌。1840 年，法国艺术家尤金·法兰登（Eugène Flandin）参与了一次人类学远征，画下了古代波斯人和亚述人的遗址。同样地，报社和政府也会定期派送艺术家和作家去报道外国事件，尤其是战争——克里米亚战争、第一次世界大战，甚至是第二次世界大战（在此期间，爱德华·阿迪卓恩 [Edward Ardizzone] 和爱德华·鲍登 [Edward Bawden]，以及其他人作为战争艺术家服役）。[100]

当然，到了这个时期，摄影师早已在记录事件。马修·布雷迪（Mathew Brady）因其美国内战的图像而闻名，是"摄影记者"职业的先驱。同样，还有多罗西亚·兰格（Dorothea Lange）拍摄和记录了大萧条时期的图片。人类学家也借助电影从事研究。19 世纪 90 年代弗朗茨·博厄斯实地调查时带着照相机，20世纪30年代的人类学家则带上了摄像机。俄国人种学家塞缪尔·杜丁最著名的或许就是他于20世纪初期在中亚拍摄的日常生活的照片。或许视觉档案馆近期才出现在人们的视野里，但实际上它们的出现要早得多。

日益精细的摄影设备允许人们收集更多的信息。科学家采集了原子，甚至电子的照片。摄像机则持续不断地记录着人们的日常生活。航拍在第一次世界大战中被发明，最初是用于提供敌军的位置，之后在和平时期也显出其功效。正如上文我们所知，格里奥列在非洲调查的时候就用到了航拍，丹麦地理学家劳奇·科赫（Lauge Koch）对格陵兰岛的调查也运用了同样的方法。[101]人类学家肯尼斯·圣约瑟夫（Kenneth St. Joseph）在第二次世界大战时期是英国皇家空军（RAF）的一名分析航拍照片的军官，后来这一手段被他应用到研究古罗马遗址和中世纪修道院故址中。

声音记录比图像要更晚些，不过从1904年开始巴托克就用黑胶唱片录制了匈牙利民歌。爱尔兰民俗委员会用的则是爱迪风（Ediphone，20世纪20年代以来的改良形式）。[102] 20世纪50年代起，录音带的发明对音乐学家、民俗学家和历史学家来说都是个好消息，它促使了"口述史"运动的发展。现如今声音档案库里保存着成千上万盘采访录音带，比如那些美国老兵历史项目中制作的录音带，存放在美国国会图书馆里。一些窃听录音带也留存了下来：斯塔西（Stasi，民主德国国家安全部）档案馆里保存了前联邦德国总理赫尔穆特·科尔（Helmut Kohl）参与的大量对话，尽管这些目前还未向历史学家公开。

## 笔记和档案

一些研究近代欧洲的历史学家近来指出，学生和学者日常的活动，即通过写读书笔记来收集信息，也会随着时间的推移而变化。一种近代早期十分流行的笔记系统在一些学院中被鼓励实行：使用我们所知的"摘录簿"来记下奇闻逸事和其他消息，分门别类归置在不同的标题下（通常是善和恶），以字母顺序排列，便于使用者在演讲时更轻松地找到参考依据。[103]

现如今我们的学术世界，尤其是人文学科，是基于手写笔记的——实地调查笔记、图书馆摘抄、讲座记录——写在笔记本、活页纸与索引卡上，甚至是信封背面或是浆洗过的衬衫袖头上。达尔文从他的猎犬号（*Beagle*）航行中带回了近1400页的笔记。这对于一次5年的远行来说可能不是什么巨大的收获（大约每天1页），但是足以使在其中寻找某个特定主题的任务变得十分艰巨。

19世纪，小卡片夹（paper slip）的运用日益受到欢迎，开始编写于1858年的《牛津英语词典》就是一个著名的例子。第一个编者将10万份带有释义例句的纸条分门别类归纳到54个文件格中。之后又有两次大量例句的收集。同样是牛津出版的《方言词典》（1896—1905），使用了超过100万份纸片。[104] 直到上一代人，记录纸条组成的大量卷宗仍是图书馆书架的主要组成部分。

小卡片很容易被撕毁，因此卡片开始被应用于记录信息，不仅是为学者所用，同时也用于商业（提供客户）、医院（记录病情），警方也用以记录犯罪嫌疑人的信息。无论他们是否知晓，这些使用者都追随了图书馆员的步伐。1790年，法国国民议会（French Assembly）下令让官员盘点本地图书馆的记录卡片的数量，后来编成了一份巨大的统一目录。[105] 第一个将卡片目录系统引入图书馆的大学是哈佛大学（1861）。麦尔威·杜威（Melvil Dewey），一位具有商业野心的美国图书馆员，成立了一家销售卡片的公司，特地生产卡片以供记录、整理信息，使得整个流程标准化。这些卡片长5英寸、高3英寸，或更精确地说，高7.5厘米、长12.5厘米（杜威对于公尺制有狂热的偏爱）。接下来一段时期，笔记记录和归纳系统的发展相对稳定，直到1980年个人电脑和数据库的出现。

## 储　存

加速的收集活动显然令储存的问题日益严峻，博物馆就是很好的佐证。伦敦科学博物馆收有20万件藏品，卢浮宫是它的两倍。大英博物馆有1300万件藏品，自然历史博物馆则有大约7000万件化石。我们在很多博物馆见到的展品往往只是冰山一角，剩下的大部分藏品都沉寂在地下室或是其他储藏室中。例如，卢浮宫就只展出了不到十分之一的藏品。

还有一个例子是被称为"知识储藏室"的百科全书，德国哲学家伯纳德·格罗修森（Bernard Groethuysen）曾经将法国的《百科全书》形容成资产阶级积累货物的欲望表达。"百科全书派绕过了社会等级……这是博学之士为大众获取的知识……所以就把它们当作你自己的。"[106]

这些"储藏室"需要不断扩容来容纳新的信息。法国的《百科全书》囊括了71818个词条，共35卷，花了20多年将其出版。其继承者《方法论百科全书》（Encyclopédie méthodique）则最终达到了210卷之巨。德国的《经济百科全书》（Ökonomische Encyklopädie）有242卷，出版耗时长达85年（1773—1858）。西班牙的《欧美启蒙大百科》（Enciclopedia universal ilustrada europeo-americana）现如今已到达118卷，在100多年的时间内不断出版（1905年至2009年）。储藏这些"储藏室"本身就成问题，有时则予以数字化，比如1994年《不列颠百科全书》被录入网络。如果我们要打印出不断增加的维基百科，那轻轻松松就能用掉一整栋建筑的空间。

无论过去还是现在，档案管理员都面临着储存的难题，有时候文献的持有量得用"千米"计算。荷兰国家档案馆的网站就提到藏有"93千米的文档、地图、绘画和照片"。18世纪晚期人们见证了以建造实体档案馆来储藏文件的热潮。一个较早的例子是爱丁堡的"记录室"，其由亚当兄弟设计，并于1789年启用，然而空间很快就消耗殆尽。1882年，意大利国家档案馆已经拥有约127000平方米的储藏架，然而到1906年，这个数字已经增长到了约164000平方米。[107]

现在英国国家档案馆（前公共记录办公室 [Public Record Office]）的目录上有近1100万份文档的描述，包含了照片、录像带和视频。在档案管理者看来，在线储藏或许来得正是时候，20世纪70年代先是储藏在大型计算机上，随后到了90年代则是储藏在互联网上。

图书管理员则和档案管理员面临着相似的问题。大英图书馆的书架连起来长达625千米（388英里），美国国会图书馆的书架连起来则长达850千米（528英里）。不仅如此，图书的数量正以前所未有的速度增长：1960年出版的图书是332000册，而到1990年，这个数字增加到了842000。[108]对储存空间的需求加上国家威望的比拼，使得法国用新的法兰西图书馆替代了黎塞留街上原先的国家图书馆（图7）。

令图书馆员感到一丝庆幸的是，随着线上编目技术的发展，先前那种存于木头抽屉里、颇占空间的手写或打字卡片目录系统已经被废弃。为了庆祝这一变化，一家北美图书馆烧毁了这些卡片，另一家则为它们举行了一个模拟葬礼。[109]电子数据库的出现也将其他需要储存数据的机构从卡片目录中解放了出来，例如英国军情五处、美国中央情报局，同时被解放的还有书房里的学者。在线储藏，或者如比尔·盖茨所说的"云端"储藏，似乎是一个理想的解决方案。但正如我们所见，这个信息爆炸的时代仍然存在众多问题。

图 7 巴黎黎塞留街国家图书馆阅览室内部（1868）

# 结　论

不厌其烦地讲述知识采集的壮丽诗篇是件诱人的事,毕竟在这期间产生了太多英雄,尤其是那些探险家,以及诸如掠夺之类的暴力事件。然而下一章所要讲述的信息分析的过程将会平和许多,却也无趣不少。如果说信息储藏已然演变成一个严峻的挑战,那么不难想象,分析过去250年以来累积的不可计数的信息将是多么困难。

# 第二章　知识分析

上一章的内容主要与"田野"相关，这一章将会把注意力更多地集中于"书房"中，包括图书馆、博物馆和实验室。有些著名学者毕生从未进行过田野工作。法国地理学家朱尔斯·希安（Jules Sion）从未踏足过亚洲，却对这个大陆的地理情况有原创性的发现。再有，"近半个世纪德国最杰出的闪米特专家"西奥多·诺尔德克（Theodor Nöldeke），"从未到过维也纳手稿库以东"。[1]亚瑟·威利（Arthur Waley）或许是20世纪最著名的中国、日本文化的英译者，但他从未到过这两个国家。这种类型的学者还包括维拉莫维茨－莫伦多夫（Wilamowitz-Moellendorf）这样的古典文献学家，他有着出众的对他人所收集材料进行分析的能力。

有人提出，分析这一过程把相对原始的信息转化成了知识。"分析"（analysis）这一术语出现于近代早期阶段，1750年之后才在很多领域得到广泛运用。它能指代一种纯数学的分支。化学家会说"有机分析"、"分光镜分析"、"样本分析"和"分析化学"；地理学家开展"土壤分析"；植物学家、动物学家和医生进行"组织分析"；遗传学家和分子生物学家则进行"基因分析"。

社会科学家也使用"分析"一词，统计学里有"路径分析"、"系统分析"和"经济分析"。"分析哲学"则是哲学中的一个流派。"分析考古学"的兴起是 20 世纪 60 年代新方法宣言的标志。语言学有"语言学分析",其中有些强调"谈话分析"。文本编辑会说"文本分析",与之相对应的是批评家的"文学分析"。地理学家做"空间分析",考古学家对手工制品开展"连续分析"和"聚类分析"。弗洛伊德派开展精神分析。人类学家和工程师都要进行"结构分析",工程师和商人则会开展"风险分析"。

不消说,每个语境中的"分析"一词含义并不相同,这让我们不禁怀疑那个看似美好的论断,即 1780 年到 1850 年是"分析的时代"。[2] 瑞士数学家欧拉(Leonhard Euler)区分了"分析"(换言之,代数的)和"几何"的方法。分析常常需要将事物分解,如同化学家确认物质成分时所做的那样。英国物理学家 J. J. 汤姆森(J. J. Thomson)给出了区分新的自然哲学和旧的自然历史的基础:新哲学将自然拆分开来解释。分析也同时意味着潜入问题的表面,例如解剖学家和植物学家分解对象时所做的,或是精神分析学家区分真正的潜意识动机和表面有意识的驱动,或是机能主义社会学家区分机构的"潜在功能"和"显像功能"。[3] 相对于描述,分析意味着解释。

本章当中"分析"用以统称不同的隐喻,正像"雨伞"(umbrella)指代了一系列不同的思想活动;它们虽然不尽完善,却在长时间内指向大量不同的领域(或是同一领域在历史中呈现的不同形态)。这些早先被称作加工或是"烹制"的行为,包括了描述、分类、编纂、日期标注、测量、测试、解释、说明和推论。接下来的主要目的是强调和描绘历史真实性。换言之,即"分析"这一行为如何,以及它在何种程度上随着时间的推移扩增和改变。

显然我并非断言之前的学者不做描述、分类、日期标注之类的工作,不过这些步骤中的多数的确是在我们的时代变得更为精细、正式和自觉的。用一句 18 世纪的话来说,它们被"系统化"了。20 世纪

60年代，一些考古学家就其学科"纯真的消逝"撰写了不少文章。换言之，人们日益达成共识，即客观性是不可能达成的，不同的手段各有其优劣。[4] 而在另一些领域中，这种纯真的消逝是"实证主义的反叛"，时常在不同的情形下出现，成为我们时代知识的重要主题。

## 分　类

分类，即将现象划归不同类别。这个行为无时无刻不在进行，但能引起历史学家兴趣的只有重新分类。较少见分类系统的大规模变化，但在我们的时代也发生了不少。

福柯在其宏大的权力塔（*tour de force*）中分析了18世纪晚期分类系统的思考，并以语言、自然历史和政治经济为例。[5] 近来一位科学史家以福柯的理论为依据并扩展了其理论，提出"18世纪是分类的世纪——分类本身不仅是种工具，更是所有知识的典范"。[6]

讨论语言的时候，福柯更重视所谓的"普通语法"（general grammar），比较语言学家则显然更着重于将语言归类，纳入不同的"家族"。18世纪晚期，学者们发现了罗曼语系、日耳曼语系、斯拉夫语系和凯尔特语系都是起源于梵文的"印欧"语族的分支。匈牙利语和芬兰语尽管词汇上不尽相同，却能凭其基本语法上的相似而被同时归于芬兰-乌戈尔语系，而这是乌拉尔-阿尔泰语族的一支。

不过最为鲜明的例子非植物学莫属。林奈企图在分类领域替代亚里士多德。他的系统等级分明，每种植物都会被分为界（class）、随后是目（order）、属（genus）、种（species），最后是特定的类（variety）。1753年他公布了著名的二项分类（双重命名，binomial classification）系统，每种植物都被赋予了两个拉丁名字，一个表类，另一个表种，例如班克斯安娜玫瑰（*Rosa Banksiana*）就是以约瑟夫·班克斯的名字命名的一种玫瑰。动物和人类被划分到相似的一类中。他给"人类"的名称是"智人",并继续分出四个种类,对应四个已知的大陆:欧洲人、亚洲人、非洲人和美洲人(*Europeanus*, *Asianus*, *Africanus* 和 *Americanus*)。[7]

林奈的分类系统为其他领域的学者提供了灵感。林奈的朋友,法国植物医学家弗朗索瓦·萨瓦格·德拉克洛瓦(François Sauvages de Lacroix)将其系统用于改造"疾病分类学"。换言之,疾病被分门别类划入界门纲目等,并最终识别出 2400 多种疾病。同样地,根据林奈的分类系统,他的学生托尔本·伯格曼(Torbern Bergman)将矿物划分到界门纲目种。受到伯格曼的启发,一群法国化学家,包括安东万·劳伦·拉瓦锡(Antoine Laurent Lavoisier),将双重命名法运用到了化学上。法国博物学家让－巴普蒂斯·拉马克(Jean-Baptiste Lamarck)给自己的无脊椎动物著作起了个林奈式的名字:《动物类、界、门图鉴》(*tableau général des classes, des ordres et des genres de ces animaux*)。[8] 英国化学家卢克·霍华德(Luke Howard)也同样根据林奈的标准给云作了分类,引进了"卷云"(cirrus)和"积云"(cumulus)这样的专业术语。

当然也有部分学者反对,或至少是对林奈的体系作出了修改,尤其是反对他将植物的繁殖器官作为分类的主要依据。法国人安托万·劳伦·德·朱西厄(Antoine Laurent de Jussieu,根据他叔叔伯纳德[Bernard]的著作)、瑞士植物学家奥古斯丁·德·堪多(Augustin de Candolle)和美国的阿萨·格雷(Asa Gray)均给出了替代林奈的分类系统。林奈区分了四种人类,而哥廷根的比较解剖学家约翰·弗雷德里克·布卢门巴赫(Johann Friedrich Blumenbach)将人区分成五种——白、黄、棕、黑和红——分别命名为高加索人、蒙古人、马来人、埃塞俄比亚人和亚美利加人。

如上所示,重新分类是个持续不断的过程,至少在我们时代的某些领域是这样的。再次回到医药学的例子,埃米尔·克雷佩林(Emil Kraepelin)和雅克·贝蒂荣(Jacques Bertillon)对疾病重新做了分类。

德国精神病学家克雷佩林在其《纲要》（*Compendium*, 1883）里重新归类了精神疾病，更多是依据病症而非症状，即综合症状而不是单一现象。法国医生贝蒂荣对死因进行了分类。他的工作在《疾病及其相关健康问题的国际统计分类》（*International Statistical Classification of Diseases and Related Health Problems*）中得以延续，由世界卫生组织出版并定期更新。

另一个分类标准竞争激烈的领域是档案学。曾任职于图勒大教堂，后移居里昂的档案保管员勒穆瓦纳在其《实用外交》（Pierre Camille le Moine, *Diplomatique Pratique*, 1765）一书里提出了一种新模式，他称之为档案分类（*l'arrangement des archives*），赞成用主题而不是时间给文件归类。摩纳哥亲王的档案馆员让·纪尧姆·德·舍夫里耶尔（Jean Guillaume de Chevrières）在其《新档案保管员》中批评了勒穆瓦纳"新奇的方法"（*nouvelle manière*），为按日期分类的传统方法辩护。19世纪50年代，托斯卡纳档案管理督导员弗朗切斯科·博纳尼（Francesco Bonaini）使用了第三种分类原则，即"来源原则"，依据文件来源的机构来分类。

这个声势浩大的分类运动不可避免地要影响到知识本身的各种分支。[9] 狄德罗和达朗贝尔在《百科全书》开篇《章程》中运用了传统的知识"树形图"，但和前辈不同的一点是，他们没有把书的"枝丫"看作唯一的分类方式。相反，"组成的方式多种多样"，当然，这话多少也有点武断。两位主编回归到了培根的分类系统——当然作了一些调整——通过人类头脑的三种功能来给知识分类：记忆（包括历史和自然史）、理性（哲学、数学和法律）和想象（艺术）。[10]

19世纪有不少人尝试修改这种方案，虽然大多数已经被遗忘了。其中最为著名的是学识渊博的奥古斯特·孔德和赫伯特·斯宾塞。孔德在《实证哲学教程》（*Cours de Philosophie Positive*, 1830—1842）中将他所称的"实证科学"分为两组：负责发现一般规律的抽象科学（数学、天文学、物理学、化学、生物学和社会学）；负责用一般规律解释现象的具体科学。根据孔德的观点，社会学这门最新的抽象科学应该位于这个"大阶层"的顶端（不过英国人威廉·休厄尔[William Whewell]把这个"宇宙顶点"的地位让给了天文学）。

斯宾塞回应孔德，否认了任何把科学归入"特定顺序"的可能性。他偏爱的分类方式有三层：一边是"抽象科学"（仅限于逻辑和数学）；另一边是"具体科学"（天文学、地理学、生物学、心理学和社会学）；夹在中间的是"抽象具体科学"，即机械、物理和化学。[11] 1900年之后，新的分类方案逐渐减少，大家似乎在学科的划分顺序上达成了一致。

不同于植物学、地理学和医学，重新划分知识门类的尝试对思维实践产生的影响并不明显。不过对书籍的重新分类的确具有一定的效果，至少，无论是学者还是普通大众的头脑中"知识谱系"的形象的形成都应该归功于图书馆。

独立图书馆直到19世纪70年代都还在使用它们自己的分类系统，按照《百科全书》中的分类绘制保存知识图，即便有时它们早已被当作过时的产品。19世纪后期出现了两股相对的势力——都来自美国并且取得了一定程度的成功——试图使书籍的分类标准化。麦尔威·杜威在1876年发明了十进制分类法（DDC）。作为一个狂热追求效率的人，杜威被从简化拼写到公制系统的各种分类系统深深吸引。杜威的分类系统和《百科全书》的知识图一样都来源于弗朗西斯·培根，不过这次并不是直接基于培根，而是通过黑格尔派哲学家和教育学家威廉·T.哈里斯（William T. Harris）。比利时图书馆员保罗·奥特勒（Paul Otlet）完善了杜威的体系。[12] 赫伯特·普特南（Herbert Putnam）为美国国会图书馆创建了另一种使用超过40年的体系（1899—1939）。美国国会图书馆分类系统（LCC）被美国及其他国家的学术机构内的图书馆采用。

图像的分类问题要比书籍复杂得多。孟加拉国引入罪犯指纹系统时，拇指指纹的图像被存于一个有 1024 个分类格的大柜子当中，到 1897 年时已经有了大约 7000 件。随着指纹技术的传播，科学家弗朗西斯·高尔顿（Francis Galton）和一些人提出用"螺纹""双环""帐弓"等名目分类。1892 年阿根廷警官胡安·布切蒂西（Juan Vucetich）在建立指纹档案时就采用了高尔顿的方法。[13]

警局档案常常包括了罪犯的肖像，这些图像比指纹更难分类。奥特勒，作为"一个想要把世界归类的人"，早在 1905 年就想要创造一种"通用肖像常备目录"。不过图像分类系统最早还是由艺术史学家发明的，例如普林斯顿基督教艺术索引（1917）和图像分类（Iconclass），后者是荷兰学者瓦尔（Henri van de Waal）在第二次世界大战被俘时发明的，直到 1973 年之后才发表。1989 年，比尔·盖茨成立了数据库科比斯（Corbis），发明了自己的一套面向用户的分类系统。这个数据库已经储存了超过 400 万份数码图像。[14]

分类协会于 1964 年建立，随后是 1974 年发刊的杂志《国际分类》（*International Classification*），以求能应对迅速增长的知识积累和由此而来的对世间一切的分类方案，有时人们称之为"分类危机"。它们的主要服务对象是图书馆员和其他"信息科学"工作者。1993 年，这本杂志被重新命名为《知识组织》（*Knowledge Organization*），希望能借此激发人们的危机意识，并发出更强有力的呼吁。

以上提及的分类系统曾发挥重要作用，但如今因搜索引擎的发明，其功能受到极大削弱。搜索引擎使用的是所谓"多面"系统（faceted system），使得材料能够以大量不同的方式被分选标记，而这全都基于用户的需求。这种新的"数码秩序"或者说"无秩序"是否会取代传统的"纸质秩序"，还是两者能够和谐共存？现在断言还为时尚早。[15]

第二章 知识分析 | 63

# 解　译

在某些领域中，因分析的任务不同，要求先对文本进行解译。文艺复兴以来，欧洲学者就相当熟悉埃及象形文字，其中一些还亲眼见过楔形文字，虽然他们通常将其视作符号化的图像而非书写方式。不过对未知手稿的系统解译直到18世纪晚期才开始，每一项新的成功都依靠前一项发现。这些解译过程就像侦探小说一样，甚至更加引人入胜，因为在人文学科中很少有人能宣称：这个谜题的答案已经揭晓了。

18世纪50年代的两位学者，法国人让－雅克·巴泰勒米（Jean-Jacques Barthélemy）和英国人约翰·斯文顿（John Swinton）几乎同时独立破译了"巴尔米拉文"（一份用叙利亚巴尔米拉地区古语写就的某种阿拉伯语言的古卷）。破解的关键来自一份双语卷宗，这里的另一种语言是希腊语，之后顺理成章地出现双语乃至三种语言的铭文解读计划，通常以独立研究或者半同步的方式实施。

象形文字已经被研究了几个世纪，但是系统化的解读直到1799年拿破仑军队在埃及的突破性发现后才起步。这个发现是罗塞塔石碑，上面不仅有象形文字，还有通用埃及语和用希腊语撰写的铭文。著名的法国东方学家西尔维斯特·德·萨西（Sylvestre de Sacy）和他的学生瑞典外交官阿克布拉德（Johan David Åkerblad），解译了通用语言的文本。象形文字的难题则是由法国人商博良在19世纪20年代才解决的，他意识到这些符号有时是表音的但有时又是表意的。[16]

接下来需要解密的手稿是楔形文字，一种古代波斯和两河流域使用的书写方式。它的神秘面纱在一群学者的解读竞赛中逐渐被揭开，这些学者来自不同的国家（德国、法国、丹麦、挪威、英国以及爱尔兰）。在贝西斯登，即现在的伊朗地区出土的用古波斯语、埃兰语和巴比伦语书写的三种语言的铭文，相当于楔形文字中的罗塞塔石碑。

1857年发生了一次重大突破，伦敦皇家亚洲学会举办了一场有四位参赛者的竞赛，包括爱德华·辛克斯牧师（Edward Hincks）、亨利·罗林森（Henry Rowlinson）将军，要求他们分别密封提交一份亚述语翻译。幸好他们得到了近似的结果。[17]

自那之后，学者们成功阅读且翻译了大量之前不为人知的古卷，包括乌拉尔图语、乌加里特语和赫梯语。通常他们不会预先知道那份古卷是由什么语言写成的。20世纪最为著名的被破译语言是古希腊线形文字B（Linear B）和玛雅文。古希腊线形文字B是在克里特岛发现的，由一位才华横溢的业余爱好者即建筑学家迈克尔·文特里斯（Michael Ventris）于20世纪50年代早期破译，同时研究这个问题的美国学者爱丽丝·科博（Alice Kober）等人也取得了一些突破。就玛雅文而言，其破译是在20世纪50年代，关键人物是苏联人科诺洛佐夫（Yuri Knorozov），他认为那些字形并非如其他学者相信的那样是表形的，而是表达音节。美国学者琳达·舒勒（Linda Schele）也对此作出了贡献。[18]

解译古代文字为人文学者提供了一种找到问题的正确答案的罕有乐趣（这通常只会出现在他们自然科学领域的同事身上）。解译古文字有时被形容为"破译密码"，这个比喻显然再恰当不过。20世纪20年代解译乌加里特古卷的学者，德国人汉斯·鲍尔（Hans Bauer）和法国人多尔姆（Edouard Dhorme）都在第一次世界大战中做过密码破译员，不过各在对立的一边。鲍尔的某些发现正是基于字母频率分析这种常见的密码破译技术，他运用此方法，注意到了字母头尾出现的符号。类似地，英国古典学家约翰·查德维克（John Chadwick）也受益于他在第二次世界大战中的密码破译经验，他为古希腊线形文字B的破译作出了不小的贡献。[19]密码破译时，"解决之道通常始于寻找'停止'的意群"，这首先让信息的结构变得清晰。[20]在楔形文字的破译过程中，发现分开词语的字符是个重大突破。

应该指出的是，现代密码破译技术员的工作和学者们对古代文字的研究之间还是有不少区别的。学者们的优势是有时间，除了同事竞争之外并没有其他压力。人们越来越依赖密码破译员的工作，他们也能够依靠现代技术的资源进行工作。例如第二次世界大战期间有名的"恩尼格玛"（ENIGMA）密码机，就被白金汉郡布莱切利园的队伍破译了。[21]

## 重　构

许多信息以碎片的形式涌现，自然，知识生产包括了拼图般把这些碎片拼凑起来的过程。这类的重建或者说恢复需要知识的帮助，同时也产生了知识。

1800 年以来，古生物学为重建提供了一些极好的例子。当时人们发现了许多不明物种的巨大骨头，它们后来被确认为"恐龙"（这个名字可以追溯到 1942 年）。在巴黎，居维叶研究猛犸象和翼龙，运用比较解剖学重置其骨架。他相信有机体存在密不可分的联系，以至于声称能够从一小片骨头中推断出动物的种类。古语有云，"管中窥豹，可见一斑"（*ex ungue leonem*），居维叶的方法为其提供了新的解释。[22]

在伦敦，理查德·欧文（Richard Owen）效仿居维叶为恐龙命名，不过他最有名的还要算是为水晶宫的展览作出的骨架重建。这个颇具争议的展览开幕于 1854 年，着重于展示实体大小的动物模型。基于 1878 年在比利时发现的 31 具禽龙骨架，古生物学家路易斯·道罗（Louis Dollo）证明了欧文放置在禽龙鼻子上的骨钉（类同于犀牛）实际是长在它的拇指上的。

重建古生物的过程就犹如 19 世纪另一项主要活动：古建筑的复原。最为著名的例子是由法国建筑学家尤金·维欧勒·勒·杜克（Eugène

Viollet-le-Duc）指挥、政府承担的中世纪建筑的复原——维泽雷（Vézelay，1840— ）、巴黎圣母院（1845— ）和卡尔卡松的防御古镇（1853— ）。与古生物学的重建相同的是，这些建筑的复原也富有争议。维欧勒希望能够重建他所谓"或许从未在任何时代存在过的完整性"。[23] 科隆大教堂就是仿照了这一先例，它的第二塔楼依照原始计划，从1842年继续修建。

存留的建筑往往杂糅了不同的风格，这让复原的手段尤其受到质疑。维欧勒清除了圣母院18世纪的附属建筑。他的理论和行为都受到了强烈诟病，一些人认为只有曾经存在过的东西才应被复原。[24] 无论我们是否赞同这些重建，不可否认的是，它们需要知识，甚至能产生某种知识。时至今日，很难不从维欧勒的视角去观察卡尔卡松这座城市。

专家们也复原了其他诸多手工制品。考古学家拯救了许多已成碎片的文物。亚述石碑的复原被称为"一个巨大的谜团"。[25] 从古罗马别墅到威尼斯圣马可大教堂的马赛克原则尤其让人联想到拼图。

相较之下，绘画的复原似乎显得轻松很多，不过是扫扫灰尘罢了。可实际上，复原者需要分辨原作和之后尝试重画的部分。达·芬奇的名画《最后的晚餐》有很多这种尝试，它最近一次的复原是在1978年到1999年之间。现如今复原者能够利用诸如红外线投射之类的高科技，透过画作的表层去看艺术家的原始草图。

这一阶段，重建也是语言和文学研究的重要部分。拿语言研究来说，从当时的语言着手，随后倒序追溯，重建早期的语言形式（或者诚如一些19世纪学者所说的原始形式），最终目的是复原。德国语言学家奥古斯特·施莱谢尔（August Schleicher）比较了印欧语族（日耳曼语系、罗曼语系、凯尔特语系、斯拉夫语系等）中各个语系词语的区别，试图恢复他所谓的"原印欧语"，即公元前6500年在安纳托利亚地区所说的语言。早在福柯之前，施莱谢尔就使用谱系这一比喻，画出了某种他所称的语言"家族树图"（*Stammbaum*）。[26]

除了19世纪的语言学家研究语言谱系之外，还有很多学者（包括施莱谢尔的老师，德国语言学家弗雷德里希·里奇尔[Friedrich Ritschl]）追求文本的谱系，即"文本批评"，目的是重建某个特定作家的原始文本。[27] 即便作家的原稿保留了下来，我们仍需要辨别后期添加的内容。何况绝大多数著名文本，从《新约》的作者到柏拉图，只留存了作家死后很久的手稿。一代代的誊写人留下了不少错误和"不纯"的元素，这也需要纠正。这个过程和古画的复原有异曲同工之妙。

早在近代早期，欧洲学者们就开始使用这种文本批评的方法，例如15世纪的洛伦佐·瓦拉（Lorenzo Valla）和18世纪的理查德·本特利（Richard Bentley）。他们对文本的校对很精妙，但往往不成体系。我们这个时代的好处在于谱系手段的发展——5000多份《新约》的手稿被分门别类地纳入不同的"家族"，换言之，区分了那些简单复制其他手稿的卷宗和具有独特标识的卷宗。

文本批评家在寻找消失的原始手稿或者说"原型"（archetype）的过程中，重建了那些手稿形成的方式。这些手稿有时是复制另一份已经存在于抄写员眼前的文件（这种情况下实在是很容易遗漏一个字母、词语或者句子），更何况有时是通过口授笔录写下来的（这种情况下，抄写员很容易误解某个词）。[28]

文本批评历史上的里程碑事件有德国古典学家克里斯蒂安·海涅（Christian Heyne，1755）对罗马诗人提布卢斯（Tibullus）的版本研究，以及另一位德国学者卡尔·拉赫曼（Karl Lachmann）对《新约》（1830）和卢克莱修（Lucretius，1855）版本的研究，这表明了这三份主要手稿都源于同一本原型。这本小写字母的手稿是从更早的一份大写卷宗复写而来的。[29] 这种方法首先运用于圣经学和古典学这两个孪生领域，随后在18世纪运用于编辑方言文本，尤其是中世纪的文本；此外也用于研究莎士比亚的剧本，这体现在18世纪以来所谓的"批判版"莎剧上。

## 评　估

　　文本批评的另一个任务是甄别伪造。这种甄别行为的历史和伪造本身一样源远流长，至少能追溯到古典时期。某些近代早期学者制作赝品，另一些则立志拆穿他们，例如洛伦佐·瓦拉、伊萨克·卡索邦（Isaac Casaubon）和理查德·本特利。[30] 我们时代的新趋势是从伪造经典转向伪造地方性文本，不管那些文本是中世纪的还是近现代的。18世纪后期的英国发生了三次著名的伪造案件：詹姆斯·麦克弗森（James Macpherson）伪造的"奥伊辛"（Ossian）诗歌；托马斯·查特顿（Thomas Chatterton）伪造的"托马斯·劳利"（Thomas Rowley）诗歌；以及亨利·爱尔兰德（Henry Ireland）伪造的莎士比亚相关文献。

　　18世纪60年代，苏格兰诗人麦克弗森出版了一些"译文"，这些是他"从过去和某些手稿里收集来的"，来自3世纪一个名为"奥伊辛"的盲眼诗人所作的盖尔语诗歌。这些译文十分受欢迎，很快被翻译成很多其他的语言。但怀疑也很快产生了，因为麦克弗森从来没有公布过他所用的手稿。伦敦高地学会（Highland Society）任命了一个委员会来检验这个问题，其所做的《报告》（1805）指出，这些出版的诗歌更接近于"构建"而非"翻译"，不过其中仍然添加了不少口口相传的内容。[31]

　　"托马斯·劳利"是15世纪布里斯托尔的一位僧侣，他的某些作品发表于1777年，但他的诗歌实际上却是早逝的少年托马斯·查特顿的作品。这个例子生动地显示了文学伪造需要多少知识储备。语言上，查特顿经常使用古代词汇和拼写；材料上，他使羊皮纸染上赭色污迹，并在地上摩擦和用手揉搓来做旧。后来证明，所有这些措施都逃不过爱尔兰学者埃德蒙·马隆（Edmund Malone）1782年所做的考证。[32]

　　在这三个甄别的历史故事里，最为重要的一定是亨利·爱尔兰德伪造的莎士比亚文献，这次作出鉴别的仍旧是马隆。这些文献以《漫谈文章》(*Miscellaneous Papers*, 1795)为题出版,涵盖内容从财产转移文件到《李尔王》手稿,不一而足。[33]

文学伪造层出不穷。著名的例子有出版于1983年的《希特勒日记》(*Hitler Diaries*)。甄别手段也同样与时俱进,例如20世纪40年代以来使用的用于揭示文件涂抹痕迹的红外线扫描技术。其他类型的造假也可以归入此类讨论,比如说辟尔唐人,发现于1912年的史前人类头盖骨和下颌骨,直到1953年才证实其中的头盖骨是中世纪的,只不过是和猿类的下颌骨埋在了一起。[34]

绘画作品同样能伪造,有时还十分成功。荷兰艺术家汉·凡·米格伦(Han van Meegeren)仿造维米尔(Jan Vermeer)事件就是极为出名的一例。人们从未怀疑他的作品的真实性,直到米格伦被指控在德国占领期间将维米尔的作品售卖给纳粹头子戈林,为了洗清罪名,他才坦白伪造一事。为了证明他的确是伪造者,米格伦不得不再画一幅维米尔的画,他成功通过了这一测试。后来,化学分析和气态检测(gas chromatography)证明他的"维米尔画作"用的是现代颜料,里面有一种特定的白色铅芯(white lead)。[35]这次事件说明了伪造和甄别如同战争的攻击与防御一样,也是此消彼长的过程,"新的伪造方法需要新的方法来甄别"。[36]很难想象还有多少未被检测出来的赝品。

甄别赝品可以看作学者们日常所作"测试"或者说"评估"过程中特殊的例子。就如化学家在实验室里开展测试一样,历史学家则评估不同"信息源"的可靠程度。这些不同的证据可能来自官方文件、个人陈述或者照片。

# 年代测定

年代测定不仅仅是甄别赝品的一种手段,对实物的了解往往要求我们知道它们的产生时间，无论这些实物是人工制品还是自然产物。人们在过去的两个半世纪里发明了数目惊人的年代测定法。

近代早期学者集中地研究了古代年表，其中牛顿常常试图用比较的方法建立不同纪年法中的同等性或者说"同步性"（Synchronism）。这些纪年系统包括古希腊、古罗马、犹太系统和穆斯林系统等（"时代混乱"[anachronism] 这一术语正是在这一时期产生的，意为年代同步性上的错误）。不过多亏了考古学家的辛勤工作，旧的年表不断被修改，新的年表不断出现。语言学家拉斯姆斯·拉斯克研究了埃及和犹太年表。楔形文字的破解让我们了解了亚述巴尼拔等古亚述统治者，通过《新约》中有关亚述人的描写，我们能够在古代年表里找到他们的位置。[37]

近代早期的古文物研究者已经掌握如何通过不同样式来判断手工制品的制造日期的方法，如判定古典时期、哥特时期等。按照这个方式，温克尔曼的《古代艺术史》（Johann Joachim Winckelmann, *History of Ancient Art*［*Geschichte der Kunst des Altertums*］, 1764）把古希腊雕塑分为不同的阶段：古风时期、古典时期和泛希腊化时期。同样地，英国建筑师和古文物研究者托马斯·里克曼的《英国建筑样式别探》（Thomas Rickman, *Attempt to Discriminate the Style of Architecture in England*, 1812—1815）区分了三个英国哥特时期——早期英国式、装饰式和垂直式——这个分类至今还在使用。

考古学家通常把石斧之类的人工制品按照种类和材料的演化顺序分类。克里斯蒂安·汤姆森（Christian Thomsen），1816 年被任命为后来的丹麦国家博物馆的馆长，他提出史前人工制品可以按照三个连续的时期分类：石器时代、青铜器时代和铁器时代。随后不少人又对这个考古"系列法"（seriation）做了细化，尤其是瑞典人类学家奥斯卡·蒙特留斯（Oscar Montelius），他对同一地区的人工制品作了不少比较研究。近来随着统计学方法的应用，考古系列法日益完善。[38]

同一时期地理学家和考古学家还运用了另一种年代测定的方法："岩层"纪年法。不同的岩层属于不同的时代，这是我们早就知道的事实。17世纪丹麦学者尼古拉斯·斯坦诺（Nicolas Steno）研究了托斯卡纳地区的岩石构成，他认为岩层记录了历史事件，形成了"重叠"理论，即最底层的岩层是最古老的。不过直到19世纪他的先见之明才成为系统研究的基础理论，如今化石都是通过其所在岩层来测定年代的（有循环论证风险的一点在于，生物地层学者通过岩层中的化石来测定岩层的年代）。[39]

如果说化石能够通过这个方式测定年代，人工制品何尝不可？几千年来人类在先人的废墟上不断重建，使得聚居点的地层不断上升。这个复杂的过程，简单来说就是人类学家学会了地理学家的方法，研究"岩层"和其中发现的物件；或者用文献学者的话说，既有"内容"，也有"文本"。

"分层"（stratify）一词是在18世纪晚期开始使用的。"分层的"（stratigraphical, 1817）和后来的"地层学"（stratigraphy, 1865）最早出现在地理学语境里。在实践层面上，法国地质学家亚历山大·布罗尼亚（Alexandre Brogniart）在19世纪的第一个十年内就研究了岩层，而考古学家则直到该世纪中叶才转向逐层发掘文物。这个转变受到了沃尔塞（Dane Jens Worsaae）的影响，他的成果证实了汤姆森"三个时代"的理论。同时意大利人朱塞佩·费奥莱利（Giuseppe Fiorelli）的影响也不容小觑，他指挥了庞贝古城的发掘工作。[40]

20世纪的考古学家有了更为复杂精巧的技术，例如利用树木年代学和碳年代测定法。在研究太阳黑子期间，美国天文学家安德鲁·道格拉斯（Andrew Douglass）发现许多温带树木都是一年长一个树轮，雨水少的年份窄一些，反之则宽一些。1916年以来，人们用这个发现来测定新墨西哥州发现的手工制品。这个方法的独特之处在于它能

"精确测定"到具体年份。多亏了一些长寿的德国橡树，这个方法才能够将时间追溯到一万年之前。[41]

在本书所论及的时代开始，一些地理学家做了不少物理和化学实验测定了岩石样本的年代。正如我们所见，布丰基于冷却实验的结果估算了地球的年龄。20世纪早期，欧内斯特·卢瑟福（Ernest Rutherford）在原子核物理上的贡献较为著名，同时也极大地影响了地质年代测定学，因为它需要测量岩石中的氦含量。这是卢瑟福对放射性衰退的研究的附属产物。[42]

卢瑟福的辐射测定法促使人们发明了碳年代测定法，美国人威拉德·利比（Willard Libby）领导的研究队伍1949年以来发现并发展了这门技术，他也因此获得了诺贝尔化学奖。这个方法依据的是放射性碳元素（碳14）的缓慢衰退，这种物质只会出现在曾经有生命的物体内，例如种子或者骨头。[43]碳年代测定法成功地判定了一条埃及驳船的年代（它的年代已经通过其他方式加以判定了），这个方法极大地改变了考古学。

不幸的是，不同时期内碳14的衰退也有所不同。针对公元前1500年前后的物体，碳年代测定法所能提供的日期就不那么精准了，只能通过和树轮测定法或者其他工具的比较来"校准"。同时在另一端，碳年代测定法对5万年以上的遗址毫无用处。对于比这更古老的物体的测定，钾氩分析，即物体中钾元素的辐射性衰退，取代了碳年代测定法。

## 计量和测绘

评估证明往往需要进行称重或者测绘，无论它们是字面含义还是隐喻。这是法国社会学家布鲁诺·拉图尔（Bruno Latour）著名的"计算的中心"（centres of calculation）所追求的主要目标之一。[44]诚如我们所见（见第 23 页），人口统计已经有了很悠久的历史，对自然现象的测绘也能追溯到近代早期。17 世纪人们发明了水银气压计，华伦海特（Gabriel Fahrenheit）在 18 世纪发明了水银温度计。我们时代的新特征是对测绘和计量日益高涨的热情，与此同时还有用于分析这些数据的更为复杂精细的方法。

这一热情与实践的早期绝佳例子是 18 世纪晚期哥廷根教授约翰·贝克曼（Johann Beckmann）的森林测量。他选择了一片样本区域：

> 几个助手带着分隔开的箱子，里面装着不同颜色的钉子，分别对应五种树木类型。他们受过训练，能分辨这些树。每种树都用钉子做出相应的标记，直到覆盖整个样本。每个助手开始时都带着特定树木的钉子，因此很容易能计算出剩下钉子占总数的比例，从而计算整个区域里树木的种类和数量。[45]

19 世纪初自然科学领域中也有一位测绘的狂热爱好者，他就是亚历山大·冯·洪堡。根据他自己的描述，去拉丁美洲探险（1799—1804）时，他带上了 40 多种测量仪器，包括测量海拔的高度计、测量降水量的湿度计、测量地磁场的磁力计，甚至于测量天空蓝度的天蓝仪。[46]

测量逐渐应用于各个领域和各种现象中，人体测量和社会群体测量略有不同。"颅骨测量学"从 18 世纪晚期开始流行，按照宽度（短头颅）和长度（长头颅）分类。19 世纪 70 年代意大利犯罪学家龙勃罗梭（Cesare Lombroso）提出罪犯具有某些可以测绘的特征：鹰钩鼻、高颧骨、宽下巴等。大约同时，法国警官阿方斯·贝蒂荣（Alphonse Bertillon）发明了他所称的"人体测量学"，即鉴别个人的一系列人体测量。[47] 至于社会层面，1912 年，意大利统计学家克拉多·基尼

（Corrado Gini）发明了一种测量财富或收入不均的方法，即现在的"基尼系数"。

如今自然科学越发重视使用统计方法，从 18 世纪起天文学家就开始统计星体数目、计算行星轨道等。1825 年卡斯帕（Johann Ludwig Casper）发表了关于医学数据的论文。[48] 在 19 世纪以来的生物学和其他领域里，弗朗西斯·高尔顿作出了不少统计学方法方面的贡献。19 世纪 70 年代奥地利物理学家路德维希·玻尔兹曼（Ludwig Boltzmann）将统计学方法引入工程学。

社会知识和自然知识对数字的敏感度越来越高。自然科学的确为这种"统计转向"提供了部分灵感，18、19 世纪之交的两位社会统计学巨擘同样是天文学家，实非偶然。瑞典人瓦尔格廷（Per Wargentin）和比利时人阿道夫·凯特勒（Adolphe Quetelet），两者都各自与其国家的政府统计部门有所合作。凯特勒将统计学应用于犯罪研究，还将天文学中的"误差理论"应用于社会研究，通过审视经由这种方法得出的统计变量发展出了"平均人"（*homme moyen*）这一概念。[49]

"统计"（statistics）一词起初是地区性的描述，尤指一个州，包括这个地区的人口、自然资源、工业等。这是 1770 年到 1800 年间在哥廷根大学里产生的学术方法。[50] 数字在这些描述中占据的地位日益重要，政府召集了孔多赛（Condorcet）、拉普拉斯（Laplace）这样的数学家为其工作，此时统计一词已经获得了它现代的含义。[51] 州政府设立了统计办公室来收集分析数据：法国设立的时间是 1802 年，普鲁士为 1805 年，那不勒斯为 1810 年，哈布斯堡帝国为 1829 年，西班牙为 1856 年，挪威为 1875 年。与此同时，学术组织也如雨后春笋般涌现，从而促进了这种统计知识的发展：伦敦统计学会（1834）、波士顿的美国统计学会（1839）、巴黎的统计学会（1860）。[52] 诸如贫困、文盲、犯罪和疾病问题的社会调查（见第 23 页）也需要基于统计数据的分析。

这一统计转向，或者更广泛意义上来说的数学转向，在社会学科里日益显著。经济学是这方面的领导力量。奥古斯丁·库尔诺（Augustin Cournot）早在 1838 年就研究了财富理论的数学准则，紧接着是威廉·杰文斯的《政治经济学的数学原理》（William Jevons, General Mathematical Theory of Political Economy, 1862）。1930 年成立了一个计量经济学协会。保罗·萨缪尔森的《经济分析基础》（Paul Samuelson, Foundations of Economy Analysis, 1947）推广了数学方法，使其成为 20 世纪 60 年代占支配地位的经济学形式，不过或许应该说"形式群"，因为代数和几何也随着统计方法一同进入了经济学领域。

社会学方面，计量手段在 20 世纪中期占据重要的地位，尤其是在美国，保罗·拉扎斯菲尔德（Paul Lazarsfeld）引领了这股潮流。政治上，20 世纪后半叶人们见证了选举研究中计量研究的兴盛，1952 年这种方式被命名为"选举学"。同样是在 20 世纪 50 年代，一些语言学家开始使用他们称之为"词汇统计学"的方法。

历史学方面，从 20 世纪 20 年代关注的价格历史（price history）到 50 年代的人口历史（history of population）都能见到相似的方法，各自借鉴了经济学和人口统计学的模型。一些考古学家借用统计学分析出土的人工制品及其分布。"计量史学"——那些反对者更喜欢这个称呼——是 20 世纪六七十年代这股潮流到了顶峰之后的产物，尤其是在美国和法国（在这两个国家，人们称其为"连续历史"[histoire sérielle]，并扩展到了社会和文化史）。之后这股潮流就退却了，也不再有以往的热情，但统计学仍然是历史学家研究的备选手段之一。

文学研究领域很难说有"计量转向"，但在 19 世纪后期，一种叫作"文体统计学"的方法流行开来，这种方法主要是计算特定词语和词组的出现频率，用以鉴别匿名作品的作者，甚至是柏拉图或莎士比亚的作品年代。波兰学者卢托斯瓦夫斯基（Wincenty Lutoslawski）是"文体统计学"的先驱之一，著有《文体统计学原则》（Principes de *stylométrie*, 1890) 一书。相似的方法也被破译人员应用在频率分析中（见第 57 页）。20 世纪 60 年代起，电脑的兴起大大加速了分析工作的发展，推动了这一系列研究。[53]

学术世界里，人们用笔试来测量学生知识水平和理解能力，最早可追溯到 7 世纪的中国。直到 18 世纪这套体系才传入欧洲，用于评价普鲁士的公务员、法国的综合工科学校的学生，这一体系也在剑桥大学以及其他地方得到广泛使用。19 世纪 50 年代，作为公务员选拔门槛的笔试才进入英国。从那时起，作为一种考量办法的学术评价自然而然地兴起了。[54]

统计学应用的增加引发了争论，以及方法上的不断修改与完善。19 世纪 70 年代，高尔顿和路易－阿道夫·贝蒂荣（Louis-Adolphe Bertillon）批评了凯特勒过度痴迷于对平均的追求。19 世纪末以来，小组或者"人口"中的随机抽样成为研究典型的主要方式。安德斯·凯尔（Anders Kiaer），挪威统计中心办公室的创立者和领导者，于 1894 年提出了"代表枚举"的计划（representative enumeration），并在下一年的国际统计学大会上讨论了这一计划。[55]

越复杂精细的统计学方法对计算的数学能力要求越高，比如说多重回归分析。计算机器并不新奇，帕斯卡尔（Blaise Pascal）和莱布尼茨（Gottfried Wilhelm Leibniz）早在 17 世纪就分别制造出了一种用于计算的机械，但是它们无法处理大量的数据。为了解决这个问题，美国工程师赫尔曼·霍尔瑞斯（Herman Hollerith）发明了一种使用打孔卡片的"电力打表系统"，换言之，这种卡片在不同的地方打孔以记录信息，从而使得数字能够机械地相加（图 8）。

霍尔瑞斯制表机公司成立于 1896 年，获得了为 1890 年至 1900 年间美国人口统计制表的合同。它有效地提高了计算的精准度和速度。19 世纪 90 年代，澳大利亚、加拿大、挪威和俄国政府同样也使用霍尔瑞斯机器来统计人口，其他一些大型组织，例如美国军队和南方铁

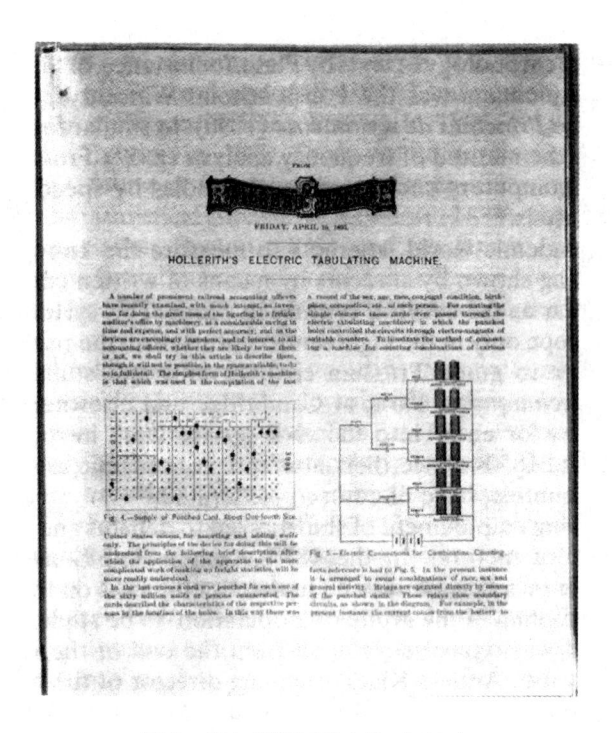

图 8　霍尔瑞斯打孔卡片（1895）

路公司，也是霍尔瑞斯的客户。1924 年后德国统计办公室购置了一批霍尔瑞斯制表机用于商业数据的分析，1937 年军队效仿这一做法，毕竟有不计其数的钢铁需要用于武器制作。[56] 到此时，这家公司已经与其他两家公司合并，并重新命名为 IBM（国际商业机器 [International Business Machines]）。[57]

## 描　述

经过众多方法验证，观察笔记会以一种更为详细，有时更加文学化的形式呈现。现代人所能见到的大量不同的描述手段本身就很值得注意。我们或许可以从清单和目录的编纂开始，这里不仅指档案馆、图书馆和博物馆的馆藏，同时也包括星体。巴德的《天体图》(1801)列出了17240颗星体；如今，我们所知的星体已经增加到了1900万颗。植物学家的目录里数字也在不断增长。同样的事情也发生在海洋生物学家身上。在学术领域之外，人们也能发现不少用于销售的目录，希尔·洛依巴克（Sears Roebuck）的《邮购目录》(1888年首次出版）就对美国生态学家斯图尔特·布兰德的《全球概览》(Stewart Brand, Whole Earth Catalog, 1968）的写作有不少启发。

编目需要技术性的描述，尤其是在自然科学领域。林奈以简洁的植物描述著称，而布丰则以更为精细的动物描述闻名。有些描述并不那么精细，却更为专业。人类学家、考古学家、心理学家、社会学家、历史学家和艺术史学家都会提供这种描述。德国艺术史学家潘诺夫斯基（Erwin Panofsky）将其称为"前图像描述"(pre-iconographical description)，因它的出现先于图像的解读，而非学术领域内的例子则有外交官和间谍所写的报告。

知识采集型的探险和调查产生的出版物数量惊人。拿破仑的埃及远征就产生了23卷书，其中还包括10卷图版。这套书的出版花了20年（从1809年到1829年）。美国探险远征产生了数量更加庞大的报告：35卷（其中有11卷是地图和表格）书在接下来的30年里陆续出版（1844—1874）。《1873年至1876年间H. M. S. 挑战者号航海探险的科学结果报告》更是达到了惊人的55卷，内文充满了插图，花费了近20年才完成出版（1877—1895）。

同前一章中提到过的观测一样，描述也日益强调精准性。布丰提出描述是"促进科学发展的唯一手段"，"只有准确描述才能准确定义"。布丰对动物的语言描绘既有雅致的表达，又有丰富的细节，为不少当时的人所称道。不过他的对手居维叶则批评他文学性有余，科学性不足。居维叶不相信理论，他特地将自己限定于纯描述。[58]这一时期

第二章　知识分析　｜　79

的作家叙述与表达日益直截了当。人们在旅行书中使用书信体，这让读者仿佛身临其境。这方面旅行作家肯定是效法了书信体小说的作者，这种写作形式在 18 世纪后期达到了顶峰。[59]

有些后来的小说家尤善于描述礼仪和习俗，例如沃尔特·司各特（Walter Scott）。在《威弗莱》（*Waverley*, 1814）的前言当中，司各特形容这本书是"一幅古代苏格兰风情画"，这些习俗来自"一个生活在文明的年代和国家，保有了属于社会早期阶段的强烈的生活气息的民族"。司各特的崇拜者包括了托马斯·麦考利（Thomas Macaulay）和奥古斯汀·梯叶里（Augustin Thierry）这样重要的历史学家，两者也都对人类社会（前者是 17 世纪，后者是 11 世纪）作了令人称道的描述。

18 世纪晚期至 19 世纪早期有时被称作描述的时代，尤其是在自然历史方面。用福柯的话来说，这个时期不同领域的学者尤其注重创造一幅"图像"。这个时期出版的不少书都使用"描述"这类术语作为书名也证实了这一点：多达 113 卷的法国《艺术及技巧描述》（*Descriptions des arts et métiers*, 1761—1788）；卡斯滕·尼布尔完成的记录他的著名探险的《细说阿拉伯之行》（*Beschreibung von Arabien*, 1772）；或者拿破仑的《埃及图景》（*Description de l'Egypte*, 1809—1828）。

为了和拿破仑竞争，英国旅行家爱德华·连恩也写了他自己的"埃及图景"。手稿实在是太长了，难以发表，但是其中一部分以《埃及的礼仪和习俗》（*Manners and Customs of the Egyptians*, 1836）为名出版，随后成了一部经典。帮助出版这本书的亨利·布鲁厄姆（Henry Brougham）这样评价连恩："我怀疑这个家伙知不知道他的长处在哪里？描述！"[60] 这个清单远远不止如此，还有士兵吉尔伯特·伊姆利的《北美西方领地的地形描述》（Gilbert Imlay, *Topographical Description of the Western Territory of North America*, 1792），德国教授雅各布·谢弗（Jacob Schaeffer）对儿童疾病的描述汇总而成的《儿童疾病说明》（*Beschreibung* der Kinderkrankheiten, 1803），或者是瑞典自然学家戈兰·瓦伦伯格的《拉普兰德的地理和经济描绘》(Göran Wahlenberg, Geografisk och ekonomisk Beskrifning om Kemi Lappmark, 1804）。

画法几何和描述统计学也出现于这个时间段内。法国数学家加斯帕尔·蒙日的《画法几何》(Gaspard Monge, Géométrie descriptive）出版于 1800 年。不久之后，哥廷根的法律和哲学教授阿亨瓦尔在《国家宪章》(Achenwall, Staatsverfassung, 1749）一书中第一次使用了统计（Statistik）这一术语，意指对一个国家的组织形式和资源分布的描述。

另外，人文和社会学领域的经典描述型成果出现得要晚一些。瑞士历史学家雅各布·布克哈特的《意大利文艺复兴时期的文化》(Jacob Burckhardt, Kultur der Renaissance in Italien, 1860）是一部描绘整个文艺复兴时期的名著。刘易斯·内米尔的《乔治三世在位期间的政治结构》(Lewis Namier, The Structure of Politics at the Accession of George III, 1929）是另一本更为专业的经典作品。同样还有巴西人吉尔贝托·弗雷雷的《主人与奴隶》(Gilberto Freyre, The Masters and the Slaves），这是一部"感官的历史"，围绕"主屋"和奴隶屋棚的对比，激发人们对图像、声音，甚至气味的想象（Casa Grande e Senzala, 1933）。

还有一部描绘时代的巨著不得不提，那就是荷兰历史学家约翰·赫伊津哈的《中世纪的衰落》(Johan Huizinga, Herfstij der Middeleeuwen, 1919），这本书中充满了生动的景象和声音（例如其中描写了钟声），如同舞台剧般呈现了中世纪晚期的宫廷生活。"勇士查理的宫廷盛宴，"他如是写道，"挤满了面包师和侍者、盛酒仆人和大厨，他们的服务近乎教堂礼拜般虔诚，仿佛一出巨大而庄严的戏剧。"[61]

此外，上一节中提到的社会调查也引出了不少对社会环境的生动描述，例如弗里德里希·恩格斯的《英国工人阶级状况》和亨利·梅耶的《伦敦劳工和穷人》(London Labour and the London Poor, 1851）。梅耶曾去一个纺织工人的作坊观察，书中写道，他"上了一段陡峭的台阶"，他是如此形容其中一个房间的：

> 这是个狭长的公寓，前后各有一扇窗户，似乎增加了这个房间从这头到那头的长度。这个男人是他所处阶级的缩影：短小的身材、瘦削的脸庞和凹陷的脸颊。房间里有三架织布机和一些手纺车……紧靠窗户两侧放了几盆灯笼海棠，随着房间里织布机的震动，它们深红色的垂瓣也微微前后摆动。[62]

自然科学家和社会学家开始重视环境描述，且互相借鉴。1800年前后，植物学家不仅需要观察某种植物，同时也需要学习植物地理学，即植物分布和物理环境之间的关系。洪堡著名的《植物地理小论》(*Essai sur la géographie des plantes*, 1807) 就是这一潮流的产物，同样的还有堪多的《植物地理学》(*Géographie botanique*) 和瓦伦伯格关于拉普兰德的描写。如今我们所说的"生态学"(ecology) 这一名称出现于1866年的德国，虽然直到20世纪20年代这个概念才进入常规使用范围。

社会文化方面，法国批评家、历史学家伊波利特·丹纳 (Hippolyte Taine) 强调了艺术作品起源中社会环境 (*milieu*) 的重要性。从巴尔扎克到普鲁斯特等小说家，都喜爱生动精准的社会环境描述。[63] 左拉十分推崇丹纳（尽管他认为丹纳没有给个人留下足够的空间），并写了20本小说 (1871—1893)，构成了他所称的"第二帝国时期一个家庭的自然社会史"，这个系列聚焦于环境对个人命运的作用，正如左拉的《萌芽》(*Germinal*, 1885) 里描述的矿工。他的目标，如其所言，是"呈现任务所在的背景"(*montrer le milieu peuple*)，提出"人不可能脱离环境"，比如人的衣服、房屋、城市、地区等。和梅耶一样，左拉生动地描绘了一个房间，一家九口人生活在那里：两扇窗户、三张床、衣柜和两把黄色椅子。[64]

另外，托马斯·哈代（Thomas Hardy）也把自己的一系列小说叫作"人物和环境的小说"，里面含有精确且情感丰富的、对于他出生时期乡村习俗的描写。19世纪后期"自然主义时刻"的兴盛和社会调查的兴起很难说是纯粹的巧合。就左拉、哈代或者德国人特奥多尔·冯塔纳（Theodor Fontane，像左拉一样，他也是由记者转而成为作家）的作品来看，他们都有着丰富的描述，难怪某位研究19世纪社会学的历史学家把其放在文学和科学之间。[65]

尽管巴西作家欧克里德斯·达·库尼亚的《腹地》（Euclides da Cunha, Os Sertões, 1902）没有左拉的《萌芽》那样的国际声誉，却称得上是另一部描述的经典之作。库尼亚是位活跃的工程师和记者，在《腹地》中，他讲述了一场广受欢迎的对新共和政权的反叛。他极其生动并戏剧化地描绘了巴西东北部的一片贫瘠地区及其人民。库尼亚与他同时代的社会学家及小说家一样，十分注重用环境来解释当地的人物，以下是他对腹地男性居民的典型刻画：

> 他丑陋、笨拙、佝偻……歪歪斜斜的走路姿态给人一种骨节松弛的印象。他通常步履沉重，因其散发着不近人情的冷峻的表情而显得更为沉重。步行时，只要停下，他便靠在身边最近的门框或者墙上……他永远身形劳累。这种无形的拖沓、身体的疲倦展现在他所作所为的各个方面：他缓慢的讲话、僵硬的姿势、摇晃的步伐、节奏怠惰的曲调。总而言之，他展示了那永久的停止休憩的倾向。然而这种表面的虚弱只是一种假象……一点小事就能激发他的内在潜能。这家伙立刻就改变了，他挺直了身躯……笨拙粗野的农夫出人意料地成了有力的紫铜色的巨人，一种彻底不同的生物，充满了超乎常人的力量和敏捷。[66]

诚如人类学家克利福德·格尔茨所形容的,大多数描述都显得很"厚重"(thick)。换言之,这些描述蕴含了诸多解读,下面会继续讨论这个问题(第 77 页)。[67]

## 比 较

测绘和计量的目的之一就是使精确比较成为可能。1853 年以来,从没间断举办国际统计会议:统一分类,使之标准化,从而便于比较。比较(包括对比),长久以来就是人们思维方式的工具。想想马基雅维利《君主论》中法国和奥斯曼帝国的著名对比。同样地,各个领域的系统性比较也是从 18 世纪晚期开始蓬勃发展的。

比较解剖学家是比较的先驱,尤其是乔治·居维叶,他在化石学上的工作已经在前文中有所讨论。另一个比较解剖学家理查德·欧文在本质上区分了同质(共同的源头所遗传的相似性)和类似(共同功能所体现的相似性)。

语言学是另一个系统比较方法发展较早的领域。1786 年英国东方学家威廉·琼斯(William Jones)证明了拉丁语、希腊语和梵文的同质性。1799 年匈牙利语言学家萨穆埃尔·焦尔毛蒂(Samuel Gyarmathi)证明了匈牙利语、芬兰语、爱沙尼亚语和萨米语的"亲缘关系"。

19 世纪后期以来,宗教比较的热潮方兴未艾。1868 年德国东方学家马克斯·缪勒(Max Müller)成为牛津"比较宗教"的讲座教授;詹姆斯·弗雷泽的《金枝》(*The Golden Bough*)第一版出版于 1890 年;埃米尔·涂尔干(Emile Durkheim)对"宗教生活的基本形态"的研究发表于 1912 年。文化、宗教之类的范畴被视为多样的——即便并不平等。大学里这方面课程的教授主要都是基督教学者。正是在这种语境下,出现了马克斯·韦伯对中国和印度宗教的著名研究。这是韦伯颇富野心的计划的一部分，他试图用系统比较，即与其他文化相对的方式来定义西方文明。

这么一来，可以说是韦伯建立了比较史学。1827 年利奥波德·冯·兰克（Leopold von Ranke）作了奥斯曼帝国和西班牙帝国的比较研究，不过那更倾向于描述而非分析。20 世纪 20 年代，包括比利时的亨利·皮朗（Henri Pirenne）、法国的马克·布洛赫（Marc Bloch）和奥托·辛策（Otto Hintze）在内的一批专业历史学家也运用比较方法来解释差异，正如韦伯和涂尔干所做的。

有时不同领域并不一致。在人类学里，20 世纪 20 年代马林诺夫斯基（见第 32 页之后的讨论）批评了弗雷泽的比较方法，认为后者忽视了那些并置行为的实际内容。在他的激励下，不少人类学家从全球走向本土。[68] 政治学方面，比较转向发生于 20 世纪 50 年代，由挪威的斯泰因·罗坎（Stein Rokkan）和他的美国同事领衔，于 1954 年成立了比较政治学委员会。

20 世纪 60 年代和 70 年代，一批考古学学者，尤其是美国的刘易斯·宾福德（Lewis Binford）和英国的科林·伦福儒（Colin Renfrew），运用人类学家研究的相对简单的社会类比填补了考古学家记录的空白。宾福德研究法国地区的旧石器时代，他前往阿拉斯加与纽尼阿姆特·因纽特人（Nunamiut Eskimo）生活了一段时间，就是为了学习如何狩猎。[69]

## 阐　释

进行系统比较的原因很多。解剖学家和语言学家都十分乐于研究遗传，研究动物和语言的谱系。历史学家皮朗认为，比较是摆脱国别偏见的途径。也有其他学者认为，比较方法意义重大，主要是用来阐释他们感兴趣的现象，寻找英国哲学家约翰·穆勒（John Stuart Mill）19世纪40年代提出的所谓"伴随变量"。"一旦某种现象发生特定变化，任何其他现象同样会发生变化。"穆勒说，"要么是那个现象的原因，要么是那个现象的结果，总之与其有某种因果关系的联系。"[70]

阐释和思维一样古老，但仍有其自身特定的历史——对分析日益高涨的热情，或者不同阐释之间的竞争。不少人断言，18世纪晚期和19世纪早期所谓描述性自然历史的时代，被一个更注重分析的"自然哲学"时代取代。查尔斯·莱尔的《地质学原理》（Charles Lyell, *Principles of Geology*, 1830）与牛顿暗合，作者在扉页上如此形容其著作："运用现仍运行的原理来解释历史上地球表面的变迁。"

实验早在1750年以前就发端于我们称之为物理和化学的领域，此时也传播到了其他领域。[71] 例如在医学领域里，我们能明显感受到，致力于阐释的实验取代了之前描述性的观察，或者更精确地说，两者并存。克劳德·贝尔纳的《实验医学》（Claude Bernard, *Médecine experimentale*, 1865）是这股潮流中最著名的一本著作（尽管并非第一本）。[72] 地质学家则利用岩石做实验，他们加热石灰石，复制微型冰川。19世纪80年代，心理学家也加入了这股热潮。

20世纪一些社会学和人文学科的团体也开始使用实验方法。社会学家用此来研究该世纪早期工厂的工作条件，政治学者随后也模仿他们的方法。考古学领域里，布斯特铁器时代实验农场（Buster Experimental Iron Age Farm, 1972）的一个小组模仿了早期农业活动。还有一名颇富勇气的学者用爱尔兰青铜器时代的皮革盾牌的复制品打斗，以便检测其有效性。[73]

在历史学、经济学、社会学以及其他社会研究领域里，个体和集体两种不同的阐释形式从19世纪早期以来就开始分流，互相依照对方来给自己定位。一方面，奥地利经济学家卡尔·门格尔（Carl Menger）这样的个人主义者在1883年断言"不存在社会这种东西"，国家和社会团体这类集体"表现"或"行为"必须简化到每个个体。之后同样是个人主义者的撒切尔夫人也表达了类似的观点。另一方面，集体主义者，例如被奥地利哲学家卡尔·波普尔（Karl Popper）称为"形而上学集体主义者"的这类学者（例如马克思和涂尔干）则强烈反对这种简化，强调不同系统的重要价值。[74]

自然科学和社会科学类似，往往致力于阐释系统对环境的适应（物理上和社会上）或者依据其功能来作出阐释。20世纪20年代到60年代大致是这种方式的全盛时期，社会学和社会人类学里一种实践或者制度的主要功能，往往会成为它对这个社会的主体贡献。

大量不同的领域都日益强调分析（如同上文所呈现的），为的是透过事物的表面，深入了解本质。物理学家从数学中寻求阐释。物理化学家从物理中寻求事物变化的原因。天文学家和植物学家将目光投向物理和化学。马克思或许是社会学和历史学领域里最为著名的例子，他将文化和理念视作"上层建筑"（建筑学比喻是马克思提出来的，Überbau），无论个人愿意与否，他们都是由经济和社会"基础"决定的。马克思的《资本论》呈现了他自称的"一种对资本基础结构上的分析"，一种有活力的分析，能够"将现代社会经济运行规律赤裸裸地呈现出来"。[75]

正如马克思这句话所示，其他领域的学者全都受到了自然科学语言乃至方法的影响。他们从自然科学中借用术语，例如经济学和社会学中"平衡"的概念。他们用诸如"道德科学"、"社会物理学"或者"社会统计学"这样的词组来形容自己的学科；喜欢引用科学比喻（例如弗洛伊德的情感液压模型）；而在讨论人种理论、社会关系或是公共意见时，他们则喜欢用"实验室"，并以此关注其研究对象。

这些比喻显示了人们对于科学方法的狂热，其中又以物理为甚，其启发了一代医学、心理学乃至社会学专业的学生。物理启迪人心之处在于其清晰简洁的阐释。这种阐释的实证主义路径被称作"单个案例囊括于假设存在的自然规律之中,包括'人性'"。[76] 即便是小说家左拉也借用了科学语言,称其作品为"实验性"的(《实验小说》,*Le Roman expérimental*, 1880)。他自认是在追求一种分析,这种分析能够解释普通民众在他们所处环境中的表现。

孔德宣称"实证主义"的时代已经到来,对知识而言,科学的态度已经取代了宗教或者形而上学的态度。马克思自认是科学家,他应该会喜欢将其《资本论》献给达尔文这一想法。列维-斯特劳斯承认并相信"理解是将一种现实简化为另一种现实",因为"真正的现实永远不是最显而易见的"。他深受地理学影响,马克思主义和他之前的精神分析学家完成了著名的结构主义转向。[77]

# 解　读

19世纪下半叶以来,"科学主义"或"实证主义"在许多领域里引发了诸多反响,尤其是社会学和历史学——出现了对自然科学模型(包括计算、测量和比较之类的步骤)及其解释模型的质疑之声。"简化"成了贬义词。[78] 德国哲学家威廉·狄尔泰(Wilhelm Dilthey)将知识世界分为自然科学(Naturwissenschaften)和精神科学(Geisteswissenschaften),前者注重从外部世界来观察和解释对象的产生原因,后者的目标则是从意义的角度来"理解"(Verstehen)对象的内在含义。

社会学家马克斯·韦伯提出了和狄尔泰类似的观点,英国哲学家、历史学家及考古学家科林伍德(R. G. Collingwood)则写过一段富有影响力的文字:"科学家问'为什么试纸会变红?'他的意思是'什么情况能让试纸变红?'历史学家问'为什么布鲁图要刺杀恺撒?'他的意思是'布鲁图在想什么?什么让他决定刺杀恺撒?'"[79]

对实证主义者的反对者来说,理解他人的经历、文化,需要通过富有想象力的感同身受以及依据诠释学方法。19世纪早期，德国神学家施莱尔马赫（Friedrich Schleiermacher）得益于弗雷德里克·阿斯特（Friedrich Ast）等古典学家的工作，从圣经注释学发展出了诠释学。诠释学是一门更为综合的诠释艺术，涵盖了希腊语、拉丁语等的大量古典文献，随后也涵盖了本土化的文献。文本的解读长期以来都是法学的精髓——尽管法官们不久前才开始采用诠释学方法，但他们的行为还是和历史学家或文学批评家有本质区别。[80]历史学家探究文本在当时情境下的含义，而法官则要决定文本的现代意义。

之后诠释学逐渐扩展到解释人类行为和文化的层面。20世纪二三十年代，艺术史学家的图像研究开始从形式分析转向意义解读。潘诺夫斯基在一份著名的纲领性论文中区分了研究的三个维度："前图像描述"，本章前面已有所讨论；"图像材料"，注重图像的表层含义，例如认出这个带有光环的女人是圣卡特琳娜；"图像所表达的更深层含义"。[81]

潘诺夫斯基纲领中的三种图像研究与19世纪初阿斯特区分的三个层面相对应：字面或者说语法层面；历史层面，注重阐释传统意义；文化层面，把文本视作时代"精神"（Geist）的表达。这同时也对应于卡尔·曼海姆的文章区分的三种不同世界观的解读。潘诺夫斯基十分了解曼海姆的理论。[82]

尽管弗洛伊德运用的是科学语言，但精神分析仍旧可以算作某种诠释学，例如他新奇的梦境解析（弗洛伊德将自己的书定名为《梦的解析》）。[83]弗洛伊德对隐秘欲望的分析可以看作某种侦测。20世纪早期，随着福尔摩斯以及其他侦探故事的流行，一个颇为流行的比喻是把学者比作侦探，分析和阐释罪犯留下的蛛丝马迹。科林伍德发挥了这个比喻，认为搜集线索的福尔摩斯和阿加莎·克里斯蒂（Agatha Christie）笔下强调大脑工作的波洛（"那些小小的灰色细胞"）"是历史方法中极为重要的区别"：先提问，再收集证据。[84]

各个领域里持有这个传统的学者通常使用的比喻是"阅读":阅读症状、阅读图像、阅读文化等。18世纪,一些地理学家就视其任务为阅读岩石和化石。在人类学里,直到20世纪60年代才开始有了从分析社会结构和社会功能到文化解读的转变,尤其是格尔茨,他形容自己的工作为"密集的描述"——包括意义在内的描述。20世纪80年代,人类学家自认为是在阅读历史。[85]值得注意的是,不同领域的发展并不同步。

诚如以上的例子所示,总体上说解析替代了阐释是不准确的。19世纪90年代出现了"实证主义反叛",但两次大战期间"实证主义又回来了,并且比以前更活跃"。[86]如今,侦探工作更注重科学模型而非解读模型。让我们从福尔摩斯和波洛的世界转向《犯罪现场调查》(*Crime Scene Investigation*)的世界,这部电视剧开播于2000年,十多年后仍然活跃于小荧幕上。阐释和解析的并存仍将持续。在一些领域,如同某些个人学者,会偏重于某一方。在考古学、人类学和地理学等领域,有时这种分野也存在于学科内。

## 叙　事

让我们回顾一下目前已经讨论了多少种不同的分析方法——年代测定、证实、测量、阐释等——得益于围绕中心概念分歧所做的弥合,借用这些方法所达成的是综述,而非仅仅完全的堆砌。[87]接下来需要区分两种综述:叙事和理论。

历史写作里叙事是传统的,甚至可以说是"不负责任"的综述。前面提到的布克哈特、赫伊津哈和内米尔都受过批评,认为他们仅仅呈现了时代的静态统计而非动态画面。用他们的话来说,历史叙事是"一件又一件该死的事",什么都没解释。诚如我们所见,对于"仅仅"是描述这一批评,一个好的应对方法是好的叙事或者说"厚重"的描述自身就包括了某种阐释。同样地，或许可以说，某些说明比其他的更为"厚重"，因此也更为有效。[88]

伟大小说家的故事是这些话的佐证。左拉承认自己有双重雄心：用描述来"展示人们生活的背景"，用特定的情节来"解释人们的生活习惯"（*expliquer les moeurs peuple*）。司各特和托尔斯泰等历史小说家用极其清晰的方式呈现了他们对历史的解读。以上所有历史学家大都关注国王将领的事迹，小说家往往从普通人的视角出发来讲述故事。说明同样在自然科学中占有一席之地。实验报告就采取叙事的形式。地理学家也讲述故事，地球的历史太过漫长，历史学家根本无法想象。达尔文在他的《物种起源》（1859）里就讲述了一个漫长时期里变化的故事。[89]

然而近半个世纪，历史叙述尤其受到质疑。20世纪初期，涂尔干和一些法国社会学家就已经批评了他们所鄙视的"事件取向的历史"（*histoire événementielle*）。1950年前后，以布罗代尔（Fernand Braudel）为首的不少历史学家认为，理解历史的最好方式就是分析其缓慢改变的结构，而非讲述"表面的"事件。布罗代尔的《腓力二世时代的地中海与地中海世界》提供了一种新的历史模型。说明是给小说家和记者的。不过，哲学家保罗·利科（Paul Ricoeur）声称，布罗代尔自己就是个叙述者。[90]

一代人之后，批评的注意力集中于所谓的"辉煌叙事"或者说"主导叙事"，尤其是西方文明崛起的故事——文艺复兴、宗教改革、启蒙运动、法国大革命和工业革命等——这个文明的基础给予了世界特定地区的特定社会阶层（即上层阶级中的男性）特权。对"辉煌叙事"的批评在法国哲学家让-弗朗索瓦·利奥塔的《后现代状况》（Jean-François Lyotard, *The Postmodern Condition*, 1979）中尤为尖锐。这份"知识的报道"开启并促进了"后现代"的争论。[91]

这种批评也暗含在不少相关的理论思潮里：英国"自下而上的历

史";意大利的"微观历史"(microstoria);德国的"日常历史"(Alltagsgeschichte)。[92] 这些思潮的主要目的是让普通男女发出自己的声音,在叙事里囊括进他们理解自己世界的方式,正如早前小说家所做的那样。城市暴动的研究比以前更加注重"群众的面目"、个人的决定,其与集体的行动同等重要。在这方面,学者追随了小说家的指引,尤其是司各特叙述的 1736 年爱丁堡波蒂尔斯叛乱 (Porteous riot) 和意大利小说家曼佐尼 (Alessandro Manzoni) 叙述的 1630 年米兰的粮食动乱。[93]

社会学家、人类学家、律师和医生近来也转向了这一方向。20 世纪 80 年代,美国产生了所谓"合法故事叙述"运动 (legal storytelling movement)。1995 年,耶鲁大学法学院就此话题举行了一次会议,提供了一个让文学专家和法学专家交换意见的平台。故事叙述运动偏爱传统意义上的弱势群体,尤其是少数族裔和女性,因为这些人所说的故事往往挑战由白人男性律师所制定的法律系统,他们不一定有兴趣或者渴望去拨冗挂念其他人群的事情。[94]

同样地,随着人们日益关注病人自身的视角,医学界内对叙事的兴趣也与日俱增。这种视角基于一个理念:即便外人有专业的资格(尽管心理分析师已在长达一个世纪里倾听病患的心声),人们对于自己的身体和疾病比外人要了解得多。[95] 伴随着社会学家及人类学家日益尊重研究对象的智力和经验,他们对个人"生活历史"的兴趣也日渐增加。这些人不再仅仅是研究的对象或者"社会傻瓜",恰恰相反,他们是了解自身文化的主体,他们教会"社会学家"的东西与从对方那里学到的东西一样多。[96]

## 理论化

近两个世纪,解读的风格,乃至于解读的目的都有显著的改变。

理论化的变化相对没有那么明显，但仍然需要呈现。

理论通常是某类现象的总体陈述。在数学和自然科学领域，制造理论甚至"定律"是个历史悠久且持续至今的传统。著名的例子包括物理的热力学定律和化学的定比定律，天文学的高斯测量误差理论，孟德尔的基因定律（laws of genetics），达尔文的进化论，麦克斯韦的电磁理论，数学里的博弈论，当然，还有爱因斯坦的广义和狭义相对论。在这些领域里，理论的重要性毋庸置疑。不过是否存在用一组方程式来解释所有物理现象的"终极理论"、"大一统理论"或者说"万事万物理论"一直是个有争议的话题。[97]

另外，在人文和社会学科当中，理论化更像是一种创新，因此也更受争议。德国哲学家威廉·文德尔班的《哲学史教程》（Wilhelm Windelband, *History of Philosophy*, 1893）区分了"制法的"学科和"具体的"学科：前者的目的是制定法则，在自然科学中尤为突出；后者则更为关注个案，例如历史。其中最大的问题是，如何界定那些研究社会和文化的学科。

语言学是一个制造法则和理论的学科。最著名的例子之一是"格林法则"，这是 1822 年雅各布·格林（Jacob Grimm）关于发音在长期历史过程中的演变的总结。另一个则是乔姆斯基（Noam Chomsky）的"通用语法"（universal grammar），他强调特定语言的不同语法。

在最为"硬质"（hardest）或者说最为精确的社会科学领域，比如经济学就充满了大量法则和理论：1817 年大卫·李嘉图（David Ricardo）提出的"比较成本法则"，19 世纪 70 年代奥地利人卡尔·门格尔和其他人一同用公式表达的边际效用理论，凯恩斯的《就业、利息和货币通论》（1936），以及马克思、约瑟夫·熊彼特（Joseph Schumpeter, 1911）和沃尔特·罗斯托《经济增长的阶段》（Walter Rostow, *The Stages of Economic Growth*, 1960）提出的各类经济理论。这些理论有一部分是用数学方程式表达的，例如《博弈论与经济行为》(*Theory of Games and Economic Behaviour*, 1944)。[98] 其中大部分理论获得了普遍认可，另外一些，尤其是劳动价值论，则仍颇受争议。

从经济转到社会，情况就更加复杂了。"法则"存在于社会学和犯罪学中，但和物理或者经济学的法则十分不同。"这些新的法则"形成于 19 世纪，"(它们)表现为可能性的形式，同时涵盖了名称的常态和偏差意义"。[99]

社会的研究从不缺乏理论。18 世纪晚期，一些法国作家和苏格兰作家提出了社会发展四阶段的"冰退"(stadial)理论，分别由猎人、牧人、农民和商人主导。自此之后便出现了不少新的理论，从理性选择理论到"一般行动理论"，后者是由美国社会学家塔尔科特·帕森斯 (Talcott Parsons) 在 20 世纪 30 年代到 50 年代详细阐述的。此外，还有法国社会学家皮埃尔·布迪厄 (Pierre Bourdieu) 1972 年提出的"实践理论"。每个理论都有反对的声音，更别提 20 世纪 40 年代到 50 年代对整个或者说"伟大理论"的攻击，社会学家喜欢更为谦逊的"中等规模的理论"。[100]

另一个起初颇为谦逊的提议是，将阐释的注意力放在"模型"而非理论上：模型是简化版本的描述，可以引出对现实生活中复杂无序的情况的解释。最早的有自觉意识的模型之一或许是 1826 年德国经济地理学家约翰·冯·杜能 (Johann von Thünen) 提出的，他想象了某个只有一个城市的"孤立国家"中城市化对土地利用的影响。杜能认为，这个城市会被同心圆环绕，土地利用有不同的目的，里圈土地的作用是为城市居民提供不易保存的食物，外圈则种植小麦或者生产木材这类不需要立刻运往目的地的东西。

不过某些思维模型并不仅仅是描述，例如历史学家讨论的"封建系统"或者政治学家研究的"官僚体制"。某些则相对容易实现可视化，无论是孤立城市同心圆的二维图像，还是化学中原子和分子的三维模型。很多人认为科学史学家忽视了模型的作用：帮助人们思考。[101] 英国物理学家威廉·汤姆森表示，除非作出一个机械模型，否则他什么也无法理解。克里克和沃森（Francis Crick and James Watson）用纸板和铁丝制造的模型帮助他们想象出双螺旋（图9），从而发现了著名

图 9 双螺旋模型（1953）
© Science Museum/SSPL

的 DNA 分子结构。[102]

还有不少模型需要用数学方式表达，比如 20 世纪 30 年代简·丁伯根（Jan Tinbergen）建造的荷兰经济模型——他是这个领域的先驱者；奥地利人贝塔朗非（Ludwig von Bertalanffy）的"个体增长模型"——这个模型原是生物学领域的，随后得到发展并用于解决其他领域的问题。20 世纪后期，计算机在各个领域（从经济学到考古学）获得广泛应用，用来模仿此类数学模型的结果，并加以验证。[103]

模型的价值不仅限于发现和分析，它们更为重要的运用是在传播的过程中。这是接下来的一章我们要讨论的问题。

# 第三章　知识传播

本章主要关注由学者完成的采集和分析知识，转向主要由各类交流媒介广泛进行的知识传播：口头的、图像的、手写的、印刷的以及电子的。传播的重要性显而易见，它是对抗"知识分散"问题的良方。即便在同一个机构内部，知识也很有可能无法抵达人们的视野。传播同样也为管理者、首席执行官等人的"信息茧房"（information cocoons）困境提供了另一种解决办法，否则他们只能获得别人希望他们获得的信息[1]。正如惠普公司的某一任主席感叹道："要是我们知道公司在发生什么就好了。"[2]

如今，谷歌的宣言是"让信息在全世界触手可及"[3]。早在18世纪晚期，知识传播的兴起就已经引起了广泛的关注，并获得激励，人们为此欢欣鼓舞，评价其为"知识和文明的迅速发展和普及"，或者是"实用知识更加广泛的普及"。同时，诸如英国宪法信息学会（British Society for Constitutional Information, 1780）之类的社团也大量涌现，"使得自由宪政的伟大原则……在全国范围内得到传播"[4]。然而不同的知识的传播也有区别，有些更加"流动"，更易于传播，另一些则更加"黏稠"，并不顺畅[5]。无论哪种情况，简单的传播理论都没能解释至少三个主要矛盾。

本书作为知识社会史著作，显然需要问的第一个问题是："要和谁沟通？"答案可以是地理意义上的：世界上某一地区的知识不断向外传播，并传递给其他地区的人们；答案也可以是社会学意义上的：知识日益获得普及。然而后者是一个颇为含糊的结论。

对于专家而言，任何针对非专业人士的讲话或者文字都是某种"普及"。问题在于这些非专业人士并不属于同一文化共同体。[6]上一辈的大众文化史学家业已发现"精英"与"大众"的两分法太过草率。这里有必要区分文化程度的差异、不同的观众或者说公共群体。公共群体包括了同事、其他领域的工作者以及学者向其寻求研究资助的公务员。当然也有维多利亚时代人们所说的"普罗大众"，他们有时也被称为"俗人"（laity，和指代职业人员或专家的"牧师"相对）。根据不同的知识群体，其还可以细分为男人和女人、成人和小孩、中产阶级和工人阶级。要实践"所有人的科学"或者"所有人的知识"的理念，且一视同仁，这是行不通的。因此，不少作家偏爱使用中性的"普及""倾向"这样的词语。[7]

第二个问题是传播或者说散布的过程。交流者往往将这一过程简单地视为传递给他人或者后代，然而研究"接受"（reception）理论的学者们指出，主动的交流者和被动的接受者之间的划分过于武断。知识传播不是"传送知识，仿佛知识是传递带上的土豆一样"。这一观点在研究一本书被各样运用时格外突出——独自反省、私人对话、公共辩论等，同一本书都能发挥不同的作用。[8]

首先，不能忽略的是中间人、守门人，或者说"知识经纪人"（epistemic brokers），他们会筛选所接受的信息。[9]其次，个人和群体都会选择他们认为更吸引人或者更加需要的信息。知识的流通并非单向的传递，更有效的是将其想象为信息、理念的"协商"或是对话（虽然对话的人并不总是愿意倾听）。[10]这种观点蕴含一个重要的推论：生产新知识和传递旧知识之间的界限是模糊的。革新往往是对现成东西的翻新，是不同文化间碰撞导致的文化变形。[11]

信息在不同的媒介和语言间传递，更确切地说，是在不同的人之间传递。其中有不少"守门人"，他们可能给自由的信息流设置障碍。"知识经纪人"则积极地推动知识的传播。无论什么情况，不同的个人或者群体对相同的信息或许会有不同的理解。他们往往有自己隐秘的目的，将知识用于初始传播者无法想象的地方。

第三个问题是媒体的历史。把媒体看作以一种通信方式替代另一种通信方式，例如电视替代了广播，或者互联网替代了报纸等，这一总结太过草率。传统媒体和新媒体交互并存，正如现代早期的欧洲，手稿和印刷体并存。两种媒体有可能会互相竞争，但两者之间通常会产生劳动分工。[12]

还有一个实际问题：如何处理250年来数目庞大且不断增加的沟通所产生的文本。本书的所有章节都在处理这一问题，但是在这里格外尖锐。下面将会侧重阐述英国的学科传播，以期解决或至少是理解这一问题。本章将着重于比较大量的最新的顶尖研究，同时与其他国家和其他知识种类作横向的比较。[13]对此最合适的方式是案例研究，尤其是自然科学。相比其他学科，自然科学专家和外行间的鸿沟更深，而且随着科学语言变得日益艰涩模糊、远离生活，这种隔阂越来越深。[14]

1800年，在英国，"大众科学"还是一个新的概念。"科普作家"则最早见于1848年。[15]在法国，相同的概念——通俗化（*Vulgarisation*），出现在19世纪50年代，并在1867年由左拉引入科学。[16]奇怪的是，一些英语作家偏偏喜爱使用法语术语，一些法国作家却采用了英语的表达，并将他们的工作形容为：普及科学（*populariser la science*）。[17]

为此也建立了不少新的机构，例如至今仍存在的英国皇家科学研究所（Royal Institution, 1799），还有同在英国的实用知识传播学会（Society for the Diffusion of Useful Knowledge, 1826）和皇家理工学院（Polytechnic Institution, 1838）。法国则成立了博物馆（*Conservatoire*,

1794），即现在的法国国立工艺博物馆。英国皇家学会的初衷是"传播……实用工业发明……的知识"，不过它著名的圣诞演讲却主要是关于大众科学的。1861年，语言学家马克斯·缪勒曾在那里成功发表了一系列关于语言起源的演讲。

说到科学的大众化，英国曾出现一股兴办"机械学会"的热潮，其在闲暇时间为工人阶级提供培训，最早的有"伦敦机械学会"（1817）。到1850年，英国此类学会已经达到600余个，成员超过50万人。[18] 美国以及世界其他地方也有类似的运动，例如丹麦，第一所"民众高等学校"（*folkehøjskole*）成立于1844年，挪威和瑞典也纷纷跟进。

科学知识全球化的重要性日益受到认可，联合国教科文组织（UNESCO）成立了卡林加科学普及奖（1952），英国发起了"大众科普"互动活动。这些会在下面继续讨论。

## 谈　话

媒介历史上最显著却也常常被忽视的是，日常生活中不同的面对面谈话的重要性——对话、辩论、演讲，以及由于环境和科技的发展而产生的各种媒介形式（例如录音机的诞生）。直到前不久科学史学家和大学历史学家才开始强调学术领域里的演讲、阅读、写作以及刊载具有同等的重要性。[19] 知识分子往往会忽视他们的演讲，至少不久前都是如此。这种形式我们称之为"学术口语"（academic orality）。

人们大都以为过去的口语世界已经一去不返、无迹可寻了，至少在录音机发明之前是如此。不过依据相应的材料，我们还是能够重建当初的学术口语环境，这些材料包括信件、学生笔记、大学规章、回忆录以及学术水平指导档案。

大学口试这一传统流传至今。这在托尔斯泰的半自传体小说《青年》（1856）中得到了生动的描绘：一张桌子后坐着三位教授，其中一位"洗牌般地洗着问题卡片"，每位候选人上前，抽出一张卡片，阅读上面的问题，然后立刻作出回答。牛津和剑桥的"口头辩论一直延续到19世纪"。直到20世纪60年代，"口试"仍是牛津大学期末考试的强制性内容，即便口试成绩发挥的作用相当模糊。[20]

讲座也在"古登堡革命"中延续下来，19世纪甚至可以被视作讲座、演讲乃至布道的黄金时代。听众包括从学生到普通大众，演讲者从知名科学家到工人阶级的支持者，不一而足，具体表现可参见19世纪30年代英国颅相学讲座盛况。[21]

这一时期的学术环境催生了大量俄国文学理论家米哈伊尔·巴赫金（Mikhail Bakhtin）所说的新"演讲流派"，与传统的讲座和师生之间一对一谈话等形式并存。[22] 例如研讨会，始于18世纪晚期哥廷根大学的一种教学方式，随即传播到德国的其他地区，然后是美国、法国、英国和其他地方。通过观察一位学者的工作过程，人们就能学习意会的知识和研究的技巧。[23]

在历史学里，根据兰克在柏林的研习班的范例，研讨的过程更注重研究生朗读论文并为此开展批评，或者对一份原始文件或学术专著的集体分析。约翰·霍普金斯大学（该校创办于1876年，是依据德国模式建立的一所研究型大学）早期的一位美国历史学家将其研习班描述为"一个实验室，在那里书本被当作矿物学标本来对待"。[24]

蒸汽时代运输手段的进步使得19世纪的欧洲演讲者能够远赴重洋，前往美国、加拿大甚至澳大利亚。国际会议，一种新的组织形式，形成于19世纪中期（见第166页）。这不仅为演讲者提供了传统演讲形式的环境，还有更多新的选择，例如圆桌会议，或者新近的海报展示环节。海报展示是20世纪70年代的创新，即年轻学者站在张贴出的论文边上解释他们的研究，以期吸引志趣相投的观众，回答他们的问题。[25] 学术人士对非学术人士做的普及性讲座可以被视作自成一体的类型。例如在自然科学领域，这种维多利亚时代中期的讲座形式在19世纪60年代传到了法国。[26]

在知识交换过程中，非正式谈话一直扮演着重要的角色，但是几个世纪以来，这种活动的环境一直在变化。17世纪晚期的伦敦，某些新的咖啡馆作为特定主题的讨论中心而闻名，主题涉及文学到自然哲学，无所不包。19世纪70年代的剑桥大学，"实验室下午茶"（laboratory tea）成了一种机制。[27] 19世纪和20世纪的英国知识史里更为重要的地点是酒吧。想要讨论自然科学的人，例如19世纪兰开夏郡的工艺植物学家，会不由自主地前往公共酒吧。[28] 20世纪30年代和40年代，受到阿尔弗雷德·拉德克利夫－布朗（Alfred Radcliffe-Brown）以及后来的艾德华·伊凡－普理查的影响，牛津的酒吧一直是英国人类学发展的中心。1953年，在剑桥大学老鹰酒吧边饮酒边吃午餐时，弗朗西斯·克里克宣布发现了DNA的结构。

与之相对，1990年在日内瓦欧洲核子研究组织（CERN）的餐厅里，蒂姆·伯纳斯－李（Tim Berners-Lee）宣布创建万维网。在硅谷，据说"山景地区的步行者马车轮酒吧餐厅的深夜闲谈"所做的"科技创新的传播比斯坦福大学绝大多数研讨会要多得多"。[29]

分析演讲类型需要对表演的不同类型和社交的不同形态有一定的敏感度。实验室的工作人员和会议的参与者通常会区分正式和非正式的场合，声称他们在走廊里或者喝咖啡时自发的闲谈里学到的知识最多。演讲者站在台上的讲座形式通常颇具等级性，研讨会则能为辩论提供更多的空间。正是出于这个原因，法国人类学家马塞尔·莫斯（Marcel Mauss）拒绝在大礼堂发表演说，而偏爱在小教室里和学生围绕着同一张桌子上课。美国人类学家玛格丽特·米德（Margaret Mead）建议使用圆桌来创造平等的氛围，以此鼓励不受拘束的讨论。[30] 20世纪以来，在许多欧洲大学里，讲座和研讨会的形式变得越发灵活，社会学家称之为"去正式化"。

讲座并不仅仅是讲话,同时也包括了表演的成分,反对的学者称之为"面向顶层楼座"的表演。17 世纪时,有时尸体解剖会在"解剖剧院"(anatomy theatres)进行,并且邀请公众观看,仿佛那是一场戏剧。18 世纪中期以来,英国和荷兰的科学讲座引入视觉"展示"来吸引公众。亚历山大·冯·洪堡于 1827 年到 1828 年在柏林的有关宇宙的讲座吸引了大量听众,包括不少衣着时尚的贵妇。大致相同阶段,约翰·斯普尔茨海姆(Johann Spurzheim)在伦敦的皇家学会对着满满一屋子的人作颅相学的讲座。[31]

18 世纪晚期以来,实验常常呈现为公共景观、某种剧场表演,演讲者则是展示人。[32] 例如 19 世纪早期英国化学家汉弗莱·戴维(Humphry Davy)在皇家学会面对混杂的公众进行表演,借以普及科学。电力本身就可以帮助人展示表演技巧:演讲人的语言伴随着闪光和响声。

维多利亚时代中期的英国,"科学主持人"延续了戴维的传统。牛津大学古怪的威廉·巴克兰(William Buckland)有时候会在空地上骑着马讲课,课程在室内进行时,为了活跃气氛,他不仅会在班级里传递标本供人触摸,还会亲身模仿恐龙的动作。[33] 在伦敦,约翰·亨利·佩珀尔(John Henry Pepper)——皇家理工学院的化学讲师——是著名的"特效"大师,他能使鬼魂出现在台上。批评者有时谴责这些是"感官科学",但这些手段的确能将知识传播得更广。[34] 20 世纪后半叶,借助幻灯片和幻灯片放映机(1987 年开始),学术演讲呈现出表演的色彩,与其说这是创新,不如说是复兴。

20 世纪中叶另一种传播知识的演讲类型出现了:广播讲座,偏向于非正式,为此营造出了亲密的幻觉。BBC 的年度"里斯讲座"系列就是极为著名的例子,它始于 1948 年哲学家伯特兰·罗素的讲座,到现在仍在第四广播频道上播出。20 世纪 50 年代,以赛亚·伯林(Isaiah Berlin)的广播演说比他关于政治思想的学术讲座更为人所知。天文学家弗雷德·霍伊尔在同一时期发表了一系列著名的演讲。在法国,从 1966 年开始,一档名为《历史星期一》(*Les lundis de l'histoire*)的历史节目在法国文化频道播出,内容是重要的历史学家对他们的同事所做的采访。

## 展　示

在吸收知识方面,眼睛或许是比耳朵要有效得多的器官。展览和博物馆在知识传播上的贡献要大于讲座,尤其是自然科学知识方面。

18 世纪就已经有展览了——例如巴黎年度沙龙展示的画作——不过受到伦敦博览会的影响,到 19 世纪后期才真正兴起展示这一形式。[35] 海德公园的伦敦博览会本质上就是大英帝国工业成就的大规模展示(10 万种展品)。它有助于在观众中普及原料、技术、机械和地理等知识——售出的票超过 450 万张——这被当时的人比作"工业百科全书"。[36]

1852 年伦敦建立了"工艺品博物馆"(Museum of Manufactures)永久性地展出伦敦博览会的展品,并很快被重命名为南肯辛顿博物馆。这个新博物馆主要收藏世界不同地区的装饰艺术历史的展品,不过其目的与之前是相似的:通过教育工匠来提高工业水平,以及在更普遍意义上,借用英国国会下议院艺术和制造业特别委员会(1835)的话来说,"普及民众对高雅艺术的品味和知识"。1858 年以来,这个博物馆通常都在晚上开放,正如博物馆的领导者所说:"实际确保这是对工人阶级来说最方便的时间。"[37]

对其他国家的组织者来说,伦敦博览会既是一种值得效法的榜样,也是一种挑战。随后,各地大都以一系列"全球展览会"和"世界交易会"来命名自己组织的博览会。巴黎博览会分别举办于 1855 年、1878 年、1889 年和 1900 年,费城举办于 1876 年,阿姆斯特丹(1883 年)、芝加哥(1893 年)、旧金山(1915 年)等也举办了类似的博览会。

500万人参加了1855年的巴黎博览会，2700万人参加了1893年的芝加哥博览会，3200万人参加了1889年的巴黎博览会，超过5000万人参加了1900年的巴黎博览会。这些数字清晰地显示了博览会的作用。"万人空巷"的博览会已经不再是什么新奇的发明。19世纪博览会覆盖的受众远多于书籍或者杂志。[38]

值得关注的是人们借此尝试展示整个世界，至少是展示了一系列各个国家的物品。1889年，四个游览巴黎的埃及人震惊地在世界展览会（*Exposition universelle*）上发现了一条复建的开罗大街。[39] 近来这种帝国主义时期西方人展示其他文化的行为受到了激烈的批评，尤其是商业目的的人体展览——将个人当作具有异域风情的插画式的标本。[40] 然而1889年的巴黎博览会是另一种情形，那是一个相当不同的故事。法国作曲家克劳德·德彪西（Claude Debussy）正是在那里首先听到爪哇木琴音乐。这一经历在他的作品里留下了持续不灭的痕迹。更广泛意义上说，西方世界对其他文化工艺品的兴趣和歆慕——例如佛像、非洲面具、伊斯兰书法等——也受到了这些博览会的巨大推动。也有一些更加小型、专业的博览会，例如1903年和1916年在巴黎分别举行的伊斯兰艺术和非洲艺术的展览。

这些临时展览产生的影响引人注目，但是永久性展览给人带来的体验却更为持久。公共博物馆兴起于18世纪晚期，第一个特建的此类博物馆是德国卡塞尔的弗雷德里克宫（*Fridericianum*）。这一时期著名的里程碑事件包括卢浮宫对公众开放（1793），随后丹麦国家博物馆（1809）、大英博物馆（1823）、华盛顿的史密森尼博物馆（1846），以及纽约的大都会艺术博物馆（1870）相继开放。

人们也利用专门的博物馆普及自然科学知识。[41] 1793年巴黎的皇家植物园（*Jardin Royal*）改名为国家自然历史博物馆，且向公众开放，随后还开放了一系列自然历史类的博物馆。无怪乎19世纪晚期被称为"博物馆时代"。[42]

1822 年　圣地亚哥国家自然历史博物馆

1823 年　波哥大自然历史博物馆

1866 年　耶鲁大学皮博迪博物馆

1869 年　纽约自然历史博物馆

1881 年　伦敦自然历史博物馆

1889 年　维也纳自然历史博物馆

　　动物园和植物园或许可以被看作活的博物馆。维也纳的帝国动物园于 1765 年向公众开放，接着是马德里（1770）、伦敦（1828）和其他地方的动物园。马德里的皇家植物园和伦敦的邱园分别在 1755 年和 1759 年对公众开放，接下来是牙买加首都金斯敦（1775）、加尔各答（1787）、墨西哥城（1788）和里约热内卢（1808）等类似的公园也依次开放。[43]

　　储存和传播知识均是这些机构的主要目的。例如史密森尼学会就是詹姆斯·史密森尼（James Smithson）的遗愿：建立一个机构促进"知识的增长和传播"。19 世纪已经有不少人批评博物馆策展人没能以吸引参观者的方式布展。"博物馆吸引的全是专家，"一名维多利亚时代的批评家如此写道，"这是个不争的事实，无论什么性质的博物馆，对公众来说都无聊得令人难以忍受。"[44] 在德国，19 世纪晚期参观博物馆的公众人群日益增多，这引发了关于博物馆功能的辩论，尤其是服务知识还是服务公众（包括孩子），两者到底孰轻孰重。[45]

　　德裔美国人类学家弗朗茨·博厄斯认为，博物馆的设置应友好、贴近民众。"将游览者送入陌生的环境当中，"他说，"去整个村庄里感受人们的生活方式。"[46] 他偏爱"生活群体"（life group）这一理念，即在当地环境中展现活生生的文化。1889 年的巴黎博览会和 1893 年的芝加哥博览会采用了这一展览技术，随后推广到了博物馆。

　　博物馆展示"用户友好"，从而让知识能传播给更多人，其可以追溯到 19 世纪，其成果不可谓不显著。例如 1872 年，南肯辛顿博物馆吸引了超过100万名参观者，1882年大英博物馆接待了767000名参观者。然而到20世纪晚期，策展人似乎对往这个方向发展仍不满足。伦敦科学博物馆的"思索食物"在1989年开幕，正是这一行动的更进一步发展，其续展"未来食物"（2008）则致力于促进作物转基因的讨论。[47]

认为博物馆仅仅是人类知识的客观集合而没有主观倾向——例如殖民主义（第127页将继续讨论），这种观点是十分天真的。历史学家需要仔细研究博物馆传播知识的方式，例如它们特定的组织方式，将某些物件并置，与其他物品分开，以及忽略一些东西，而强调另一些物品。这些安排时不时会引起争议，使得通常是后台秘密的决定展现到台面上。

举例来说，博厄斯就持有反进化论的理念，并重视文化多元化，这反映在美洲博物馆中美洲印第安工艺品如何摆放的争论当中。史密森尼博物馆的馆长、民族学家奥蒂斯·梅森（Otis Mason）布置的展品顺序强调了人类进化。博厄斯则批评了这一观点，提出依照宗教布置展览，突出人类文化的多样性。[48]再有，直到20世纪90年代，维也纳自然历史博物馆的"人种陈列室"（*Rassensaal*）仍旧呈现了一种西方人习以为常地将人类划分成种族的观念，因而日益显得与社会格格不入，然而这一观念已经逐渐被学者摒弃。[49]

# 书 写

与谈话一样，由于科技的变化和媒体新的劳动分工，书写的功能和方法在这一时期有了巨大的改变。这一时期早期，信件和书籍是用羽毛笔写成的，19世纪金属笔才成为主流，自来水笔在19世纪末期才出现，圆珠笔出现在20世纪40年代，水性笔出现在80年代。19世纪末以来打字机成为常规设备，先是用于办公室，随后进入了书房。

出版商和大学逐渐要求书籍和博士论文等用打印版取代手稿。早在1885年,约翰·霍普金斯大学就建议学生论文使用打印稿。[50] 20世纪30年代开始,电子打字机加入与手动打字机的竞争,但两者很快都在80年代被个人电脑取代了。邮局的兴起以及之后电报的发明,都令书写信息经历了越来越快的革命性变化。在美国,1910年西联公司处理了7500万条信息。[51]

书写的功能发生了同样重大的变化,尽管并不是如此显而易见。从印刷术的发明开始,书写就日益仅限于私人沟通,然而要给私人和公众领域画出一条清晰的界线是不现实的。即便在我们所处的时代,在半公开的领域内,知识仍旧凭借书写来传递。

学术世界不少信件书写的对象是个人,但对信件的内容所能传播的范围有更广泛的预期,长久以来,这是使得信息和理念比印刷品传播得更为迅速的关键——尽管有时这也是暂时的。林奈在乌普萨拉的书房位于一个分布极广的植物学家网络的中心,他的学生或者"信徒"正是通过书信的方式与林奈取得联系,以此来探讨他们的发现。[52] 亚历山大·冯·洪堡、查尔斯·达尔文、马克斯·韦伯、亨利·皮朗、卡尔·古斯塔夫·荣格以及其他学者的通信都显示了老一辈的学者往往都处于这种网络的中心,尽管规模可能不及林奈。实际上,学者间仍然存在这类沟通网络,只不过邮件取代了信件的形式。单单洪堡一个人就写了5万封信件,所以有专门研究他此项作品的互联网期刊《洪堡电子期刊》(*Humboldt im Netz*)也不足为奇了。[53]

不少志愿者也正是通过与编纂者亨利·穆雷(Henry Murray)通信的方式来帮助编辑《牛津英语词典》;实际上,穆雷在牛津的房子外特地竖着一个邮筒,方便他和志愿者通信。[54] 再有,19世纪是地方学术团体繁荣的时期,业余爱好者也是通过信件给它们发送信息(见第164页及之后)。这些信件有可能在学报发表之前就在集会上被公开朗读。换言之,它们是演讲和书写的混合体。采访也是类似的情形。我们已经讨论过采访作为一种采集信息的方式（见第 41 页），但是针对专家的采访往往也是传播信息的手段，无论是通过出版物、广播抑或电视。电子邮件和短信的兴起强化了这股演讲与书写并存的潮流，书面语言和非正式口语的界限日益模糊。

20 世纪上半叶，书面语言在政府和商业工作中越来越重要。18 世纪晚期，"官僚制"（bureaucracy）这一词语出现并通用于法语、英语、德语等语言中，其字面意思是办公室的统治。这个新词相当贴切。在国家日常行政活动中，书写变得越来越重要，也变得越发集中。快速涌入的书面报告塞满了文件夹和抽屉，同时发出的书面指令也日益增多，这是马克斯·韦伯认为的"传统型"行政向服从明确规则的"理性型"行政转变的其中一个特征。[55] 然而这种理性型行政的代价在于大量烦琐的条条框框，我们称之为"官僚习气"（red tape），随之而来的还有不必要的文件堆积。

此外，我们不能忽视 19 世纪的社会调查，包括人口普查，它们都是庞大的书写工程。先是普查人员收集数据，然后是大量的文书人员上交登记材料，计算小额总数和整体总数，这是个繁重的过程，每个步骤都有可能出错。和翻译一样，抄写本身也是某种创造。

19 世纪晚期，公司的规模越来越大，文本对于内部交流（指令下达、报告上传）来说也越来越重要。费雷德里克·泰勒（Frederick Taylor）就是之后"科学管理"的先驱（见第 116 页），他提倡工人使用公告板和书面指令或者"指示卡片"来提高公司的效率。或许可以说，正是在这个时候，即 1880 年到 1920 年，美国公司从"传统"管理走向了"理性"管理。就如同韦伯对国家的分析，新一代的经理人也强调用书面文字代替口头表达，以便提高效率，因为口头指令往往会出错。人们还发明了"备忘录"（memo）这一新的体裁，便于同一个公司内的相对不像公函那样正式耗时的纸面交流。难怪美国公司中的文员数目在半个世纪内差不多增长了 40 倍，从 1870 年的 74200 人一跃到1920年的2837700人。[56]

除了具备管理的作用外，书写同样有批判的功能，尤其是在芬兰和希腊，手写报纸直到20世纪早期仍然存在，有时它们纯粹是一种爱好，但有时是因为其所表达的观点通常被认为是颠覆性的。[57] 对于秘密团体来说，书写仍然是至关重要的，尤其是在独裁统治下，即便秘密性本身很难得到界定。[58] 公众和秘密团体的区分或许是程度上而非种类上的，那是一块夹在两极中间的灰色地带（的确，"灰色文学"[grey literature]一词有时就是用来形容非商业性出版物的）。

萨米亚特（*samizdat*，自主出版物）文学是这种秘密或者半秘密性质的信息流通的典型例子，它曾风行于苏联及其卫星国统治的最后几十年。1968年到1972年间甚至有一份俄语版的萨米亚特报纸《时事记录》（*Chronicle of Current Events*），其中提供过持异见者遭受迫害的信息。和中世纪通过抄写传播信息的情形一样，抄写员也经常会在誊写时改变文本，有时加上些什么，有时又忽略些什么。[59] 萨米亚特也为如何复制或者打印稿件提供了思路：例如基士得耶（Gestetner）到富士施乐（Xerox）（这两个公司均成立于1906年），就曾使用复写纸和各类机器。

## 期刊出版社

萨米亚特文学有时会由小型的秘密出版社印刷出版，但是印刷通常与公共领域密不可分。如果说西方的第一次印刷革命始于15世纪中期古登堡及其同人的工作，第二次革命则始于19世纪初蒸汽印刷机的使用，它的发明者弗雷德里希·柯尼希（Friedrich Koenig）也是德国人。蒸汽印刷机大大加快了印刷的速度。随着廉价纸张的广泛使用（纸张原料是木浆而非布料），以报纸、期刊和书籍为传播手段的"大规模通信"时代成为可能。

1814年，《泰晤士报》装备了一台新式蒸汽印刷机。19世纪，廉价报纸成了新信息传播的主要手段。报纸从17世纪早期诞生开始就发挥这一功能，尤其是在法国大革命期间（仅是1789年就有130种新的讨论政治议题的报纸在法国创办），然而在19世纪，它们比以往任何时候都要更频繁广泛地接触大众。

19世纪后半叶，新闻的传播变得愈发迅捷，电报的发明使得查尔斯－路易斯·哈瓦斯（Charles-Louis Havas）这样的特殊经纪人能够将报道贩卖给报纸。哈瓦斯的巴黎办公室原先是一家成立于1835年的翻译局。他的前雇员德国人保罗·路透（Paul Reuter）于1865年起创办了一家总部设在伦敦的新闻社。这个时期的另一重大发展是美国和欧洲的大众媒体的兴起。早先的报纸对普通民众来说都过于昂贵，但是1883年约瑟夫·普利策（Joseph Pulitzer）率先以一美分的价格售卖《纽约世界》，日均销售量超过50万份。1900年后不久，英国的《每日邮报》《每日镜报》和法国的《报刊》（Le Journal）以及《晨报》都各自保有日均百万的销售量。

日报的功能与其说是传播"知识"，不如说是传播"信息"，有时甚至是"虚假信息"，因为其印刷期限短，没有机会和时间验证故事的真假。相反，无论是以周还是以月为单位的期刊，更有可能提供可靠的知识，也为新闻评论留出了更大的空间。17世纪就已经出现了期刊出版社，包括那些学术团体的期刊，例如英国皇家学会的《学报》（Transactions）或是《文人共和国新闻》（Nouvelles de la république des lettres），但19世纪它们也同样经历了巨大的扩张和多元化过程。有必要区分一下这个时期的三种期刊类型：专业期刊、目标群体是受教育读者的评论以及更为大众化的杂志。

与学术职业化的过程同步（见第160页及之后），19世纪以来专业期刊的数量成倍增长，德国人在此领域一马当先，先后创办了《动物学杂志》（1848）、《历史杂志》（1859）、《民俗学杂志》（1860）、《埃及语言与考古学杂志》(1863)等。在历史学领域里,仿照德国 1859 年的例子,其他各国相继发行了法语的《历史评论》(1876)、《意大利历史学杂志》(1884)、《英国历史评论》(1886)等。

一直到 20 世纪末,这个期刊体系和许多期刊本身并未产生太大的变动(尽管专业化的期刊数目在不断增加)。2000 年以来,越来越多的期刊改为在线出版,尤其是科学期刊,即便其中不少仍有印刷版本。部分科学论文在正式出版之前就在线上流传,反映了自然科学领域对信息即时性日益增长的需求。

针对公众中受过更好教育、收入也更高的人群,这个时期,尤其是 19 世纪,出现了许多相应的期刊。法国长期发行的周刊《辩论期刊》(*Journal des débats*, 1789—1944),将议会辩论的报道融入著名作家撰写的文学杂志当中。还有《两世界杂志》(*Revue des deux mondes*, 1829),这份月刊至今仍在发行,1879 年前倾向于自由派,之后则越发保守。19 世纪早期英国出现了一系列重要的季刊,其关注新的图书和思想,吸引了不同政治信仰的读者群,例如辉格党人的《爱丁堡评论》(1802)、保守党人的《评论季刊》(1809)以及激进党人的《威斯敏斯特评论》(1823)。[60]

这些杂志里自然科学的地位值得我们关注。法国天文物理学家雅克·巴比内(Jacques Babinet)定期会为《辩论期刊》和《两世界杂志》撰写有关科学的文章。[61] 英国许多高水平的科学家诸如约翰·赫歇尔(John Herschel)、查尔斯·莱尔和托马斯·赫胥黎(Thomas Huxley)都各自给《爱丁堡评论》、《评论季刊》和《威斯敏斯特评论》撰写文章。大量廉价出版物使得知识的传播更加广泛,英国的《一便士杂志》(*Penny Magazine*, 1832)达到了 20 万份的销量高峰。还有不少针对业余爱好者群体的专业化杂志,例如《国家地理》(1888)、《今日历史》(1951)。

这些专业杂志在自然科学领域扮演的角色尤为重要。美国最先针对工匠创办的《科学美国人》(1845),还有《大众科学》(1872),至今都仍然在发行。德国的《自然》（Die Natur，1852）的副标题是"面向各个阶层的读者"。法国模仿并发行了法语版的《自然》（1873），到1885年印刷量达到了15000册。[62]维多利亚时代的英国照此模式也发行了《自然》（1869），由麦克米伦出版社以4D界面大小的尺寸发行；此外还有以2D界面大小发行的《知识》杂志（1881），自称是"图解科学的杂志"，"语言平易、描述精准"。[63]

这一时期媒介或者翻译的功能要变得比以往任何时候都更加重要，尤其是1850年之后出现了越来越多的专业化领域。专家的语言日益技术化，和公众语言的距离也越发遥远，尤其是在自然科学领域。"科学服务部门"（Science Service, 1920）的成立就源于美国科学家对这种状况的担忧，为此科学家和记者联合起来工作，大约两代人之后，英国也发起了"科学公众普及"运动，包括成立了一份同名的期刊，在伦敦和牛津都创建了相应的特殊讲座席位。如今大学里也有"科学传播"的课程。[64]

20世纪科普杂志在弥合科学家和公众之间的鸿沟方面承担了日益重要的功能，颇具讽刺意味的是，科普正是为了打破职业化壁垒而出现的。英国第一例科学记者的任命可以追溯到1928年的《曼彻斯特卫报》（那时的名字），第一个科学记者社团1955年成立于法国。这类记者主要从科学角度报道新闻，他们通常拥有科学学位，用平易的语言为大众撰写文章。例如，厄尔·乌贝尔（Earl Ubell）为《纽约先驱论坛报》（New York Herald Tribune）采访了爱因斯坦，1953年里奇·考尔德（Ritchie Calder）在《新闻纪事报》（News Chronicle）报道了发现DNA结构这一消息。和其同行类似，科学记者也常常遭受指控，认为其报道过于夸张。[65]

非常值得关注的是，有些科普杂志如今依旧在出版发行。即便在电视和网络时代，科普杂志仍旧保有一定的受众，下面会讨论这个问题（见第267页）。1986年《科学美国人》的发行量达到100万份，如今还有15种国外语言的版本同时发行。《自然》仍旧每周发行，尽管并未专业化，如今已经成为一份同行评议的期刊。法国版的《自然》并入了月刊《研究》，目标人群是半学术化的科学专业学生。人文领域也有月刊为非职业爱好者服务，例如《今日历史》(1951) 和英国《考古时事》(1967)，以及它们在全球各地的类似的出版物。

## 书　籍

在知识传播的过程中，书籍还是期刊发挥了更大的作用呢？这是一个颇为有趣的问题，虽然几乎不可能有答案。考虑到这一时期所产出的数目庞大的著作，无论是面向专家的专著还是面向普通受教育大众等各种群体的书籍，致力于阐明不落窠臼的观念似乎都不太明智。1960年，全球范围内出版了332000种书，到1990年，这个数字已经上升到842000种。[66] 2005年，单单在英国就出版了206000种书，美国是172000种，俄罗斯则有123000种。

让我们来看看这个巨大的无形图书馆的一角：回到自然科学的传播。18世纪，林奈作为科学普及工作者撰写了一些语言平易、便于翻译的小册子，却被认为是降低了"自然科学研究的教育门槛和资金成本"。[67] 此外，布丰的《自然史》(*Histoire de la nature*) 以其特有的文学形式和理念，被认为"或许是21世纪读者最多的科学著作"。[68]

19世纪，不少主要的科学著作吸引了公众较为广泛的注意力，尤其是查尔斯·莱尔的《地质学原理》(*Principles of Geology*, 1830—1833)，尽管书很厚，但到1875年，这本书已经印刷了12版；还有查尔斯·达尔文的《物种起源》(1859)，在1900年之前售出了56000册。匿名出版的《宇宙自然史遗迹》(*Vestiges of the Natural History of Creation*, 1844) 在维多利亚时代轰动一时，前后发行了14个版本，共

4万册，成了公众和私人场合茶余饭后的谈资。[69]部分主要科学家亲身为科学普及作出了不小的贡献，包括法国天文物理学家路易斯·阿拉戈（Louis Arago）、英国的汉弗莱·戴维（诚如上文所见）和托马斯·赫胥黎。德国却恰恰相反，没有任何主要科学家跟随洪堡的先例与大众直接交流，而是把这个任务交给了记者。[70]

尽管职业科学家获得了不少成功，但全职科普作家的作品销售数量还是很容易就能超越他们。神父埃比尼泽·布鲁尔的《常见事物科学知识指南》（Ebenezer Brewer, *Guide to the Scientific Knowledge of Things Familiar*, 1847）在1892年更新到第44版，总计售出195000册。神父约翰·乔治·伍德的《国家常识》（John George Wood, *Common Objects of the Country*, 1858）到1889年共计销售了86000册。[71]法国卡米耶·弗拉马里翁的《大众天文学》（Camille Flammarion, *Astronomie populaire*, 1879）在1900年前售出了10万册。[72]

20世纪不少出版商持续致力于将学术界知识传播给更广泛的大众。英国有"现代大学知识家庭丛书"系列（1911），其要求专家用短小精悍的文学撰写各种主题的小册子，前后不同版本加起来共出版了2万种（这个数字在现在不少学术工作者看来仍然不可企及）。[73]与此相类似，法国"我知道什么？"（*Que saisje?*）系列发起于1941年，如今已经达到了上千种。至少从书籍的形式上看，19世纪下半叶同样看似是大众科学的黄金时代。这个时代识字率上升，而科学作为进步动力的信念仍未受到挑战。[74]

20世纪20年代末期迎来了大众科学的复兴，这次的领导者正是科学家们。例如物理学家亚瑟·爱丁顿（Arthur Eddington），到1943年他的《物理世界的性质》（*Nature of the Physical World*, 1928）售出了26000册；宇宙学家詹姆斯·琼斯（James Jeans）的《神秘的宇宙》（*The Mysterious Universe*, 1930）到1937年售出了大约14万册。[75]这里面许多科学家都是政治左倾人士，包括物理学家让·佩兰（Jean

Perrin），其有关原子的书自 1913 年初版发行以来经历了多次的重版和翻译；遗传学者 J. B. S. 霍尔丹（J. B. S. Haldane）曾为《工人日报》撰写科学话题的每周专栏；动物学家兰斯洛特·霍格本是《公民科学》(Lancelot Hogben, *Science for the Citizen*, 1938) 的作者；物理化学家 J. D. 伯纳尔撰写了《科学的社会功能》(J. D. Bernal, *The Social Function of Science*, 1939)。左翼卡通画家 J. F. 霍拉宾（J. F. Horrabin）所作的插图增强了霍格本的书对大众的吸引力，前者还为 H. G. 韦尔斯的畅销著作《世界史纲》(H. G. Wells, *Outline of History*, 1920) 画过插图。

不少科学家同行认为，科普并非研究事业上必要的工作，这会令他们分心，但是上面提及的这些人却视之为意识的觉醒，也是一种改变社会的方法。即便如此，霍格本还是推迟了据他讲座改编的畅销著作《大众数学》(*Mathematics for the Million*, 1936) 的发行，因为适逢皇家学会选拔之时，他担心这本书会有损于他的学术声誉。[76]

自那时起，科学家撰写的大量图书的销售量都十分可观，包括艾萨克·阿西莫夫的《聪明人科学指南》(Isaac Asimov, *The Intelligent Man's Guide to Science*, 1960)，史蒂芬·霍金的《时间简史》(Stephen Hawking, *A Brief History of Time*, 1988) 以及能装满一个书架的生物学著作，例如理查德·道金斯的《自私的基因》(Richard Dawkins, *The Selfish Gene*, 1976) 和史蒂芬·J. 古尔德的《熊猫的拇指》(Stephen J. Gould, *The Panda's Thumb*, 1981)。不过，如今这些书不仅要和报纸杂志上的科普新闻竞争，还要与电视纪录片比拼。

## 视觉辅助

另一个不可能的任务是回答到底有多少人阅读数量如此庞大的材料。虽然相比深度阅读来说，更多人选择浏览或者泛读。无论是面向专家还是大众人群，海量的图书和文章都证实了这一论断。各式各样的插图、表格、图解等不仅使得印刷文本的意义更加清晰，本身也为文本提供了某种替代品。[77] 这一时期，我们发现，在印刷信息的表达或呈现过程中，视觉辅助物的作用在不断增强——无论是为了职业人员之间便捷的交流，还是为了给受众广大的知识药丸裹上一层糖衣。产生这股潮流的原因众多，供给方面，是基于新技术不断发展；需求方面，是便于呈现新的材料形式，尤其是统计数据。

社会调查、委员会报告、书籍和文章都囊括了统计数据，这是19世纪20年代以来一次"印刷数字的大雪崩"，[78] 由此也使得表格或者伦敦统计学会所称的"列表展示"的重要性日益增加。自然科学也采用这种方式来做展示，例如教授商业研究和自然历史的德国地质学者海因里希·布伦（Heinrich Bronn），于1831年出版了他自己的化石《目录》。[79]

另一种广为使用的视觉辅助物是图表，从经济数据到其他统计都能见到它的身影（早在1686年就出版了一份图表，显示了在不同的天气条件下气压计中的水银升降情况）。[80] 一份出版于1782年的欧洲经济地图就包括了图表。受过工程师教育的苏格兰经济学家威廉·普莱费尔（William Playfair），将图表用于他自己的《商业政治地图集》（*Commercial and Political Atlas*, 1786）。图表的应用逐渐从经济地理扩展到社会学（阿道夫·凯特勒）、天文学（威廉·赫歇尔）和流行病学（威廉·法尔 [William Farr]）。[81]

伴随着表格和图表的兴起，学者也开始使用不同的新的表格形式。约瑟夫·普里斯特利（Joseph Priestley）设计了时间轴来总结生物学知识。瑞士数学家约翰·海因里希·兰伯特（Johann Heinrich Lambert）关于热度的论文《绝对零度》（"Pyrometrie"，1779）就包括了时间序列表格。普莱费尔则在其《统计摘要》（*Statistical Breviary*, 1801）里设计了现在人们所熟知的饼状图（图10）和柱状

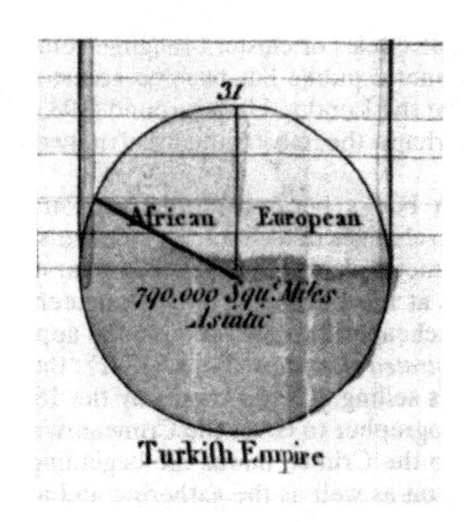

图 10　普莱费尔：土耳其帝国饼状图（1801）

图。洪堡显然受到了普莱费尔的影响，在其《新西班牙总督辖区皇室政治分析》(*Essai politique sur la Royaume de la Nouvelle-Espagne*, 1811）中运用了柱状图。地质学家是最早使用截面图的职业群体之一，尤其值得注意的是布罗尼亚和居维叶的《巴黎近郊矿物地理分析》(*Essai sur la géographie mineralogique des environs de Paris*, 1811）和勘测员威廉·史密斯的《英格兰及威尔士岩层描绘》(William Smith, *Delineation of the Strata in England and Wales*, 1815），后者更是为其作者赢得了"岩层史密斯"的绰号。

地质学家同样也是运用专业化、主题化分布图的先驱，依个案不同分为矿物构成和岩石构成等，之后陆续出现了文盲分布图（1826）、犯罪分布图（1829）、人口分布图（1841）等。19世纪两幅著名的伦敦分布图分别是，医学家约翰·斯诺（John Snow）绘制的霍乱分布图（1854）和商人、慈善家查尔斯·布思（Charles Booth）的贫困"描述图"（1891）。法国工程师夏尔·约瑟夫·米纳尔（Charles Joseph Minard）绘制的《对俄战争之法国军队具体伤亡人数连续性图示

(1812—1813)》(*Carte figurative des pertes successives en hommes de l'armée française dans la campagne de Russie 1812—1813*, 1861) 显示了分布图本身可以是动态的（图 11）。借助图片，米纳尔戏剧性地展示了拿破仑毁灭性的前往莫斯科的远征后法国军队人数的剧减。[82]

与此同时，天文学家正在绘制星球分布图，海洋学家则专注于大海的绘制。马修·莫里（Matthew Maury）1848 年为美国海军绘制的风向气流图尤为精细，他还设计了特殊的符号来表示风的大小和强度。自然科学家也日益接受图表作为工具。约翰·道尔顿在他的《新化学哲学系统》(John Dalton, *New System of Chemical Philosophy*, 1808) 里用简单的两到七个一组的圈或者星团来表示硝酸、糖类和其他物质。公众对图表也已经习以为常，例如《伦敦地铁图》(1933)，这"或许是有史以来最有影响力的网状图像"。[83]

随着科技的变化，书中的插图造价越发便宜，因此使用插图也越发频繁。钢版代替了木刻印版，金属印版更不容易损坏。19 世纪初平版印刷术的发明使插图的成本更加低廉。图片大大增强了诸如《伦敦新闻画报》(1842) 之类期刊的吸引力，作为第一份带插图的周刊，它在 19 世纪 50 年代派遣了插图画家和一名摄影师报道克里米亚战争，其发行量达到了 20 万份。派摄影师前往克里米亚标志着一个知识采集、分析和传播的新时代的开端：摄影新闻的兴起。从学术层面上看，摄影技术促进了一个新的学科蓬勃发展，那就是艺术史。通过书中的插图和讲座的图像辅助材料等，散落于世界各地的名家杰作变得触手可及，即便这些图像有时会转成黑白或者失真。

视觉辅助对演讲者来说并非什么新鲜事，伦勃朗（Rembrandt）的《解剖学教程》(*Anatomy Lesson*) 就证明了这一点。地质学家向听众展示岩石，古生物学家向听众展示骨骼化石。这个问题似乎让化学家有些棘手，不过并非不能解决。19 世纪中叶，奥古斯特·威廉·冯·霍夫曼（August Wilhelm von Hofmann）在伦敦的皇家化学学院的讲座里就使用

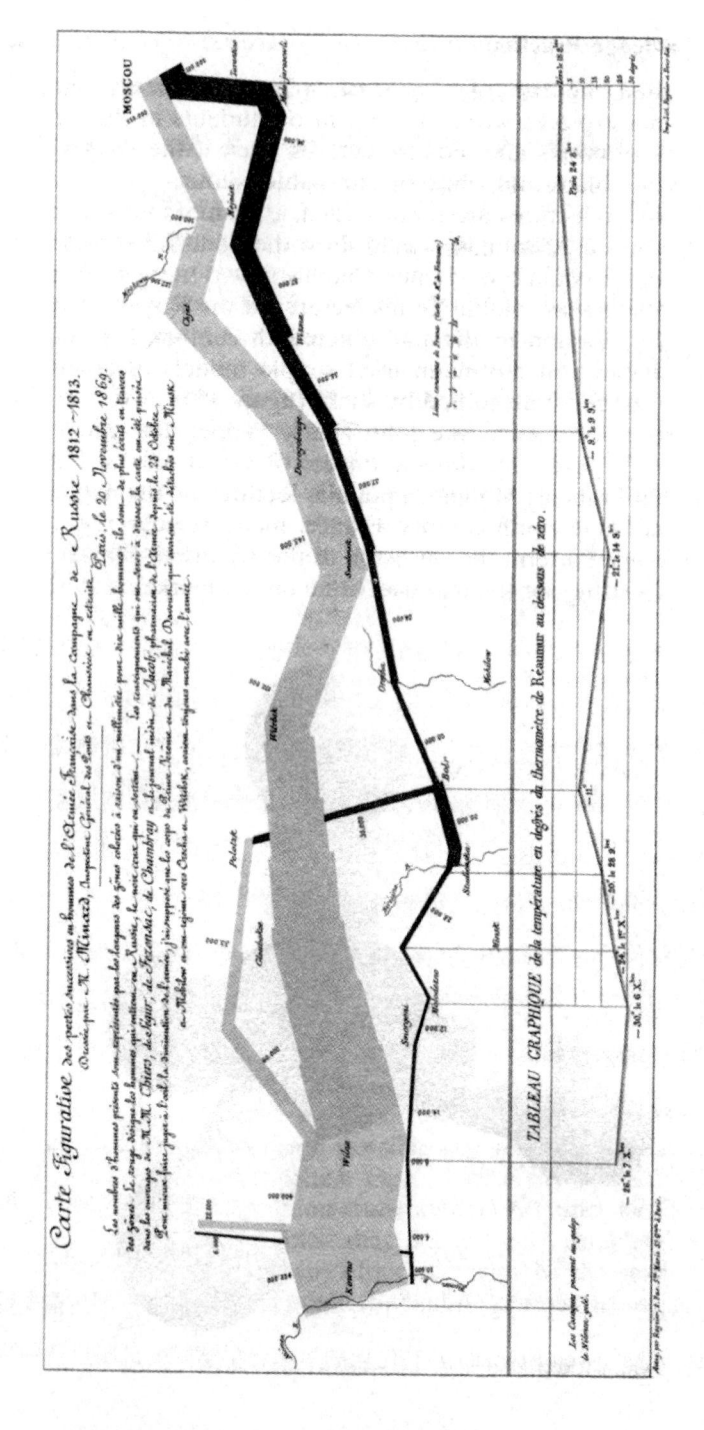

图 11 米纳尔的法国军队从莫斯科撤退的损失流量图（1869）

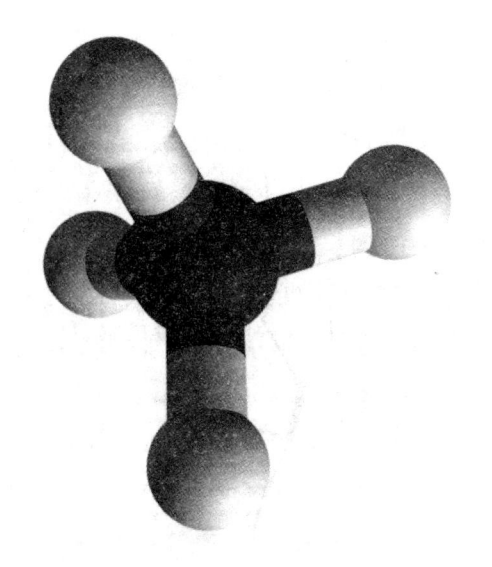

图12 奥古斯特·威廉·冯·霍夫曼,甲烷分子模型(约1860)

了道具:用木球和小木棍拼接起来的原子和分子的简单模型(图12)。

"鬼影人"约翰·亨利·佩珀尔之类的科学普及者通常是在公众前使用视觉辅助的先驱(见第91页)。前耶稣会士弗朗索瓦·穆瓦尼奥(François Moigno)是19世纪中叶法国一位颇受欢迎的自然科学方面的演说家,他经常使用所谓的"魔术灯笼"——20世纪投影仪的前身。它的后续产品旋转式幻灯放映机在1962年投入市场,很难想象艺术史的讲座在之后30年没有它会是什么样。

到20世纪中叶,部分学者已经成了电视名人,历史学家A. J. P. 泰勒(A. J. P. Taylor)和乔治·杜比(Georges Duby)在电视频道里各自为营。也许我们可以认为,电视为知识呈现提供了强有力的视觉辅助,或从另一个角度说,它提供了一种知识呈现的强有力的方式,以至于文字扮演了辅助性角色。在近两代人的时间里,电视节目不断变更。20世纪50年代,观众们看到的是电视讲座,插图变得可有可无,泰勒为英国ITV电视台所做的第一次世界大战的半小时讲座就是十分著名的例子。与此对照，历史学家西蒙·沙玛（Simon Schama）在BBC的《不列颠历史剧集》（2000—2001）中从工作室转移到了他所讲述的地点，演员参与表演，重点最终落在图像而非文字之上。

相较于文字，图片的优势之一是，它们无须翻译就能在全世界范围内传播。这种新媒介同样也较为适用于某些知识，例如考古学。1954年考古学家莫蒂默·惠勒（Mortimer Wheeler）被授予英国"年度电视人物"的称号，他就自己的学科制作了一系列电视节目。这足以说明这个领域的摄影质量和惠勒的个人魅力。另一个非常适合电视节目的题材是自然历史，例如，大卫·爱登堡（David Attenborough）的著名节目《生命的进化》（Life on Earth, 1979）、《生命之源》（The Living Planet, 1984）和《大地的声音》（The State of the Planet, 2000）。历史本身同样适合这一媒介，尤其是战争史，对电视制作人和观众都充满吸引力：BBC的《世界大战》（The Great War, 1964），ITV的《二战全史》（The World at War, 1974），美国导演肯·伯恩斯（Ken Burns）为PBS制作的《内战》（The Civil War, 1990），以及TVE的《电影之战》（La guerra filmada, 2006）——着重于评论西班牙内战期间交战双方制作的影片。

电视以及新兴的互联网带来的远程教学极大地扩展了英国开放大学（British Open University, 1969）成人教育的范围，截至1997年已经为200万人提供了学习机会，大量类似机构出现在荷兰、西班牙等国家。2003年凤凰城大学（the University of Phoenix）的"线上校园"有超过7万名学生。[84]

本章着重介绍了过去250年里知识传播的个体事件和集体运动。无论知识本身准确与否，其传播速度都越来越快。支持者宣称知识已经在更大的范围内得到传播，批评者则认为这种传播还远远不足。相比本章的传播者视角，下面一章我们将更多从接受者的角度来审视知识的交流，关注知识因不同接受人群而有的多种多样的用途。

# 第四章 知识应用

在本书的前几章,我们已经讨论了知识的采集、分析、传播、加工等活动,本章将继续关注知识活动的进程。上一章中,我们审视了信息的传播过程,在本章中,我们将聚焦于信息的接受和应用。换句话说,接下来,我们将着眼于知识与社会政策间的关系,亦即福柯曾指出的知识与权力的关系(*savoir* and *pouvoir*)。[1]这里还存在着知识的回收利用,或如法国学者米歇尔·德·塞尔托(Michel de Certeau)所言,知识的"再应用"(*ré-emploi*)的目的丰富多样,有些甚至超出了传播者最初的想象。[2]也许,很多创新活动——如科技创新——的确仅是做了一些改进,是在原来既有的想法或事物上作出的创造性调整,因而"原创性"也是一个相对概念,并不是绝对的。

不过,人们在对知识进行加工利用之前,还得先借助我们之前讨论的那些途径来检索知识。

## 检　索

人的记忆是最简单、最普遍的信息检索途径,但是,人的记忆是很有限的，不时还会犯错，因此人们一直试图借助一些人工方法来改善记忆力。在中世纪和近代早期，演说家和牧师们用一种传统的"记忆术"来帮助自己更好地记忆，这种方法是通过假想的庙宇、宫殿、教堂或剧院将要记忆的材料以图像的形式生动地联系起来。[3] 直到今天，一些在世界记忆大赛中胜出的人还在使用这种方法。不过，更多记忆术问世于 1800 年前后，其帮助学者们记忆关于法律、历史、地理、天文和药剂等材料的信息。其中一种方法是这样的：把历史事件的日期写出来，编成韵文或双关的漫画。[4]

19 世纪有这样的一些人，他们以记忆术或记忆学为题演讲、写作，倒也名利双收。不过，长期来看，另外一些我们现在称为"信息检索"的方法更富实效，比如书目索引。19 世纪后期，在谈到"辅助工具"的完善对学术发展有何作用时，德国科学家赫尔曼·冯·亥姆霍兹（Hermann von Helmholtz）评论说，诸如"编目、词典、名录、索引、摘要"等工具使知识变得"更易获取"。[5]

举个例子，编目在图书馆中变得越发丰富细致，并开始具备一定的分析性。1841 年，大英博物馆——那时它还没和大英图书馆分家——馆长安东尼·帕尼齐（Antonio Panizzi）设计了一套基于 91 条规则的新式编目条例，这种分类模式对后世的编目体系有很大影响，包括已被普遍应用的杜威分类系统及其主要竞争对手——国会图书馆分类系统（见第 55 页）。[6]

从政府机关和档案馆中检索信息也面临特殊的问题，比如有关犯罪情况的信息。1869 年，英国建立了一份惯犯名录，就包含对个人情况的记录。不过，问题是，"检索人要按名字查找，这几乎把这份名录变成了一种身份确认工具"。[7]

到了 19 世纪晚期，政府机关制造了大量文档，亟须一种新的存储和检索系统。老办法是把文档装在盒子里，按照时间顺序存放，最近的放在最上面。这样一来，检索文档就需要大量时间，因为"要把目标文档上面的那些档案都搬下来"。[8] 于是，1875 年，在美国，第一间采用全新体系设计的档案室应运而生，其使用了抽屉和按字母排序的隔板。1898 年，一间经过精妙设计的档案室被建立起来，它按照字母顺序和文档主题，用高高的抽屉垂直存放文件记录。

然而，亥姆霍兹所说的"辅助工具"在他去世之后才取得关键性的进展。在第二章中，我们已经看到赫尔曼·霍尔瑞斯的"电动制表系统"被用来检索和分析人口普查数据和其他数据量很大的信息。20 世纪 30 年代，比利时目录学家保罗·奥特勒和美国工程师万尼瓦尔·布什（Vannevar Bush）分别提出建议，即建立信息间的关联以便于进行检索，布什发明了"速选"机，奥特勒提出了他的"文档关联"机制（*Traité de documentation*）。[9] 时隔多年后，后来人重新采纳了这种建议。20 世纪 60 年代，布朗大学建立了"文件检索与编辑系统"（FRESS）。从此，数据库得到了迅猛发展，先是在电脑中，随后扩展到网络上，像谷歌这样的搜索"引擎"可以通过关键词或"标签"等方式检索信息。

检索图像比检索文献更困难，因为对图像分类更不容易（见第 55 页），比如指纹。到 1929 年，美国国家罪犯辨识局已经收集了逾 1700 万份记录。正因如此，1895 年，苏格兰·亚德（Scotland Yard）聘请弗朗西斯·高尔顿做他的科学顾问。无疑，20 世纪 30 年代，美国联邦调查局（FBI）找到了正在研究 Memex——一款模拟人类记忆的机器——的万尼瓦尔帮他们设计一种每分钟能检索 1000 份指纹图样的机器。但直到 20 世纪 90 年代数码技术问世，这个难题才最终得以解决——问题解决得正是时候，因为此时，由于自动指纹辨识系统（AFIS）的发展，美国联邦调查局已保存了 4300 万张指纹卡片。

第四章　知识应用　｜　125

## 有用的知识

人们检索信息，因为他们相信这些信息有用。但是，什么是有用的信息呢？不同地域、不同时期、不同社群的人们对这个问题都有各自的答案。即便是"有用的（或应用型、实用、技术性的）知识"这个概念本身也有自己的历史，与之对立的是那些"纯粹的"、"基础的"、"高级的"或仅为自身目的服务的学科。（如19世纪一条格言所说的："为艺术而艺术。"）

"有用的知识"（useful knowledge）这一短语在1750年之前就已出现，但直到18世纪末19世纪初才在英语等语言中成为一条标语。许多社团都在名字中使用了这一标语，比如埃尔福特的非营利性应用知识学术社团（Akademie gemeinnütziger Wissenschaften of Erfurt, 1754）。使用这一标语的社团在北美尤其多见，如费城实用知识促进会（the American Philosophical Society for the Promotion of Useful Knowledge of Philadelphia, 1766）、特伦顿实用知识促进会（the Trenton Society for Improvement in Useful Knowledge, 1781）、纽约实用知识促进会（the New York Society for Promoting Useful Knowledge, 1784）等。俄亥俄州机械学会（The Ohio Mechanics' Institute, 1828）的目标是"扩大实用知识的传播"。[10]

在伦敦，皇家学会主席约瑟夫·班克斯热衷于将"有用的"知识和"装饰性的"知识进行对比，1799年成立的皇家科学研究所将"传播、推介有用的机械发明与改进方案"和"科学在人类生活中的应用"作为自己的目标。1807年成立伦敦地理学会，也是为了"向那些实际信息提供者给予更多的资金支持，以便促进和改善公共生活"。[11]英国陆军与海军成立联合军种协会（1831）的目的是"支持对应用型知识的获取"。英国实用知识传播学会（1826）出版了很多专著，法国也在 1832 年创建了《实用知识学刊》(*Journal des connaissances utiles*)。不同种类的有用知识之间往往有明确的区分，比如 1810 年东印度公司开展调查的目的是"提供有用的知识，以满足军事、金融和商业上的需要等"。[12]

"有用的知识"这一短语现在仍有价值，尤其在经济学和经济史学中，西蒙·库兹涅茨（Simon Kuznets）的一项研究突出了"验证知识"在经济增长中的地位。[13]"有用的知识"这条标语依旧有其活力，它被修正过的形式"有用、可靠的知识"尤其如此。2004 年在莱顿召开的一次经济史学会议上，学者们致力于描述一种"产生有用而可靠的知识的体系"，一项从全球史角度研究"有用、可靠的知识"的集体研究正在英国进行。[14]

一个与之关联的短语——在 19 世纪末 20 世纪初尤为突出——是"为了人类的福祉"。当亚历山大·贝尔（Alexander Bell）重新开始出版《科学》（1883）的时候，他在初版的编辑寄语中写道："研究真正有了意义"是在"发现了能增进人类福祉的知识"的时候。[15] 美国百万富翁、有一颗仁爱之心的安德鲁·卡内基（Andrew Carnegie）这样描述位于华盛顿的卡内基研究所（成立于 1902 年）："为了人类的福祉，致力于知识的应用。"1907 年成立了纽约罗素·赛奇基金会，是为了"应用研究结果来治理社会症结"。[16]1932 年担任洛克菲勒基金会自然科学部主任的瓦伦·韦弗（Warren Weaver）称"人类的福祉根植于科学进步"。[17]

布尔什维克也曾一度和像卡内基、洛克菲勒这样的资本家就此问题达成一致。例如，苏联政治局成员尼古拉·布哈林（Nikolai Bukharin）指出，科学是"被长期的实践目标决定的"，他批评"那种认为'实用性'是对科学的降格的观点"。英国左翼科学家也持同样的看法。J. D. 伯纳尔出版了《科学的社会功能》（1939）一书，几乎同时，兰斯洛特·霍格本坚信成人教育运动中"不需要加入无用的文学"，人们需要的是"营养学课程、公共卫生政策和基于最新生物学发现的农业技术革命"。[18]

如果不考虑对人类福祉的增益，实用型知识似乎是比"纯知识"更低等的产物，因为它们被政治或商业目的污染了——至少一些学者是这样看的。举个例子，"应用"数学比纯粹数学更低等，而实验物理学比理论物理学更低等。这是一个根深蒂固的传统观念，可以一直追溯到古希腊，植根于奴隶制社会对带有体力劳动特征的职业的偏见。

如今，情况大不相同了，社团、军队、企业、政府和其他机构对应用型知识给予了更多支持，使纯知识不得不开始捍卫自己的地位。例如，早在1883年的美国，物理学家亨利·罗兰（Henry Rowland）就认为，出版"为纯科学辩护"是非常必要的。在德国，大学从事纯知识研究，而比较低级的学院（*Hochschulen*）从事应用型研究，这种区分在20世纪初威廉皇帝研究院（Kaiser Wilhelm Institute）成立时受到了挑战。神学家兼历史学家阿道夫·哈纳克（Adolf Harnack）认为有必要给皇帝上书说："纯科学研究虽然并不直接服务于实际目的，但同样可以具备巨大的经济价值。"[19] 同样，1945年，万尼瓦尔·布什提出"应用型研究驱动纯科学研究"是条"堕落的法则"，他创造了名词"基础研究"来强调"没有现实功利性"的研究的重要价值。[20]

不管布什的法则（模仿了伊丽莎白一世统治期间金融家托马斯·格雷欣［Thomas Gresham］"劣币驱逐良币"的法则）是否普遍有效，我们都得看到，"应用研究"是个文化混血儿。这并不代表学术知识被实际应用打败，而是两种研究思路互相渗透。一些基础研究同样可以促进实际应用，比如法国科学家路易·巴斯德（Louis Pasteur）对微生物的研究催生了"巴氏消毒法"。[21] 更多时候，说"有用的知识"不如说"能用的知识"更为准确，因为人们很难预测什么东西日后会被如何使用。为了更清楚地审视这一过程，我们不妨从以下四个方面考察知识间的互动与影响：商业、战争、政府（包括政府与国家）和大学。

## 商业和工业中的知识

近代以来，技术知识在工业生产中愈发普及，这是由公务员和商人群体共同实现的。有人提出，工业革命应当被称作"工业启蒙"（industrial enlightenment），因为在18世纪晚期的英国，纯粹知识与应用知识，或应用知识与实践知识间的交互作用十分活跃。正因如此，许多技术学校和商业组织也在这一阶段出现了（见第219页）。[22]

19世纪，在英国，艺术与制造业特别委员会（1835）致力于"扩大国民（尤其是从事制造业的人员）对艺术与设计原则的了解"，来帮助英国产品赢得更大的海外市场。继1851年成功举办大博览会之后，一座"工艺品博物馆"成立了，这样，皇家艺术学院\*的学生们便可以在博物馆中受到上溯至中世纪的艺术品的熏陶了。这座博物馆后来迁至南肯辛顿，随后并入维多利亚和阿尔伯特博物馆。维也纳（1864）、汉堡（1869）和法兰克福（1877）等城市也纷纷效仿伦敦的做法。

位于华盛顿的美国商务部的建筑立面上，刻着这样一句话，以宣扬商务部的目标："通过实验研究和传播知识"，促进工业和贸易的繁荣（1903）。到了19世纪末，国际贸易竞争促使美、德等国纷纷在科研项目上投入巨资（即后来的"研究与开发"，research and development，R&D），并纷纷开设了工业实验室。

例如，丹麦酿酒师J. C. 雅各布森（J. C. Jacobsen，嘉士伯啤酒的主人）在1875年成立了嘉士伯实验室，这是丹麦第一所建于大学之外的

---

\* Government Schools of Design，成立于1837年。1851年大博览会结束后更名为National Art Training School，1896年更名为Royal College of Art，即皇家艺术学院。——译者注

第四章　知识应用　｜　129

重要研究机构，它的成立比爱迪生的新泽西门罗公园实验室的成立还早一年，虽然后者常常被描绘为"世界上第一座工业研究实验所"。[23]

德国巴登苯胺苏打厂\*等机构成立的实验室对合成染料和纺织物的研究起到了很大的推动作用。到1900年，药剂师和制药企业间已达成了相对稳定的合作关系。[24] 在美国，通用电气、标准石油、伊士曼·柯达和贝尔电话在1914年之前都成立了各自的实验室。[25] 简言之，人们早就认识到了科研知识在工业生产中的作用，商业企业对科研项目的资金支持早已不是新鲜事。当前我们在软件和生物技术等产业中看到的一系列现象，不过是这一悠久传统更迅猛的运作罢了。

由于商业对科研的资助而引发的、关于知识所有权的问题，也早已有之。1888年，瑞士成立了国家知识产权局。1967年，在斯德哥尔摩会议上成立了世界知识产权组织。20世纪初，德国威廉皇帝研究院也提出了如何处理大学机构因研究成果专利而获取收益的问题。有人建议，个人应向所属的研究机构缴纳成果收益的25%到33%。[26]

知识产权法被视为一种"信息封建主义"，是"把收益从知识共同体转移到个人手中"的制度，受"产业精英"一手操纵，其使知识真正的创造者——研究者和发现者——的收益所剩无几。举例来说，管理实验室的公司会限制研究者发表成果，从而避免竞争对手掌握有关信息。这场"知识的游戏"，正如它的名字所暗示的，是为了将尽可能多的知识私人化。在西方公司将其他地区的本土知识从其手中拿来，并以专利形式予以保护，这一过程被称为"生物剽窃"\*\*。[27]

在一些企业依靠实验室研究出的成果时，另外一些更依赖对一手材料和潜在市场等信息的获取和分析，这些信息更实际，更新速度也更快。

---

\* 2008年更名为巴斯夫欧洲公司。——译者注
\*\* 生物剽窃（biopiracy）指未加补偿的商业化利用发展中国家的生物资源或者相关的传统知识，以及为基于这些知识或者资源的所谓发明办理专利这类行为。——译者注

从事易腐食品加工的企业，如芝加哥的肉类分割厂，要及时获得市场供求变化的情报，就像股票交易商需要获得物价和公司表现的即时信息一样。在这两个例子中，19世纪中期出现的电报都起到了关键的作用。[28]电报整体上改变了新闻行业——不只是经济消息，正如我们看到的，它使信息变成了商品（见第98页），并出现像哈瓦斯通讯社和路透社这样向纸质媒体贩卖新闻的机构。和航空公司一样，铁路公司也是严重依赖信息型企业的典型例子——要关注机车的位置、运行状况等信息，因此，不难理解为何美国的铁路公司是最早使用打孔卡片"建立日常报告和检查制度"的公司了——1855年一位管理员这样表述。[29]

从19世纪初开始，企业的管理者就认识到，他们需要关于如何管理好企业的专业知识，需要知道怎样更有效地工作，怎样合作、评估和确定薪酬。通用汽车公司是最早开始注重信息采集的公司之一，通过对数据进行分析，管理者可以更好地安排公司不同部门的工作，预测未来数月公司对设备和工人的需求情况。像我们看到的那样，一种记录工时和成本的工作单得到了普遍应用，更多员工被雇用来处理这些信息。[30]

20世纪早期也被视为"科学管理"的时代，这得益于弗雷德里克·泰勒的书《科学管理原理》（*Principles of Scientific Management*, 1911）。工程师出身的泰勒在19世纪80年代宣称，按件计酬可以提高生产效率，通过系统的观察和用秒表计量工作时间，可以探索出效果最好、耗时最短的工作模式，从而提高从事某一特定工作的效率。[31]建筑承包商弗兰克·吉尔布雷斯（Frank Gilbreth）在对砌砖的研究中提出了一种方法。他的《砌砖法》（*The Bricklaying System*, 1909）代表了他对时间和动作的开创性的研究，吉尔布雷斯把完成砌砖工作原本需要的18个动作减少到4个。他还继续从事另外一些实验研究，并用相机记录工作过程。[32]弗兰克的妻子莉莲（Lillian）也是管理学领域的先锋，她的著作《管理心理学》（1914）在这一领域非常重要，几乎像"霍桑效应"*在心理学和社会学领域中一样重要，后者的实验是20世纪20年代和30年代在美国芝加哥附近西部电气公司的霍桑工厂进行的。美国公司在招工和激励体系中开始更多地参照心理学与心理学家的观点。法国人也采纳了泰勒提出的科学管理理念，包括雷诺和米其林等大型企业。[33]

同样是在20世纪初的美国，商品营销技术和生产管理一样，开始获得人们的重视。这一时期，市场调研部和独立的调研机构在全美纷纷成立。例如，营销领域的开创者查尔斯·帕林（Charles Parlin）在1911年担任了柯蒂斯出版公司市场调研部主任，他在这个职位上工作了30年。1926年，阿奇博尔德·克罗斯利（Archibald Crossley）成立了一家市场调研公司——克罗斯利调查公司，以对广播节目收听率的调查而闻名。乔治·盖洛普（George Gallup），著名的政治倾向调查专家，在成立自己的民意调查研究所之前，也在市场调研领域工作过一段时间。[34] 如今，市场调研、邮件列表的产生和交换、个人信誉信息的收集已发展得相当完善，被指为"消费行为之上的一套官僚式监视网络"。[35]

在过去的二三十年，商业领域出现了一种有趣的转变，关注的重点从"管理的知识"转变为"知识的管理"。传统的科学管理观点建立在对管理者判断的信任上，而新方法则更关注团队表现。在"知识经济"时代，在有关创新、决策、商业竞争乃至一般经济竞争的讨论中，知识的角色越发重要。作为一个新兴领域或新兴学科，"知识管理"（knowledge management，缩写为KM）发展壮大起来，它被定义为一

---

\* 霍桑效应是心理学上的一种实验者效应，是指当被观察者知道自己成为被观察对象而改变行为倾向的反应。1927年至1932年，美国哈佛大学心理学教授埃尔顿·梅奥（Elton Mayo）带领学生和研究人员在西部电气公司（Western Electric）位于伊利诺伊州的霍桑工厂（Hawthorne Works）进行了一系列心理学实验。实验证明，改变工作条件和劳动效率之间没有直接的因果关系，提高生产效率的决定性因素是员工的情绪而非工作条件，因此，关心员工的情感和不满情绪有助于提高劳动生产率。——译者注

种利用知识提高企业效率的学科,其还有自己的专业期刊《知识管理研究与实践》(*Knowledge Management Research and Practice*, 2002)。[36]还有一些专家讨论"知识治理",他们分析不同组织形态的利弊,大多从中心结构或分层模型等方面展开讨论。[37]知识,"任何人都知道的能为公司提供竞争力的一切东西",被视为一项重要资产。[38]

业务知识支持中心(the Center for Business Knowledge)将"知识管理服务"作为卖点。不过,从1994年瑞泰人寿任命雷夫·艾文森(Leif Edvinsson)开始,公司一般会任命自己的首席知识官(chief knowledge officer, CKO),还会设置知识分析师、经纪人和"工程师"等员工。[39]人们格外重视记录那些本土的和默会的知识,有时也会和其他公司分享,但更多的还是在公司内部流传。日本公司在这一方面最为突出,它们也因此最具竞争力。[40]"智力资本"(intellectual captial)一词很好地展现了知识的经济价值。1999年《智力资本杂志》(*Journal of Intellectual Capital*)创刊,同年,艾文森从瑞泰人寿辞职,担任瑞典隆德大学智力资本教授。

## 战争中的知识

几千年来,将军们派出侦察员开展侦察行动,搜集敌方军队的位置、实力等情报,利用这些情报判断、指挥,他们还命令铁匠等手工匠人利用专业知识制作武器。

近来,有人坚信,情报在战争中的作用被过分夸大了,因为及时传递有用信息是非常困难的,甚至难以有效完成。不过,近几年有不少利用情报取胜的成功例子。海军历史中有更丰富的例子,比如,纳尔逊利用当地知识取得尼罗河口海战胜利(1798),美军因成功破译日军密码截获情报而取得中途岛战役胜利(1942)等。[41]

一股新的战争"科学化"浪潮正成为当下的主流，在调查、导航、炮火、工程等方面，人们开始采用和依赖高度专业化的知识工具，新的通信方式（如电报、电话等）使前线和总部间的沟通更为通畅，信息加密和破译地方密码等工作也变得更为复杂（见第57页）。渐渐地，海陆空三军的军官们发现，他们必须通过专门的学习才能掌握这些技能，指挥官开始成为一种职业，并要接受军事学校的培训。大概从16世纪开始，弹道学被引入了战争，但是随着枪支变得日益复杂精巧，士兵需要掌握的技术知识也越来越多。因此，许多军事院校纷纷诞生，如巴塞罗那和加的斯火炮学校（1750）、柏林火炮与工程联合学院（1816）等。

搜集军事情报逐渐成为一种专业，例如，在柏林，1914年成立了一家情报公司，这家公司随后解散了，又于1940年重建。开战之前先了解敌国情况这一传统，使调查行业得到了很大发展。由于这类情报属于机密信息，所以地图要被秘密保护起来，调查任务也是由士兵执行的。例如，拿破仑时代，一队工程兵和地理学家（*ingénieurs-géographes*）随军远征，制作意大利、奥地利、俄罗斯等国的地图。[42] 英国人詹姆斯·伦内尔少校在成为英属孟加拉殖民地的总测量官（1764）之前，在海军从事测绘工作。同样，托马斯·米歇尔少校（Thomas Mitchell）在担任新南威尔士总测量官之前，也在半岛战争中为惠灵顿公爵测绘西班牙地形。在美国，1838年成立的测绘工程兵团在美国与墨西哥交战期间测绘西部地形。

军队首领和政府首脑们都越发意识到地理知识的军事价值。1806年在耶拿战役中败给拿破仑后，普鲁士政府在学校中开设且扩增了地理学课程。1870—1871年的普法战争被（美国地理学会主席）视为"以地图为武器作战"，战败方法国向对手普鲁士学习，也开始重视地理教育。[43] 在两次世界大战中，雷达和航空摄影技术进一步补充和完善了测绘员的工作，如今，还要加上卫星数据（地理信息系统 [GIS] 在海湾战争中首次得到了大量应用)。

一战期间,美国科学家"利用科学手段加强国防力量",帮了威尔逊总统的忙。法国数学家埃米尔·博雷尔(Emile Borel)被战争部门授命负责军事研究项目。俄罗斯科学院成立了"自然生产力研究委员会"。民用科学家也开始研究运筹学,"像研究自然科学一样,构造和评估战争中可能会出现的问题"。[44] 英国政府雇用考古学家前往中东地区做间谍,其中包括伦纳德·伍利(Leonard Woolley)(田野调查是很好的借口);美国政府也雇用人类学家在中美洲地区做间谍,这一做法引发了复杂的学术伦理问题。1919 年,弗朗茨·博厄斯批评另外四名人类学家说:"那些以科学为借口的政治间谍……是不可饶恕的学术娼妓。"[45]

第二次世界大战期间,科学家依旧发挥着重要的作用。德国科学家研制出了 V1 和 V2 火箭,美国一个国际科学家团队研制出了原子弹——这被称为曼哈顿计划。为了搜集敌方信息,美国成立了战略服务局(OSS,1942),其中的研究与分析部招募了大批学者(很多来自耶鲁大学),这个部门因此获得了外号"校园"(the campus)。外交史学家威廉·兰格(William Langer)是这个部门的主管,他招募了科尼尔斯·里德(Conyers Read)等很多日后都成为著名历史学家的年轻学者,那个时候,里德已经是研究伊丽莎白一世的间谍头子弗朗西斯·沃尔辛厄姆(Francis Walsingham)的权威了。[46]

战略服务局也招募社会科学家,包括政治学家巴林顿·摩尔(Barrington Moore)、经济学家沃尔特·罗斯托(Walt Rostow)、社会学家爱德华·希尔斯(Edward Shils)等,政治学家加布里埃尔·阿尔蒙德(Gabriel Almond)担任了美国战时新闻局敌方信息处主任。[47] 因此,"情报"的含义被大大扩展了,甚至将文化包括在内,以便帮助在外驻扎——从缅甸到尼日利亚——的美国军队了解当地情况。鲁思·本尼迪克特(Ruth Benedict)和克莱德·克拉克洪(Clyde Kluckhohn)等人类学家供职于战时新闻局的"海外战意分析科"（Foreign Morale Analysis Division）。本尼迪克特著名的日本研究作品《菊与刀》（1946），正是出于战时新闻局的授命，书中比较了日本的"耻文化"和美国的"罪文化"。[48]

和公司企业一样，军队长官们也开始发现关于组织与劳动力等知识的使用价值。一战前，美国海陆部队已开始采用弗雷德里克·泰勒的科学管理法。战时，美国军方聘用组织心理学家协助给新兵分派任务。第二次世界大战期间，社会学家萨缪尔·斯托佛（Samuel Stouffer）带领的研究团队在50多万美国士兵中进行了调查。随后，根据心理测试结果分配新兵这一做法在其他军队中也普及开来，个人档案被妥善保管，在提拔军官时会参考这些档案。

20世纪60年代早期，美国国防部长罗伯特·麦克纳马拉（Robert McNamara）在五角大楼成立了系统分析部，这个名词借用自系统分析学，其中的计划项目预算制（PPBS）在各大企业中已得到广泛应用。军方并不愿意被民间科学家牵着鼻子走，五角大楼的将军们派军官去学习社会科学的语言，以更好地捍卫他们自己的学科。[49]

# 政府中的知识

和军队一样，政府也需要情报——也就是信息——来更好地履行职能，这些职能从国家安全到社会福利，不一而足。如今，政府的含义更像18世纪德文中的 *Polizei*，涵盖了从审查到济贫等诸多方面的职能，它是个很宽泛的概念。正因如此，德国各地和哈布斯堡帝国的官员们要到大学中学习 *Polizeiwissenschaft*（管理之术）。正如马克斯·韦伯的著名评论："官僚制意味着知识在整个统治体系中占据关键地位，并使这一制度格外合乎理性。"

18世纪末，一些国家已经开始尝试采取诸多措施来建立统治的合法性，这些措施千差万别，如"创造永久使用的姓""规范度量衡的标准""建立土地测量和人口登记制"等，以便于开展并促进税收、征兵等工作。[50]例如，1793年，后革命时代的法兰西帝国禁止公民在出生登记后改名。[51]和宏观数据信息的使用一样，对个体信息的收集、利用也是这股浪潮的一部分。

如同我们已经看到的（见第23页），政府对信息系统化的收集工作是从18世纪后半叶开始的。很多信息都来自形形色色的官方调查，比如人口普查；另外一些则来自密探、"告密者"和间谍。间谍活动古已有之，但到近代才开始专业化，并成为一项职业。

政府收集别国信息的传统方法是依靠大使，大使利用他们的人脉网，搜集从统治者的意图到军事行动等各种信息。到了19世纪，一些集权国家开始培植秘密警察，派出大量密探前往他国，其数量不亚于国内的密探数量。例如，在19世纪早期的哈布斯堡帝国，警察部长就负责国内外的间谍工作，尤其关注意大利那些谋求独立的秘密社团。[52]还有俄国的国家警察部"奥克瑞纳"（Okhrana），人们说它"掌握的权力之大、活动的范围之广在当时的欧洲独一无二"，1882年俄国在巴黎设立了办事处，以监视那些可能对政权造成威胁的海外移民。[53]

传统的海外情报采集策略到20世纪才被取代，各国政府开始成立专门的部门秘密开展工作。1909年英国政府设立了军情五处，1917年俄国政府成立了全俄肃反委员会（即后来的国家政治保卫总局内务人民委员部、克格勃和联邦安全局），后者被称为"全球最大的秘密警察力量和最大的谍报机构"。[54]1947年法国设立了外国情报与反谍报署（即后来的对外安全局），同年美国政府成立了中央情报局——此时正是冷战初期。1951年民主德国成立了对外情报局，伪装成一家经济研究所。这股间谍力量是斯塔西的一部分，1974年联

第四章　知识应用 | 137

邦德国元首维利·勃兰特（Willy Brandt）的私人助理冈瑟·纪尧姆（Günther Guillaume）被发现是斯塔西的间谍，斯塔西因此丑闻受到谴责。[55]

向外国势力泄露机密信息的叛徒一直饱受非议，克格勃就是个典型的例子。英国外交官唐纳德·麦克林（Donald Maclean）掌握着一些重要的科研信息和政治情报，他是克格勃的间谍；还有德国物理学家克劳斯·福克斯（Klaus Fuchs），第二次世界大战时他曾在曼哈顿计划中工作过，后来效力于位于哈威尔的英国原子能研究所，利用职务之便，他向苏联泄露了很多科研机密。[56]

同样，在过去的半个世纪中，人们最初重视人员情报（HUMINT）随后则更偏爱技术情报（TECHINT）。搜集情报的技术手段很多，如窃听大使馆、派遣间谍飞机——美国中情局使用的U-2飞机还在20世纪60年代被苏联击落过。最近，无人机和监视卫星也多了起来，与谍报人员相比，监视卫星的一大优点是，即便被截获，它们也不会供认。[57]人员情报和技术情报既有地域上的偏向，也有历史的差异。冷战期间，美国偏向于使用技术情报，而苏联倾向于使用人员情报。有人认为，人员情报比技术情报更容易获得成功。[58]

不早于18世纪，为了收集国内信息，政府开始将大量安全预算投入其中。最早这样做的是法国政府，随后是普鲁士、奥地利和俄国。例如，18世纪80年代，奥地利人格拉夫·约翰·冯·佩尔根（Graf Johann von Pergen）担任警察部长之职，创建了一张被称为"秘密警察"（*Geheime Staatspolizei*）的密探网。

法国大革命爆发后，人们越发关注国内安全形势。例如，1799年，约瑟夫·富歇（Joseph Fouché）担任法国警察部长后，建立起一张间谍情报网，专门探查那些密谋颠覆革命政权的计划。在奥地利，佩尔根的密探网负责调查"雅各宾派"分子的密谋，亦即那些同情法国革命的人。[59]在十二月党人发动对沙皇尼古拉一世的叛乱之后，1926年俄国成立了臭名昭著的秘密警察组织"帝国办公厅第三处"。帝国办公厅第三处的后继者"奥克瑞纳",即公共安全与秩序保卫部(1866),是因一次对沙皇的刺杀行动而成立的。同样,也是为了刺杀沙皇,1880年"奥克瑞纳"随后被取代(1880)。[60]

进入20世纪,针对国内安全的警察力量大大增加。FBI、克格勃的国内事务部门、斯塔西等,都是这方面著名的先驱,它们不断壮大,获得越来越多的资金支持,储存了大量文档。例如,1989年,人们发现,斯塔西控制着一张有25万秘密间谍的情报网(1968年后以"编外助手"[*Inoffizielle Mitarbeiter*]为人所知),搜集了超过600万份文档。[61]成立于1908年的美国联邦调查局,在1920年有600名特工,到1945年增加到4000多名,到1976年增加到8000多名,到2001年已有27000名。[62] 1971年美国联邦调查局的预算是2.94亿美元,到2003年增加到43亿美元。[63]它调查过的人包括社会学家、黑人运动分子、同性恋(一项名为"性偏离者"的分类中有33万页文件)等,还有48万一战期间居住在美国的敌对国公民。到2003年,获得授权的人已可在网上查阅10亿多份美国联邦调查局档案。

美国联邦调查局不只关注国内安全,也负责犯罪调查。3K党和美国黑手党都曾是它的调查对象。刑侦部门的专门化也是19、20世纪出现的新趋势。例如,法国于1813年成立了国家安全局。美国第一家这样的机构是私人开设的,即平克顿国家侦探社(1850),很具美国特色。在普鲁士,刑事警察(*Kriminalpolizei*)在1872年独立成部。1878年英国人成立了CID(刑事调查局),其前身是一股伦敦侦探力量,由12名警察组成,创立于1842年。

为了对抗犯罪活动,这些组织系统化地收集和分析信息,使它们在知识史中占据了一席之地。就像前文我们已经看到的(见第65页),法国警官阿方斯·贝蒂荣发明了一套通过测量身体特征来识别个体的方法。[64] 1892年,阿根廷警官胡安·布切蒂西创立了世界上第一个指纹分析部门,英国刑事调查局(1901)和美国联邦调查局等组织随后都学习了这一做法。[65]

通过指纹这个例子,我们可以看到,近一百五十年来,人们和犯罪活动的斗争向着"科学化"的方向发展,构成了所谓"司法科学"的知识主体。1910年,法国人埃德蒙·罗卡(Edmond Locard)在里昂成立了第一家司法实验室,这家实验室是"犯罪现场调查"研究的先锋,它提出的罗卡定律——"两个物体但凡接触,必会产生转移现象"——被调查者沿用至今。1934年,《纽约时报》报道说:"近几年,科学催生了很多有用的侦查工具,有时候,案件是在实验室中解决的。"[66]在那个时候,美国联邦调查局已开始用X射线检查包裹中是否藏有炸弹,用紫外线检查文件中的涂改等。两项近期的发明在刑侦领域发挥了极大的作用:一个是20世纪80年代以来DNA证据在法庭上的使用;一个是犯罪信息数据库的建设,如英国伦敦大都会警察局的数据库、国际刑警组织关于知识产权的国际侵权行为数据库。

很久以来,政府收集个人信息还有一个原因,就是为了控制人员流动,包括外国人的流入和本国公民的离开。1789年前,护照在欧洲已经普及了,不过19世纪出现了一股短暂的自由流动趋势,但是到了20世纪,政府又逐渐加强了控制。[67]美国等国政府在19世纪末20世纪初采取了一系列吸引移民的政策,依据精心收集的信息决定接纳哪些人进入自己的国家。因此,美国移民局支持了人类学家弗朗茨·博厄斯及其助手的一项人体测量研究(1908—1910),研究对象是来自7个种族的近18000名移民及其子女。

"政策相关知识"在19世纪后半叶开始变得越发重要,因为政府开始更多地关注公民福利问题(如健康、教育、休闲生活等),以便解决工业资本主义带来的种种社会弊病。在美国和其他一些地区,早期的社会学研究几乎都是出于这样的目的,社会调查也是如此(见第24页)。有人说,19世纪50年代到20世纪20年代期间,"政府试图利用社会学解决资本主义工业化进程中带来的社会问题,从而在这个过程中塑造了社会科学今天的模样",因此,研究型大学和福利国家在19世纪晚期的时候出现就顺理成章了。[68]

在这一点上,瑞典是个极为突出的例子,瑞典既是福利国家的杰出代表(*par excellence*),也是出于政策目的收集民众信息的先锋。19世纪,瑞典政府就开始收集有关农业、贸易、制造业和航运的数据,并于1858年成立了中央统计局。到19世纪末,工业革命极大地改变了这个原先的农业国家,国民投票得到普及,政治组织日益扩大,政府在社会生活中发挥着越来越积极的作用。为了更好地履行职能,瑞典政府设立特别调查委员会进行数据收集工作,1855年到1974年间,这个委员会大约有4000名成员,收集的数据包括失业人口、老年人数量等。[69]根据这些收集的数据,政府制定了针对老年人的特殊补贴政策和针对失业与重大疾病的保险政策。为了完善这些政策,政府还需要收集更多信息。[70]

有时候,一个国家还像一个大型企业,公务员就像企业中的管理人员。"知识管理"(见第117页)的概念,也从私营企业扩展到了公共生活领域。档案管理员被视为"档案和信息管理专家"(records and information management,缩写为RIM),社工们公开分享有关知识,特工们则秘密地利用情报探察恐怖分子。

如今,在这个"数据政府"时代,政府可以出于种种目的获取海量数据信息。例如,英国政府早在20世纪60年代便建立了电子化档案,80年代成立的政府数据网串联起了各个部门的数据。2004年,英国政府创建了一个作为内阁办公室的一部分的电子政府组,2006年任命了首任政府首席信息官,即CIO(这个头衔来源于企业中的CIO,事实上第一任政府CIO也确实来自商界)。在数据时代,档案也被重新设计了。[71]

政府的这些改变被概括为"知识政府""档案政府""信息政府"

等,[72]更戏剧化的描述还有"警察政府"(19世纪晚期出现)、"监视政府"和"集权政府"等。有学者曾写过关于"集权主义信息化"的文章。[73]

不过,对那些过分戏剧化的描述,我们要抱有清醒的认识。撇开简单的政府管制或者缺位的说法,认识这些问题更恰当的方式在于思索政府在其中的参与程度,换言之,政府经历了一个日益集权和走向强大的过程。例如,与前任政府相比,1789年后的法国政府对民众生活实施了更多的干预。出于这样的原因,政府官员需要了解更多信息,进行更多调查。[74]同样,19世纪60年代,刚统一不久的意大利开展"大量数据调查",来帮助解决这个新国家出现的问题。[75]当下,新科技使政府可以更为细致地了解公民的生活,不过如此巨大的数据量也加大了应用这些信息的难度。

我们当然有很好的理由来专门审视俄国政府,1826年组建了秘密警察(帝国办公厅第三处)后的俄罗斯是个货真价实的监控型国家。就这点而言,"监视本身也成为监视的对象",就像帝国办公厅第三处某成员抱怨的,他发现秘密警察也被他们的对手——普通警察——监视着。[76]1917年后监视有所放松,但在20世纪30年代,斯大林又强化了传统的国内通行证政策,监视有所加强。1935年,一名主管国内事务的人民委员会委员宣称:"我们要营造这样一种氛围,让每一个公民认识到,没有通行证在国内是寸步难行的。"[77]同样,在纳粹德国,一些政府官员试图建立一张"无缝的监视网"。[78]

一些监视手段逐渐散播开来,不论是靠人眼、闭路监视系统(最早在20世纪60年代开始使用)、卫星还是档案,监视从普鲁士和俄国这样的独裁国家(也包括一些殖民帝国,如不列颠帝国在印度的殖民地)传播到了一些民主国家,这些国家需要对选民进行登记。比如,两次世界大战期间,政府不得不发行食物配给券,以便控制战时的食物分配。福利国家也必须建立在一套监视体系之上,因为只有依靠详细的个人档案，才能保证福利由真正需要的人享受。指纹等身体识别手段日益发达，在罪犯鉴定等方面广为传播，来美国的访客们会充分认识到这一点。给每个公民一个编号来确认身份，这听起来像官僚制度的一个美梦，在最近一个世纪被反复提起，事实上，1994 年德国就已为公民编号了。[79] 在许多国家，监狱里的犯人就是这样用编号来表示身份的。一些国家的军队也采取了同样的方法：20 世纪 50 年代，我在英国军队服役时的编号就是 23179445。

对知识国家的另一个描述是"计划国家"，因为政府借助当前详细的数据资料，就未来的项目制订计划。中央政府制订经济规划在 20 世纪极盛，直到 80 年代新自由主义的兴起才抵制了这种做法。不管人们承认与否，苏联是中央计划经济的典型代表。1928 年到 1991 年间，苏联制订了一系列五年经济计划，这些规划由苏联国家计划委员会（Gosplan）制订。其他国家的政府官员也对知识和信息越发敏感，例如，2001 年"9·11"恐怖袭击后，美国国防部发起建立了"整体情报识别系统"（Total Information Awareness）。

然而，很多时候，政府为了收集信息而介入公民生活并非有意为之，而是对特殊情况的一系列应激反应的结果，这些特殊情况包括阴谋的威胁、战争等，其虽然背离了最初的目标（*raison d'être*），但这些应激手段最终却延续了下来。例如，护照原本只是一些国家在战时采取的特殊政策。[80] 一些在非常时期采取的法律，被知识型国家应用到了日常生活中。

## 帝国中的知识

在采取行动之前，收集、分析和传递知识的需求在帝国中最为强烈，胜过各种政府组织，不过欧洲的统治者和管理者对印度、非洲等殖民地区的了解少之又少，对这些地区的国土、资源、居民、文化，甚至语言都知之甚少。[81] 难怪，1772—1785 年担任大英帝国孟加拉殖民总督的沃伦·黑斯廷斯（Warren Hastings）曾写道："在我们征服的这片土地上收集到的任何知识，尤其是通过社交手段收集到的那些知识，对我们的政府都大有裨益。"[82]

与民族国家的政府相比，帝国政府更需要通过某些途径让自己"被接受"。[83] 被接受，既是实质意义上的，也是字面上的，无论是爱尔兰还是澳大利亚，当地的地名都要用英文重新拼写，例如，在布莱恩·弗里尔的剧本《翻译》（Brian Friel, *Translations*, 1980）中，爱尔兰文中的 Baile Beag（小山谷）要修正，并拼写为 Ballybeg，这个剧本以 1833 年的爱尔兰为背景，彼时，英国地形测量局的制图员正在英国军队的协助下开展工作。[84] 在更广泛的意义上，对"被接受"的追求可以解释欧洲政府在殖民地进行的一系列测绘活动，这些测绘甚至比在欧洲本土开展得还早。例如，1745 年苏格兰大起义后，在 1747 年和 1755 年，军事测绘员绘制了苏格兰地区的地图，整项任务还包括道路修建、高地地区"平整化"等。随后，还有魁北克（1760—1761）、孟加拉（1765—1777）和爱尔兰（1778—1790）等地区也绘制了地图。然而，直到 18 世纪末英国政府才开始制作本土地图，很大程度上还是为了应对法国革命期间外来入侵的威胁。[85]

在美国，随着西进运动征服了越来越多的印第安人部落，以史密森尼学会的出现为先兆，越来越多的人开始从事对美洲印第安人文明的研究。在人类学兴起之前，很多这样的研究都是"印第安事务官"做的，如亨利·斯库克拉夫特（Henry Schoolcraft）。[86] 在俄国，18、19 世纪的许多地质探测都与帝国向东的扩张紧密相连：阿拉斯加远征（1764）、西伯利亚远征（1768—1774、1785—1794、1843—1845、1867）和中亚远征（19 世纪 60 年代起）。在俄国征服中亚部分地区后（1865），博物学家阿里克·费琴科（Alexei Fedchenko）带领一支远征分队测绘了该地区。俄国地理学会关注的重点是俄罗斯帝国，包括土著民族的民族志等。[87] 在荷兰，殖民地政府布置任务，调查荷兰在印度殖民地的情况（1857）。荷兰皇家地理学会组织了1877年、1879年和1903年的苏门答腊远征以及西里伯斯海远征（1909—1910）。[88]

在北非，信息收集工作同样和殖民帝国的扩张紧密相连。法国曾向摩洛哥派出一支科学调查队（1904），随后签订的条约使摩洛哥的一部分成了法国的保护地。法国在1830年征服了阿尔及利亚，并设立了阿拉伯办事处。阿尔及利亚的科考活动得到了法国军务部的支持，1850年还公开出版了一些研究成果。殖民地政权安排了很多民族志考察项目，如图阿雷格族和其他一些宗教团体等。这些表述大部分来自政府官员，有些也来自军方。[89]

英国在印度殖民地的情况值得仔细探讨。"在得到一块新领地之前，要进行一次考察，不仅要测绘土地、确定领地的边界，更要描绘那里的动物、地质、植物、民族、经济产品、历史和社会，并予以归类。"18世纪末19世纪初，英国政府向印度派出一支考察分队，以便绘制可靠的印度地图。[90] 同样，1851年，英国人开始对印度做地理大调查。从19世纪50年代起，英国政府开始大量收集关于印度个人姓名、年龄、职业、种姓和宗教信仰的信息，信息采集范围从地区扩展到了全国。[91] 罪犯，比如杀人犯和抢劫犯，其个人信息（包括指纹）也要被收集。

印度民族志调查（1901）也有实际用途。当时有人评论说："我们无须费力争辩这些调查显而易见的好处，对管理者的各个部门来说，一份精确而得到很好管理的档案非常有用，这些档案记录了不同种姓、部落的风俗习惯，还描述了它们的内部沟通和社会往来。"[92] 为了更好地设计福利制度，收集信息也是必要的，例如对奥里萨邦的考察（1866），这是政府为了预防饥荒组织的调查。1861年开始的印度群岛调查，是政府资助纯知识研究的一个绝好的例子。

欧洲政府对殖民地官员的培训，就基于收集到的这些信息。法国政府成立了殖民学校（1889），以便训练未来的殖民地管理者。[93] 一家国际殖民学会在布鲁塞尔成立（1894），随后有罗马（1906）、里斯本（1906）、汉堡（1908）和阿姆斯特丹（1910）的殖民学校。1902年，荷兰莱顿大学开设了殖民史的讲座，同年，荷兰东印度殖民地的工作人员开始在这里接受训练。随后，牛津大学开设了讲授殖民史的贝特讲座（1905），莱顿大学开始讲授殖民地法律（1910），柏林大学开始讲授殖民地理（1911）。[94] 博物馆也为殖民地研究作出了贡献，如荷兰哈勒姆的殖民博物馆（1864）、新西兰惠灵顿的殖民博物馆（1865）和比利时的殖民博物馆（1904），以及在殖民地设立的一系列自然历史博物馆。[95]

在殖民遭遇中还发展出了一些学科亚种，如对热带种植业和热带医药的研究，例如1899年成立的伦敦热带医药学校和1921年在巴黎成立的殖民地农业研究院。[96]

学术性人类学研究的发展与帝国主义的联系尤为密切——从1900年帝国主义兴起一直到第二次世界大战。1908年，英国皇家人类学院期刊的一名作者写道："在印度和其他殖民地，许多杰出的管理者都曾指出，殖民地官员在涉及土著人问题上的错误决策，是因为缺乏基本的民族志训练。"[97] 有鉴于此，1904年剑桥大学成立了人类学研究委员会。一些著名的人类学家，如布罗尼斯拉夫·马林诺夫斯基等，纷纷向政府寻求资助，宣传自己的研究"在实际管理和立法工作中会很有帮助"。[98]

另外，人类学家艾德华·伊凡－普理查认为，要区分纯人类学和应用人类学。人类学家马克斯·格鲁克曼（Max Gluckman）在南非的研究，被当地的殖民官员视为具有颠覆性的效果。人类学这一学科和殖民地统治的需要之间存在着某种关系，虽然这种关系的本质、程度和紧密性一直备受争议，但确实存在这种关系，这是不容置疑的。[99]

## 大学里的知识

大学,一直被视为纯知识和基础研究的堡垒。确实,1876年,北美第一所研究型大学约翰·霍普金斯大学成立之时,其注册书中明确宣称:"在文学与科学诸系所中,(我们)提供前沿研究,而非职业教育。"[100]

另外,正如我们已然看到的,大学还为管理者提供培训。1868年成立的康奈尔大学的校长安德鲁·怀特(Andrew White)宣称:"我们应当这样教授历史,使它可以直接为解决当下的问题提供助益。属于博雅的纯粹学术研究的时代尚未到来。"[101] 20世纪70年代以来,从这一角度争辩学术知识和现实的"相关性"的论战,似乎像是在炒一个古老且有争议的冷饭。

从中世纪开始,欧洲大学就在研究生阶段设立了神学、法律和医学专业。换句话说,大学致力于为这三种传统的职业提供专业训练。在北美大学中,法学院、医学院和神学院也很重要,虽然神学院的地位略显单薄。19世纪人们开始争论,是否要在大学中开设新专业,比如工程专业、外科手术、会计等。这些专业渐渐被纳入了大学课程中。例如,早在1806年,英国爱丁堡大学就设立了皇家军事外科手术讲席,而格拉斯哥的皇家工程学讲席设立于1840年。

和欧洲大学相比,北美大学可以提供更多的职业教育和应用型知识,过去和现在一直如此。举个例子,19世纪末,大学中增设了农艺学、经济学、家政学、新闻学、图书馆学、教育学、体育学和卫生学等职业教育学科,许许多多的课程都在这一时期被纳入教学计划。1923年耶鲁大学设立了护理学院,1928年芝加哥大学设立了图书管理学院。现在,得克萨斯州立大学有一个"娱乐、公园和旅游业学"系。这一趋势也影响了欧洲,包括很多老牌大学——2004年博洛尼亚大学

第四章　知识应用　　147

成立了旅游学院。

商业研究是职业教育在大学内外兴起过程中的一个典型案例，我们应当着重考察一下这个专业。当然，学术性的经济学研究和这一专业有些关系。商业研究根植于实际的商业活动，在18世纪，它被视为一种"有用的知识"。在德语世界，商业研究成了官房学（Kameralwissenschaft）的一部分。因此，1754年，还在奥地利哈布斯堡王朝管辖下的那不勒斯设立了"政治经济学"讲席，还有哥廷根大学（1766）也设立了这一讲席。

然而，人们很快发现，学术性的经济学研究过于抽象和理论化，19世纪开始，大学开始开设更贴近实际的课程，如"商业管理"。以美国为例，人们会想到宾夕法尼亚大学的沃顿商学院（1881）、芝加哥大学商学院（1898）和哈佛商学院（1908），哈佛商学院在1910年颁发了第一个MBA学位。哈佛首创之后，这些年突然兴起了一股世界性的MBA热潮。1957年，位于枫丹白露的欧洲工商管理学院颁发了欧洲第一个MBA学位。稍后的1964年，都柏林大学的斯莫菲特商学院也开始授予MBA学位。从此，MBA学位就遍地开花了。

社会学研究也被政府和特工们采用。麦克乔治·邦迪（McGeorge Bundy）在1966—1979年间担任美国国家安全顾问，他曾表示，"大学研究领域和政府情报部门间的相互渗透"对双方都有好处。[102]

在哈佛大学的俄罗斯研究中心，政府与大学确实有着密切的"渗透"关系。成立这个中心原非学校之意，而是由美国陆军情报与教育部长官向卡内基集团提出的建议。美国联邦调查局还"干涉中心的事务"，对研究结果进行审查，在结果公开发布前，会首先在局里应用研究成果。出于美国联邦调查局的压力，历史学家斯图亚特·休斯（Stuart Hughes）就因其对左翼的同情而被调离领导职位。[103]

美国中央情报局每年都要派两名特工到俄罗斯研究中心学习，同时，直到20世纪60年代中期，美国中央情报局还支持着麻省理工学院的国际研究中心（CENIS）。组织者会在越南胡志明市的小别墅里举行秘密研讨会，社会学家塔尔科特·帕森斯曾在如何招募特工上给出建议。[104] 80年代，在哈佛中东研究中心主任纳达夫·萨弗兰（Nadav Safran）的沙特阿拉伯研究项目中，美国中央情报局向他支付了10多万美元，还有另外4.5万美元用于组织关于伊斯兰和中东政治的会议。美国中央情报局禁止他向与会学者透露政府的介入情况，但是消息还是被媒体泄露了。[105] 美国中央情报局还利用卡内基、洛克菲勒和福特等大型基金会做幌子，用这些"基金外壳"掩饰自己资助特殊项目的现金流。[106] 具有讽刺意味的是，美国中央情报局"渗透"这些组织的伎俩，似乎是从它的敌人共产党人那里学到的。

## 其他机构

对于当前大学中兴盛的商业研究，人们不难想到，背后的原因是经济因素：大学要和其他高等教育机构争抢生源。现在，在美国，商科占据了22%的学士学位，这些商科学生相信，自己接受的训练在未来的职业发展中会很有帮助。[107]

事实上，人们可能想象不到，大学之外的这些高等教育机构同样有着悠久的历史。葡萄牙里斯本的商学院（*Aula do Comércio*）成立于1759年。法国巴黎的商科专业学校（*École spéciale de commerce*, 1820）是由两名丝绸商人创建的，至今仍然存在（曾更名为高等商学院 [*École supérieure commerce*]），并宣称自己是世界上最古老的商学院。在德国，商学院（*Handelschulen*）可以追溯到19世纪晚期，1898年德国第一家商学院在莱比锡成立，这所学校由当地主管商业的官员和大学联合管理（商学院和技术学院的地位相当，介于大学和职业培训学校之间）。柏林商学院（1906）被人们形容为："第一家这样的机构——既关注真实的商业活动，又有着真正的学术血统。"[108]

随着高等教育机构如雨后春笋般纷纷涌现，商学院开始兴起，它们填补了大学教育的空白，尤其在技术教育方面（技术［Technologie］是个新词，1777年德国哲学家约翰·贝克曼创造了这个单词，将之定义为手工技术的科学）。最有名的例子便是拿破仑时代法国成立的那些高等专业学院了，这些学院建立在旧制度的基础之上，涵盖了土木工程、采矿等专业，随后成立了巴黎综合理工学院（1794）、巴黎政治学院（1872）和国家行政学院（1945），国家行政学院以培养精英公务员著称，校友被称为 énarque。

这股潮流也影响到了欧洲的其他国家。在提供技术教育的机构中，有德国弗赖堡的诸多采矿学校，其他德语国家也成立了这样的学校。这一趋势始自18世纪后期，一些综合性的技术学院或"综合理工"学校也在布拉格（1803）、柏林（1821）、斯德哥尔摩（1827）等地出现。在美国，先成立了伦斯勒理工学院（1824），随后出现了柯柏高等科学艺术联盟学院（1859），这是一家以建筑学和工程学著称的院校，后来又诞生了麻省理工学院（1861）。

这些年出现了另一种和大学类似的组织，侧重研究而非教学，关注政治和经济而非自然科学，这就是人们说的"智库"（think tank）。这一术语来自第二次世界大战，当时，制订作战计划的屋子远离战场，如同鱼缸（fish tank）远离大海。一般来说，智库被认为是非营利性的研究机构，关心现实社会的问题。它们大多是独立的，但有时也和一些大型工业组织有来往，如日本的三菱集团；有时和政府关系密切，如法国教育服务中心；有时还和政党有接触，如英国政策研究中心，1974年由保守党成立。

这种机构的一个早期例子是纽约的罗素·赛奇基金会（1907），其宗旨是"应用研究结果来治理社会症结"。[109]另外，还有伦敦的查塔姆研究所（1920），又名皇家国际事务研究所，以及柏林的经济研究所

(1925)——主要研究商业圈问题，由德国政府和工业集团联合资助。[110]到 2000 年，世界上总共有 4000 多家智库，其中 1600 余家在美国。这些智库雇用全职研究员，组织会议，出版刊物，一般来说还支持政治压力集团。[111]

　　智库在连接社会研究和政策倡议方面发挥了一定的作用，可以说是继承了 19 世纪某些社团的传统，这些社团出于实际行动的目的收集信息；19 世纪晚期成立的很多农业社团都是出于经济目的，例如英国的皇家地理学会就为帝国主义扩张服务，欧洲有很多类似的组织，还有一些服务于社会改革的社团。改革社团包括英国国家社会科学促进会（1857），由律师亨利·布鲁厄姆创立，是"为了协助更好地立法，为之准备方案，解释理由，给立法会推荐方案，有可能的话还尽力督促立法会接受这些方案"；美国社会科学协会（1865）成立的初衷是"引导公共意见"和"促进广泛的社会改革"；还有德国社会政策协会（*Verein für Sozialpolitik*, 1873）。[112]

## 聚　合

　　个人在工业、政府和学术界之间的游走屡见不鲜，尤其是在流动性极高的美国。经济学家 J. K. 加尔布雷斯（John Kenneth Galbraith）曾向很多总统（从罗斯福到约翰逊）提出建议。另一位经济学家沃尔特·罗斯托曾在外交政策上为肯尼迪总统献计献策，历史学家理查德·派普斯（Richard Pipes）曾带领一支分析团队效力于杰拉德·福特总统。[113]同样，各个机构之间也会借用其他领域的概念或观点。一个最突出的例子就是运筹学研究。这项研究始于第二次世界大战之时，原本是为军事决定提供科学依据，后来这种研究方法被工业企业借用。总体而言，长期以来，前文我们提到的大学和其他研究机构都倾向于

第四章　知识应用　｜　151

在各种知识方面融会贯通。

不过，也曾经出现过一种学术化倾向。换言之，各种知识都倾向于获取学术地位，或表现为纯知识。麻省理工学院就是一个著名的例子，还有加州理工学院，其前身是思鲁普综合理工学院。这两所理工技术学院，如今已成为世界顶级大学。在美国，很多大公司都在20世纪早期纷纷建立了实验室，这些实验室保留了良好的学术氛围，雇员可以参加研讨会，可以享受休假和自主研究，每周会有几天时间自主安排，等等。[114] 苹果公司设在加利福尼亚州库比蒂诺市的总部，像战时的研究分析部一样，也是一个"校园"。在德国，理工学院在1900年获得了和大学同等的地位，法兰克福商学院在1914年后也成了大学的一部分。在英国，曼彻斯特大学的前身欧文斯学院（1851）就是由当地的纺织品商人创办的，原是传授实用技术；综合理工学院1992年才被重新命名为大学，比理工学院在德国获得大学的地位晚了近一个世纪。

大学正变得越来越像公司，越来越追求利益，这一趋势引起了很多争议。正如一位评论家所说："美国的研究型大学几乎已经成了一家家公司，其组织框架、规模尺度、资金流向等方面都是收益主导型的。"[115] 这股趋势的产生其实比人们一般认为的还要早。早在1918年，美国社会学家托斯丹·凡勃伦（Thorstein Veblen）就出版了一本夺人眼球的书：《美国高等教育：商人是如何操纵大学的》。今天，人们可能希望有人会用凡勃伦的讽刺口吻分析一下当前的情况，而事实是，至少在100年前的美国，凡勃伦自己就已经意识到所谓"创业型大学"的兴起，他抱怨道："出于商业目的……负责处理事务的那些人把控了知识研究的方向。"[116]

现在，大学正在学着用"产量"（productivity）这样的词语，也许我们该看看其先例，比如著名的苏联科学院。在20世纪20年代的苏联，科学是和经济一样被规划的。农业方面，人们格外关注"集体化",由此有人批评"学术个人主义",并强调团队合作(比如在编撰词典、百科全书,还有国家自然资源调查等中)。[117] 弗雷德里克·泰勒很早就开始关注利益——虽然他和资本主义的关系耐人寻味,科研成果数量这一概念也有同样的味道。从1930年开始,科研计划就被政府的五年经济计划包含进去了,纯科学少了,应用科学研究多了,长期研究少了,短期研究多了。[118]

简而言之,所谓"现代科学的浮士德困境"并非新事物,为了获得政府或企业的支持而牺牲学术自主权,这种情况有着悠久的历史。[119] 同样,科研的未来与一些综合性或半学术性研究机构的关系将格外密切,比如挪威的科学和工业研究基金会(SINTEF)。这个基金会成立于1950年,总部在全挪威的教育中心特隆赫姆,到2006年,已有2000名雇员,收入达20亿挪威克朗——多数来自工业合作项目,其与特隆赫姆和奥斯陆的大学合作,共享实验室、设施,乃至人员。

## 第二部分

# 进步的代价

　　如今,公司、政府和大学所能获取的信息数量前所未闻。问题的关键已经变成了如何得到人们想要的那部分信息,即获取有关信息的信息。即便是在搜索引擎如此发达的今天,信息错位的问题却日益严峻。本章的主题就是信息和知识被错置、摧毁或者遗弃的历史。

# 第五章　知识丢失

先前我们所见的是硬币的一面：那些有用、可靠的知识，或者说我们自认如此的知识。接下来让我们看看另一面：那些被认为无用或者不可信的知识。到目前为止，本书都着重于探讨知识的获取和积累。这显然存在一种危险，容易让人产生盲目胜利的信念，以及对探险家、植物学家、考古学家、天文学家、破译者、实验者、普及工作者等职业的过度重视。不断提及知识的"增长"和"演化"显然助长了这一盲目的信念。为了缓解这一问题，我们显然需要一种宏大叙事，以便为失败和胜利都提供一席之地。的确，人们为此提出相关观点："每个关于科学和知识的肯定论断都需要面对它的否定和矛盾的方面；每次科学的胜利都伴随着失败；收获必然伴随着失去。"重点在于每种知识的主体部分，"都由那些它所抛弃或者压制的部分塑造而成"。[1]

"比较无知学"（agnotology）是一种对无知的研究，直到最近才受到重视，即便从各个角度对它进行审视都趣味十足——"作为悲剧、犯罪、麻烦、策略、刺激、冗余或者剥夺；作为残疾、防御机制或者阻碍，机会、司法中立的担保、致命的邪恶、惊人的无辜；作为不足或者解脱，弱者的最好防御和强者的常用借口"。[2]这个迅速发展的领域日益受到人们的关注，尤其是与危机管理和不确定性状态相关的商业研究。不少人类学家很久以来就对所谓的"结构性遗忘"（口语文化中在某个特定时间无用的知识往往被遗忘的过程）颇感兴趣。同时，一股旧有的对无知充满兴趣的社会学传统也在复兴。[3]

另外，几乎还没有历史学家做过这方面的工作，至少本书所关注的时间段内没有（众所周知，中世纪早期西欧有过知识丢失）。需要做的工作还有很多，1979年爱丁堡的科学社会学家做了一些先驱性的研究。[4]对学者的流亡，尤其是20世纪30年代"大逃亡"的参与者（见第208页及之后）的研究，大都是从寓居国的获益的角度来进行，例如英国文化的去地方化，并非专注于学者离开国家的代价，例如德国和奥地利的再地方化。

从世界的一个地方把书籍、手稿或者其他人工制品转移到另一个地方，必然导致前者知识受损，后者知识得以增加。如今大英博物馆不再只是面向研究中国西藏或者尼日利亚的学者，也针对成千上万的游客开放。欧洲帝国的兴起导致了西方知识的大规模传播，同时还有许多非西方知识的毁灭，例如传教士焚烧的手稿或者当地语言的灭绝。[5]伴随着新科技的诞生，过时的机械操作能力也丢失了。

部分知识（至少是现代知识）的遗失，实际上是无法避免的。它们产生了大量积极的效果，比如有了新范式和方法，因而，这是必要的牺牲。正如美国生物学家斯图尔特·考夫曼（Stuart Kauffman）所说："知道这个行为本身就要求无知。"[6]他强调的是范式的阴影面。在人类学研究的经典时代，学者的重点都放在地方的实地经验上，这当然带来了不可计数的成果，却忽略了更广阔的时空视角下的探索。类似地，还有历史方法的变革，对此兰克继承了一些美好的部分，也付出了相应的代价：让这个领域更为精确的同时不得不缩减先前的范围。[7]或许文明整体上就有光明面和黑暗面，它们的结构基于接受某些知识，同时必然拒绝了其他的知识。

下面的章节将会审视有意或者无意的遗失，并集中讨论三个过程：

隐藏、摧毁和抛弃知识。

## 隐藏知识

对很多人来说，知识的遗失是因为它们被刻意隐藏了起来。举例来说，技术知识常常是需要保护的商业机密。中世纪的手工业协会（拉丁语，*misteria*）把它们的特殊知识视为"谜"（mysteries），只能传给继承者。18世纪是一个技术创新的时代，但同样也是工业谍战的世纪，间谍们你来我往，发掘国内外成功的竞争者的机密。[8] 19世纪的制造业者试图保守他们加工过程的机密，比如有些钢铁厂主只允许在夜里偷偷开工。[9] 私人研究实验室的兴起加剧了这一潮流。毕竟，"工业家支持研究，却并不希望公开那些潜在获利的成果"。[10]

如今这个"信息封建主义"的时代（见第115页），在大企业的实验室里工作的科学家不被允许泄露他们的成果。[11] 近期关于"知识管理"的研究（见第117页）讨论了一家公司或者一个集团内分享信息的情形，但忽视了对外人保留知识的过程。从公司的角度看，机密知识是他们竞争力的来源，尽管从更广阔的视野来看，无论国内还是国外，这种机密都是经济发展的阻碍。

不知情的局外人包括消费者和竞争对手。食物、饮料、香烟以及其他产品的标签并不总会警示消费者其对健康的潜在威胁（美国销售带有这类标签的瓶装阿司匹林的历史可追溯到1986年）。的确，20世纪50年代起，烟草行业十分努力地想表明，吸烟和肺癌并不存在必然的联系。广告充满了所谓的"透明度差距"。[12]

在政治和经济领域里，时常存在信息的"分类"，这是隐藏信息的委婉说法。政治和军事"情报"有时被认作以"暗中手段"获取的信息。[13] 实际上，情报机构的信息有一部分长期以来都来自公开的渠道。但是一旦得到了这些信息，它们就被贴上"最高机密"的标签，杜绝泄露。

例如在英国，一系列的《官方机密条例》（Official Secrets Acts, 1889, 1911, 1920, 1989）规定，情报服务人员如果泄露了因其所在职位而获得的"任何信息、文件或者其他事关安全和情报的物件"，即被"控诉有罪"。在此基础上英国政府试图封禁《间谍捕手》（*Spycatcher*, 1987）——一本前军情五处探员的回忆录，最终却没有成功。如今闻名遐迩的第二次世界大战期间布莱切利园的密码破译工作，即"恩尼格玛"行动，也无法在1974年的英国系列纪录片《二战全史》中披露。直到2000年，人们才将其公之于众。

近现代早期许多地图是作为机密保存的，尤其是在政府中。这种地形学上的机密一直延续到1750年以后。政府严禁出版对西里西亚、哈布斯堡帝国和印度的军事观测地图。1798年法国远征队在埃及绘制的地图也受到同样的限制，尽管这个规定在1815年拿破仑下台之后就被废除了。[14]离现今越近的地形机密越容易找到。在苏联，那些"科学之城"（*naukograds*，核研究中心，例如萨拉夫[Sarov]、斯维斯克[Seversk]和杜布纳[Dubna]）都在地图乃至其他公开文件中无处可寻，这种情况持续到了戈尔巴乔夫的公开化时代（*glasnost*），直到1992年叶利钦上台才掀开它们的神秘面纱。[15]苏联时代，即便在莫斯科，街道地图和电话目录的购买和查阅也是受到限制的，显然是为了遏制对政权可能不利的集会。英国直到1953年才允许媒体报道伯克郡的奥尔德马斯顿（Aldermaston）这一原子武器机构的所在地。至于美国，《信息自由法案》把油井列为例外，因此它们直到现在仍是机密。

隐藏及阻碍信息传播的另一个传统方法是审查，无论是教会还是政府，都会禁止某些书的发行，或者只在它们"删减"某些特定段落之后才允许出版。1750年后这些方法仍在实行。《禁书索引》是天主教会的官方出版物，直到1948年还在定期更新，1966年才被正式废除。1871年到1918年间，哈布斯堡帝国、沙皇俄国和德意志帝国的审查都是十分严苛的。不过对于经历过纳粹德国或苏联审查风暴的人来说，这些都不值一提。[16] 除了书籍和报纸，剧场表演甚至讲座也在审查之列。颅相学家弗朗茨·约瑟夫·加尔（Franz Joseph Gall）19 世纪早期在维也纳的讲座被国王命令叫停，原因是这些讲座鼓动唯物主义、无神论和道德虚无主义。[17]

18 世纪后期以来政府收集的大量人口统计数据原本是作为政府机密的（见第 66 页），甚至以政府透明度而闻名的瑞典起初也对此保密，这让政治经济学家安德斯·伯谢（Anders Berch）颇有怨言："图表不是拿来埋在档案馆里的。"[18] 欧洲及世界其他各国的全国性人口统计引发了"数据保护"问题——换言之，机密性的问题。主要危险在于提供给统计调查者的那些信息，即个人的姓名、年纪、住址、家庭、职业等，未必不会用于普查表之外的方面。因此，诸如以下此类的官方声明常常出现，这个声明来自 1935 年德国的一部法律草案：

> 个人申报的……只能用于统计或者一般的经济、社会或文化目的，而非其他任何目的。严禁将这些材料用作对申报个人的评估基础，尤其严禁将统计数据作为税务评估之用。

不过到 1940 年，德国统计办公室的主持官员声称，政府违背了机密性的要求。[19]

瑞士银行对客户信息的保护使得其声名远扬，或者也可说臭名昭著，因为这些客户中不乏搜刮民脂民膏的独裁者。后来的《联邦银行法案》（The Federal Banking Act, 1943）对提供给第三方——包括外国政府——的客户信息予以了限制，这个新政策让德国的犹太人可以保护其财产免遭纳粹洗劫。但是 1945 年之后，这个法案为银行拒绝向死亡客户的家属提供死者银行账户信息找到了正当的理由。

过去的诸多资料也被看为机密，如英国人口普查申报的材料 100

第五章 知识丢失 | 161

年之后才能公开，所以1911年的普查资料直到最近才能在网上查到。[20] 其余的政府文件也直到1958年才公之于众，《公共档案法》（Public Records Act）规定50年之后才能公布。1967年这个规定缩减到了30年。[21] 随着《信息自由法》（Freedom of Information Act, 2000）的颁布，很多文件得见天日。类似的美国《信息自由法》则可以追溯到1966年。但不论哪个国家，这种自由都受到特例的限制，例如国家安全、商业机密或者个人隐私。20世纪50年代，美国大学里对美国中央情报局感兴趣的历史学家发现，情报机构正"竭尽所能地钻《信息自由法》的空子，以便尽量减少文件公布的数量"。[22] 但是，2010年的维基解密事件让我们明白，所谓的机密并非密不透风。

在采集和隐藏信息的过程中都有使用技术。应对"间谍软件"（见第38页）的最好方法是反间谍软件。许多数据库都有"防火墙"来阻挡没有密码的个人，尽管这个措施似乎并不充分，没能阻止职业甚至业余黑客获得五角大楼的文件、浏览最新的战斗机信息等。

另一种隐藏知识的方式是散播虚假消息。这种老方法近来获得了一个新名称："反信息"（disinformation）。苏联时期，部分地图故意标错城市，以误导外国间谍。第二次世界大战期间，英国成立"二十委员会"（Twenty Committee），为德国人提供了"不准确的信息"。

还有一种方法是信息的错置。用其编者亨利·穆雷的话来说，《牛津英语词典》收罗全面，但遗憾的是里面仍有不少疏漏，例如单词"女奴隶"（bondmaid）。究其原因或许是丢失了记录信息的一页纸。[23] 那些将大量信息储藏在同一个载体里的新技术，带来的意料不到的结果是，丢失的概率大大增加。比如2007年英国丢失的一部分CD文件，存有700万个申报儿童福利的家庭的信息，包括他们的银行账户详情。美国国家航空航天局丢失了第一次登月的录像带。互联网上，"每一天"都有"不计其数"的信息丢失。[24]

信息错置通常是信息过剩的结果。仿佛干草堆里寻针，或者用更现代的话来说，这是个如何从不相关的"噪音"中区分出真正想要听到的内容的问题。尽管有事先的警告，但没能预防"9·11"事件的原因之一，就是这些预警迷失在了数据的洪流之中。正如康多莉扎·赖斯（Condoleezza Rice）对这个时代的评论："系统里太多人喋喋不休。"[25] 混乱使得问题更加严峻，这在实体物件的收集中尤为突出。约翰·亨特（John Hunter）收集的超过 1 万件标本自 1799 年就堆放在皇家医学院（Royal College of Surgeons），而 25 年后仍旧没有完全归类编目。19 世纪早期，巴黎的自然历史博物馆仍旧堆满了 1798 年法国远征军从埃及带回来的成箱的标本。还有，在美国的南太平洋探险活动中，人们运回了一箱箱标本，全都放在新成立的史密森尼学会，但学会缺乏拆封标本、清理贝壳或者填充鸟体的人手。[26] 19 世纪晚期，德国人种学文集的编目已经没法跟上令人头晕目眩的标本采集速度了。[27]

## 摧毁知识

知识的毁灭包括了知识持有人的死亡，比如探险家没能从远征地返回，或者是斯大林"大清洗"期间学者遭到屠杀，又或者是德国在 1939 年入侵波兰之后对其大肆破坏。

沉默的知识尤其容易丢失，因为它们只存在于个人的脑海中。公司对于所谓"公司记忆"的丢失愈发敏感，这通常发生在员工没有传递他们所知的信息就离职的时候。[28] 另外一些有价值的知识可以说是"消失在了传递过程中"，因为在有等级的组织里，职位低等的人往往不愿意传递那些他们认为上级（统治者、将领、CEO 等）不想知道的东西。

另一种疏忽使得许多当地的知识在帝国时代瓦解。非常偶然地，它们中有一些会留存下来。1911 年人们发现了伊支（Ishi），加州北部亚希（Yahi）部落的最后幸存者。他和两位人类学家有过交谈，并展示了他打石取火、狩猎等能力。[29]不过更多这样的部落悄无声息地消失了，就像很多语言逐渐灭绝一样，尤其是在过去的几十年中。21世纪初的一个调查估计，世界上96%的语言只存在于4%的人口中，"将近500种语言只剩下不到100个使用者"，2100年前至少有3000种语言要灭绝。[30]类似地，现代的生物多样性危机是对生物学知识的威胁，也是对行将绝迹的物种的威胁。

知识的毁灭有时是无意的，有时则是故意的，有时则夹在两者之间。图书馆的意外大火是一个重复发生的历史现象，从亚历山大图书馆（烧毁于公元前48年前后）到国会图书馆（在1851年损失了35000卷藏品），以及都灵图书馆（在1904年起火，起因是线路故障），都是这种情况。[31]挖掘建筑地基常常能发现考古学遗址，却也时常会摧毁它们。业余的寻宝者带着金属探测器搜寻其他的遗迹，但也同时破坏了这些遗迹，减少了获得知识的可能性。考古学家虽没那么可怕，但也会破坏部分知识。19世纪的大型考古发现使得那些文物几千年来第一次重见天日，但也导致不少文物遭到破坏和分解。在发掘亚述人宫殿时，"发掘者眼睁睁地看着浮雕分崩离析和瓦解"。装甲和头盔"在接触到空气的刹那间就粉碎了"，赛纳克里布（Sennacherib）宫殿里的王座"在轻微的触碰下变成了粉末"。因在技术发展到能够使损害最小化前就发掘了遗址，不少考古学家对此深感后悔，不过他们承认"所有的发掘都是某种摧毁"。[32]

对图书馆和档案馆储藏的知识的故意摧毁也远非稀有。法国大革命之后，国民立法议会（Legislative Assembly）下令销毁所谓的"封建"文件。1890年，巴西总理兼律师罗伊·巴博萨（Ruy Barbosa）下令销毁奴隶制的文件，让它们随着制度一同灭亡。有关在刚果的比利时政权的资料，在1908年被蓄意烧毁。[33]1977年，美国联邦调查局销毁了大概30万页标注"性反常"的个人文档。最近还发现一家瑞士银行在销毁之前犹太客户的账户信息。

人们还使用新的技术协助毁灭知识。位于诺丁汉的罗宾汉软件公司发明了一款名叫证据清理器的软件，用于微软的系统，宣称可以删除硬盘里的机密信息，或者至少使这些信息难以恢复。谁会购买这个软件还挺让人深思。

某些毁灭是更大规模的。1871 年，巴黎公社的支持者放火烧了警察局，毁掉了 6000 份注册信息和警务记录箱。第一次世界大战期间，一支德国军队纵火烧毁了鲁汶大学图书馆；第二次世界大战期间，另一支德国军队摧毁了华沙大部分国家档案。[34] 另外，1939 年至 1945 年间，主要是因为轰炸，柏林失去了大约 65 万卷人口普查信息，其中 35 万卷毁于一旦，另外 30 万卷则根本不知所踪。在大英博物馆的阅读室还需要填写借书表格的时期，印在表格后面的常见的图书未能送达的原因之一，就是"毁于战争的轰炸"。知识的摧毁当然不会随着第二次世界大战而结束。举两个例子，1992 年萨拉热窝的波斯尼亚国家图书馆在炮击中被毁；较近的记忆，则有 2003 年巴格达的国家博物馆被洗劫一空。

另一种更为精微的信息丢失与语境相关，或者说是艺术史学家所谓的"来源"。1796 年和 1815 年，法国人德·昆西（Quatremère de Quincy）谴责拿破仑、额尔金勋爵和其他人掠夺意大利艺术品的行为。这种掠夺或者说"移位"，在德·昆西看来，剥夺了它们的文化价值。德·昆西关心的是物体间的关联，即其意义与力量依赖于自身的功能和所处的地点。移走等同于毁灭。带有意大利特色的艺术品，其唯一合适放置的地方只能是意大利，他把这称作"整体博物馆"，换言之，没有墙的博物馆。[35]

人类学和考古学里也不乏语境丢失的例子。考古学家弗朗茨·博厄斯批评收藏家没能记录下他们的藏品足够丰富的信息——来源、原名等。[36] 植物学和动物学也存在着同样的问题，缺乏标注（包括标本来源标注）的损毁都代表了知识的丢失。缺乏地点、日期、摄影师等细节的旧照片也是如此，它们因此无法成为可靠的证据。近几十年来，人们逐渐意识到这个问题：大英博物馆于 20 世纪 80 年代开启了藏品来源信息恢复的工程。[37]

## 丢弃知识

第三种知识丢失的形式是淘汰，或者说是某些人或者团体认为这些知识需要被淘汰了。知识的增长与所谓的选择性"遗忘"有关，换言之，"去除错误过时的信念"。[38] 遗忘的过程在信息过载的时代得以加速。这个问题并不新鲜，对书籍"洪流"的指责至少可以追溯到 6 世纪。[39] 然而信息过载的问题愈发尖锐。知识更新的加速——尤其是在自然科学领域，带来的后果之一就是知识以前所未有的速度过时。因此旧有知识的丢弃或许是经济学家熊彼特所谓的"创造性毁灭"，目的是给新的知识腾出空间：字面意义上的空间——档案馆、图书馆和博物馆，以及隐喻意义上的空间——百科全书，或是中学和大学的必修课程。

在这种含义上，知识的弃置或许是合理的，甚至在某种程度上是必需的。但是有得就有失，我们不该忽略后者，因此需要文化史学家研究近几个世纪我们所丢弃的"思想垃圾"，包括信息、理念，甚至人物。历史学家通常带有偏见，倾向于胜者，但我们需要重构一个"被征服者"的视角来理解过去。托洛茨基（Trotsky）曾说失败者注定进了"历史的垃圾桶"，《苏联大百科全书》系列就是个极好的例子，它略去了被共产党视为政治错误的人物、思想和事件，托洛茨基与斯大林决裂后也成为其中之一。

批判《苏联大百科全书》并非什么难事，这个例子只是一个常规行为的极端个例。许多领域都有被驱逐的前辈，那些人成了思想史柜子里的骷髅，有时是因为某些政治因素，他们因此消失在了学术谱系里。例如犯罪学家通常不愿提及其学科的创始人之一龙勃罗梭，因为他坚定地相信存在"天生的罪犯",且能够通过头骨形状和其他身体特征予以辨别,正如人类学家更愿意忽略他们的学科之前与白种人或高加索人优越论有千丝万缕的联系。[40]

还有,整整一代的政治思想专业的学生都在尽力无视20世纪20年代政治学领域中的一位翘楚卡尔·施密特(Carl Schmitt),他是《政治神学》(*Political Theology*, 1922)和《政治的概念》(*The Concept of the Political*, 1927)的作者,后来加入了纳粹党,因此1945年以来与学术生活绝缘,尽管他仍在海德堡和其他地方有不少拥护者,但直到80年代,施密特才为更多人所知,他的作品被翻译成了英语、法语、意大利语和西班牙语。[41]

移位的不仅有物体和信息,还有人本身。考古学家习惯从垃圾堆里复原知识,但是历史学家仍然需要学习,套用托洛茨基的说法,从"历史的垃圾桶"里还原知识。为了从考古学转换到福柯字面意义上的"知识考古学",历史学家需要研究知识的废弃过程,即知识是怎么被转换成非知识或者假知识的。[42]当新知识进入某个特定文化时,大学课程、百科全书、档案馆或者图书馆里是否有旧知识被替代了,这一过程可被称作"文化选择"。

以档案馆为例,1821年法国奥博区(department of Aube)的一位长官决定"清除那些永远不会用到的废纸堆",以"方便找到有用的文件"。[43]还有,1921年统计学家基尼提出了著名的抽样方法,正是为了应对意大利政府丢弃人口统计中的大部分回收的数据。

## 图书馆和百科全书

图书馆和百科全书的历史提供了许多曾经的历史被废弃的良好例子。18世纪,不是因为异端或者反动,仅仅是因为它们无用就毁掉书籍的理念开始流行。哲学家休谟（David Hume）就有这种"销毁书籍的狂想"，在他的《人类理解研究》（*Inquiry into Human Understanding*,1748）一书中，他说："如果我们随意拿起一本书，无论是圣经抑或经院形而上学，我们能否扪心自问，它里面包含了任何有关质量或数量的抽象推理吗？没有。它里面包含了任何关于事实和存在的实验推理吗？没有。把它扔进火里吧：除了诡辩和幻觉，里面再没有别的什么了。"法国记者路易·梅西埃（Louis-Sébastien Mercier）在 1771 年发表的小说里描绘了 2440 年的启蒙社会，那里只保存了一些基本的图书，其他的都被摧毁了。[44]

大多数图书馆员并没有休谟或者梅西埃这么极端，但他们同样担心新作的洪流会使得为这些新增物品寻找空间变得越来越困难。一些图书管理者选择"去除新增"（de-accession）的图书，这是现在扔掉图书的委婉说法。其他人则直接把它们视为无用的书本丢进地下室，或者"编外"储存到某个过渡场所或知识的边缘，让其不受关注，但还不算扔进了垃圾桶。研究多个世纪以来大型图书馆用这些方式弃置的图书或许能揭示变化中的优先排序，思想的寿命或许可以通过承载思想的书籍的"书架寿命"来研究。

类似的有对百科全书废弃知识的研究，这和图书馆的研究一样发人深省，并且要容易得多。随着知识的增加，百科全书变得越发庞大。同样，比较同一套百科全书连续出版的版本，我们可以发现至少从 18 世纪晚期开始，编辑和编纂者就常常有意识地摒弃许多旧有的材料，从而令书的内容与时俱进。编辑和编纂者自己就着重突出这方面的工作。亚伯拉罕·里斯（Abraham Rees）在为修订钱伯斯（Chambers）的《钱伯斯百科全书》所作的《提案》（1778）里就强调，他要"去除过时的科学，删减冗余的内容"。化学家托马斯·汤姆森（Thomas Thomson）在《不列颠百科全书》（1815—1824）的补编中解释说，十年间过时的东西太多，他不得不彻底重写关于化学的文章。[45]

这种重写并不经常发生。一项对18、19世纪英国百科全书里发表的自然科学文章的研究，表明了里面还存在大量科学家认为错误的信息——例如"炼金术的残留"——直到第九版的《不列颠百科全书》（1875）才作出了全面改版。[46] 1875年以来，那些主要百科全书摒弃了越来越多的素材，比如《拉鲁斯百科全书》（*Larousse*）、《布罗克豪斯百科全书》（*Brockhaus*）、《温克勒-普林斯百科全书》（*Winkler-Prins*）、《不列颠百科全书》、《欧美全球百科全书》（*Enciclopedia universal ilustrada europeo-americana*）等。某些删减显然有实际操作的原因。然而我们有理由怀疑其背后的哲学理念或多或少是基于对进步的天真信念：最新的就是最好的。正是出于这个原因，某种程度上至少人文科学领域的学者更偏爱第十一版的《不列颠百科全书》（1911），而不是它的后续版本。

几个具体的案例或许能展现删减后具体的损失。1911年，查理一世国王占据了十三栏，君主查理五世则占了十一栏。但是在1974年的《新不列颠百科全书》里，两条都缩减到了五栏。拉斐尔从十六栏减到五栏；西塞罗从十三栏减到四栏；歌德从十二栏减到六栏；路德从十四栏减到四栏；还有柏拉图从三十三栏减少到不满一栏——对基督教和古典文化兴趣衰减的生动证明。

甚至是在线百科全书都会删减材料，尽管它们不怎么受储存条件的约束——因此产生了建造"傲慢的维基"或者"被删除的百科"之类的建议，用来储存那些删减掉的条目，相当于数字世界里《布罗克豪斯百科全书》或者《不列颠百科全书》的旧版本。[47]

## 摒弃思想

思想，或者说"范式"，也会遭到摒弃，这里混杂了智力原因和社会原因。举个例子，化学领域里曾有一种亲火性的"燃素"，但是在 18 世纪后期，这个概念在拉瓦锡提出一个新的燃烧理论之后逐渐消失了。再有，20 世纪 50 年代，结构功能主义是社会学和人类学主要的分析框架，但是它在 70 年代遭受了挑战，并逐渐衰落。

另外，对于文化史学家来说，忽视失败者的思想是——用一句老话——连水带婴儿一起泼掉。历史学家或许应该听从英国哲学家罗素的建议，他的《知识垃圾概述》(Outline of Intellectual Rubbish) 发表于 1943 年，他建议历史学家用一种更超脱的方法和相对主义的态度来对待问题，而不是表现自己"荒谬的整体性分类和个人的愚蠢"，应描述、解释现象，而不是致力于证明新的东西使旧有知识贬值。

专业杂志里的文章寿命越来越短，在自然科学领域尤甚，社会学或经济学次之，在历史或者文学批评领域里则不知怎的要长得多。[48] 古典文献也处在不断地编辑之中：去除，又增添信息。正如一位编辑近来评论的："我不知道有哪一次编辑工作没有信息流失。"[49] 类似地，许多领域里不流行的或者说"冷门"的话题都有被丢弃或者边缘化的危险。它们是"贬值货币"——尽管有时一代之后又得重新估计。

真假知识、真伪科学的界限也会随着时代变化而改变。如果学者想要把某种特定的学术实践排除出知识共同体，他们通常的依据是某本特定的书、方法或理论不是"真的"历史、哲学、科学等。这就是福柯所说的"取消资格"(disqualification) 的过程。甚至有人不无夸张地说，科学史"往往同时也是与非科学斗争的历史"。[50] 18 世纪晚期专业医学出现在英国，其他的医疗方式则处于"医学边缘"的地位，甚至被逐出了这个领域，被污蔑为伪医学或者"江湖骗术"。[51] 在某种程度上，专业人士需要江湖骗子来更清晰地界定自己科学正统的地位。

什么是科学？（这个词于 19 世纪 40 年代出现在英语里，紧接着是"科学家"一词）什么是伪科学？这不仅和时间有关，也与争论所在的地点和领域密切相关。⁵² 这种"界定工作"不仅是理论上的，即前面章节里所讨论的知识分类大计划中的部分，而且"界限也是在日常的反复实践中形成的"，比如大学课程中特定问题的去留，或者学术期刊中某篇论文的取舍。⁵³

整个"领域"（那些追随者这么称呼）也有被划作伪科学的可能，例如占星学和山达基教科学派。其中有些在特定时期是科学，另外的时候却是不科学的。中医，包括针灸疗法等，受到 17、18 世纪欧洲医生的相当程度的重视。不过当西方医学成为科学时，其他医学就受到了排斥。欧洲对针灸的兴趣先是"减退"，随后就"湮灭"了，直到 20 世纪六七十年代，西方才重新开始关注这种技艺。⁵⁴ 还有，移民心理学（*Völkerpsychologie*）、全球各个不同民族的综合心理学，曾是 19 世纪后期德国以及一些其他地方的热点话题，不过如同"民俗学"一样，它也在 20 世纪衰落了，最终由文化人类学取而代之。⁵⁵ 以下的几个案例着重于该学科在其领域的地位丧失的过程，包括占星学、颅相学、通灵学和优生学。

## 占星学

占星学（astrology）早在 17 世纪就已经被受教育群体抛弃了，在 18 世纪的欧洲更甚，不过摒弃它的过程比早一辈的人认为的要更长、更缓慢。⁵⁶ 对历史学家们来说，不难解释为何占星学会衰落。这个过程启发了马克斯·韦伯著名的"世界的祛魅"（*Entzauberung der Welt*）的概念。不过，解释占星学在 19 世纪和 20 世纪的留存和"复活"却不是一件容易的事，当然这种存活和复兴也需要适应变幻不定的文化。

19 世纪末，一些占星学家试图使占星学跟上时代，显得更加科学，好使他们的职业变成某种专业。1895 年，题为《现代占星学》（*Modern*

Astrology）的新期刊在伦敦成立，第一版社论就声称"是时候使占星学这一古老的系统现代化了"。其中一位现代化的实验者是某个名叫理查德·莫里森（Richard Morrison）的人，他曾任海军军官——那时航海仍然依靠星辰指路。他自称"然德基尔"（Zadkiel），用水晶球来帮助自己预测未来。另一位，沃尔特·欧德（Walter Old），绰号"赛法瑞"（Sepharial，西班牙犹太人），为客户提供股市价格变动和赛马结果的预测。[57]占星学研究学会1902年成立于伦敦，紧接着是1910年的占星学协会，以及每周都会举办讲座的占星学集会处。[58]

这股复苏及重塑占星学的热潮和早前传统占星学的主要区别在于前者有意识地采纳了其他科学的成果。一些占星学家采用了对手——19世纪科学——的语言。他们强调所在领域和魔法的区别，写了不少"精神科学""占星学的科学基础"，或者"星象和人类行为联系的科学证明"之类的文章。另一些则运用了统计学方法。当代实践者也同样用电脑来为客户生成星象图，这样不仅节省时间，更为他们的预测赋予了一种高科技的眩晕感。

不过，另外也有占星学家指出，他们的理念与玫瑰十字会、共济会和古埃及神秘学之间有着不少的联系。更有不少吸收了东方宗教的元素，如印度教、佛教等，有时他们直接研究这些宗教，有时则是通过与19世纪末散播于英国、法国等地的"神智学"或者"人智学"相调和（见第216页）。[59]

19世纪八九十年代伦敦人对占星学焕发了新的兴趣，这是所谓资产阶级"反文化"的一部分，与20世纪60年代加州的反文化构成某种类比。星象的信徒容易对催眠术、素食主义、唯灵论有同占星学一样的兴趣。到20世纪二三十年代，一些占星学家开始借用荣格心理学的语言。反过来，荣格自己也研究这个话题，他的女儿就成了一名占星学家。在荣格的启发下，有些作家将占星学心理学化，把星象形容为"心理的地图"或者总是说成"我们心中的行星"。这种新的调和占星学，如同非主流医学和有机或健康食物一样，成为20世纪六七十年代的"新纪元"浪潮的弄潮儿。"新纪元"这个名词就来自20世纪40年代荣格和其他人对新的"宝瓶座时代"的争论。

虽然遭到学术界的普遍排斥，占星学却在文化的其他地方留存了下来（不像颅相学之类），甚至繁荣发展。它呈现为一种悖论般的混合体，同时有现代和反现代的特征：一方面它趋向科学和心理学，另一方面，它又是"对现代性及其进步主义的可理解的反抗"。[60]

# 颅相学

颅相学（phrenology）是"19世纪最受欢迎、普及最广的'科学'"。[61] 根据颅相学家的说法，大脑由独立的器官构成（一般认为是37个），它们产生不同知觉（例如"好色"或者"仁慈"），发挥不同的功能（例如因果联想或是比较）。每个器官的尺寸显示了各种能力的大小，头骨的形状则指向内部的东西。颅相学创始者德国医生弗朗茨·加尔认为，自己的系统关注的是"头骨的研究"（Schädellehre）。英语里它首先叫作"颅骨学"（craniology），1815年被称作"颅相学"（法语里也是同样的单词）。[62] 有作家把颅相学家的学说与"面相系统"相对比，认为头骨形状作为大脑内部自然状态的标志这一理念，与传统"看相人"（face-readers）的核心假说不无相似。[63]

1807年，因其讲座被政府禁止而被迫离开维也纳之后，加尔来到了巴黎，很快就吸引了一批精神疾病的专家。他的前助手约翰·斯普尔茨海姆前往英国，在伦敦和爱丁堡传播颅相学。爱丁堡颅相学学会（1820）和伦敦颅相学学会（1823）以及《颅相学期刊与合集》（*Phrenological Journal and Miscellany*, 1823）都是19世纪20年代这一潮流在英国重要的佐证。

受流行书的影响，颅相学在美国甚至要更加流行，例如苏格兰律师乔治·康布的《人类宪章》(George Combe, *The Constitution of Man*, 1828)，就将颅相学与自助的理念相联系。到 1860 年，这本书已经在英国卖出 10 万册，在美国卖出了 20 万册。药店的橱窗里摆上了展示不同知觉和功能的半身像。与此同时，海边度假胜地之类的富人聚居地的执业医师，宣称能够通过感觉脑袋上的"肿块"来预测未来的成功。随着颅相学的传播与扩展，它不断简化，变成了某种"社会哲学"，甚至是"某种自己的宗教"和"某种乐观又感伤的自然神论"。[64]

颅相学从未"被学术领域认可过"，[65] 从一开始就受到尖锐的批评，尤以《爱丁堡评论》(1805，1815) 为例，还有诸如题名《头盖骨》(*The Craniad*) 的讽刺作品。一位科学社会学家把颅相学家描述为"局外人"(outsider)，他们对社会改革感兴趣，却"被权威机构拒绝"。[66]

从历史角度看，人们或许可以说颅相学出现的时机不对，那是个精确测量的时代。对于颅相学来说，更易融入的是近代早期，正如其前身"面相学"(physiognomy)。颅相学从 19 世纪 40 年代开始衰落，"头颅的形状并不严格与大脑的形状相符"的观测证据重创了这个学说，使其在 19 世纪后半叶进入了"急速的没落"。[67] 不过，无论如何，颅相学还是挺重要的，其在杜威分类系统里占据一席之地，且流传至今。[68] 这个学科还是受到了很多人的重视，他们各自在其领域中颇有建树，例如帕默斯顿勋爵（Lord Palmerston）和阿尔弗雷德·华莱士。颅相学传统为之后 19 世纪的生理人类学做了不少铺垫，因其涉及种族和犯罪学研究，颅相学的某些理念直到 20 世纪早期仍然深深植根于流行文化之中。[69]

## 通灵学

"通灵学"(parapsychology，这个词 1889 年首先出现在德语中，

即 *Parapsychologie*）是通常所知的"超自然研究"。[70] 英国的超自然研究学会成立于 1882 年，其组建了委员会来调查通灵术、催眠术、灵媒、鬼魂、鬼屋等——其中一个项目是幻觉普查。以英国为模板的学会在各处开花结果，如美国超自然研究学会（1885）、丹麦超自然研究学会（1905）等。[71]

起初，至少英国学会的成员似乎不能被称作"局外人"，他们的调查也很难被算作伪科学，毕竟学会早期的主席有剑桥的主要学者亨利·西季威克（Henry Sidgwick）、化学家威廉·克鲁克斯（William Crookes），后者之后还成了英国皇家学会的主席。主要的心理学家弗洛伊德、荣格、威廉·詹姆斯（William James）和威廉·麦独孤（William McDougall）等也都支持这项事业。

德国、英国和美国的实验室都研究过超自然现象。这类研究里最著名的是对通灵术或者说"超感官知觉"（extra-sensory perception，缩写为 ESP）的实验，其由约瑟夫·B. 莱茵（Joseph B. Rhine）主持，他在 1927 年到杜克大学的心理学系同麦独孤合作，后来又领导了他自己的一个超自然现象实验室。莱茵的实验方法之一是让志愿者猜测卡牌，某些结果格外引人注目。其他地方也在复制他的实验，随着 1938 年《反常心理学期刊》（*Journal of Parapsychology*）的出版，一个新的学术领域已然隐隐显现。

不过莱茵的实验是个人独立进行而非大学资助的。他持续做了数十年的工作，因其杜克大学研究中心主任位置的继任者于 1974 年被控告伪造他的数据，从而失去了原有的信誉。《反常心理学期刊》现今仍在出版发行，但重要的是莱茵通灵术机构已经改名为人类自然研究基金（Foundation for Research on the Nature of Man）。匈牙利裔英国作家亚瑟·凯斯特勒（Arthur Koestler）获赠担任心灵学讲座教授，但牛津大学拒绝为他提供资金，最终他在爱丁堡大学入职。

通灵学分化了科学群体。一些学者谴责这是伪科学，另外的科学家则支持它。目前这一潮流中的某些概念，例如多重自我，已经被其他领域借用。

## 种族和优生学

18 世纪中期以前，种族（race）概念就已经产生，用来指代有共同祖先的人类群体——包括国家。不过世界对种族的关注在 1750 年到 1950 年间达到顶峰。[72] 正如之前所见（见第 53 页），居维叶区分了三个种族，林奈区分了四种，布卢门巴赫区分了五种，布丰区分了六种。

种族研究（德语为 *Rassenkunde*）和颅相学之间存在着某种关联。斯普尔茨海姆比较了中国人、非洲人和欧洲人的头颅。颅骨学家的兴趣点从单个人之间的区别转向了人群之间的区别。瑞典解剖学家安德斯·雷济厄斯（Anders Retzius）设计了一种"头颅索引"，以便区分两种欧洲人——长头颅型（dolichocephalic，浅色头发的）和圆头颅型（brachycephalic，暗色头发的）。

测量型研究的目的在于识别人们所承载的国家特征。医学人类学家鲁道夫·菲尔绍（Rudolf Virchow）于 19 世纪 70 年代在德国调查了 600 万学童头发和眼睛的颜色，得出的结果是，没有所谓的纯种德意志人，只有种族的混合体。菲尔绍接下来的研究是不列颠人种调查（1892），以及瑞士的种族构成研究（1902）——这项研究对 45000 份招募者的样本做了检查。丹麦也开展了类似的研究（1904）。

优生学（eugenics）作为通过选择生育来提高种族质量的计划，也驱动了相关的研究。"优生学"这个词 1883 年由弗朗西斯·高尔顿提出（1895 年至今，德语里用得更广泛的是"种族卫生"[*Rassenhygiene*]）。到了 1907 年，高尔顿的信徒告诉他，"你要是知道'优生学'现在的用途，你一定会乐的"。[73] 优生学很快变成了一个世界性的运动，诸如德国种族卫生学会（*Gesellschaft für Rassenhygiene*, 1905）、英国的优生学教育学会（1908）、瑞典种族卫生学会（1909）以及国际优生学论坛（1912）都为之提供了支持。

优生学不仅是一项计划，更被视作一门科学。英国统计学家卡尔·皮尔森（Karl Pearson）担心"优生学会成为一个学术领域"。[74] 一本苏联 1925 年的优生学教科书声称，这已经是一个自主的科学领域了。[75] 高尔顿资助的优生学实验室在伦敦大学（1907，1911）落成，还设立了这个课题的专职席位。第一次世界大战之后，优生学在学术领域进一步站稳脚跟，乌普萨拉（1921）、柏林（1927）等地都相继建立了相应的机构，并且吸引了科学家如霍尔丹的加入。[76]

优生学和种族研究的科学地位或许在纳粹德国达到了顶峰，随后便一落千丈。早先对此就有不少严肃的批评声音。弗朗茨·博厄斯通过研究美国移民及其后代的头骨，认为环境影响了人体，应该用"文化"来替代"种族"一词。[77] 兰斯洛特·霍格本，伦敦政治经济学院的社会生物学教授，是优生学的强烈反对者，1943 年，霍格本的朋友霍尔丹也加入了他的行列。[78] 不过给予这个话题致命一击的，是党卫军医生门格勒（Josef Mengele）在奥斯威辛所做的实验。门格勒曾在柏林的威廉皇帝研究院优生学中心做过助手。[79]

曾经流行的话语成了禁忌词，"优生学"被更为委婉的诸如"人类基因学"或"社会生物学"代替。[80] 1954 年，《优生学年鉴》改名为《人类基因学年鉴》。1969 年，《优生学期刊》变成了《社会生物学》。相应职位和机构也被重新命名。随着优生学开始衰落，种族研究也受到了波及，幸存的只有"种族关系"研究，这类研究更关注观念而非实际上的种族区分。部分研究成果幸免于难。常常发生的是，获胜者从失败者那里汲取的东西远比他们承认的要多。有人认为，"种族观念仍旧深深烙印在不同的科学领域之中"，即便"种族"这一表达方式已经被"文化"或者"渊源"之类的词取代。[81]

时至今日，幸存者甚至有着复兴的趋势，且采取所谓的"以进为退"的策略。[82]考古学家用颅骨学来研究人类进化。DNA 的发现使得国家人种研究转向了新方向：一份名为"巴西分子图鉴"（molecular portrait of Brazil, 2000）的研究计划比以往任何时候都更清楚地展示了人口的混合特征。1969 年就称"新的优生学已然兴起"似乎还为时过早，但是在一个"人类基因组计划"的时代，这个被忽视的论断似乎需要重新予以评估。[83]不少学者已经撰文关注近来种族生物学的"复原"。[84]

民俗学（folklore）研究的命运和优生学类似，尤其是在德国和斯堪的纳维亚半岛，它随着第三帝国的垮台而衰落。可能相比在英国的边缘地位，在欧洲大陆，尤其是北欧，民俗学是个更为重要的学术课题。不过这个课题因纳粹而受到了玷污。纳粹将民俗学和种族纯洁性相关联。[85]由于和种族歧视有关，即便是"民"（folk，德语为 volk）这个词也成了禁语。之前所说的"民俗学"现在被重新定义为"大众传统"或者"人种学"。许多早期研究留存了下来，不过和人类学一样，它们的重点也从种族研究转向了社会学和文学研究。

这四个摒弃知识的案例有不同的结果。我们的时代，即便当初大学里对占星学有过认真的研究，它也不再是严肃的学术课题。不过虽然被逐出了学术界，占星学还是找到了它继续发展与征服的合适领地。颅相学流行于 19 世纪 20 年代到 40 年代，一些学者进行了认真的研究，却从未真正在学术领域打下基础，它给种族研究留下了不少观念。通灵学处于学术的边缘。诚然，同占星学一样，显而易见的反科学气质是它魅力的重要部分，只有一小部分发现逃脱了随着这个话题一起衰落的命运。种族研究和优生学的建立和消亡本质上都出于政治原因。民俗学转向人种学的情况也是如此。然而，我们可以合理地说，战斗的失败者仍给未来留下了烙印。

以上讨论的案例研究引出了学科边界的问题。学科的边界是相对清晰还是相对模糊？这些边界领域的问题是下一章的主题。

# 第六章　知识分类

20 世纪 60 年代早期，人们计算出大约 5 万份科学期刊已经产出了 600 万篇论文，并以"至少每年 50 万篇"的速度在增长。1969 年的调查显示，1954 年到 1965 年，每八年物理学出版物就翻倍，社会学则只需要三年。[1] 在这样一个"知识爆炸"乃至于必然产生"知识过载"的时代（具体讨论详见第 267 页），知识专门化越来越必不可少。

早在 18 世纪中叶，哥廷根大学的医学教授哈勒（Albrecht von Haller）就热衷于知识专门化。"大学的最高功能，"他写道，"是将各个学科划分到更小的部分，给予每个人特定的有限的责任。"[2] 一方面，知识专门化使得人类作为一个整体拥有了前所未有的认知能力，为不同专业的学者提供了日益增加的丰富多样的知识领域；但是另一方面，这个趋势限制了思维，甚至在某些特定的领域，身处其间的人们也越来越难以看清全貌，更不用说整个人类知识的巨大图景。[3] 因此，对于知识专门化，普遍有着一种暧昧的态度，本书作者也同样如此。马克斯·韦伯也曾用他特有的悲剧性现实主义对此作过令人难忘的表述："限制于特定工作，摒弃人类裹挟在内的浮士德式完整性，是现代世界里任何有价值的工作的必要条件。"[4]（虽然韦伯并未遵从自己的建议。）

赞成这类思想活动划分的人称之为"多样化"或者"职业化"（这

个词的实际意思比表面看来要模糊得多）。[5] 反对者则称之为"碎片化"，他们也谴责专家使用了过多的"行话"。"技术性语言在那些理解、掌握它们和那些不能使用它们的人之间竖立起了一道壁垒。"[6] 半个世纪以前，匈牙利裔英国哲学家、科学家迈克尔·波兰尼（Michael Polanyi）哀叹道："任何一个科学家只要审视面前的第一手资料或许就满足了，但这些还不到所有知识输出的百分之一。"[7] 想象一下现在的情形！

30年前，美国著名历史学家约翰·海厄姆（John Higham）认为人们需要"一本还未成形的知识专门化历史"。[8] 这本书至今仍未成形，或许正是因为这是一个多领域的项目，所以需要一个非专门化的学者来完成。不过本书所讨论的时期显然在知识专门化的过程中占据了关键位置。或者说，这是职业化和专门化的社会与文化交织的过程。

18世纪晚期，爱德华·吉本（Edward Gibbon）的《罗马帝国衰亡史》或者亚当·斯密的《国富论》之类的重要著作在非专业的公众中获得了立竿见影的成功。然而斯密和他的同事亚当·弗格森（Adam Ferguson）已经在讨论作为劳动分工的知识专门化的问题了。1824年，英国浪漫主义作家德·昆西就写了一篇关于"肤浅知识"的论文，批评他所说的"科学趋向于……极端的细化分类"。19世纪中期，孔德发明了专门化（spécialisation）一词，他的英国信徒穆勒沿袭了这一模式。[9] 英语的"专家"（specialist）一词首先出现在一本医学目录中（1856），但是很快就大范围流行开来，使用这一词语的人包括孔德的另一个信徒——赫伯特·斯宾塞。

## 博学家的没落

这个时代的一个标志是人们对博学家态度的变化。的确，自古希腊时期以来，博学之人在受到赞赏的同时，也被人怀疑——赫拉克利特认为毕达哥拉斯是个江湖术士，因为后者很自负，宣称自己了解宇宙间的知识。培根以及另外一些中世纪学者被怀疑有恶魔相助，16世纪从这种怀疑中产生了浮士德博士的神话。尽管如此，我们这个时代人们对博学家态度的变化尤为显著。

19世纪早期，有创造力的人仍然有可能在多个领域作出原创性的发现，正如以下两个例子：亚历山大·洪堡是博学（*polymathia*）的极好例证，他的兴趣涵盖了地质、天文、气象、植物、生理、化学、地理、考古、政治、经济和人类学，并且他在所有这些领域都对知识有着原创性的贡献，这在如今几乎不可想象。[10]

英国人托马斯·杨（Thomas Young）是个相对不那么夸张的例子。他是剑桥大学伊曼纽尔学院的教授，曾被誉为"最后一位万事通"。[11]杨接受的是医学教育，有一份医学研究的事业，同时在人寿保险的计算、光学和声学方面发表过重要的论文。他也为古埃及象形文字的破译作出了贡献，当然，商博良在这方面的成就盖过了他。他的同代人给他取了个外号，叫"现象级的杨"，他为第六版《不列颠百科全书》撰写了63篇文章，主题涵盖从"语言"到"潮汐"等，不一而足。

此外，杨在剑桥的同事威廉·休厄尔所写图书，从数学、机械力学、矿物学、天文学到哲学、神学、建筑学，无所不包，坦承自己"有一次读完所有书的欲望"。[12]大诗人柯勒律治曾经对朋友坦白自己的愿望：想要研习"机械力学、流体静力学、光学、天文学、植物学、冶金术、化石鉴别、化学、地质学、解剖学、医学，接着是个人的思维，再是存在于各种旅行、航行和历史故事之中的人类的思想"。[13]

然而思想界变得对博学家越发充满疑虑。洪堡控诉说："人们总说我一次对太多的事情有好奇心。"杨有时匿名发表文章，好让那些狭隘的同事继续将他看作只是一个医生。休厄尔"有个小毛病——全知全能"。托马斯·皮科克（Thomas Peacock）则在小说《险峻堂》

(*Headlong Hall*, 1816) 里嘲笑柯勒律治是"万事通先生"(Mr. Panscope):"他已经涉猎了所有学科,并且都掌握得很好。"[14]

## 科学家的兴起

众所周知,英语中"科学家"一词是在19世纪30年代出现的(德语里的对应词义为"自然的调查者"[*Naturforscher*])。这个新词标志着一个新群体的诞生,这批学者着重研究自然世界,并逐渐发展出了一种职业。[15]这个社群概念体现在"科学共同体"等词里,与过去的"知识共同体"相对应。

不少学校鼓励学生专注于对自然世界的研究。例如德国的中学教育里,有科学导向的实科中学(*Realschule*),与传统经典导向的高级中学(*Gymnasium*)相对抗。大学的例子,则有巴黎综合理工学院的建立(1794),之后还有布拉格综合理工学院(1803)、斯德哥尔摩的瑞典皇家理工学院(1827)、德国高等技术学院等。在美国,哈佛的劳伦斯科学学院成立于1845年,耶鲁的谢菲尔德科学学院则成立于1854年。英国的剑桥于1851年就设立独立的"自然科学"课程,利兹大学的约克郡科学学院(1874)和伯明翰的梅森科学学院(1875)紧随其后。

这些变化的深远影响之一是两种"文化"的断裂。查尔斯·斯诺(C. P. Snow,化学家,后成为小说家)曾在1959年的剑桥演讲之中表达了对其的哀伤。这个演讲的时机恰好,触动了不少人的神经,引发了一场长期的大讨论,先是在英国,随后蔓延到德国、意大利、瑞典和其他地方。[16]在他的演讲里,斯诺抨击了许多议题。与此主题相关的是,他认为"整个西方社会的知识生活日益分化为两极":一边是"文学知识分子",另一边是"物理科学家"。科学文化"不仅仅是知识意义上,也是人类学意义上"的文化,这个集群里的人或多或少了解彼此，但他们与人文学者中间横亘着一条"不可理解"的鸿沟。[17]

文学批评家 F. R. 利维斯（F. R. Leavis）用他惯常的激烈言辞谴责了斯诺的演讲和斯诺本人，这似乎强化了分化这一论断。斯诺和利维斯之间的争论，在某种程度上，不止一次被认为是一场更为彬彬有礼的维多利亚时代论战的重演，即科学家 T. H. 赫胥黎和诗人马修·阿诺德（Mathew Arnold）之间的争论。赫胥黎和一个世纪之后的斯诺一样，认为自然科学应该在基础教育里占有重要地位，而阿诺德则强调文学研究的重要性。[18]

不过在 19 世纪 80 年代，这条"不可理解"的鸿沟即便存在，之后也大大缩小了。例如，在一份英国的维多利亚时代颇受欢迎的学术期刊《威斯敏斯特评论》里，自然科学和艺术、化学、哲学等紧密并列。这份评论的撰稿人包括赫胥黎和乔治·艾略特（George Eliot），他们关注的话题涵盖艺术到科学，范围广泛。与此同时，第三股文化势力，道德或者社会科学正逐渐与前两者区分开来。[19]

19 世纪与 20 世纪，不同的自然科学之间裂隙日增，直到不同学科形成制度性的区分。这会在后面详细介绍。的确，到了 1959 年，批评斯诺更合理的理由或许是他"科学"的单一概念。

为什么科学家出现于 19 世纪早期？为什么之后其间又出现不断增加的专业化领域？反过来说，为什么学者们开始怀疑博学者？一个显而易见的答案是，知识爆炸迫使绝大多数学者限制自己的学术野心，从而对少数几个拒绝如此的人产生了敌意。

一种社会学的解答，18 世纪晚期已经由史密斯和弗格森勾勒出来，后经 19 世纪中叶马克思的发展，提出知识专业化或者说职业化过程是整体劳动分化的一部分，这股趋势先是在商业随后在工业社会里展开。1851 年英国举办了伦敦工业博览会，剑桥大学也设立了自然科学课程，这两者或许不是简单的巧合。马克思的同辈人赫伯特·斯宾塞注意到他所说的社会和文化"区分"（differentiation）趋势。[20] 近来，一位社会学家撰文讨论了专门化的"铁律"（iron law of specialization）。[21]

这些论点很有说服力，只要我们不假定分化过程是自动的，或者学科的产生过程是随机的。个人和团体都为推动这个趋势作出了贡献，无论这是不是他们的本意。例如"科学"（或者说 *Naturwissenschaft*）作为独立的知识受到了不少社团组织的推广，其中有德国自然科学联合会（1828）和英国科学促进会（1831）。

## 学会、期刊和国际会议

在专业化和学科构建阶段，学术界与大众文化界已经产生了不少参考文献。其中一个标志是业余爱好者学会的建立。1839 年，德国图书馆员卡尔·普鲁斯克（Karl Preusker）称自己所处的是"协会的时代"。这些自发的协会为新的学科构建作出了巨大贡献。18 世纪大量学会被创建，以便支持大众艺术和科学，换言之，如我们所见的，其致力于推广"有用的知识"。与之形成对比的是 19 世纪早期，一度成立了众多地方、国家和国际层面的专门化社团。这股潮流受到许多人的追捧，不过也有一些学者对此有所反思。例如 1818 年，约瑟夫·班克斯，英国皇家学会的主席，曾如此写道："我十分明白，成立这些新奇的协会最后的结果将会是拆解皇家学会，并且不会为其留下任何可用的边角料。"[22] 然而 1818 年仅仅还是个开始。

柏林新创办的社团有德国语言古迹学会（*Gesellschaft für deutsche Sprache und Altertumskunde*, 1815）、地理学学会（*Verein der Geographen*, 1828）、物理学学会（*Physikalische Gesellschaft*, 1845）和德国地质学学会（*Deutsche Geologische Gesellschaft*, 1848）。伦敦有地质学学会（1807），紧接着是天文学学会（1820）、皇家亚洲学会（1823）、动物

学学会（1826）、昆虫学学会（1833）、统计学学会（1834）、植物学学会（1836）、语言学学会（1842）以及人类学学会（1843）。巴黎的知识团体有亚洲学会和地理学会（两者均成立于1821年）、颅相学学会（1831）、人类学学会（1832）和人种学学会（1839）；到1885年已有120个这样的学会。外省的知识团体也同样繁荣，1885年时大约有560个，它们尤其关注当地历史、自然史，且往往由地方主义精神所驱动。[23] 某个国家成立推广特定主题的学会，往往会引发示范效应。巴黎政治经济学会的成立（1842）带动了都灵（1852）、布鲁塞尔（1855）和马德里（1856）的同类社团之创建。[24]

前一代人曾提出这类自发的学会是社会现代化的重要因素，尤其是在欧洲和美国。[25] 这个论断或许也适用于旧有的知识领域。值得注意的是，许多学会不自觉地为自己的瓦解做着努力，其中不少是对学科的构建不断施压的团体。最终获得成功之后，这些社团本身就变得过时了，最好的结果也是边缘化。专业人员日益占据这个领域的支配地位，他们通常会建立自己的学会以区分职业和业余。不过有些混合型的社团还是留存了下来。

职业协会、期刊和会议鼓励且孕育了学科的自觉意识。例如在美国，现代语言协会（1883）、美国历史协会（1884）、美国心理协会（1892）、美国物理学会（1899）、美国人类学协会（1902）、美国政治学协会（1903）和美国社会学学会（1905）均诞生于这些学科建立的关键时期。

专门化的知识期刊的历史则要更久远一些，可以追溯到18世纪晚期。化学领域里最早的是成立于1778年的《化学杂志》（后来的《化学纪事》[*Chemisches Annalen*]），还有成立于1789年的《化学年鉴》（*Annales de chimie*），这些刊物已然在为"化学社区"的建立添砖加瓦。1786年《化学纪事》的一位撰稿人认为，这本期刊"在德国化学家和自然科学家中创造了某种社群"，同时期的另一位作家称之为"化学公众"（chemische Publikum）。[26]

然而19世纪后期出现了一股新的专业期刊的浪潮，这与学科领域和部门的划分紧密相连，其中诞生了《美国化学期刊》（1879）。与前面提到的美国协会相对应，也诞生了各种新期刊，其中有《政治学季刊》（Political Science Quarterly, 1886）、《经济学季报》（Quarterly Journal of Economics, 1887）、《美国心理学杂志》（American Journal of Psychology, 1887）、《美国历史评论》（American Historical Review, 1895）、《美国社会学杂志》（American Journal of Sociology, 1895）等。与不那么专业的杂志类似，这类杂志的存在不仅是为了知识界的沟通，也是为了建立良好的公众关系，宣传一个新的领域及其贡献者。书评以及其他专业消息也在帮助创立和维持这个学术社群。

历史学方面，主要的德国专业期刊《历史杂志》创立于1859年，其他国家也纷纷效仿，如法国的《历史评论》（1876）、《意大利历史杂志》（1884）、《英国历史评论》（1886）和荷兰的《历史杂志》（1886）等。互相竞争的专业期刊报道鼓励专业知识领域内的争论。1929年吕西安·费弗尔（Lucien Febvre）和马克·布洛赫共同创办的法国期刊《经济与社会史年鉴》（历史学者通常称之为"年鉴"）是政治史主导的《历史杂志》的有力竞争者。类似的还有《美国社会学评论》（1936），这是《美国社会学杂志》（1885）的对应物，被其对手们视为具有精英倾向，它由"芝加哥学派"主导（见第244页）。[27]

铁路网的发展使召开国际会议更为便捷。这类会议加强了学科的身份认同。1853年统计学家举行了第一次国际会议，医学工作者（1867年），地理学家（1871年），艺术史、东方学家——这个词在当时并不含贬义——和气象学家（均在1873年），地质学家和人口统计学家（1878年），皮肤病学家、生理学家和心理学家（1889年），物理学家和人类学家（1893年），历史学家（相对晚一些，直到1898年）随后都举办了国际会议。[28]

这些进步并非自然产生。个人和小团体首先采取行动，努力建立起学科协会、期刊，进而组织学术会议。比利时人乔治·萨顿（George Sarton）1924年创立了科学史学会。英国语言学家弗尼瓦尔（Frederick Furnivall）创立了一系列与英语文学相关的学会：早期英语文本学会（1864）、乔叟学会（1868）、民谣学会（1868）、新莎士比亚学会（1873）、布朗宁学会（1881）、威克里夫学会（1882），以及雪莱学会（1885）。

随着专业社团和期刊日趋成熟，用这种方式组织一个领域的会议变得越来越容易。和其他领域一样，竞争是促进学术界发展的强大动力。协会的规模越来越庞大：19世纪80年代早期，整个美国只有大约200位物理学家。到了1909年，美国物理学会已经有了495名成员。到1932年，会员数达到了2500人，1939年更是涨到了3600人。[29]规模的扩大使得专业协会逐渐分化出不同的部门。1947年美国心理学协会分为7个部门，到了2010年，这个数字已经扩大到了54个。[30]

## 学　科

如果说19世纪前50年是自发创办协会的时代，那么后50年就是这些新学科在大学里正式形式化和机构化的时代。中世纪和近代早期的大学先是教授学生"文科"，进阶的则还有神学、法律或是医学。这个系统的精髓留存到了19世纪，直到上述的革新稳步扎根于当时的社会（在德国，文科转入哲学系；拿破仑时代的法国，文科成了科学与人文学院的一部分）。19世纪晚期，这个系统内部分化了，大学之前是教育机构，现在也成了研究中心。新的学科一个接一个独立。

有时候学科被视作永恒的，尤其是它们之内的工作者。不过从外部来看，一个学科或许"不过是一种行政分类"。[31]接下来我们将会看

第六章　知识分类 | 187

到学科实为一种历史意义上的人为的产物，逐渐建立在特定的区域和时间段内，用以应对挑战和解决问题，但后来获得了"自己的生命"，这令它们固定下来，改变显得十分困难，虽然还不至于不可能。新学科形成的典型轨迹是从成立学会到发行期刊，在更为大众的机构里获得一个席位，然后举行讨论会议，最终成立一个学院或者学系，当然并非所有的新学科都是这样形成的，而且新的学科往往脱胎于已有的学科。

传统"知识树"的比喻强调了不同学科分支和分支上小枝丫的联系（出版商有时会把专门化过程称作"枝丫效应"）。[32] 19世纪以来，一个更强调学科自主权的政治学比喻替代了"知识树"这个意象。休厄尔注意到"学科共同体"有瓦解的危险，"正如一个帝国的分崩离析"。[33] 埃利亚斯（Norbert Elias）曾经评论物理学家"扩张"的策略："已经开始征服诸如遗传学之类的生物学分支了，把它们都变成伟大的物理学帝国的行省。"然而在知识的历史上，至少是我们这个时代，休厄尔观察到的现象要比埃利亚斯的普遍得多——碎片化的倾向要远大于帝国构建的倾向。创立新学科及其所在机构就如同建立一个新的国家，往往始于反叛旧有国家。它们获得了独立，接下来却不得不面对发生在自己身上的相似的状况。[34]

社会学产生于法学；解剖学和生物学产生于医学；生理学产生于解剖学；哲学产生于神学；心理学产生于哲学。自然史一分为三：地质学、植物学和动物学。德国和美国在独立学科、学院和系别等的领域机构化方面走在前列。例如1810年成立的柏林大学，起初的架构是四个传统学科，即哲学、神学、法律和医学，但随着时间的推移，学院构成逐渐多样化——化学、地理、日耳曼语言文学、匈牙利文化研究、音乐学、神经生物学、海洋学、药理学、物理学、史前学等。

研讨会是德国的学术更新发展的产物，它与研究生的职业训练密切相关，尤其是历史和哲学专业。哲学的研讨会可以追溯到18世纪晚期，哥廷根首开先例，随后是威滕伯格、埃朗根、基尔、黑尔姆施泰特和哈雷。19世纪，这种形式传播到了其他领域。兰克在柏林的历史研讨会是最为著名的例子，其他的还有诸如东方语言、《新约》或者印欧语系研究之类的研讨会。[35] 这种起先通常在教授家中的系列非正式聚会逐渐壮大，然后进入大学，获得了资助，并且成为某种机构。"研讨会"成了院系的代名词。

19世纪晚期（准确地说是1866年到1914年的阶段）是德国大学专业化机构建立的高峰期。这个时代，新学科互相竞争，以获得学术认可和地位：在社会科学中，竞争者包括了人种学、人类学、社会学、社会心理学、人口统计学和人类地理学。[36] 机构化的潮流是缓慢生成的。即便威廉·冯特（Wilhelm Wundt）在莱比锡成功使实验心理学独立于哲学，但直到20世纪20年代，在德国的其他地区这个学科仍然附属于哲学。[37]

美国学科的增设要更晚几年，与此同时，大学的功能发生了根本性的转变——从教学（换言之，文化传统的传递）到研究（新知识的发现和生产）。[38] 学科的划分要早于研究型大学的兴起——19世纪70年代，哈佛大学就建立了现代语言学系和政治经济学系。然而，新型的大学给这一转变输送了源源不断的动力，同时为这些新的领域建立了院系：约翰·霍普金斯大学的物理和化学系（1876），康奈尔大学和哥伦比亚大学的政治学系（1868，1880），芝加哥大学的社会学系（1892），以及克拉克大学和哥伦比亚大学的人类学系（1888，1896）。

约翰·霍普金斯大学（成立于1876年）着重于学术研究和研究生的培养，芝加哥大学（成立于1890年）同样如此。约翰·霍普金斯大学的首任校长这样解释：他们选择教授的主要标准是"候选人对某个特定学习领域的专注程度，以及他在该专长领域里无可置疑的优异表现"。[39] 约翰·霍普金斯大学和芝加哥大学都遵循了德国的模式，它们自身也成了美国大学的榜样，包括哈佛、耶鲁那些更为老牌的学校——它们是教育机构分析者眼中极善运用"压条法"（layering）的例子，善于将新的元素嵌入传统的框架之中。[40]

也正是这一时期，在某些学科，博士学位作为一种能力凭证传播开来（先是在德国，随后在美国）。学术工作者仍需通过考试，这是知识专门化的一大推动力。[41]

不过1900年后不久，新成立的院系与过去相比变化不大。的确，不少人认为"美国大学的院系结构自19世纪90年代到20世纪第一个十年产生以来就基本没有变化"，唯一的例外可能是生物学。[42]新的体系固定成型了。

世界其他国家逐渐效仿起德国和美国。例如20世纪20年代，苏联科学院走上了研究的道路，并且分出了以下院系：历史、人类史、东方学、世界文学、自然科学技术史、海洋学、晶体学、生理学等。苏联也成立了类似的学院来协调各个学科院系的研究活动。50年代，苏联有超过800个专门的院系机构。[43]

英国方面，我们可以看看剑桥这一案例。1850年只有数学和古典学两个科目有"荣誉学位测试"，即期末考试。到了1900年，具有"荣誉学位测试"的科目上升到了10个，增加的科目按照年代排序分别是：伦理学、自然科学、神学、法学、历史、东方语言学、中世纪及现代语言、机械科学。到1950年，又增加了6门学科：经济学、考古和人类学、英语、地理、音乐和化学工程。如今，剑桥大学拥有的院系已经超过了100个。

两位著名的科学家将"领域构建"的早期阶段形容为"一项私人的、有时充满了个人英雄主义的事业"。[44]绝大多数领域的学者都有他们崇敬的学科奠基人和守护者。例如植物学有林奈，古生物学有居维叶，经济学有亚当·斯密，历史学有兰克，农业科学有李比希（Liebig），实验心理学有冯特，社会学则有涂尔干和韦伯。

另外，近来历史学家对所谓的"创立者传奇"持批判的态度。其中不少人同意福柯的观点："没有人能创造领域。"有研究社会学历史的学者批评这种英雄主义叙事，它将学科领域的历史解读为创立者的历史，但他们不过是种种宏观趋势的催化剂，[45] 毕竟知识的积累使知识专业化越发势不可当。上述一些发展是经过精心设计的，但在这个过程中也产生了出人意料的结果。期刊和会议的建立或许仅仅是为了促进学者群体的交流，但其带来的重要的副产品，便是学科领域的自觉意识。

我们应该做些区分来解决这个矛盾。如果说个人并不能创建学科，那也至少创建了院系。拿考古学来说，博厄斯创立了克拉克大学（1888）和哥伦比亚大学（1896）的考古学系，拉德克利夫－布朗则在开普敦、悉尼、德里和芝加哥创立了考古系。某些教授以独裁的方式管理他们一手创办的新院系，使得该院系贴上了他们的性格标签。例如爱德华·铁钦纳（Edward Titchener）之于康奈尔大学的心理学系。此外，涂尔干、费弗尔和布洛赫都有意识地运用策略，在各自领域寻求独立和改革。

这些策略的成功有部分也依赖于环境，这是任何个人都无法掌控的。某些时机更适合这些新领域而不是其他领域的发展。新成立的机构比旧有机构更有可能鼓励创建新领域，比如柏林大学或是之前提到的克拉克大学、哥伦比亚大学的人类学，以及康奈尔大学的心理学（见第239页）。

另一个必要的区分是学科产生与机构化的早期和晚期两个不同阶段。早期，个人领袖拥有更大的自由。值得注意的事实是，准确来说，创立者并不属于他们所创立的那个学科。新学科"本质上是异质的"，因为组成的人都拥有各种不同的背景。[46] 德国和英国的第一批文学教授包括了历史学家，例如哥廷根的格奥尔格·格维努斯（Georg Gervinus），曼彻斯特欧文斯学院（Owens College）的阿道弗斯·沃德（Adolphus Ward）。弗雷德里希·拉采尔（Friedrich Ratzel）从动物学转到了地理学。社会学方面，罗伯特·帕克（Robert Park）是著名的"芝加哥学派"创始人,来自新闻业,而意大利人帕累托(Vilfredo Pareto)则来自工程学。伦敦政治经济学院社会学职位第一人霍布豪斯(Leonard Hobhouse)曾是记者,并作为自由派思想家和政治家而闻名。莱斯特·沃德(Lester Ward)有时被认为是美国社会学之父,曾经是一名活跃的地质学家、植物学家和古生物学家。

人类学创始者法国人埃米尔·涂尔干接受的是哲学教育,却在教育学获得职位,并自称为社会学家。他的继承者马塞尔·莫斯也接受了哲学教育。马林诺夫斯基有时被认为是第一个"真正的"人类学家,他最早是克拉科夫大学的数学和物理学系的学生。人类学学者还有来自古典学(詹姆斯·弗雷泽)、地理学(弗朗茨·博厄斯)、医学(法国的保尔·布罗卡 [Paul Broca] 和英国的 W. H. 里弗斯)、植物学(剑桥的阿尔弗雷德·哈登)和地质学(美国民族学局的第一任局长,约翰·W. 鲍威尔 [John W. Powell])的。

我们或许可以称这些人为"叛徒"或"变节者"——当然没有贬义,仅仅指代从一个学科转向另一个学科的学者,通常是从传统型到另一个正在形成阶段的学科。如同那些前往新世界的移民,在专业领域形成的早期阶段,其流动性也清晰可辨。

第二代的流动性就减小了,专业人员大多从本科时期就学习这门学科,因此将其存在视为理所当然。随着院系变成大学里的实体机构,这种流动性就越发微弱了,不同系别之间的高墙竖立了起来,将不同专业的学者隔离开来,校园也变为一系列学科孤礁组成的群岛。

## 专家及专业技能

获取和使用日益专业化的知识是一种趋势,这种趋势不仅存在于学术领域,它也是 19 世纪所谓"职业社会兴起运动"的一部分。正式执照或者实践"章程"的建立，相当于博士学位的专业证书，都是这个运动的标志。信誉证书是新型社团兴起的结果，涵盖了物理学家、工程师、会计师、勘测员、图书馆员等职业。[47]

美国医学协会成立于 1847 年，法国的同类社团——法国医生联盟则成立于 1858 年。德国的地方医学社团在国家诞生之前就产生了，成立于 1873 年的德国医生协会就是此类社团。建筑师也有类似的协会——德国建筑师协会的成立还要早两年。英国的土木工程师协会成立于 1818 年，英国皇家建筑师协会（RIBA）成立于 1834 年，机械工程师协会成立于 1847 年，特许测量师协会的成立于 1868 年，特许会计师协会则创建于 1880 年。美国的例子也不少，包括美国图书馆协会（1876）和美国机械工程师学会（1880）等。

同样是在 19 世纪，英语里出现了"专家""专业技能"之类的词，以指代专业化的知识（德语中相对应的词是 Fachmann 和 Fachkenntnis）。[48]人们使用这些词的理由是，政府、公司和法庭等对专业性、实用性知识的需求日益增加。

统治者及其顾问曾一度自认为有足以统治他人的知识。18 世纪发起了一场讨论：是否应将政治、经济之类的话题纳入未来公务员的训练之中。这场讨论在日耳曼语系国家中尤为激烈。下一阶段，就是从公众服务系统之外招募专家来担任特定的检察员角色。19 世纪的英国，工程师被委派的任务包括检查道路和铁路；医生负责公共卫生，或者更宽泛意义上的"公众健康"；化学家分析城市的水供应；统计学家供职于人口普查办公室；生物学家 T. H. 赫胥黎被委任为渔场的检查员。[49]

20 世纪对专家的需求进一步增加。法庭上越来越频繁地传唤"专家证人"，他们的领域包括精神病学、弹道学，甚至是历史学（历史学家理查德·伊文思［Richard Evans］就在 1996 年大卫·欧文［David Irving］对企鹅图书公司的诽谤诉讼案中出庭作证，尽管最后欧文输了）。[50]顾问工作为律师、经济学家、工程师、科学家和公共关系专家带来了更高的收入。

这一现象在美国尤为显著,尤其是在 20 世纪后半叶,总统候选人往往雇用政治顾问来组织他们的选举活动。[51] 科学家构成的委员会为公务机构(例如环境保护局或者食物药物管理处)提供建议。政府召集主要的学者,让他们提供建议,有时是暂时性的,有时则是永久性的。经济学家沃尔特·罗斯托为肯尼迪和约翰逊总统提供国家安全的建议;政治学家塞缪尔·P. 亨廷顿(Samuel P. Huntington)是国务院的顾问。至少在左翼圈子里,他们两人都因给美国政府提供发动越南战争的建议而声名狼藉。[52] 政治学家亨利·基辛格(Henry Kissinger)在国家安全的问题上为尼克松总统提供建议。另一位政治学家兹比格涅夫·布热津斯基(Zbigniew Brzezinski)曾为卡特总统提供建议,后又为奥巴马的外交政策出谋划策。政府或政党建立或资助的智库已经制度化,并提供政治和经济政策方面的各种建议(见第 133 页)。

然而,还有一种专家是"知识管理者",其内部也日益分化为专业化的类型:档案管理员或者图书馆员。作为专家,他们不仅仅要收集、保存和归类知识,还要协调他们的藏品和潜在公众用户之间的关系。另几类知识管理者存在于文化部门、大学和公司之中,甚至关于知识的知识都碎片化了。

# 专　业

在学科建立的过程中,专业是具体领域微观的呈现,以及在某些特定的学科里产生的专门特征。[53] 顺便说一句,"专业场"这个比喻并不新颖。伊弗雷姆·钱伯斯早在其 18 世纪著名的《百科全书》里就提到"智力理解的广泛场域","其中某些要比另外的更加开化;主要归功于土壤的肥沃,以及耕种的简易性",如今"(它们)已经被圈出并围上了栅栏"。1834年，休厄尔提到了他所谓的"将科学土壤无止境地分为小块"的"不便之处"。[54]

医学是这一方面的先驱。狄德罗就已经注意到外科手术的专业化趋势，并预言药学也会如此发展。[55] 19世纪30年代到40年代，法语里出现"专科"（spécialité）一词。"专家"（spécialiste）一词则是在1848年率先出现于医学用语里。1841年，一名德国医生不无嘲讽地评论道，在法国，"一项专业技能是所有想要快速功成名就的人的必要条件"。[56] 然而19世纪50年代之后，德国人很快就跟上了法国人的脚步。1852年，德国大学里已经出现了眼科学的研究讲席和机构。20世纪40年代，美国已经出现了15个医科专业，包括皮肤科、产科、眼科、儿科以及泌尿科。1967年，这个数字已经达到了54个。[57]

至今，这类专业最多、最显著的领域是自然科学。就拿那一系列惊人的"远古"科学来说，化石学产生于19世纪早期，微体古生物学从中产生，紧接着是古植物学和古生物学，它们着重于研究植物和动物的化石标本。古地理学家、古气象学家和古生态学家负责将标本放入一个更广阔的背景中考察。在人文领域中，历史学家研究古文字学由来已久，这个课题的职位先后出现在巴黎（1821）、维也纳（1854）、佛罗伦萨（1880）、鲁汶（1881）、布拉格（1882）和梵蒂冈（1884）。[58]

物理学很早就划分为理论物理和实验物理两个分支，后来更进一步分为不同的专业，例如机械物理学、核物理学、高能物理学、粒子物理学、分子物理学、地球物理学、天体物理学以及生物物理学等。曾经有一门学科叫作"精神物理学"，即现在的心理学和感知生理学。一位从物理学改行的历史学家曾指出，学科、分支学科和更小的他称之为"次专业"（sub-fields）的单位在历史长河中都是暂时的。他猜测次专业的划分会持续大约10年，诸如核物理之类的分支学科则是"40年到50年"，物理这一学科能持续大约一个世纪（虽然在我看来，他低估了学科机构化的时间弹性）。[59]

第六章　知识分类

生物学也有一个近似的发展过程。细胞学分化成了发育生物学、环境生物学、进化生物学、海洋生物学、分子生物学和系统生物学，甚至还有遗传学、微生物学和神经生物学。根据研究的生物种类，动物学也细分成了昆虫学、鱼类学、鸟类学、灵长目动物学等。"生命科学门类"这一术语隐含了复数的意味，与之相对的还有"地球科学门类"和"植物科学门类"，它们替代了单数概念的生物学、地理学和植物学。

不过与化学相比，生物学和物理学还算较为和谐统一。化学曾经是一个学科，后来分化为有机化学和无机化学两个分支，自此各个部分的区别日益扩大。这里以其英文名称的首字母顺序列出各个化学专业的分支，但无意评判它们的重要性：农业化学、天体化学、大气化学、化学生物学、化学工程、化学信息学、电化学、环境化学、飞秒化学、风味化学、流动化学、地球化学、绿色化学、组织化学、氢化化学、免疫化学、海洋化学、数理化学、机械化学、医药化学、天然产物化学、神经化学、金属有机化学、石油化学、光化学、物理有机化学、植物化学、高分子化学、放射化学、固态化学、声化学、超分子化学、表面化学、合成化学以及热化学。

或许我们可以得出结论，知识共同体首先被学科共同体取代了，然后进一步被上述化学社群之类的学科小单元取代，最近则出现了更加专门化的群体，例如晶体学社群或是蛋白质社群。不过这些专业的兴起并不仅是分化的结果，融合和分裂一样起了作用。物理化学产生于物理学和化学的交汇处，生物化学则是生物学遇见化学的结果。天体物理学存在于天文学和物理学的边界，天体化学则是前者和化学混合的结果。理化生物学是物理、化学和生物三者的交叉，这一科目1946年在法国设立了相应的讲席。这类杂交子学科越来越多，从生物物理学到生物考古学，不一而足。颇为讽刺的是，它们正是跨学科尝试的出人意料的结果。

## 跨学科

在同一时期发现两股背道而驰、相互斗争的潮流对历史学家来说并不是什么新奇的事。知识史里日趋显著的专业化的分离倾向,因其相应的凝聚,也获得了某种程度上的弥补。特定的个人能够抵挡专业化的影响。前面已经提过洪堡和托马斯·杨这两个 19 世纪反潮流的个例。大约一个世纪后,刘易斯·芒福德(Lewis Mumford),著名的建筑批评家和城市历史学家,自豪地宣称自己是"通才"而非专才。某些团体也抗拒专门化倾向,例如医学。19 世纪上半叶的美国,职业医生通常认为医学专科只能培养庸医。虽说专科的数量日益增加,但职业医生们仍旧坚持认为,专科医生的职业生涯应该始于"普通医生"或者说全科医生(简称 GP)。[60]

大学同样如此,尤其是古老的学校,例如剑桥或者牛津,哈佛或者耶鲁。它们以通识教育为名对抗知识专门化,在德国,则是所谓教化(Bildung)。[61] 这里说到对知识专门化的抗拒,其实更准确来说,是区分两种职业角色的问题:学者和教师,十分艰难地并存于同一个机构,有时甚至发生在同一个人身上。困境远未消除。多年来,每次填写表格时,我都会在"职业"一栏下举棋不定,到底是写"大学教师"还是"历史学者"。

如果说这些抵抗在 20 世纪后半叶日渐式微,那么还有一股新的抵挡专门化的运动在同一时期发展起来,其高举着"跨学科"的大旗。

当然,具有创造力的个人和团体借用其他领域的概念与方法并无新奇之处。古希腊的修昔底德就曾用医学语言来解释历史。众所周知,19 世纪,达尔文承认他在人口论文一事上欠了牧师托马斯·马尔萨斯(Thomas Malthus)不少人情:"为了消遣,我恰好读了马尔萨斯的《人口论》。"他在自传中写下了这段话:

第六章 知识分类 | 197

准备好欣赏无所不在的生存斗争,这种斗争体现在了对动物和植物生存习性的长期观察之中。这些环境下有利的变异会留存下来,而不利的变异会毁灭不见,这一点曾经震撼了我。这个选择的结果将会是一个新物种的诞生。于是,我终于得到了一个可供研究的理论。[62]

再者,古典学或许是跨学科"范围研究"的早期案例,而不是通常所认为的一个学科。它整合了研究古希腊和古罗马的文学、哲学、历史学以及考古学路径。20世纪中期,人们越发尖锐地意识到知识专业化带来的智力上的代价,比如说忽视事物之间的联系,或者如通才唐纳德·坎贝尔(Donald Campbell)所说的限制了学术想象力的"学科种族主义"。[63]人们指责专家钻研得越来越多,范围却越来越窄,直到他们对自己的专业无所不知,但这些专业本身却毫无内容。[64]记者安东尼·桑普森在其《剖析不列颠》(Anthony Sampson, *Anatomy of Britain*, 1962)一书中花了一章讲大学。他评论道,牛津大学的历史论文显示了"一种对久远过去的细枝末节的偏爱",例如《科尔贝的纪尧姆之教区(1123—1126)》("Archepiscopate of William of Corbeil, 1123-1126")。[65]

在这种批判氛围下,人们发起了一系列或多或少有组织的运动,其目的是推广跨专业的思考和研究,使用的手段和19世纪的学科划分运动类似:学会、期刊和机构。同专业化一样,跨专业有时也会得到机构的支持。对运动的领导者来说,建立新的机构往往比改造旧有机构要容易得多。

这些运动始于1950年之前,人们见证了《历史综合杂志》(*Revue de synthèse historique*, 1900)的创办,这是将历史与社会科学,尤其是心理学和社会学相结合的尝试。在约翰·霍普金斯大学的观念史俱乐部(1923),哲学家、历史学家和文献学者会聚一堂,讨论感兴趣的话题。耶鲁大学的人类关系研究所（1929）鼓励不同社会科学工作者之间相互合作。还有瓦尔堡研究所，起初是汉堡独立学者阿比·瓦尔堡的私人图书馆。他憎恶那些思想的"边境警察"（Grenzwachertum），并且努力研究广义上的文化（Kulturwissenschaft）。[66] 自然科学方面，20世纪30年代以来，奥地利哲学家奥图·纽拉特（Otto Neurath）计划出版一套《统一科学百科全书》。[67]

20世纪下半叶，此类推广跨专业的思考和研究的运动的势力越来越强劲，对其需求也越来越多。1950年在英国历史上是值得铭记的具有象征意义的年份：基尔大学在斯塔福德郡成立，在这所大学里，所有本科生都必须同时接受文理两科的课程教育。基尔大学之后紧接着就是1961年成立的萨塞克斯大学，它的创立者试图用自己的方式实践"重设知识边界"。他们用研究型的大型学院——例如欧洲研究——来取代院系。[68]

跨专业理念已经广为散布，早已不再"时尚"，但是如何使其机构化仍然是个让人头疼的问题。基尔大学和萨塞克斯大学的创建，就是为了改革本科生教育。但是研究又该怎么办？创办杂志或许是某个学科向其他学科开放的有效方式，正如《跨专业历史杂志》（Journal of Interdisciplinary History, 1970）。但是不断扩大范围意味着重心的丧失，为了解决这个问题，许多国家为各个学科的学者建立了小型的研究机构，无论这些学者是进行一年的访学还是成为终身的成员。普林斯顿高等研究院（1930）就是一个早期案例，此外还有行为科学高等研究中心（帕罗·奥多 [Palo Alto]，1954）、人类科学研究会（巴黎，1963）、荷兰高等研究院（瓦森纳，1970）、德国科学学院（柏林，1980）等。

此种机构为不同学科提供了对话的机会，即便它们并不能保证取得良好的效果。另一种与学科种族主义斗争的方式是以地理范围为中心建立相应的机构，至少在社会科学里颇为可行。为了促进经济学家、

第六章　知识分类　| 199

社会学家、历史学家以及其他学者能够在同一个项目之中合作，为此成立了哈佛大学俄罗斯研究中心（1947）、中东研究中心（1954）以及东亚研究中心（1955），这是在情理之中的事，此外，还有东欧研究所（柏林，1951）、近东研究中心（加州大学洛杉矶分校，1957）等。"区域研究"的兴起，尤其是在美国，主要受到了政治的驱动（见第231页），但它同时也是为了避开专业限制，鼓励团队合作。[69]

## 团队合作

　　天才个体的故事不可计数，但是长期以来，很多研究项目都是由团队完成的。这一现象在自然科学里尤为显著。的确，智力的团队协作或许比人们想的还要古老。拿历史学来说，这个领域里个人主义仍然占统治地位，但在近代早期的欧洲，起码数得出三项重要的集体合作项目：一批名为"马格德堡百人团"（Centuriators of Magdeburg）的新教学者合作撰写教会的历史；法国圣本笃会教众以自己的方式书写的历史；还有名为"波兰达斯派"（Bollandists）的佛兰芒耶稣会士重写了圣人的故事。

　　1750年到2000年，集体合作同样是一个无法忽视的趋势，这在自然科学里表现得尤为显著，在社会科学里清晰可见，甚至人文领域里也有某种程度的体现。科学探险的兴起是这种"集体化"的一个典型例证，同时它也是劳动分工的体现。远航研究船只上载满了地质学者、植物学家以及其他各种专家。天文学家合作测量了1761年到1769年金星的运行轨迹。随后研究队伍不断壮大，有超过150名学者跟随拿破仑远征埃及。

　　再以百科全书为例。17世纪和18世纪早期重要的百科全书的编纂者都是个人，例如伊弗雷姆·钱伯斯。然而到18世纪50年代，尽管狄德罗带着百科全书式的热情和兴趣校订了《百科全书》，但这套书的完成还得归功于约 140 位专家的合作。正如《百科全书》中"作者协会"（gens de lettres）词条中所言："普遍知识不再是个人所能企及的。"詹姆斯·泰特勒（James Tytler），《不列颠百科全书》增补的编辑，在 1805 年的自传里也同样写道："没有人有理由期待自己能够成为一部活动的百科全书，无论他的天赋多么惊人，工作多么专注。"[70] 后期的百科全书依赖的团队规模越来越大。例如《大百科全书》（*Grande encyclopédie*, 1886—1902）有大约 450 位撰稿人；第十一版《不列颠百科全书》（1911）有 1507 位撰稿人；《意大利百科全书》（1929—1936）的撰稿人数目则达到 3272 人。[71] 词典也是团队工作的结晶。到 1881 年已有超过 750 人志愿帮助亨利·穆雷编纂《牛津英语词典》。[72]

还有一个例子是专业期刊上刊登的科学论文。这些科学论文的署名人数逐渐增加。20 世纪 30 年代，三位科学家联合署名发表论文是十分不寻常的事情，人们还特地取了一个称呼"*Dreimännerwerk*"。1963 年，人们注意到，自 1900 年以来越来越多联合作者的科学论文数量"稳步、快速地增长"（1900 年时《化学摘要》[*Chemical Abstracts*]杂志中仅有不足五分之一的文章署名多于一人）。"如今也只有四分之一的论文有三位或者四位署名作者，但如果这个趋势保持下去，1980 年前将会有超过一半的文章署名多于三人。我们正在朝着每篇论文都有无限多作者的方向稳步前进。"[73]

如今自然科学研究的集体化倾向已经众所周知，也引发了不少批评。第二次世界大战以来，我们就被告知"科学工作的方式发生了巨大而深刻的转变，如今它是有组织的。内部和外部的力量联合起来使得研究过程'集体化'，从粒子加速器到空间望远镜，项目的规模不断扩大，设备也日益昂贵"。[74] 然而"大科学"（Big Science）的概念要早于 1961 年，为这个现象命名的是美国物理学家阿尔文·温伯格（Alvin

Weinberg)。[75] 这个术语的推广者之一曾指出，"从小科学到大科学的变化起初并不剧烈，而是循序渐进的"。[76]

19世纪早期，尤斯蒂斯·冯·李比希在其吉森实验室发起了一个大型的化学集体研究项目。[77] 19世纪中期格林尼治的皇家观测站，监督、纪律和劳动分工的模式统统让人联想到工厂。[78] 从1891年到1904年，约有100人在巴甫洛夫的生理学实验室里工作，这个实验室被形容为"生理学工厂"。[79] 到1890年，历史学家特奥多尔·蒙森（Theodor Mommsen）用了个不甚友好的比喻，将学科合作（Grosswissenschaft）比作工业合作（Grossindustrie）。1902年，德国化学家埃米尔·弗希尔（Emil Fischer）指责说："'大规模生产手段'已经'入侵了实验科学'。"[80]

在集体科学兴起的过程中，其获得了工业方面的支持，以及政府的鼓励。19世纪晚期，正如我们所见，制造公司开始建立实验室，它们不仅用于测试新产品，而且用来开展长期研究。随着这些实验室的建立，其促进了特定问题上跨学科的团队合作。第一次世界大战中政府也依照工业模式建立了实验室，第二次世界大战时则更为普及。1945年之后，美国政府和军队日益依靠与大学的合同进行研究工作，由此大学校园里也引进了研发（R&D）模式。因设备昂贵，这不仅推动产生了新的研究方法，而且强化了这股早已存在的趋势。

社会科学和人文学科的研究也有相同的趋势，虽然两者离得较远，规模也较小。考古学自然要依赖团队合作，尤其是在发掘阶段。爱尔兰民俗学委员会招募了约600名教师为其服务，他们的主要任务是收集与处理问卷。还有几百名受雇用的采集者携带着笔记本和录音机走街串巷记录民间歌谣和故事。[81] 仿照大科学的做法，美国诞生了"大社会学"（Big Sociology）。20世纪中叶有两个大型的项目，分别由冈纳·缪尔达尔（Gunnar Myrdal）和萨缪尔·斯托佛领导。缪尔达尔是一名瑞典经济学家，受卡内基基金会委托研究美国的"黑人问题"。他聘用了 31 位研究员协助他进行这一研究，后来出版了《美国的困境》(*An American Dilemma*, 1944) 一书。斯托佛的项目规模更大。他领导的团队调查了 50 万参与第二次世界大战的美国士兵，他运用采访、问卷的形式来获取信息，并在《美国士兵》(*The American Soldier*, 1949) 一书中加以分析。

人文领域里个人主义的传统仍旧占据着主导地位，但是不同的国家也有所区别。不难预见苏联这样的国家会批评"学术个人主义"，对学术集体化的热衷不亚于农业集体化。苏联科学院支持词典、百科全书和国家自然资源普查等集体工作。[82] 在法国，涂尔干在 1896 年就宣称，"社会学……只有团队合作（*travail en commun*）才能进步"。[83] 人类学领域里，格里奥列组织了一群人前往非洲开展田野调查。历史学中，1949 年吕西安·费弗尔预言，"终有一天人们会提及'历史实验室'"。

其实历史本身就有团队合作的倾向，即便大多数历史学家仍旧坚称自己是个人主义者。价格史国际科学委员会成立于 1930 年，由洛克菲勒基金会赞助，用以开展合作型研究。[84] 在 20 世纪五六十年代的法国，即费弗尔的继承者费尔南·布罗代尔的时代，合作型历史研究项目在法国高等商学院里占据了重要地位。在英国，自 1940 年起，议会史基金会就资助一个团队来为所有国会成员撰写传记。同时，剑桥团队受资助撰写人口和社会结构史 (1964)，研究人口统计和变迁的历史。

团队本身当然也不尽相同。某些有严格的等级，其他则要平等得多。小型的国际化团队可能只需要参与者合作来解决一些共同的问题，其他时候则是相对独立的，而大型的团队将劳动力分为更小的组合，个人的自主权也更少。

简而言之，团队合作在知识共同体之内早已存在，但在近几十年，受到学术界外尤其是政府和工业生产的激励，其使用范围越来越广，也越来越显示其重要价值。不过"大人文"（Big Humanities）不太可能赶上"大社会学",更不用说动辄花费数十亿美元的"耗费巨大的科学"了。然而,大型集体项目比小型个人项目能吸引更多的资金,这使得如何在组建团队的过程中不打击个人的创造力成为一个日益严峻的问题。

## 濒危物种的幸存

在一个团队合作和专业化的时代,人们或许认为"通才"这样在知识旷野上踽踽独行的跋涉者已经不复存在,毕竟这类学识渊博之人所能兴旺发展的环境早已消失。不过,在20世纪,甚至之后仍有一些有利的环境以及少数非同寻常的个人。

新闻业为少数通才提供了生存之道,著名的如刘易斯·芒福德和吉尔贝托·弗雷雷,前者来自北美,后者来自南美。两人都将文化史和社会学与建筑、文学批评相结合。此外,一些大学或者学院也为通才提供了栖身之地。福柯在法兰西学院的"思想系统史"的讲席为他提供了广泛涉猎的机会。米歇尔·德·塞尔托的学术地位更为边缘化,但他受到了耶稣会的大力支持,致力于广泛研究各类领域,包括神学、哲学、历史、心理分析、人类学以及社会学。

第二次世界大战之前,牛津特地为 R. G. 科林伍德设立一个讲席,使他得以结合哲学和罗马时期不列颠考古两者的兴趣。在战后的剑桥,李约瑟的学术兴趣从胚胎学转向了中国科学史,也仍能在大学里保留一席之地。赫伯特·弗勒(Herbert Fleure)在亚伯大学的各个院系间做跨学科研究,从地质学到动物学,再到地理学和考古学。曼彻斯特大学为其物理化学系前系主任迈克尔·波兰尼特别设立了一个社会科学的讲席,而如今他最为人熟知的身份是哲学家。

最近在美国,贾雷德·戴蒙德(Jared Diamond)在加州大学洛杉矶分校的讲席从生理学转到了地理学，他的兴趣还覆盖了鸟类学、语言学和历史。这些例子提醒着知识界和整个社会，个人还有能力抵御这一股强大的潮流。希望戴蒙德不会是最后一位幸存者，也希望之前讨论的新建立的跨学科领域能够持续支持这类学者。通科不只是在医学中发挥了巨大的作用。专业化时代对通才的需求远胜以往——不仅是为了综合，描绘远大的图景，而且是为了分析。因为在学科定义和组织日益清晰、严密的时候，只有通才能够"注意到空隙"，发现那些即将消失在学科与学科边界的知识。

## 第三部分

# 三维视角下的知识社会史

　　本书的最后一部分由三章组成,除了前文提到的例子,这里还会介绍更多史实。三个不同的主题最终会合在一起,是对前文涉及的三大视角——地理、社会和年代——的进一步反思。这三个角度或许是追问人类集体活动时最重要、最基本的。

# 第七章　知识地理学

人们习惯把20世纪早期的知识社会学称为传统知识社会学，将之后的称为新知识社会学，二者的一大主要差别就在于对空间差异的重视程度不同。除了1800年前后曼海姆对法式、德式思维方式的著名区分之外，传统的知识社会学重视历史，轻忽地理。[1] 不过，在20世纪晚期，和其他领域一样，知识社会学也开始关注空间差异。例如，福柯重新发现了"空间"这一主题，尤其是微观尺度的空间，如医院、监狱等。[2] 人们认识到，知识不再是绝对客观和普遍统一的，而是深受空间、时间和社会的制约。在知识界的讨论中，"你从何处来？"这一问题越发常见。[3]

这一趋势在科学领域最为明显，人们争论地方性的知识能否普遍化，尤其是那些在某一地区进行的实验，其结果能否推广到总体，[4] 诸如此类的争论同样发生在其他领域。蒙田曾说，比利牛斯山一侧的真理，到另一侧就是谬误。冷战期间的世界正是这样，只不过是一道铁幕替换了那座山而已。一些人类学家也讨论类似的问题：从田野到文献，知识在这个转换过程中发生了哪些改变？[5] 一些社会学家指责他们的同事站在西欧和美国的视角理解所有的社会，因而忽视了东欧、热带等地区的情况。[6]

在史学领域，一项由印度学者提出的新近研究备受关注，这项研究提出"将欧洲区域化"，不再把近代以来世界其他地区的发展视为欧洲港式下的产物。[7] 米歇尔·德·塞尔托问历史学家：你们是从谁的角度讲话？他的意思是，历史知识是和整个"社会经济、政治与文化"密切相关的，不过他和福柯一样，对地理差别——尤其是微观层面——有种敏锐的感知。[8]

来自某个地区的学者，在描述另一地区时，能在多大程度上避免偏见，这是个仍在被讨论的问题。爱德华·萨义德的《东方学》(Edward Said, *Orientalism*, 1978) 催化了这一讨论，他认为，在学者和旅行者笔下，形成了一套西方对东方的"话语"，将"东方"视为落后、堕落、被动和放纵的，这乃是一种非常简单化且有歧视性的说法。这种话语，是西方对东方进行帝国主义侵略的一种工具。批评家指出，萨义德对西方的这种话语分析，和他所宣称的西方对"东方"的话语分析，同样是简单粗暴的，他没有详细区分各自内部不同的声音。[9] 这场争论还在继续。然而，不容否认的是，"地域"在知识生产和消费过程中正享有越发重要的中心地位。

## 微观空间

从微观角度审视空间，这方面最著名的研究就是福柯关于诊所的论文，福柯认为诊所是"形成和传播知识的地方"。[10] 同理，图书馆、博物馆、学校、植物园、天文台，尤其是实验室，都是如此。[11]

对于知识的地域研究来说，如果将微观空间的范围稍微放大一点，大学校园是个很好的观察点。以实验室为例，随着实验室建得越来越大，它们不得不从校园中心搬出去，如此一来，实验室偏僻的地理位置使得置身其中的科学家倾向于做内部交流，从而导致专业化越发严重。与之相反的是，在20世纪60年代早期，英国新成立的萨塞克斯大学在设计文科办公楼时，有意地将不同专业的教师安排在一起，希望他们多加交流，以促进不同学科间的交叉研究。曾有人抨击剑桥大学分散化的学院制结构，认为这一设计"阻碍了实验科学的发展"，因为做实验需要昂贵的实验室。[12]还有人指出，传统大学有限的空间对科研工作来说远远不够，好比20世纪早期爱丁堡大学的生理学专业，其科研条件并不好。[13]

校园中的这场空间争夺战，体现出学界对不同知识的态度。19世纪英国格拉斯哥大学两个新设讲席的不同遭遇刚好揭示了这一点：1840年，格拉斯哥大学设立了一个工程学讲座，这个讲席的新教授被当作一名入侵者看待，只有在不会"打扰"到系主任的情况下，他才被允许使用化学系的一间教室。与之恰恰相反，他的同事，1846年就职的"自然哲学"教授，就能占用他邻居的地方，从而扩大自己的地盘。[14]这种不同也许是因为两位教授处事手段的高下差异导致的，不过，难以否认的是，工程学这一当时的新兴学科被视为大学的闯入者，因为它和低下的手工劳动有着脱不开的关系。

把研究的范围再放大一点，就到了"城市"这一层面。近来"城市科学史"的发展或许能在这个角度对知识进行分析。[15]至少，在某些情形下，某一特定的城市催生了特定的学科，或者某学科中特定的分支。19世纪末芝加哥大学的社会学专业就是一个绝佳的例子，随后还迎来了20世纪20年代芝加哥学派的兴起。当时芝加哥的社会学家在罗伯特·帕克的带领下，在田野调查方面勇为先锋，他们调查"黄金海岸"等迅速增长的城市，研究舞厅等特殊的场所，探讨流浪汉等特殊群体。他们将自己的这些研究兴趣称为城市"生态"探究，而这一切都和当时芝加哥的改革政策与市政府计划有着密不可分的关系。[16]

同样，正如早期近代科学史的研究者指出的，城市催生了特定形

第七章 知识地理学

态知识社群的出现。城市中聚集了足够多形形色色的人，在书店、咖啡馆和小酒吧里，同好们分享信息、交换观点，近代科学革命和启蒙运动都大大受益于这些交流。[17]不管是自发的还是有意组建的，这种形态的知识社群一直延续到19、20世纪之交。例如，奥图·纽拉特曾是第一次世界大战前某科学哲学讨论社的成员，这个社团每周四晚会在维也纳的一家小咖啡馆聚会。[18]

当前，研究所的分布比较集中，彼此间距离不远，步行就能到达，这就使得城市成为知识的中心。在美国，华盛顿和纽约之间分布着许多这样的研究所，俄罗斯的莫斯科和圣彼得堡也是如此。另外，在巴黎和伦敦这样的城市，研究所的密集分布给不同领域的专家提供了很多互相交流的机会。正如德国博物学家洛伦兹·奥肯（Lorenz Oken）带着妒意说的："在法国，大多数科学家们都住在巴黎……在英国，伦敦也是同样的情形……我们德国却没有巴黎或伦敦。"

柏林将填补这一空白。柏林建起了一所大学和一座自然博物馆（1810），紧接着是工程学院（1816）、技术学院（1821），还有一座文物博物馆（1824）。柏林还有很多学术社团，如柏林德意志语言和文物社（1815）、地理学家协会（1828）等。德国统一后，柏林还建立了一座民族志博物馆（1873），成立了一个物理学研究方面的研究所即帝国物理和技术研究所（1887）以及一个传染病研究所（1891）。柏林成为当时迅速发展的电子产业的中心，被称为"电子城"。电子产业要求将知识迅速投入工业生产，对研发技术依赖度很高。[19]

柏林聚集了多得惊人的知识组织，而巴黎更甚。1800年，巴黎已经有皇家图书馆、天文台、卢浮宫（法国大革命后作为博物馆向公众开放）、国家自然历史博物馆（原来的皇家植物园）、法兰西学院和三个新成立的学术机构——综合理工学院、师范学校和国立文理学院（合并了原来的巴黎科学院）。19世纪之后，新成立的学术机构还有高等商学院（1819）、国立医学院（1820）、文献学校（1821）、中央制造工艺学校（1829）、高等研究实验学院（1869）和政治学校（1872），国家图书馆的著名的公共阅览室也在 1868 年开放使用。除了这些公立机构，到 1885 年，巴黎还有大约 120 个民间学术团体，这些社团主要集中在塞纳河左岸。[20]1878 年、1889 年和 1900 年的国际博览会，不仅向前来观展的公众传播了知识，也通过国际会议让不同学科的学者们齐聚巴黎（见第 212 页）。

19 世纪，伦敦如果没有超过巴黎，也可谓与之不相上下。在 1800 年之前，伦敦已经有皇家学会、格林尼治天文台、皇家图书馆和当时成立不久的皇家研究院，正如我们看到的，这些机构在知识的普及方面作出了巨大贡献。19 世纪 20 年代开始，伦敦以令人应接不暇的速度成立了众多知识机构：不列颠博物馆（1823）、国家美术馆（1824）、机械学院（1824）、伦敦大学学院（1826）和国王学院（1829）。接下来，新机构成立的速度略缓，有理工学院（1838）、圣玛丽医院医学院（1845）和皇家化学院（1845）。

19 世纪 50 年代，另一股新机构成立的浪潮袭来，包括皇家矿业学院（1851）、南肯辛顿博物馆（1857）和大英博物馆的公共阅览室——马克思就是此时在这里写下他那些名著的。19 世纪 80 年代还有另一股高潮，其间成立的有国家自然历史博物馆（1881）、皇家科学院（1881）、城市行业协会（1884）和科学博物馆（1885）。1895 年，伦敦政治经济学院正式开学。和柏林、巴黎一样，伦敦的公共学术机构日益集中，为此吸引并推动组建了大量学术团体。一直到 19 世纪中期，国王学院旁的萨默塞特府里，同时集中了皇家学会、皇家科学院和伦敦文物学会。后来科学院和文物学会搬到了伯林顿府，那里有伦敦林奈学会和化学学会。

将这一阶段知识的城市发展史推展到 20 世纪当然是很简单的，不过此时出现了一股逆向的潮流，城市的持续发展使得研究机构的分布扩散了，而非进一步集中。集中分布既有优势，也有劣势。城市交通，尤其是电车，对实验室中的测量设备来说就是一场浩劫，而日益加剧的空气污染也给天文观测造成了很大麻烦。因此，1913年，柏林天文台搬到了巴贝尔斯堡，英国皇家天文台也从格林尼治搬到了萨塞克斯郊区的赫斯特蒙苏。

同时，偏远地区的学者的优势越发明显。为了强化科学院对政权的服从，斯大林曾命令苏联科学院搬到莫斯科。然而，1965年，科学院在新西伯利亚科学城（Akademgorodok）设立了分部。分部的研究气氛更为自由，或许不仅是因为当时的政治形势和去斯大林化时期的政治特点，还因为分部相对偏僻的地理位置。[21]

## 知识的国家化

将范围再扩大一些，就到了"国家"这一层面。这里的"国家"，既包括传统的民族国家，如法国、瑞典；也包括新的民族国家，如1861年统一的意大利、1871年统一的德国；还包括那些没有形成国家的文化民族体（cultural nations），如1795—1919年间的波兰和1919年之前的匈牙利。

许多学者都曾指出，不同国家的科学（从人类学到谍报侦察）各具特色，其他形式的知识同样如此。这些不同的风格特色——比如法国的理论和英国的经验主义——也是在无意中形成的。[22]我们在这里讨论的，却是另一种有意识的活动，不妨将其称为知识的"国家化"。如同亥姆霍兹指出的，学者们逐渐成为"国家的代表"，被招募进"各自国家的军队"。[23]在某些情况下，知识的这种国家化还可以被视为政治活动的另一种延续。

在这股知识国家化的大潮中，我们可以首先着眼于"历史"本身，因为传授和书写等知识活动，都越来越多地发生在国家这个框架中。[24]

在这一时期，最重要、最广为流传的历史著作都是关于国家和民族的（the Folk, the národ，等等）：埃里克·耶伊尔（Erik Geijer）的瑞典史、弗兰蒂谢克·帕拉茨基（František Palacký）的捷克史、康斯坦丁·帕帕里戈普洛斯（Konstantinos Paparrigopoulos）的希腊史、伯图斯·勃洛克（Petrus Blok）的荷兰史等。1833年，时任法国教育部长的历史学家弗朗索瓦·基佐（François Guizot）成立了法国历史学会，致力于对本国历史的研究。大概同一时期，一位法国访问学者问智利教育部长，是否有必要为智利撰写史书，这个看起来很没有技术含量的问题得到了智利政府明确的回复："此事关乎国家，至关重要。"[25] 1840年，巴西历史研究会设立了一个奖项，用于奖励撰写巴西历史的最佳方案的作者（该奖项颁给了一名德国学者）。比利时也设立了同样的奖项，1851年颁发了第一个奖项。

本国历史在学校教育中的地位越来越重要，这也是民族认同感建设的一部分，好比为了把只知道自己那块地的农民教育成合格的"法国人"。[26] 同样的情形也发生在大学中。例如，莱顿大学在1860年设立了"祖国史"（vaderlandse geschiedenis）讲席；牛津在1872年建立了"现代史学院"，专门从事中世纪以来英国历史的研究。

包括文化偶像在内的本国英雄人物也获得了官方纪念。例如瑞典政府于1829年在乌普萨拉竖立起了一座林奈的塑像，1866年林奈的家乡成了一座博物馆，1907年还隆重庆祝了林奈200周年诞辰。在意大利政府的支持下，以"国家标准版"的形式出版了一系列意大利知识的民族英雄的作品，使国民能更方便地了解这些作品，这些知识的民族英雄涵盖从伽利略到达·芬奇和物理学家亚历山德罗·伏特（Alessandro Volta）。

为了提升国家荣誉感，政府也鼓励对地理的研究。1860年，意大利开始在学校中宣扬爱国精神。稍后的1882年，在哈雷大学地理教授的倡议下，德国也颁布了同样的政策。[27] 需要补充的是，历史学者和地理学者经常会超越政府限定的"民族"边界。

从19世纪开始,方言文学的研究开始进入大学,古希腊、古罗马作品的研究则逐渐淡出。例如,1810年,距德国统一还差两代人的时间,新成立的柏林大学就设立了日耳曼语言文学讲席,研究 *deutschen* 或 *germanischen Altertumswissenschaft*,即日耳曼古文明,正如名字显示的,这一新学科以古典学研究为模型,威廉·格林(Wilhelm Grimm)是这一研究的主要支持者之一。[28]1827年,伦敦大学任命了英格兰首位英语教授。奥古斯特·威廉·施莱格尔(August Wilhelm Schlegel)在还是耶拿大学教授时,就希望能通过给学校编写德国文学史教材来促进人们民族意识的觉醒。英国作家查尔斯·金斯莱(Charles Kingsley)更是将英国文学视为"民族的自传"。在这一时期,很多著名的国家文学史作品相继问世,包括格维努斯的德国文学史(1835—1842)、弗朗西斯科·德·桑克蒂斯(Francesco de Sanctis)的意大利文学史(1870—1871,比意大利的统一晚十年)和居斯塔夫·朗松(Gustave Lanson)的法国文学史(1894)。[29]

在斯堪的纳维亚,为了追溯民族的起源,丹麦语言学家拉斯姆斯·拉斯克时代的人们热衷于语言学研究。在许多欧洲国家,编纂本国语言词典成了一项爱国事业。1807年到1814年间出版了波兰语词典,1835年到1839年出版了捷克语词典,1862年到1874年出版了匈牙利语词典。词典编纂者们收集不同地区的人们使用本国语言的信息,而通过词典的编纂,语言得到规范,民族意识也得以提升。[30]

和文学、语言一样,重视国家的物质遗产也被视为培养爱国热情的途径之一。法国大革命之后,人们越发重视我们现在称为"国家遗产"的这种东西。[31]考古学在这一时期成为一门学科,公众对考古学怀有极大的兴趣,不仅是因为地中海地区的出土文物能为研究荷马和圣经提供线索,而且这些文物可以激发民族自豪感。例如,1826年,希腊议会坚称"必须申报国家的所有文物"。[32]丹麦文化部长、考古学家琼斯·沃尔塞,将本国文物视为"民族的记忆"。[33]19世纪40年代,不列颠的考古学家们开始使用"民族纪念碑"(national monuments)一词。德国学者古斯塔夫·克林姆(Gustav Klemm)认为,史前史知识"最稳妥地指向爱国主义"。布拉格查理大学的首位考古学教授简·伊拉齐姆·沃塞尔(Jan Erazim Vocel)热衷于"捷克国家考古学"。[34]不消说,这些民族主义倾向会引发争议。例如,关于在奥得河和维斯瓦河间早期定居者的身份问题,德国考古学家和波兰考古学家就意见不一。[35]

民俗学和民族志同样如此。中产阶级的知识分子往往将农民视为国家最真实的组成部分,因此,和考古学一样,与之相关的民俗学与民族志也能激发爱国激情,并得到政治上的支持。1898年,芬兰还是俄罗斯帝国的一部分,但赫尔辛基大学就设立了首个民俗学讲席。奥斯卡·科尔伯格(Oskar Kolberg)关于波兰的多卷本民族志著作被视为"嵌入了……民族社会的政治之中",尤其是他在书中对波兰边界的猜想。[36]1893年,为了阻止爱尔兰语的衰退,盖尔语联盟在爱尔兰成立,这个组织也非常重视搜集民俗文化。1922年爱尔兰自由邦成立后,紧接着就成立了爱尔兰民俗学会(1927),后来又成立了爱尔兰民俗学委员会。[37]

1900年之前,民俗更多地陈列在博物馆里,而非大学中。斯德哥尔摩的北欧博物馆(1873)着重呈现泛斯堪的纳维亚地区的文化,而户外民俗博物馆——斯堪森博物馆(1893)则展示各种房屋和家具,这被视为对瑞典文化的一种解读。[38]

19世纪,各国纷纷成立了博物馆和美术馆,它们集中存储了本国的知识,而其命名方式也显示出,国家认同和民族自豪感是支撑这些博物馆项目的重要力量。这些新成立的博物馆有海牙的荷兰国家美术馆(1800)、丹麦国家博物馆(1809)、布拉格的捷克国家博物馆(1819)、伦敦的英国国家美术馆(1824)和纽伦堡的德国国家博物馆

(1852)。[39]政府是这些项目的发起者和主要推动者，不过也有个人对这些项目投入巨大的热情。丹麦在1864年战争中被普鲁士打败，也许出于对这一失利的回应，嘉士伯啤酒的创办人J. C. 雅各布森捐资在丹麦希勒勒市创建了国家历史博物馆（1878）。

建设国家认同的项目的启动促进了国家图书馆和档案馆的诞生。1793年，法国皇家图书馆改名为法国国家图书馆，1798年在海牙建立的荷兰皇家图书馆是作为国家图书馆成立的，随后还有匈牙利国家图书馆（1803）、西班牙国家图书馆（1836年，前身是皇家图书馆）、意大利国家图书馆（1861年，意大利统一之年）和保加利亚国家图书馆（1879）。

奇怪的是，英国国家图书馆是一个外国人组建的。19世纪30年代到60年代，在意大利人安东尼·帕尼齐担任大英博物馆的图书馆馆长时，他视大英图书馆为一个国家机构，并宣称："这座大英图书馆应当着重考虑英国的作品和与英国有关的作品。"他还说："大英博物馆是英国民族的图书馆，因此这里的每一本书都应该要么是英国人印刷的，要么是英文的，要么与英国有关。"[40]

至于档案馆，法国国家档案馆成立于1800年，挪威国家档案馆成立于1817年，英国档案局成立于1838年。当时最重要的文化工程就是国家历史档案的出版了。例如，在一位普鲁士长官的推动下，《日耳曼历史文献》（*Monumenta germaniae historica*）自1826年开始出版，以"对祖国神圣的爱激励着我们"（*Sanctus amor patriae dat animum*）为口号。在议会的批准下，挪威自1846年开始出版一系列中世纪法律条文。英国"案卷丛书"（Rolls Series）和《匈牙利历史文献》（*Monumenta hungariae historia*）都从1857年开始出版。

19世纪还是各国编纂人物传记词典的重要时期。各国紧跟着出版各自的传记词典，从中可明显看出国家间的竞争。20卷的《荷兰国家人物传记词典》自1852年开始出版；59卷的《奥地利帝国人物传记全书》从 1856 年开始出版；比利时 27 卷的《国家人物传记》自 1866 年开始出版；56 卷的《德意志人物总传》自 1875 年开始出版；英国 63 卷的《国家人物传记词典》自 1885 年开始出版；丹麦 19 卷的《丹麦人物传记全书》自 1887 年开始出版；俄国的《俄国人物传记词典》自 1896 年开始出版。

和人们一般的想法不同，这些词典并非持政治中立的态度。例如，同一个名人，不同国家都宣传这是自己国家的。尼古拉·哥白尼既被写入德国人物传记词典中的"Copernicus, Nikolaus"，也被纳入波兰词典中的"Kopernik, Mikolaj"，两国学者对他的国籍争论不休。不过，《德意志人物总传》的相关词条承认，哥白尼的父亲是波兰人，母亲是德国人，他的成就属于全世界，而非某个国家。

百科全书也沾染了国家色彩。苏格兰人首创的《不列颠百科全书》可以追溯到 1768 年，《德意志百科全书》始创于 1796 年，《美国百科全书》始创于 1829 年，法国的《世界百科词典》（人们以编者拉鲁斯的名字称之为《拉鲁斯百科全书》）始创于 1864 年，荷兰《温克勒-普林斯百科全书》始创于 1870 年，西班牙的《插图世界百科全书》始于 1905 年，南斯拉夫的《国家百科全书》始创于 1924 年，希腊的《大希腊百科全书》始创于 1926 年。伦敦一本杂志将大名鼎鼎的第 11 版《不列颠百科全书》称作"我们民族的无上荣耀"，不过它的编纂也有很多外国专家参与，例如丹麦物理学家尼尔斯·玻尔（Niels Bohr）。

百科全书也成了国家间较量的战场。近期的观点认为，"每个'文明国家'"都必须有一本属于自己的百科全书，这样才能获得邻邦和其他欧洲国家的尊重。[41]《意大利百科全书》的编纂就是一个很好的例子。意大利开始百科全书编纂工作较晚（1929 年），在之前不久的 1920 年，一位意大利前部长撰文指出，国家需要"一部百科全书，像法国、英国、德国，甚至西班牙那样，意大利缺少这个"。[42] 包括编纂《意大利百科全书》在内的一些工作，都肩负着宣传一切意大利事物的使命，

"加里波第"*的词条有 17 栏,而《德意志百科全书》和《拉鲁斯百科全书》中"加里波第"只有不到一栏。"米兰"在《意大利百科全书》中有 59 栏,而在《拉鲁斯百科全书》和《德意志百科全书》中仅有 7 栏。

考古学也受到国家间竞争的影响。19 世纪中叶,法国和英国在发掘亚述文明遗址上展开了一番较量。英国人亨利·罗林森曾是一名军官,后来从事考古发掘工作,他希望既是考古学家也是外交官的奥斯汀·莱亚德帮忙激发时任奥斯曼帝国大使斯特拉特福·坎宁(Stratford Canning)对其考古工作的兴趣,因为"看到法国人霸占了那片土地让我痛心不已"。莱亚德给坎宁写信说道:"和法国人在破译楔形文字上的竞争"事关"国家荣誉"。另外,法国考古学家维克多·普莱斯(Victor Place)宣称:"我们不能在自己开创的道路上被英国人甩在后面。"[43]1904 年,有人向德国有关部门建议组织到中亚进行考古探险,因为"我们德国人必须用一切力量来保障我们在日光下的正当地位",这是对三年前威廉二世国王演讲中那个著名短语的引用和响应。[44]

即便是自然科学,也受到了民族意识和国家间竞争的影响。19 世纪 60 年代,法国教育部长维克多·杜卢伊(Victor Duruy)将德国科学的发展称为"对法国科学的威胁"。[45]19 世纪 30 年代,法国政府资助了第一次对法兰西的地质调查,随后其他国家纷纷效仿。成立自然历史博物馆是提升民族认同感的一部分,1822 年智利在圣地亚哥成立了国家自然历史博物馆,紧接着,1823 年哥伦比亚也在波哥大成立了自然历史博物馆。[46]瑞典地质博物馆中"几乎全是瑞典的矿石"。[47]

这种竞争也扩展到了星空。威廉·赫歇尔发现天王星一事被视作英国天文学家对法国的胜利(虽然赫歇尔是德国移民)。皇家学会主席

---

\* 朱塞佩·加里波第(Giuseppe Garibaldi),意大利将领、爱国者与政治家,被称为意大利统一的宝剑,意大利国父之一。——译者注

约瑟夫·班克斯写信给威廉·赫歇尔说，要尽快给这颗新发现的行星命名，"不然，我们敏捷的法国邻居一定会替我们给起名的"。[48]对新发现天体的命名和给地球上的发现命名一样，都带有鲜明的国家色彩——好比"乔治三世"（这是天王星最早的名字）。20 世纪 20 年代，荷兰天文学家威廉·亨德里克·范·登·博斯（Willem Hendrik van den Bos）这样描述在他眼中的南半球天体命名的状况："对难以辨认的双星发现进行的一场疯狂瓜分"，相当于知识领域中的"瓜分非洲"行动。[49]太空扩张中以美苏争霸最为著名，那是苏联"斯普特尼克"卫星（1957）和美国国家航天航空局（1958）的时代，但这并非太空竞争中最早的事例（见第 230 页）。

## 知识联邦

近代初期的学术界自成一国，常被称为知识联邦，或者"文人共和国"（*république des letters*，*Gelehrtenrepublik* 等）。这个知识联邦是个虚构的世界，有时候，人们会用一套政治性的修辞来描述它，比如说知识联邦中也有议院、法律等。这些政治性的修辞确实有一定的道理，因为在知识联邦中确实存在着这样一些习俗和机构，是它们维持和激发学者间的合作，至少在促进那些相隔较远的学者间合作时，它们发挥了重要的作用。这些习俗和制度包括用拉丁语写信、赠送出版物、交流信息和旅行时访问同行等，其中，用拉丁语写信打破了欧洲的语言樊篱。

关于这个知识共同体的研究，不管是真实的还是虚构的，都走向了终结，这种终结要么是在 1750 年《百科全书》的诞生前后，要么是 1789 年，要么就是在 1800 年前后。关于知识共同体的终结，有这样两个不错的解释——历史学者认为——知识的专业化和民族主义的兴起，当然，它们并非全部原因。一部关于19世纪晚期德国化学团体形成的专著就清楚地指出了这两个原因：一方面是化学学科要和其他学科有所区别，另一方面是德国要与其他国家——尤其是法国——划清界限。[50]

下一章会仔细阐释知识专业化的发展。战争危害到知识联邦的和谐，而另一种更为隐秘的威胁则来自世界主义的消退和民族主义的兴起，就像弗里德里希·迈内克（Friedrich Meinecke）的著名评论所说的，是由从世界大同到国家分立的转变（从 *Weltbürgertum* 到 *Nationalstaat*）导致的。

拿破仑战争对学界产生了恶劣的影响，打断了学术界正常的国际交流。1803年，当英国医学家说出那句著名的"科学中没有战争"时，这句话所描述的状态已然不复存在。[51] 拿破仑战争结束后，国家间的较量却没有结束。事实上，正如我们看到的，这种较量也对学术界产生了越来越大的影响。大国的统治者和某些学者想要在学术界树立自己的霸权，让自己成为中心，使对手边缘化。

## 中心和边缘

在知识地图中，中心与边缘的对比是个重要的方面。和国界线不同，学术中心与边缘的界限不易辨认，这些界限有时的确更为主观，并非客观存在。和边缘国家一样，边缘学科与被边缘化的感觉，都会对文化产生重要的影响。

在国家层面，城乡差别是一个重要的区分，尤其在当下，伦敦、巴黎、柏林、纽约等大城市的迅速发展带来了图书馆、博物馆、大学和种种研究机构繁荣发展的机会，让身处其中的学者可以更便捷地获得知识，比其他地方好多了。

例如，"伦敦在英国科学史中的统治地位"是在1800年到1850年间确立的，这一时期，首都伦敦拥有大量的知识机构，情况正如上文所描述的。当时的人们为此感到震惊，1847年德国学者奥古斯特·彼得曼（August Petermann）来到伦敦，他描述道：这座城市"在知识世界的中心点上"。[52] 巴黎也是如此，法国大革命以后，大量知识机构在巴黎的集中促进了城市中科学的迅速发展。

要是大城市中的学者们把这种有利的地理优势当作理所当然的话，其他地区的学者们则会对此心怀怨恨。正因如此，我们可以在地方学者们中发现更多的证据，下面两段引文来自19世纪英国地理学家，他们都从不同的侧面证明了前述问题。来自诺丁汉的罗伯特·贝克韦尔（Robert Bakewell）抱怨道："伦敦和巴黎科学社团的成员们中有一种特定的偏见，他们不相信住在偏远地方的科学工作者能作出什么有价值的东西来。"来自苏格兰的查尔斯·莱尔说道："英国和法国大都市中的科学独裁者们，对那些不巧并非来自这种环境的人，流露出妒意与不满。"[53]

在妒意之外，身处中心的学者对其他地区发生的事知之甚少。格雷戈尔·孟德尔（Gregor Mendel）和他著名的遗传学研究就是个很好的例子。孟德尔是位修道士，身处社交圈边缘，他居住的地方也是地理意义上的边缘——哈布斯堡王朝，即现在捷克的布尔诺。1865年他在当地一家自然历史刊物上发表了第一篇关于遗传现象的研究的文章，而30年后他的成果才被其他遗传学者注意到。孟德尔去世后才成为当今遗传科学的著名先锋。[54]

在国际层面，1750—2000年间，知识领域也有几个国家相继独占鳌头。首先是法国，直到1830年或1840年它都是"科学世界的中心"。[55] 一些后来成名的德国科学家都曾在巴黎学习，其中包括尤斯蒂斯·李比希（19世纪20年代）和罗伯特·本生（Robert Bunsen，1832）。德国和瑞典的东方学研究者都到巴黎向西尔维斯特·德·萨西学习。巴西的学者到法国蒙彼利埃学习医药知识。1826年，埃及统治者穆罕默德·阿里（Muhammad Ali）派遣了45名学生到法国学习。法国的学术机构被视为模范，例如，德国哥廷根就模仿法国建立了自然历史博物馆。[56]柏林地理学会（1828）是模仿法国巴黎地理学会（1821）建立的，伦敦皇家亚洲学会（1823）是模仿两年前成立的法国亚洲学会，巴西地理历史研究会（1838）是模范法国历史研究会成立的。

1840年后，法国模式继续影响着知识界的其他地区，巴黎尤其成为一个中心。1889年和1990年的世界博览会让巴黎成为许多国际学术会议的中心，首先是考古学、化学、皮肤病学、生理学和心理学，其次是植物学、化学、地理学、数学、气象学和物理学。1934年成立的巴西圣保罗大学还聘用了很多来自法国的教授，他们中有些在此之前已有辉煌的成就，如社会学家罗杰·巴斯蒂德（Roger Bastide）、历史学家费尔南·布罗代尔和人类学家克劳德·列维－斯特劳斯。

1840年到1914年，知识的霸权属于德国人。1892年，法国历史学家费迪南·洛特（Ferdinand Lot）指出，"有学问的德国人在各个领域都是霸主"。[57]外国学者常常嫉妒德国人：他们享有丰富的学术资源。1883年，英国动物学家雷·兰科斯特（Ray Lankester）抱怨道：英国大学"在获得的资金支持、教员数量和实验室效率上，不仅比一般的德国小型大学差，甚至比不上德国的很多乡村技校"。[58]

学术中心从法国转变为德国的一个重要标志是德语流行于学术界，并被当作通用语，斯堪的纳维亚半岛、俄国和日本的学者们都用德语写作，希望以此扩大自己研究成果的传播范围。[59]另一个标志是大量外国学生纷纷来到德国求学，其中很多人在各自国家都是杰出的学者。一个明显的例子是美国，正是在这一时期，研究型大学开始在美国兴起。美国哲学家乔赛亚·罗伊斯（Josiah Royce）曾在19世纪70年代师从德国学者威廉·冯特，罗伊斯写道："那个时代的人们满脑子想的就是去德国大学读书。"除了化学家、地理学家、生理学家和天文学家，心理学家威廉·詹姆斯、政治学家约翰·伯吉斯（John Burgess）、社会学家阿尔比恩·斯莫尔（Albion Small）都曾在德国学习。1895—1896年间，500多名美国人被德国大学录取。[60]

欧洲其他国家到德国求学的人数可能没有美国这么多，但仍然不在少数，诸如法国学者埃米尔·涂尔干、比利时学者亨利·皮朗、荷兰学者约翰·赫伊津哈（当时的专业是语言学）、瑞士语言学家费尔迪南·德·索绪尔（Ferdinand de Saussure）、俄罗斯地理学家彼得·谢苗诺夫（Pyotr Semenov）等。英国学者中，化学家威廉·珀金（William Perkin）曾在慕尼黑学习，另一位学者彼得·查默斯·米歇尔（Peter Chalmers Mitchell）则宣称："阅读德语文献、了解德国研究成果，是动物学教学与科研的必备工作。"[61]

许多国家都模仿德国建立了自己的学术研究机制。例如，法国、英国、意大利和美国等一些曾在德国留学的学者，模仿德国设立了"研讨班"（seminar）制度。美国的约翰·霍普金斯大学是第一所仿照德国现代大学建立起来的学校，被戏称为"巴尔的摩的哥廷根"。该校首任校长丹尼尔·吉尔曼（Daniel Gilman）试图引入德国的博士学位制度，采纳"德国讲师制度的某些特色"。[62]德国科学家也在阿根廷受到欢迎，1908年，阿根廷拉普拉塔大学教务长就曾指派该校教授埃内斯托·克萨达（Ernesto Quesada）到德国大学访问，克萨达曾在莱比锡和柏林求学，他的任务是了解德国大学如何教授历史。[63]

1831年，英国模仿1828年成立的德国自然科学联合会创建了英国科学促进会，阿克顿爵士模仿德国《历史杂志》创办了《英国历史评论》，他本人就有一半的德国血统。1869年，法国创办了高等研究实验学院，其灵感来源于一次以教育部长名义进行的德国考察。同样，1897年，一支英国考察队到德国考察"该国近期科技教育的发展"，促成了10年后帝国科技大学的成立。19世纪中期，伦敦大学引入科学和文学博士学位制，1882年剑桥大学授予了第一个哲学博士（Phd）

学位，1917年牛津大学才授予它的第一个博士学位。"在引入博士学位制几十年后，还有很多文科教授们对此不满，认为这是一种日耳曼式的迂腐。"[64]德国模式并不能吸引所有人。

1914年到1945年间，很难找到哪个国家占据了知识界的霸权，当时的知识界呈现多元态势，法国、英国等一些国家，各自在某些学术领域或地理区域上称霸一方。第二次世界大战结束后，美国和苏联也争夺学术界的霸主地位，如今，不管是社会科学还是自然科学领域，更是美国一统天下。例如，1939年后，许多精神分析专家来到美国，而精神分析学的中心也从中欧转移到美国。20世纪50年代和60年代，社会学也是美国的天下。1945年以来，政治学家们，从加拿大到芬兰，都在书写政治学的"美国化"。[65]20世纪60年代晚期，一位在奥地利出生的心理学家说道："美国是精神分析学的中心，也是心理学的中心。"[66]

每个地区也有自己的中心和边缘，这些划分会随时间的推移而改变，常常受到交通布局的影响。例如，1800年后，随着从欧洲到南美的大西洋航路取代了太平洋航浅，布宜诺斯艾利斯和智利的圣地亚哥成为知识中心。[67]

从边缘国家和"属民"（subaltern）的角度来说，霸权带来许多危害。其中有一项发现，虽然可能是由不知名的学者完成的，但荣誉还是归于那些已经出名的研究者。社会学家罗伯特·默顿（Robert K. Merton）将之概括为"马太效应"。（来自《马太福音》中的句子："凡有的，还要加给他，叫他有余。"）[68]

默顿的法则可以稍加变形应用在知识地理中，来自知识大国的学者，往往比来自小地方的学者更容易受到肯定和获得荣誉。例如，亚历山大·冯·洪堡是一位来自知识中心的学者，他的研究对象是边缘地区南美洲的某些自然现象，他的研究使他在巴黎和柏林都颇有名气。南美洲的天文学家、博物学家弗朗西斯科·何塞·德·卡尔达斯

（Francisco José de Caldas）和他研究过同样的现象，二人甚至相识，而和洪堡不同，卡尔达斯只成为科学史中一个不起眼的脚注。[69]正如法国历史学家费尔南·布罗代尔评论的，他的波兰同行维托德·库拉（Witold Kula）比他"聪明得多"，但他只有一个"波兰扬声器"，传播范围是有限的，而布罗代尔本人却能通过"法国扬声器"扩大自己的影响。[70]

类似的例子还有很多。丹麦语言学家拉斯姆斯·拉斯克制定了"格林法则"（见第 82 页），但这条规则却因德国人雅各布·格林得名。瑞典外交官、东方学家约翰·大卫·阿克布拉德对破译象形文字作出了重要贡献，还有迪安·尼尔·韦斯特高（Dane Niels Westergaard）和挪威学者克里斯蒂安·拉森（Christian Lassen）也对破译楔形文字有重要贡献，而我们如今看到的却是，破译这些古文字的功劳都被记在法国学者商博良和英国人罗林森名下。日本并不是一个小国，但日本的研究成果却很少被认可，这或许缘于该国的研究都因语言的限制不为西方学者所知。比如说，1901 年，诺贝尔生理学奖颁给了德国科学家埃米尔·冯·贝林（Emil von Behring），表彰他对自然免疫系统的研究，而其实贝林是和一位日本学者北里柴三郎（Shibasaburō Kitasato）一同从事这一研究的。[71]

默顿法则还可以被推广到另外两个方向：知识研究的宏观层面和微观层面。在宏观层面，数个世纪以来，非西方学者受到的认可远没有他们的贡献那么多。例如，有人争论道："这些如今被认为是西方的、欧洲的科学发现，其实原本是在其他地方完成的。"[72]微观层面也存在同样的情况，例如，一项关于物理学研究的调查发现，著名系所的成员更喜欢引用其他著名系所成员的研究成果，而非那些来自无名系所的研究。[73]

身处知识中心，除了有这些好处，也有一些弊端。例如，法国学术霸权的丧失，一定程度上就被归因于法国学术体系的集中化，而与

第七章 知识地理学

之竞争的德国、英国、美国较少受到这一问题的困扰。集中化会减少竞争，阻碍知识创新。[74]与之相反，位于知识地图的边缘也并非一无是处，这些边缘地区有时会成为另类知识和知识创新的发生地。例如，18世纪晚期的欧洲，当法国的书籍出版业受到教会和世俗政权两方面的严格审查时，具有颠覆性思想的书籍就在边境外的瑞士、荷兰印刷，再走私流入国内。[75]到了20世纪，虽然巴黎还在学术界中占据着重要的地位，但波尔多和斯特拉斯堡却已成为重要的知识创新中心，波尔多的社会学和斯特拉斯堡的历史学享有盛誉。

关于边缘地区的知识创新，最显著的例子莫过于非西方国家对西方国家的挑战。这些非西方国家长期以来受到"学术依赖性"、"科学帝国主义"和"科学殖民主义"的影响，外国（西方国家）往往成为本国研究的中心对象。[76]

这种现象可以在经济史和知识史中窥见。边缘地区为研究提供一手资料，却是中心都市的学者对这些材料进行加工，进而总结成理论，再把理论应用到其他地方去。例如，社会理论大多由"北方世界"提出，尤其是欧洲和美国。[77]虽然有夸张的成分，但情况确如阿根廷批评家沃尔特·米格诺罗（Walter Mignolo）所描述的：

> 如果你"来自"拉丁美洲，那你必须"谈论"拉美，你必须代表自己所处的文化。而要是你"来自"德国、法国、英国或者美国，就不存在这个问题。大家都知道：第一世界有知识，第三世界有文化，土著美国人有智慧，盎格鲁美国人有科学。[78]

事实上，在中心和边缘交会的"区域"里，知识的流动是双向的，往往也容易产生新知识。例如，18世纪末，研究者发现希腊语和拉丁语都衍生于梵文。西方学者自己不会发现这一现象，因为他们不懂梵文；印度学者也不会，因为他们不了解希腊文和拉丁文。但是，当威廉·琼斯和印度当地的梵文学者一起研究梵文时，三种语言间的相似性就凸显出来了。一般来说，西方学者和当地学者相遇，往往带来文明的对话，产生"杂交"的知识或"转译"的知识。[79]

印度教和佛教也是知识转译的产物。18世纪后期，西方学者成功地"发现"了印度教，随后佛教也被"发现"。到了维多利亚时代后期，佛教在英国激起了"一阵狂热的风潮"，这种兴趣催生了许多交流。西方学者将佛教信仰和实践活动引入西方的知识体系，而这样的研究方式是印度学者过去没有意识到的。从这个意义上说，佛教可以被视作一种西方的创造。[80]

西方学者对东方思想的转译还有一个更深远的阶段：俄罗斯人海伦娜·布拉瓦茨基（Helena Blavatsky）宣称自己是个佛教徒，而事实上不如说她创造了一种新宗教——神智学，其综合了新柏拉图主义、印度教和佛教等很多宗教传统。同样，还有鲁道夫·斯坦纳（Rudolf Steiner）的神智学，他称之为人智学（anthroposophy），其吸收了从歌德到尼采的德国哲学传统，还掺杂了"东方的智慧"。[81]

## 来自边缘的声音

为了发现非西方学者对人类知识的贡献，我们要从一些边缘性的西方材料中寻找证据。这些边缘性的材料能帮助我们重新发现下面这样的例子：英国探险家库克是在波利尼西亚人杜帕伊阿（Tupaia）的帮助下穿越太平洋的，刘易斯与克拉克的美国远征是在萨卡加维亚的帮助下完成的，萨卡加维亚是肖肖尼印第安人，嫁给了一个法国人。阿尔弗雷德·华莱士在马来群岛的探险是在他的"小男孩"和仆人阿里的帮助下完成的，阿里帮华莱士辨别各种昆虫和植物。[82] 奥莱尔·斯坦因不是自己发现敦煌文献的内容的，而是道士王圆箓告诉他文献的价值，卖给他一些敦煌手稿（王圆箓也向斯坦因的法国对手保罗·伯希和［Paul Pelliot］卖了一些手卷）。美国历史学家海勒姆·宾厄姆也是在当地农民梅尔乔·阿特亚加（Melchor Arteaga）的带领下，发现了马丘比丘的印加遗址。

本土线人有时本身也是学者，他们不仅在探险发现任务中发挥了不可或缺的作用，在其他方面也同样重要。正如我们看到的，英国东方学家威廉·琼斯就是向当地的著名学者塔卡潘查南（Tarkapanchanan）学习当地知识；传教士、汉学家理雅各（James Legge）向他的助手王韬学习中国经典典籍。[83] 爱德华·连恩在研究印度风俗制度时得到了印度人谢赫·艾哈迈德（Sheikh Ahmed）的协助。人类学家弗朗茨·博厄斯对加拿大西北部夸扣特尔人的了解，很大程度上来自他的翻译乔治·亨特（George Hunt，亨特的父亲是英国人，母亲是特里吉特人，他妻子则来自夸扣特尔族）。另一位人类学家马塞尔·格里奥列则公开承认，自己对非洲西部多贡人的知识，来自一位多贡盲猎人奥格特梅利（Ogotemmêli）。这些人都可以被称为文化破冰者，如今他们刚刚开始进入研究的视野。[84]

很长时间以来，西方史学家讲述历史时都是从单一的西方视角出发——尤其是所谓的"征服者的视界"，很少考虑其他角度。这个说法是墨西哥历史学家米格尔·莱昂－波蒂利亚（Miguel León-Portilla）首先开始使用的，在1961年出版的同名著作中，他从阿兹特克人的角度重新讲述了西班牙征服墨西哥的故事。马太效应的另一个例子是法国历史学家纳唐·华德的《被征服者的眼光》（Nathan Wachtel, *Vision des vaincus*, 1971），讲述了秘鲁被征服的历史。华德等其他历史学家重新发现了史学家瓜蔓·波马（Guaman Poma），波马是当地学者，他在一本写于1615年（而到1936年才得以出版）的编年史中，从秘鲁的角度记录了西班牙征服前后的秘鲁史，其叙述和同时代的西班牙记录有很大差异。对波马的重新发现，被视为"一次去殖民化运动"。[85]

到目前为止，以上给出的都是本土知识合并到西方知识体系中的例子，都是边缘感悟（border gnosis）的丰富例证。[86] 至少到 20 世纪，来自边缘的学者已经开始按照西方的规则参与游戏。

最明显的例子来自科学领域。例如，1930 年，诺贝尔物理学奖颁给了印度加尔各答的学者 C. V. 拉曼（C. V. Raman）；1957 年的诺贝尔物理学奖被两位中国物理学家杨振宁、李政道分享，二人都在美国从事研究；1983 年拉曼的侄子苏布拉马尼扬·钱德拉塞卡（Subramanyan Chandrasekhar）获得该奖，他来自拉合尔，却在美国芝加哥工作。化学方面，1981 年诺贝尔化学奖由日本京都的科学家福井谦一和波兰裔美国科学家罗德·霍夫曼（Roald Hoffmann）分享。

在历史学方面，日本史学家受到明治政权（建立于 1868 年）西化改革运动的激励，以福泽谕吉为代表的学者，开始按照西方的学术模型研究本国历史。福泽谕吉本人向弗朗索瓦·基佐和亨利·巴克尔（Henry Buckle）学习了很多知识。日本历史办公室任命一位流亡的匈牙利外交官撰写西方史学史，东京大学任命兰克的追随者、德国人路德维希·里斯（Ludwig Riess）为首任历史学教授。[87] 各个学科的学术社团也仿照西方建立起来：东京地理学会（1884）、日本历史协会（1889）和考古学会（1895）。

就考古学而言，虽然在过去的很长时间里，主要是由西方学者带队对非西方地区进行挖掘，如莱亚德等人的工作，但本土学者的重要性越来越大。早期的例子如师从考古学泰斗皮特里教授的日本考古学家滨田耕作和博厄斯的学生墨西哥人类学家曼纽尔·加米欧（Manuel Gamio），二人都在 20 世纪第一个十年从事考古发掘工作。还有中国学者李济，他曾在哈佛求学，20 世纪 20 年代在中国从事考古发掘。[88]

在社会学中，来自边缘的学者通过自己的研究改变了既有的游戏规则，他们根据本土经验提出的新方法，被同时代欧洲和北美的学者接受和学习,代表人物有费尔南多·奥尔蒂斯(Fernando Ortiz)和吉尔贝托·弗雷雷。奥尔蒂斯是古巴人,曾在意大利学习,后回到古巴进行研究和写作。他重视"文化相遇",并且把这视为一种双向的交互过程。因此,在1940年出版的《古巴转折点》(Cuban Counterpoint)中,奥尔蒂斯创造了"文化互化"(transculturación)一词,代替"文化涵化"(acculturation),专注于主导文化对被主导文化的影响。这一新术语被很多西方学者接受,如马林诺夫斯基。

至于弗雷雷,他是巴西人,在美国读书,曾在美国哥伦比亚大学听过博厄斯的讲座。他关于巴西社会文化史的三卷本著作(1933—1959)在当时极富创见,很快被如费尔南·布罗代尔等欧洲学者接受。作为一位社会学家和历史学家,弗雷雷呼吁社会学理论的"热带化",以使更多非西方学者得到西方学界的重视——比如印度学者拉德哈克马尔·穆卡吉(Radhakamal Mukerjee),他是在社会学中应用生态学分析方法的先锋。不过,弗雷雷为人所知的,还是他对文化"渗透"的重视,以及他从文化渗透的角度对巴西文化认同的定义。在弗雷雷看来,巴西的文化认同是由葡萄牙殖民者、非洲奴隶和巴西土著三种文明共同作用形成的。[89]

关于边缘学者知识创新的更近的例子,莫过于全球性的"后殖民"研究。这些研究的领袖人物大多来自第三世界国家,却往往在欧美国家工作,如批评家爱德华·萨义德和佳亚特里·斯皮瓦克(Gayatri Spivak)等。萨义德常说自己游离于巴勒斯坦和美国之间,斯皮瓦克是孟加拉人,她曾到过世界上的很多地方,但工作重心还是在美国。[90]

斯皮瓦克等其他历史学家都属于"底层研究"学派,这一学派的领导者拉纳吉特·古哈(Ranajit Guha)也是孟加拉人,但他一生中大部分时间都是在印度以外度过的。底层研究学派主要关注印度近二百年来的历史,研究所谓的"底层人民政治",从底层人民的角度展现另一种历史。他们认为,"底层"人民或者说被统治者,也有能力进行政治活动，这不但和英国历史学家的"殖民精英主义"观点相悖，也与其他印度学者不同。[91] 该学派和文学领域的"后殖民主义"研究有过一段时间的对话，其研究方法也启发了世界其他地方的学者，尤其对拉美学者产生了深刻影响。[92]

简言之，边缘和中心交会之处，是文化相遇、碰撞和转译的中心地带，其往往能创造出新的知识和新的观点。当然，这些相遇、碰撞和转译也来自人的流动，以及流亡者和其他移民。

## 移民和流亡者

移民往往被视为边缘人物，是他们新处所的局外人。因为缺乏当地知识，他们的生活并不容易。另外，他们拥有的知识——那些隐性的和技术性的知识，有时正是他们所在国家缺乏的。有人认为，"国家和国家间、机构与机构间真正有价值的知识传递，不仅仅是靠信件、期刊和书本完成的，知识传递需要人的空间移动"。简言之，"观点的传递要通过人"。[93]

1752年，法国贸易局长特吕代纳·德·蒙蒂尼（Trudaine de Montigny）发表了类似的观点，他说："技术从来不是靠文字在国家间传播的。"特吕代纳协助进行了一项计划，将技艺精湛的英国纺织工人约翰·霍克尔（John Holker）带到法国，因为"再好的信息也无法对工人产生太多作用"，要转移技术，就要"把有技术的人从一个国家转移到另一个国家"。这是解释上述观点的实际案例。[94]

在早期欧洲近代史上，犹太人有过三次重要的转移，这深刻地影响了文明进程：一次是15世纪从希腊向拜占庭和意大利的转移；一次是16世纪从意大利向英国和荷兰的转移；一次是17世纪从法国向英国、荷兰和普鲁士的转移。

从 1750 年到 2000 年，学术型移民持续发挥重要的影响。这些移民有时是因为"拉力"的作用，因为新的地方有更优越的工作条件。例如，18 世纪，圣彼得堡学院吸引了大量流亡学者，包括瑞士数学家莱昂哈德·欧拉（Leonhard Euler）、瑞典矿物学家约翰·费伯（Johann Ferber）、德国博物学家萨姆埃尔·格默林（Samuel Gmelin）和彼得·帕拉斯，以及德国历史学家奥古斯特·冯·施洛塞尔等。20 世纪后半叶，欧亚科学家纷纷流向美国这一"脑力流失"现象，其实早有先例。

而有些时候，移民不仅是因为"拉力"，更多是因为担心在本国被迫害这一"推力"。19 世纪中期，以卡尔·马克思为代表的许多革命家都选择了流亡。然而，1917 年在马克思主义影响下发动的俄国革命，也导致了很多反马克思主义学者的逃亡，其中包括历史学家米哈伊尔·罗斯托夫采夫（Mikhail Rostovtsev）和乔治·范伦斯基（George Vernadsky）。

不过，这些流亡学者的逃亡在和 20 世纪 30 年代"大逃亡"的对比下显得相形见绌，当时，相当一部分德语区的犹太学者从德国和奥地利逃离，来到英国、美国、瑞典（哲学家恩斯特·卡西尔［Ernst Cassirer］）、土耳其（文学批评家埃里希·奥尔巴赫［Erich Auerbach］）、新西兰（哲学家卡尔·波普尔）等地。[95] 有两个重要的学术机构也搬离德国，社会科学方面的社会研究所从法兰克福搬到纽约，文化研究方面的沃尔伯格文化研究所从汉堡搬到伦敦，成为沃尔伯格学院。[96] 20 世纪 30 年代逃亡的学者，还包括墨索里尼统治下的意大利的学者（经济学家皮埃罗·斯拉法［Piero Sraffa］、古代史学家阿纳尔多·莫米利亚诺［Arnaldo Momigliano]）和西班牙内战期间（约 3000 名医生、律师和 150 位学者）的难民。[97]

很多研究都以移民科学家的成就为对象，还因此创造了一个新术语："移民导致的学科变革。"（emigration—induced scientific change, 缩写为 EISC）[98] 除了科学，移民学者在人文学科领域也作出了很多贡献，例如，阿根廷的中世纪研究传统就是在西班牙流亡史学家克劳迪奥·桑切斯-阿尔沃诺斯（Claudio Sánchez-Albornoz）的影响下形成的，莫米利亚诺也在英国古代史研究史上留下了厚重的一笔。

接下来，让我们把范围缩小，着重关注一下这次大逃亡对英国社会学和艺术史学产生的影响。这是两个范围比较小且年轻的学科，移民学者对这些学科产生的影响，和他们的数量相比大得惊人。

在 20 世纪 30 年代早期，社会学在英国学术界很不起眼。英国有社会调查的传统——对社会状况进行实际、经验性的调查——却没有对其进行理论研究的传统。1903 年成立了一个社会学社，1907 年设立了社会学讲席（伦敦经济学院），1908 年创办了社会学杂志，而社会学这一学科本身，还没有被当时英国主流学界认同。在 30 年代，牛津和剑桥都拒绝了洛克菲勒基金会倡导建立社会学的建议。然而，1933年后，伦敦政治经济学院邀请卡尔·曼海姆前来讲授社会学，同时邀请赫尔曼·曼海姆（Hermann Mannheim）前来讲授犯罪学。很多德国社会学家都在伯明翰大学和曼彻斯特大学寻得一席之地。莱斯特大学还邀请俄国学者伊利亚·诺伊斯塔特（Ilya Neustadt）担任社会学教授，起初诺伊斯塔特自己在莱斯特教书，后来另一位流亡社会学家诺贝特·埃利亚斯成了他的同事。

在经过了一代人后的 20 世纪 60 年代中期，莱斯特的社会学研究学者达 180 名。许多著名的英国社会学家都曾跟随埃利亚斯和诺伊斯塔特工作、学习过，如布莱恩·威尔逊（Bryan Wilson）、约翰·戈德索普（John Goldthorpe）、安东尼·吉登斯（Anthony Giddens）等。卡尔·曼海姆曾为英国罗德里奇出版社编辑过系列书目，两位杰出的英国社会学家巴兹尔·伯恩斯坦（Basil Bernstein）和汤姆·巴特摩尔（Tom Bottomore）都曾受到他演讲的鼓舞，从而投身于社会学研究。1939 年，波兰社会学家斯坦尼斯拉夫·安德列斯基（Stanislaw Andreski）逃离被入侵的祖国，来到英国雷丁大学，在那里建立了社会学系，他还改了

210

第七章　知识地理学　｜　235

名字（原名本为 Andrzejewski）以适应英语的发音。又一代人之后的 1971 年，另一位波兰社会学家齐格蒙·鲍曼（Zygmunt Bauman）因为一股反犹主义浪潮逃到英国，在英国利兹大学担任社会学教授，后来享誉全球。

过分渲染移民学者生活美好的一面是片面的。当埃利亚斯获得永久教授职位的时候，他已经 57 岁了；曼海姆觉得自己在英国没有受到足够的重视，他抱怨英国人在理解社会学知识上有困难。[99]尽管如此，流亡学者在英国社会学体制化过程中仍发挥了不可或缺的作用，也在英国社会学发展史上留下了独特的印记——例如，他们使英国社会学家对历史和社会学间的关系有更清楚的认识。

和社会学一样，艺术史学在 20 世纪 30 年代的英国无足轻重。英国有艺术鉴赏的传统，但这种传统是经验性、操作性的，正如社会调查之于社会学一样。艺术史还没有进入大学，只有博物馆、画廊和美术学院研究艺术史。[100]这和德国与奥地利的情况大不相同，在这两个国家，到 19 世纪中期，艺术史学已经是大学里一个建设得相当完整和成熟的学科了。[101]

改变发端于 20 世纪 30 年代。1922 年，伦敦大学斯莱德美术学院设立了艺术史讲席，1932 年，考陶德艺术学院成立。在希特勒掌权的过程中，许多中欧学者逃到考陶德艺术学院，其中包括弗雷德里克·安塔尔（Frederick Antal）、恩斯特·贡布里希（Ernst Gombrich）、奥托·库尔兹（Otto Kurz）、奥托·帕赫特（Otto Pächt）和约翰内斯·韦尔德（Johannes Wilde）。艺术史家弗兰斯·扎克斯尔（Fritz Saxl）曾在沃尔伯格研究所任职，1933 年随研究所来到伦敦；建筑艺术史学家尼古拉·佩夫斯纳（Nikolaus Pevsner）曾在英国伯明翰大学担任研究员，后来担任伦敦大学伯贝克学院讲师和教授。从 1949 年开始，避难的学者鲁道夫·维特科夫尔（Rudolf Wittkower）成为牛津大学斯莱德学院艺术史讲座教授，这一席位后来由利奥波德·艾特林格（Leopold

Ettlinger）接任。20 世纪 50 年代中期，牛津大学专门为流亡学者埃德加·温德（Edgar Wind）设立了一个艺术史讲席。

流亡学者们这些更技术化、理论化的研究方法，也受到了"土著"学者们的抵抗，本土学者认为这些移民学者的研究是"日耳曼式"的。扎克斯尔来到英国后，曾评论："英国人，特别是英国学者，对理论总有种排斥的态度。"[102] 当然，有些英国学者接受了这些新方法，如肯尼斯·克拉克（Kenneth Clark），他认为英国的艺术鉴赏传统已经"没有了实践的生命力"，在听了阿比·瓦尔堡的讲座后，克拉克从传统的艺术鉴赏转到了图像学。在艺术史学家安东尼·布朗特和约翰·伯格（John Berger）的学术生涯中，弗雷德里克·安塔尔对他们都产生过重要的影响；贡布里希对迈克尔·巴克森德尔（Michael Baxandall）也有类似的影响。

学术性的社会学，可以被视为对社会实践性知识的一种翻译，学术性的艺术史学，也可以被视为对艺术鉴赏的一种翻译。在英语文化接受这些"翻译"的进程中，流亡学者扮演了关键性的角色，而他们自己也身处一种"翻译"的境况之中。在这些流亡学者原来的国家，社会学和艺术史学都已经高度发展和专业化了，因此，他们将这些较高的学术标准带到了英国。他们带来的，从社会角度说是专业性，从学术角度讲则是让这些学科成为某种科学（Wissenschaft）。流亡学者也使英国学术文化更开放、更国际化了。

影响并非单向的。在那个时代，许多中欧物理学家被称为"桥梁"，因为他们打通了德国的理论传统和英国的实验传统。在社会学和艺术史学方面，两种学术传统的融合也是显而易见的。[103] 一方面，我们看到移民学者日益盎格鲁化，例如，尼古拉·佩夫斯纳爵士和恩斯特·贡布里希爵士等人获得了骑士身份。佩夫斯纳尤其受益于英国学术传统，他曾为英国各地的建筑撰写系列指南。另一方面，我们也可以看到学科的专业化或者说日耳曼化。例如，佩夫斯纳就批评过英国

第七章　知识地理学　｜　237

艺术界的非正式传统。[104]

当然，融合并非完美。有些时候，一些东西不可避免地"在翻译中丢失"，一些东西则被有意地剔除出去。我们应该小心地区分流亡学者的追随者（例如埃利亚斯就有种能吸引信徒的天赋）和反对者，后者受到流亡学者影响的方式更为微妙。无论如何，上面提到的这些例子，都表明了罗伯特·默顿所说的"移民和局外人在推动知识与社会发展中的角色"。[105] 从这个角度讲，学科的迁移和学者的地理迁移间存在某种相似性（见第172页）。

## 知识去国家化

在前文中我们曾看到，有一股和知识的国家化进程相悖的"去国家化"潮流，移民在这一潮流中起到了重要的作用。[106] 在前面第六章我们讨论过，各个学科成立的国际研究所，还有学者们举办的国际会议，超越了国家界限，促进了知识的去国家化，而知识移民在这一过程中的作用和它们一样重要。到19世纪中晚期，随着欧洲铁路网络的扩张，国际会议举办得越发频繁。考虑到火车和轮船的出现，我们可以说，1500—1850年那个被马车统治的知识联邦，已经进入了"蒸汽时代"。

到了19世纪中期，蒸汽轮船和电报的发明使大陆间的沟通更方便，知识也随之"全球化"了。[107] 在大航海时代，欧洲知识联邦已经将自己的疆域延伸到了巴达维亚、加尔各答、墨西哥城、利马、波士顿、费城和里约热内卢——1772年在那里设立了一个科学学院。蒸汽轮船推动了这一全球化进程。

正如我们看到的，19世纪晚期很多美国人都曾在德国求学。蒸汽轮船还使欧洲学者到美国进行学术巡讲成为可能，英国人查尔斯·莱尔、马修·阿诺德、T. H. 赫胥黎等都曾到过美国。1904年美国圣路易斯世界博览会期间，德国学者卡尔·兰普雷希特（Karl Lamprecht）、斐迪南·滕尼斯、恩斯特·特勒尔奇（Ernst Troeltsch）、马克斯·韦伯和维尔纳·桑巴特（Werner Sombart）也都来过美国。1907年，西格蒙德·弗洛伊德和卡尔·古斯塔夫·荣格到美国发表演讲。1914年，英国科学促进会在澳大利亚举行见面会。20世纪30年代的学术大迁移和之前的不尽相同，因为这次迁移的不仅有欧洲学者，也包括美国、墨西哥、阿根廷、新西兰等国的学者。

简而言之，欧洲的知识成了"西方的"知识。同时，这些"西方知识"传播到世界各地，在传播过程中，由于语言和文化的传译，知识也被修正和改变。

# 知识的全球化

考察传播过程，要从供需两方面着眼。在一些地方，西方知识的传播受到西方帝国扩张的推动，因为征服者相信，自己的知识比殖民地的更为优越。最有名的例子莫过于托马斯·麦考利的《印度教育备忘录》（"Minute on Indian Education"，1835），他声称："欧洲图书馆的一架好书，胜过印度阿拉伯本土的所有著作。"[108] 这是土著知识被"降格"的一个夸张的例子。随着一系列西化政策的颁布，1875年印度孟买、加尔各答、马德拉斯等地都建起了大学。印度人赛义德·艾哈迈德·汗爵士（Syed Ahmad Khan）仿照牛津和剑桥在阿里格尔建立了"艾哈迈德盎格鲁－穆斯林东方学院"。[109] 1881年，新教传教士在德里建立了圣史蒂芬学院。

不过，在西化政策成为主流之前，英国一些官员和传教士对当地文化还颇为同情。[110] 1800年，英国总督在加尔各答建立了威廉堡学院，英国官员可以在这里学习被另一位总督称作"东方知识和科学"的内容。这所学校的老师包括了印度当地学者,也有一些英国专家。[111]1854年威廉堡学院关闭,此时距"印度哗变"还有三年。与之相反的是,1817年在加尔各答设立了印度学院,其目的是向印度学者传授欧洲和印度的文化传统。[112]换句话说,其在彻底的西化之前,人们就在努力寻求文化融合。不过,19世纪中期,印度"充满了虔诚的福音派信徒",他们不仅希望统治和管理印度,还想让印度变得"更好",与此同时,一些印度穆斯林也变得越发激进,这些都大大削弱了融合的力量。[113]

对西方知识的需求在印度、日本、中国这三个案例中最为明显。在这三个案例中,地域性的开放政策本是出于对西方威胁的防御。正如阿诺德·汤因比所言,这种政策本是一种"最低限度的西化"。不完全开放政策的支持没有预料到,学习外国技术"会逐渐深化到学习整个外国文化"。[114]

穆罕默德·阿里王朝时期的埃及(1805—1849),虽然名义上还是奥斯曼帝国的一部分,但实际上已经相当独立了。阿里先是建立了一所军事学校,随后又建立了工程学院、医学院、药学院、矿物学院和农业学院。1826年,他派45名学者到法国留学,随后建立了一所翻译学校,使埃及人可以更方便地学习西方知识。阿里向西方学习的重点是科技,亦即"有用的知识",不过也有例外。这一时期被翻译为阿拉伯语的,除了科技,也有伏尔泰论彼得大帝的文章——彼得大帝或许是一个精心挑选的西化者形象、罗伯逊有关查理五世的著作以及孟德斯鸠关于古罗马兴衰的作品。[115]埃及向法国派遣留学生计划的负责人塔闷维(Rifāʾah al-Tahtāwi),回国后仿照西方史学模式,撰写了一部埃及史。[116]

中国和印度的情况类似,传教士作为文化破冰者发挥了重要的作用,尤其是在1850年以后。西方文明和基督教的传教士们,常常把编辑杂志和翻译图书视为传播西方科学知识、完成自己传教任务的途径,他们创办了《格致汇编》（1876 年出版，是仿照《科学美国人》设计的），翻译了很多天文、地理，尤其是医学书。[117] 正如一位传教士指出的，知识"对满足生活中的实际需求"至关重要。[118] 紧随英国传播会 1834 年成立了在华实用知识传播会，同文书会也于 1887 成立。

在需求方面，当时中国兴起了自强运动，以"师夷长技以制夷"为原则，人们对西方知识尤其是军事技术产生了极大的兴趣。鸦片战争战败后，清政府在一些欧洲流亡者的帮助下建立了军工厂和造船厂。位于上海的江南制造总局原是一所兵工厂，后来兼具翻译西方科技书的功能。虽然目的明显不同，中国政府和传教士还是建立起了一种合作关系。的确，有些传教士还进入了政府工作，如在江南制造总局翻译馆供职的傅兰雅。[119]

中国人对西方知识的兴趣也逐渐深化。1877 年，海军军官严复被派往英国格林尼治皇家海军学院学习，回国后在天津北洋水师学堂任教。严复将 T. H. 赫胥黎和赫伯特·斯宾塞的思想介绍给国人，还翻译了约翰·斯图尔特·穆勒的《群己权界论》（今译《论自由》）和亚当·斯密的《原富》（今译《国富论》）。[120] 蔡元培曾在柏林和莱比锡求学，回国后在成立不久的京师大学堂\*担任校长，他按照德国大学的模式对北大进行了一系列改造。[121] 沈祖荣曾在纽约州立图书馆学校学习图书馆学，他借鉴杜威的图书分类法对中国图书进行分类。[122]

由于西方知识的入侵，中国传统科学遭遇"失格"，[123] 于是产生了与之对抗和分离的势力。20 世纪早期，促进西医传播的中国医学会成立，随后成立了传统药物研究所，致力于促进中医的发展。两种知识体系间也有一些互动，并致力于将中西医相融合："西药中国化，针灸现代化。"[124]

在日本，1868 年天皇复辟后开展的明治维新运动，使许多西方知

---

\* 当时已更名为北京大学。——译者注

第七章　知识地理学　｜　241

识迅速进入日本，而在此之前，福泽谕吉等学者已经开始向西方学习了。在天皇"复辟"的十年间，日本成立了大阪医科大学（1869）、庆应义塾大学（1871）、工部大学校（1873）、第一所商科院校（1875）和东京大学（1877）。

日本派出了一些实地考察团到西方学习，如著名的岩仓使节团，曾到美国和欧洲考察学习（1871—1873），一些西方名著此时也被译为日文，如（和中国一样）约翰·斯图尔特·穆勒的《论自由》和被冷落的塞缪尔·斯迈尔斯（Samuel Smiles）的《自己拯救自己》。[125] 日本政府大力支持日本学者到国外求学，尤其是到德国，1897年一位部长指出："如果不派人到先进国家学习，我们就无法前进。"[126] 著名的日本细菌学家北里柴三郎曾在柏林跟随罗伯特·科赫（Robert Koch）学习，出于对科赫的尊敬，北里柴三郎回国后在东京自己领导的传染病研究所为科赫设立了一个神道教神坛，其中保留了科赫平时习惯的设置。[127] 这些日本学者回国后，仿照普鲁士建立起许多大学。19世纪80年代和90年代，同样是模仿普鲁士，日本在公务员录取时采取了笔试制度。[128] 具有讽刺意味的是，普鲁士此举受到了中国传统科举制度的启发，而日本在7世纪曾采取过这种制度。[129]

从表面上看，日本对西方知识实践的简单模仿比中国更甚，构成了对西方的"狂热"的一部分。不过，表象也会掩盖真相。翻译是一种文化活动，也是一种语言行为，是对外语的驯服和同化。一种语言中的关键词，在另一种语言中也许难以找到合适的替代词。16世纪的传教士在试图翻译"God"时就遇到了这种困难，他们选择了"天"，字面意思更接近"heaven"。具有讽刺意味的是，19世纪的翻译家严复在翻译赫伯特·斯宾塞的作品时，选择用"天"对应"nature"。[130]

19世纪，日本对穆勒 *On Liberty* 一书的翻译，尤其是关键词"liberty"的翻译，就是一个很明显的例子。翻译者试图用日语既有的词语来翻译，并选择了"自由"一词。问题是，"自由"一词在日语中也有自私和任性的意思。不管从语言角度看还是出于文化原因，"自由"都不能摆脱其负面含义，即便卓越的西学家福泽谕吉也无法免俗。[131] 这一关键术语的翻译体现了一个更鲜明的问题："那些定义了西化内涵的词语并没有得到很好的翻译，日本文化中很难找到能恰好对应这些西方词语的词"；或者说，在日本当时的社会政治环境中，一些西方术语确实难以直接找到对应的词。[132] 日本的改革者们希望引入西方的观念和做法，而事实上，这种引入再次演变为一种文化杂糅。

简言之，摆在史学家面前的问题，并非亚洲人是否学习和效法西方模式——他们显然在学习和效法，真正的问题是，如何衡量当地文化和西方模式之间的认知距离，如何评定当地文化对西方模式接受、适应的程度。

文化相遇的结果很少是单向的。前文已经提到，西方探险家们的很多"发现"，都有赖于那些土著助手们对当地文化的认识。19世纪，欧洲又兴起了一次"东方大发现"，和17、18世纪对奥斯曼帝国与中国的巨大兴趣不同，这一次人们的热情集中在波斯、埃及，尤其是印度。[133] 1784年，孟加拉亚洲学会成立；1784年，梵文经典《薄伽梵歌》被译成英文，这是它首次被译成欧洲语言。[134]

由于印度开始被视为西方文明的发源地，对梵文和古印度的研究发现就显得至关重要。1808年德国出版的两本著作，在书名上就体现出这种热情，它们分别是弗里德里希·施莱格尔的《论印度语言和智慧》(Friedrich Schlegel, *Über die Sprache und Weisheit der Indier*)、奥斯马尔·弗兰克的《东方之光》(Othmar Frank, *Das Licht der Orient*)。

一些西方人来到印度寻找启蒙，如海伦娜·布拉瓦茨基，她在19世纪50年代曾到印度和中国西藏旅行，英国女权主义者安妮·贝赞特(Annie Besant)在19世纪90年代来到印度，以及德国作家赫尔曼·黑塞(Hermann Hesse)，他在20世纪第一个十年访问过印度。另外，一些印度人也在西方成功地进行过巡讲，准确地说，是在全世界巡讲，如作家罗宾德拉纳特·泰戈尔和哲学家辨喜（斯瓦米·维韦卡南达）。泰戈尔年轻时曾在英国留学，而后半生他在这里讲学，他还曾到美国、日本、秘鲁等地演讲。他演讲的题目涵盖了广泛的内容，而最重要的是他代表了一种东方智慧。辨喜的情况与之类似，他作为印度的代表，参加了1893年在美国芝加哥举办的"世界宗教会议"，他在美国的演讲取得了成功，次年在纽约成立了吠檀多社。1965年成立"奎师那意识协会"，这是印度教在西方传播最有力的表现。

在文化传播的过程中，不断出现不同思想之间的杂糅。1875年在纽约成立的神智教学会，既研究新柏拉图主义，也对东方宗教颇感兴趣。近百年后兴起的新纪元运动，广泛地吸收了东西方思想的养料。阿诺德·汤因比在前文曾作为历史学家出现，他的宗教观点中体现出的折中主义，在20世纪前是不可想象的。他曾记录自己1951年在伦敦国家美术馆的一次宗教体验，当时，他曾近距离感受佛陀、穆罕默德和"基督搭模斯（Christ Tammuz）、基督阿多尼斯（Christ Adonis）、基督欧西里斯（Christ Osiris）"。[135] 不同的知识有时融合，有时分离。今天，瑜伽和针灸即便尚未完全嵌入西方文明，也已经非常常见，其客户群体总体而言具有典型的西方人特质。

本章提到的亚洲方面的例子，表明政治在推动接受外国知识方面所起的重要作用。下一章，我们将主要讨论知识的政治性、经济性与社会性。

# 第八章　知识社会学

广义地说，这本书通篇在讨论知识的社会性维度，不过尽管如此，将这一主题独立成章进行讨论仍是有必要的，因为这样可以更明确地来讨论知识和其所处的社会环境间的关系，尤其是在今天这样一个被认为是"知识经济"、"知识社会"或"知识国家"的时代。[1] 和本书的其他部分一样，此处主要从机构、社会组织的角度进行分析。

## 知识经济学

知识的采集、分析和传播都是昂贵的活动，在当今时代越发如此，特别是像"大科学"（德文 *Grosswissenschaft* 或 *Grossforschung*）这样的概念，亦即集中了许多大型研究团队和昂贵器材设备的集体科研项目。这种大型集体科研项目在 19 世纪晚期的德国已初见端倪（见第 180 页），不过一直到第二次世界大战期间，这种趋势才越发明显。[2] 自此，科学仪器造价日益昂贵。哈勃望远镜是当时（1990）最贵的仪器，造价约 20 亿美元，但是它已经被大型强子对撞机以两倍的价格远远超过。是时候讨论是谁为这些昂贵的器材买单了——换句话说，接下来要讨论的是知识的赞助者，其中既有私人赞助商，也有各国政府。

一个主要的资助来源是商业企业。现在所说的"知识管理"这一概念，赋予企业一种竞争优势，这一优势也是近期形成的。[3] 不过，所谓"形成"就是把实际上已在进行的东西明晰化了，早在荷兰和英国的东印度公司的案例中已经可窥端倪。当后者资助了一项阿拉伯语言研究项目（1776），成立了孟加拉亚洲学会（1784），在加尔各答成立植物园（1787），还资助皇家研究所（1799）时，它就是在传承一个悠久的传统。[4]

同样，有企业来资助商业研究和一般的经济学研究也是理所应当的。巴黎的商科专业学校被誉为世界上最古老的商学院，它是由两位商人在 1820 年成立的。美国商人约瑟夫·沃顿（Joseph Wharton）靠采矿和冶金发家致富，他向宾州大学捐赠了 10 万美元，成立了现在的沃顿商学院。1898 年在莱比锡成立的德国第一所商学院（*Handelhochschule*）从当地商会那里获得了很多资助。1903 年在比利时布鲁塞尔的商学院也是由商人欧内斯特·索尔维（Ernest Solvay）创立的。

具有工业应用前景的科研活动也得到了商界的赞助与支持，这一现象自 19 世纪晚期以来尤为突出。正如我们在第四章中看到的，20 世纪初以来，尤其是在美国，一些大公司成立了自己的实验室，并拥有自己的研发项目，后来在东芝和佳能时代的日本也是如此。1925 年，贝尔实验室的经费预算高达 120 亿美元。[5]

另外，公司也资助那些他们认为可以产出实用研究成果的机构。1883 年，德国工业实业家维尔纳·冯·西门子（Werner von Siemens）资助设立了柏林－夏洛滕堡宫理工学院的机器制造和电子工程讲席，还给 1887 年成立的帝国物理和技术研究所赞助了 50 万马克。[6] 同样，19 世纪末，英国化学实业家路德维希·蒙德（Ludwig Mond）资助了皇家研究所的戴维·法拉第实验室，化学品制造商约翰·布伦纳（John Brunner）在利物浦资助了一个物理化学讲席。[7]

这种资助并不囿于自然科学。在化学讲席之外，布伦纳还赞助了经济学和印度研究讲席。1875 年在牛津大学设立的汉语讲席是由从事远东贸易的商人资助的，1900 年起里昂开设的汉语课程同样也是由当地商会设立的。荷兰皇家石油公司支持乌特勒支大学的东方学研究，使乌特勒支大学东方学系被戏称为"石油系"。[8]

在里昂和马赛，对殖民地历史和地理的研究也得到了商界的支持。在英国，商人阿尔弗雷德·贝特（Alfred Beit）1905 年在伦敦国王学院出资设立了一个殖民史讲席，他本人的财富来自南非的黄金和钻石贸易。在德国，希望扩展生意规模的商人 1908 年出资成立了汉堡的殖民研究学会（Kolonialinstitut）。[9] 近来的"智库"机构，也直接或间接地仰仗商业支持：前者如 1970 年成立的三菱研究所，后者则如来自卡内基基金等的赞助。

一些学术机构也善于利用逐利型的基金来资助自己的研究。例如，社会学家保罗·拉扎斯菲尔德在 20 世纪 30 年代执掌纽瓦克大学某研究中心的时候，就开展了一些出于商业目的的研究，他在自己的学术研究中还使用了商业研究的一些成果。[10] 不过，一些商人热衷于资助纯学术研究，这种现象在美国尤甚。例如，通过皮毛贸易致富的美国商人约翰·雅各布·阿斯特（John Jacob Astor），捐助创办了后来的纽约公共图书馆。石油大王约翰·D. 洛克菲勒捐助创办了芝加哥大学，铁路巨头利兰·斯坦福（Leland Stanford）创立了斯坦福大学。法国银行家埃德蒙·德·罗斯柴尔德成立了一个专门资助科学研究的基金会。瑞典人阿尔弗雷德·诺贝尔设立了诺贝尔奖，他的钱来自军工贸易。

在美国，人文学科、自然科学和社会科学的大部分研究，都由三大基金会赞助支持：洛克菲勒基金会、卡内基基金会和福特基金会。[11] 洛克菲勒基金会和福特基金会也赞助其他国家的研究项目，它们都曾向英国牛津大学的圣安东尼学院捐款，福特基金会早期还曾资助过柏林自由大学。20 世纪 30 年代，洛克菲勒基金会资助过法国的社会科

第八章 知识社会学 | 247

学研究，50 年代则资助了法国社会科学高等学院。福特基金会捐资三分之一建立了巴黎人文科学研究基金（1963），还赞助了在巴黎成立的新的欧洲社会学研究中心。[12] 美国中央情报局除了支持诗歌和绘画的发展外，还资助了欧洲学术机构其他类型的知识文化，如瑞士历史学家赫伯特·卢瑟（Herbert Lüthy）和法国知识分子贝特朗·德·茹文内尔（Bertrand de Jouvenel）的研究等。[13]

抛开这些卓越的案例来看，很多公司对科研项目的资助其实是一种投资，是以收益为导向的。用西部电气实验室主任的话说："实际问题是：这种科学研究能否带来回报？"[14] 答案往往是肯定的。从军备到医药，学界和商界的合作已经有一个多世纪的历史。[15] 不过，这种合作在最近几十年变得越发突出和重要，同时也受到更多批评，这几十年也因而被称为"产业大学"的年代。[16]

例如，1974 年，哈佛大学医学院与孟山都公司签署了一项 2300 万美元的合作协议。更近一些时候，许多大学开始和工商界人士合作、申请专利，而一些科研人员（从计算机工程师到分子生物学家）甚至成立了自己的公司。[17] 20 世纪 90 年代，斯坦福大学和麻省理工学院有半数收入来自专利。[18] 不过，这些经济利益也是有所限制的。

有关这种限制，最明显的一个例子是美国斯坦福学院在 1990 年开除左翼经济学家爱德华·A. 罗斯（Edward A. Ross）一事。斯坦福大学建立者的遗孀利兰·斯坦福夫人作出了这一决定，而此事引发了大规模的抗议。[19] 洛克菲勒基金会在资助法国社会科学高等学院时，曾有人质疑是否应该支持一个身为法国共产党员的汉学家，以及另一个研究宋史（960—1279）的研究者，因为这些研究被认为和现实关联不大。[20]

至于英国，历史学家爱德华·汤普森对"华威有限大学"（1970）著名的谴责就和当地汽车制造商鲁特斯集团（Rootes Group）介入大学事务有关，尤其是鲁特斯集团的主席试图开除和驱逐历史系的一名左翼美国学者。[21] 由此可见，我们从来无法脱离政治来谈论知识的经济。

## 知识政治学

许多历史事件都对知识联邦和各种类型的知识活动产生了重要影响，如法国大革命和布尔什维克革命、拿破仑和希特勒等政治独裁者的掌权、两次世界大战等。知识的政治学有时被认为是指学术研究和权力机构的关系，福柯和萨义德对此都进行过很多著名的研究，他们的研究也引发了很多讨论；不过，知识的政治学不限于此，这一话题其实涵盖了更多内容。正如福柯常常强调的，权力的作用发生在微观层面。因此，知识的政治效应不仅发生在国家层面，出现于霍布斯的"利维坦"身上，也作用于学术小圈子，比如剑桥大学古典学教授弗朗西斯·康福德（Francis Cornford）。[22]

有三个名称中包含"自由"的大学可以很好地展示政治如何通过各种途径介入大学，进而影响学术自由：布鲁塞尔自由大学（1834）的"自由"指免于教会控制的自由；阿姆斯特丹自由大学（1880）的"自由"指免于受到国家的影响；成立于冷战期间的柏林自由大学（1948）的"自由"指摆脱共产主义，而其成立也是为了和民主德国的洪堡大学抗衡。

私人基金会对知识活动的影响，除了之前提到的经济影响之外，也有政治影响。上一节提到的洛克菲勒基金会对两位法国汉学家的看法就是一例。同样，在20世纪50年代，福特基金会致力于两项任务：改善美国在欧洲的形象和反对共产主义。[23] 然而，和商界一样，政府在资助知识的活动中发挥了越发重要的作用，同时也推动了知识的国家化进程。如果说是由研究者来设计研究策略，研究的整体战略则是由赞助者制定的。研究活动的规模越庞大，对其进行规划和管理的需求也越大。一次国家普查成本不菲，单是工资支出就是一个大数目，例如，在1913年的一次人口普查中，普鲁士统计局雇用了722人。[24] 福利部门尤其需要进行特殊的社会调查，以获取信息从而更好地制定对患重病的人群、老人和失业群体的福利补贴政策。[25]

某些政府，尤其是帝国政府，发挥的作用至关重要。18世纪的西班牙政府拥有"远超其他一切欧洲国家的科研经费"，这些科研经费很多也流入了西班牙的美洲殖民地。[26]到了19世纪，这一科研经费巨头的角色由英国、法国和俄国扮演。

## 强政府和弱政府

20世纪中期，美国和苏联科研机构间的对立可以被视为两种政府类型间的对立：一种是强政府、控制型的"科学国家"（scientific state）；一种是相对而言的弱政府，或者说"没有政府干预"的社会形态。[27]

苏联政府通过苏联科学院（图13）来组织和资助科研活动。[28]帝国科学院曾经是个学术团体，早在1917年，它就已经开始引领学术研究的走向；不过，成立于1925年的苏联科学院在这条路上走得更远，它还合并了日后成为物质文化史学院（Academy for the History of Material Culture）的普尔科沃天文台和考古委员会等研究机构。到20世纪50年代，苏联科学院有2万多名雇员，其中有6000多名"科研工作者"活跃在56个研究所、15个实验室、7家博物馆、4个天文台。科学院的学术帝国也拓展到了人文学科领域，包括史学、民族志、东方学和世界文学等研究所。

苏联科研机构的组织方式也影响到了其他东欧共产主义国家。例如，1946年重开的民主德国科学院（前普鲁士科学院）就处于苏联军事管理部门的控制之下。和它在莫斯科的兄弟科学院一样，民主德国科学院也合并了很多研究机构，到1989年，它已经合并了57个研究所，雇用了23675名工作人员。民主德国科学院解散于德意志民主共

图 13 苏联科学院，圣彼得堡

和国停止存在前夕的 1990 年，所有雇员都因此失业，只有很少一部分人后来被重新聘用了。[29]

不过，美国的情况不尽相同。在这片自由主义和资本主义的沃土上，中央政府虽然发挥着一些作用，不过其角色长期以来受到诸多限制。美国总统托马斯·杰斐逊组织了刘易斯与克拉克远征（见第 15 页），19 世纪中期，美国国会资助了地质调查并出版了关于印第安人和美国西部的调查报告。农业部也曾资助过科学研究。不过，一直到第二次世界大战时期，科研活动的主要支持还是来自私人企业。

一直到 19 世纪末，英国都是"不情愿政府"的另一个例子：让个人和自发性的组织来资助各种科研活动与学术研究。[30] 皇家学会主席约瑟夫·班克斯爵士在政府中人脉关系深厚，他扮演着管理英国科研活动的角色。因为和乔治三世有着同样对农业和植物的兴趣，班克斯爵士还是英国皇家植物园邱园的非正式园长。[31]

不过，和美国一样，一些科研活动还是由政府部门资助的，如海军部、农业部、地质和军事调查局。1804 年到 1845 年期间担任海军部第二秘书的约翰·巴罗爵士发起了一系列对北极的探险活动，这一传统也一直延续到斯科特和萨克里顿的南极探险之行（1901—1912）。[32] 同样，发明家查尔斯·巴贝奇在《反思英国科学的衰落》（Charles Babbage, *Reflections on the Decline of Science in England*, 1830）一书中也指责英国政府对科学研究支持不够。格林尼治天文台台长于 1851 年评论道："科学领域和其他领域面临同样的境况，我们国家的人才更倾向于寻求个人或自发性组织的支持，而非和政府有关的机构。"1881 年，终身财政大臣明确宣告："对科研活动的支持并非政府之责。"[33]

同理，为科学进行的游说也在增加，这些游说者（很多是以组织的形式存在的）也取得了一些成功。例如，政府破例对挑战者号外出考察（1872—1876）资助了 20 万英镑。后来，政府还资助了国家物理实验室（成立于 1902 年），这一实验室是仿照德国的模式建立的，彼时恰逢英德两国处于公开的竞争状态。[34] 同年，英国驻印度总督设立了科学顾问委员会，先于英国开始颁布科研管理政策。[35]

## 压力下的学者

学者在研究课题的选择上承受着诸多压力，在一些国家，有些研究者出于政治原因被开除，例如20世纪50年代初期美国议员约瑟夫·麦卡锡对左翼学者的清除行动。是否信奉马克思主义也是学者们遭受政治压力的原因之一，在一些国家信奉马克思主义是必需的，而在另一些国家则是被禁止的（如20世纪80年代前的韩国）。

在政治压力的影响下，学者们被强制要求研究特定的课题，甚至被要求得出特定的结论。1933年，德裔美国学者博厄斯对种族主义的批评作品在他的母校基尔大学被烧毁，这是第三帝国时期一次大规模的焚书运动。1935年，政府确定了一批禁书目录（包括马克思主义、犹太、"非日耳曼"、神秘主义书籍等），这一禁书目录可笑地仿照了天主教的禁书目录，其中包括卡尔·曼海姆的著作。[36]

禁书作者的命运和他们的作品没什么不同。许多犹太学者被开除教职，或者主动离开了德国。1939年，德国入侵波兰，克拉科夫大学有183名教授遭到逮捕并被送进集中营，他们中只有十分之一幸存；1941年，德国人射杀了利沃夫大学的全体教授（利沃夫当时属于波兰）。[37]

种族研究和优生学研究得到了纳粹政府的支持（见第156页）。在历史学研究领域政府鼓励研究东欧史，以为德国对其他国家的统治提供理论支持。[38] 有些学者不需要鼓励。一些有名的历史学家加入了纳粹党，包括奥地利历史学家奥托·布伦纳（Otto Brunner）和德国历史学家冈瑟·弗朗茨（Günther Franz），弗朗茨将他关于德国农民战争的书题献给希特勒，后来还加入了党卫军。[39]

海因里希·希姆莱（Heinrich Himmler）对雅利安民族的文化史非常狂热，他成立了一个专门研究所谓"祖先遗产"的团体。[40] 同样，对德国民俗的研究也得到了政府的支持。[41] 在希特勒执政的 1933 年之前，德国只有汉堡大学有一个民俗学讲席；而 1933 年至 1935 年间，四个民俗学（Volkskunde）讲席得以设立。正统观点被提倡——新设立的图宾根研究所的所长是个好战的纳粹分子，非正统的观点被压制——1935 年，弗罗茨瓦夫大学的民俗学家威尔-埃里希·波伊克特（Will-Erich Peuckert）出于"政治原因"被禁止教书或出版著作。[42]

1945 年后，纳粹知识帝国的遗产依然被继承了下来，至少比人们预想的要多。许多曾和纳粹合作的知名历史学家在战后都保留了教职，如弗里兹·罗杰（Fritz Rörig）、弗里兹·哈通（Fritz Hartung）、赫尔曼·奥宾（Hermann Aubin）。维尔纳·康策（Werner Conze）年轻时曾加入纳粹党，战后他成了海德堡大学的教授，甚至连冈瑟·弗朗茨都在一段时间后重新回到了学术界。同样，1933 年，哲学家马丁·海德格尔在担任弗赖堡大学校长期间支持纳粹，他因此在战后被禁止教书，不过，1950 年，海德格尔也得以重执教鞭。

## 中心化的兴起

在当今时代，政府正越来越积极地扮演着知识活动的保护人或领导者这一角色。"科学政策"虽然是个相对年轻的术语，但其背后蕴含的思路却源远流长，而且可以扩展到大部分研究活动。早在 1900 年，德语中就已经有了科学政治（Wissenschaftspolitik）一词。[43]

例如，在成立不久的德意志帝国，几所新成立的研究机构的资金虽然并非全部来自国家，但依然被国家控制着，而且都在柏林。这些机构有：帝国物理和技术研究所（1887）、普鲁士传染病研究所

(1891)、威廉皇帝研究院（1912）。到1933年，德国有31所研究机构，涵盖了化学、生物学、物理学、法学等诸多学科。[44]

在这种情况下，研究机构背后个人的角色和作用变得清晰可见。*知识管理者*作为一种新的社会角色出现了，一个例子便是德国人弗里德里希·阿尔特霍夫（Friedrich Althoff）——他曾是法学教授，1882—1907年间担任德国文化部长。当然，班克斯和巴罗也符合这种描述。

阿尔特霍夫为新成立的研究所和大学募集资金（或者说服商人为这些机构捐资），他鼓励老牌学术机构专注于引导并聚集某一学科的优秀人才（例如专注于数学研究的哥廷根大学），还组织了柏林和哈佛之间定期的学术交流。[45] 阿尔特霍夫还影响到了德国的"科学政策"（这是货真价实的"知识政策"），他也支持当时新兴的心理学、梵文研究、卡尔·兰普雷希特富有争议性的文化史研究。他的支持"保证了兰普雷希特的未来"，而在当时，兰普雷希特的同行们对他的工作大多怀有不友好的态度。[46]

在法国，政府对知识研究的支持来得要晚一些。拿破仑时期，政府对知识的支持被认为是"罕见的开明和只是间歇性的慷慨"。[47] 确实，法国历史上存在一些政府支持的、为了搜集知识而进行的远征探险活动：从对埃及的探险开始，还有对阿尔及利亚（1840—1842）、墨西哥（1864）和摩洛哥（1904）的探险。

在法国国内，20世纪中期是政府角色变化的转折点。社会主义科学家让·佩兰创立了国家科学研究委员会，并担任科学研究秘书。这一委员会是仿照苏联的模式建立的，但是减少了政治对科研工作者的控制。1944年接任该委员会主任的物理学家弗雷德里克·约里奥（Frédéric Joliot）认为，委员会应该发挥和苏联科学院一样的作用，即指导各学科的发展，并使研究成为教学之外的另一种职业。[48] 到1966年，委员会已经聘请了超过14000名专家。[49] 第二次世界大战后期，一大批集中型研究机构纷纷诞生，如应用经济学研究所（1944）、国家人口统计学研究所（1945）、农业科技研究所和国家经济与统计学研究所（1946）等。

## 知识与战争

政府对科研活动的支持会受到战争的影响，这一点已探讨过。许多在战争中失败的国家，会反思其先前的知识政策，并向战胜国学习。例如，中国在鸦片战争（1840—1842，1856—1860）中被英国打败后，清政府才开始谨慎地学习西方知识，尤其是在科学领域。这一过程在中国被日本打败后（1894—1895）再次出现，当时的日本比中国更加西化。

同样，普鲁士被拿破仑击败导致其建立了柏林大学（1810）。在普法战争（1870—1871）中失败的法国，则反过来开始效仿他们的普鲁士敌人。"在这场悲伤的灾难的情绪中"，如同加斯东·蒂桑迪耶（Gaston Tissandier）所言，他仿效德国的《科学》杂志创立了法国的《科学》杂志。[50] 法国学者欧内斯特·勒南（Ernest Renan）认为，德国的大学为德国赢得了这场战争。如我们所见，在19世纪后期，越来越多的法国学者都在德国接受学术训练。

如同第四章所呈现的，第一次世界大战对知识组织的形成依然有着重要的影响，当时成立的一些研究机构几乎是永久性的。1917年，战时的英国设立了科学和工业研究部。1916年，美国设立了国家科学研究委员会。[51]

第二次世界大战改变了美国政府对科研活动的态度，之前是漠不关心，之后开始高度重视。联邦政府战时对科研活动的投入高达5000万美元，是和平时期的10倍。[52] "大科技"和"大政府"现象同时出现了。

研制核武器的"曼哈顿计划"就是最有名的例子，后人对其历史也做了很多不同的阐释。[53] 曼哈顿计划很有名，也很昂贵：雇用了 25 万多名科学家，耗资 20 亿美元。这些不过是一个更为庞大的故事的一部分。工程师兼知识经理人万尼瓦尔·布什说服罗斯福总统成立了国防研究委员会（即后来的科学研究与发展办公室），对科学家就战争的贡献进行监管。

## 作为知识保护人的美国政府

有些是临时安排，之后却延续了下来。在政府资助科学研究这一方面，万尼瓦尔·布什提交给总统的报告《科学，无尽的前线》（*Science, the Endless Frontier*, 1945）强化了上述倾向。冷战的爆发也给万尼瓦尔的提议提供了助力，这一战争被描述为一个"苏联科学院闻所未闻地、爆发性地发展的结果"。[54] 美国陆军、海军和空军都对科研活动提供支持（美国空军还于 1946 年成立了兰德公司研究机构），这些支持是出于这些组织自身的目的，而在某种程度上也是为了科学本身。语言学家诺姆·乔姆斯基发表了很多关于美国的战争机器的批评，而具有讽刺意味的是，他的研究却正是倚仗军方三大组织的支持。[55]

这些科研资助采用的一般形式是和大学签订合同，其巧妙之处在于"这种形式可以干净利落地避开美国国会带来的某些麻烦，比如冗余的联邦雇员"。[56] 小政府的神话在大政府时代得以保留。

同样，20 世纪 40 年代以来的美国，军方在知识史中发挥越来越大的作用，其影响体现在各个方面：从人类学到计算模拟研究，到人工智能研究的兴起，等等。甚至互联网也是源于对网络系统的去中心化："以避免苏联在核战争中取代或者严重破坏美国的通信机制。"[57]

这一时期，"防卫"是政府资助科研活动的一个原因，而"竞争"是另外一个原因。1957 年苏联发射了第一颗人造卫星，作为回应，美国于次年成立了国家航空航天局（NASA）。这场竞争的代价是高昂的：载人登月的阿波罗计划耗资 70 亿美元，而其实际花费高达 1700 亿美元。另外，非载人的空间探测任务则便宜很多，探测火星的"维京计划"（1975— ）和探测天王星的旅行者 1 号、旅行者 2 号（1977— ）分别耗资 10 亿美元和 6 亿美元。[58]

政府对社会科学研究的资助则相对而言少得多：1956 年 3000 万美元，1980 年 4.24 亿美元，较之前又增长不少，不过和空间探测项目的花费相比只是九牛一毛。[59] 冷战时期，资金大多流向"区域研究"，主要用来资助那些政府机构，尤其是美国中央情报局感兴趣的交叉学科研究（见第 131 页）。

区域研究的许多资金来自私人基金会（著名的卡内基基金、福特基金和洛克菲勒基金），不过，政治考量也是清晰可见的。首先，苏联研究被高度重视，尤其是在哈佛大学俄罗斯研究中心（1947），这一研究所是在一位将军的建议下设立的。其次是哈佛中东研究中心（1954）的中东研究和该校东亚研究中心（1955）的中国研究。再次是越南研究，塞缪尔·亨廷顿作为越南研究委员会的主席，对美国在越战中的策略提出过一些建议。在古巴的卡斯特罗革命后，拉美研究也得到了政府和私人财团的资助，1959 年拉美研究委员会成立。[60]

区域研究被认为是"体现美国政治利益"的"冷战发明"。[61] 不过，美国特种作战研究办公室（Special Operations Research Office）耗资 600 万美元的卡米洛特工程（Project Camelot, 1964），虽然号称是"社会科学研究领域单项投入最大的研究计划"，却招致了很多批评。[62] 这项计划是为了研究如何镇压暴乱，它为一些社会学家提供了资助，但因为研究目的和政治干涉有关，人们认为它是对"学术自由、思想自由和表达自由"的威胁。[63] 由于这些批评，该计划也随之搁浅。

智库聘请很多的职业研究者，也体现出资助者对科研活动的影响。例如，斯坦福大学的胡佛研究中心（1919）是一个"公共政策研究中心"，研究重点是战争和革命，其建立者赫伯特·胡佛即后来的美国总统。"传统基金会"（Heritage Foundation, 1974）和里根政府有密切的关系。美国前国务卿和大使，在卸任后往往选择加入智库。

简而言之，20世纪40年代以来，在美国，科研资金日益影响学者的学术生涯和研究趋势，政府根据其对外政策不同的优先级分配资金，这一塑造过程异常清晰。

接下来，我们将在更严格的"社会学"意义上探讨知识，关注研究机构和社会团体，尤其是那些注重创新的研究机构，讨论各种社会团体对知识发展可见或隐性的贡献，以及它们与知识的关系。

## 形形色色的知识工作者

如我们所见，专业化和专门化是当前的主流趋势。我们谈到了许多职业的知识工作者，比如探险家、教师、侦探、记者、间谍、出版人、研究助理和知识经理人等。这些知识职业的数量依然在增长中。

不过，大量的业余人士也为知识增长作出了贡献，这些贡献的重要性也许会随着时间的推移而减小，但是，长远来看，这些贡献的巨大作用也许会超出一个人的想象。进入20世纪初期，维基百科和"大众科学"运动的兴起都是业余知识工作者贡献的例子。[64] 接下来，我们将着重讨论六种类型的业余知识工作者：绅士、医生、教士、士兵、外交官和女性。

在英国的很多地方，绅士们，尤其是乡村绅士，独自或者结成团体，对当地的历史、地理、植物学、民俗学、考古、人类学等学科作出了巨大的贡献。似乎英国的绅士们对知识增长的贡献格外大，这或许是英国的传统所致，或许是出于业余者的狂热。[65] 业余学者可以把他们发现的物种和对自己发现的描述报告给科学院和专业人士，或者在本地知识分子阅读的杂志上发表。1731—1907 年间甚至发行过一本全国性的《绅士杂志》（Gentleman's Magazine），虽然到 19 世纪后期就已经开始没落了。一些业余人士发表了很多重要的著作，如爱德华·连恩的《埃及的习俗》（Manners and Customs of the Egyptians）。达尔文也属于这一群体，虽然他以科学工作为职业。其他业余爱好者们也从事集体性的研究活动，例如，民俗学会的成员们曾进行过一次不列颠民族志调查（1892）。

绅士（gentleman）这一词很难被完美地翻译为其他语言。在许多情况下，这一个词具有丰富的含义。这里的绅士包括了商人：银行家约翰·卢伯克（John Lubbock）同时还是一名活跃的生物学家和史前史学家，利物浦的船东查尔斯·布思和巧克力厂厂主本杰明·朗特里（Benjamin S. Rowntree）组织过社会调查。其他的还有退休教师路易·马乔洛（Louis Maggiolo），他关于法国文学的研究非常有名；安德烈·西格弗里德（André Siegfried）的财富使他可以做一名独立学者，他对地理学和政治学都作出了很大贡献。

职业人士常常对他们专业领域之外的知识发展有所贡献。例如，地理学家查尔斯·莱尔的本职是律师，破译了线形文字 B 的迈克尔·文特里斯（见第 57 页）是一名建筑师。[66]在古典学领域，银行家乔治·格罗特（George Grote）曾撰写过一本希腊史著作，首相威廉·格莱斯顿（William Gladstone）是研究荷马的权威。医药学家、外科医生，他们在医学之外的领域也有突出的贡献，这些贡献大多出于他们对公共健康的关心。例如，英国人威廉·法尔对"死亡数"非常感兴趣，他也成了统计学会的主席。法国人路易-勒内·维勒梅（Louis-René Villermé）组织过一次对纺织工人的调查，他们不仅关注工人们的健康状况，还研究了他们总体的福利。英国外科医生吉迪恩·曼特尔（Gideon Mantell）走得离医学更远，他以对恐龙的研究闻名于世。

教士们对学术发展的贡献也是很重要的，无论是天主教的、新教的，还是东正教的教士们。即便我们从中排除那些教授神学、宗教研究，甚至从修辞学到心理学等诸多学科的职业学者（一直到19世纪70年代，在牛津和剑桥中，几乎所有的教授都是英国国教教士），其他人的贡献依然显著。威尔士的一位传教士亚伯拉罕·里斯独自完成了一套百科全书。牧师爱德华·辛克斯在自己偏远的爱尔兰家中破译了部分亚述楔形文字。从德国教士约翰·彼德·苏斯密尔希（Johan Peter Süssmilch）到英国教士托马斯·马尔萨斯的很多教士，和威廉·法尔医生一样，都研究统计学。不过，他们是从人口趋势与上帝之意志的关系这一角度进行讨论的。

在法国，牧师让-贝努瓦·科歇（Jean-Benoît Cochet）是中世纪考古学领域有名的专家，亨利·布勒伊（Henri Breuil）则专门研究旧石器时代。其他的牧师，如曾是耶稣会士的弗朗索瓦·穆瓦尼奥，致力于传播科学知识，这种传播往往是为了展示自然神学。[67] 传教士在传播基督教之外也传播自然科学知识，如在孟加拉传教的威廉·克里（William Carey）和在中国传教的傅兰雅。还有一些教士，对所在之地的文化进行了深入研究，例如俄国东正教徒尼基塔·比丘林（Nikita Bichurin）作为传教士来到北京，后来他成了一位杰出的汉学家。苏格兰公理会教士理雅各在华传教期间翻译了很多中国经典文献，法国新教传教士莫里斯·莱纳特在新喀里多尼亚传教期间研究了当地卡纳克人的习俗。理雅各最后在牛津当了一名中文教授，莱纳特则在巴黎教授民俗学。[68]

军人（包括海军）也对知识作出了很多贡献，不管是服役的还是退伍的。英国将军亨利·罗林森破译了楔形文字手稿，另一位奥古斯都·莱恩·福克斯（后来的皮特-利弗斯［Augustus Pitt-Rivers］）成了一名考古学家，在他自己的庄园上组织发掘。美国海军军官马修·莫里成了一名海洋学家。

第八章 知识社会学 | 261

外交官也常常在他们的空闲时间兼任学者（至少在19世纪他们有很多空闲时间）。约翰·大卫·阿克布拉德破译了罗塞塔石碑上的埃及草书，奥斯汀·莱亚德因其对尼尼微的发掘闻名于世，他最终成了一名驻奥斯曼帝国的大使。更近一些，荷兰外交官高罗佩（Robert van Gulik）是20世纪中期一位知名的汉学家，当前最有名的两位巴西历史学家埃瓦尔多·卡布拉尔·德·梅罗（Evaldo Cabral de Mello）和阿尔贝托·达·科斯塔·厄·席尔瓦（Alberto da Costa e Silva）都曾担任过外交官，而他们的学术生涯是在任职期间开始的。

另一种类型的知识工作者也不容忽视：那些在知识发展中起促进作用的人，如经理人和出版商。知识经理人的角色在前文已有所涉及，他们在不同时期影响着特定地区、领域内研究项目的数量：伦敦的皇家学会主席约瑟夫·班克斯，柏林的教育部长弗里德里希·阿尔特霍夫，卡内基研究所的罗伯特·伍德沃德（Robert Woodward）（他曾被誉为"现代科学的第一任经理人"），洛克菲勒基金会的瓦伦·韦弗和福特基金会的谢泼德·斯通（Shepard Stone）。[69]

出版商们也属于这一团体，他们的出版社对知识的传播至关重要。一些商业出版社致力于出版学术作品，如巴黎的加利马尔出版社、都灵的埃伊纳乌迪出版社、莱顿的博睿出版社等。牛津、剑桥、哈佛和耶鲁等大学出版社致力于学术论文的生产和传播。例如，牛津出版了一套大学图书馆的"现代知识"丛书，法国大学出版社出版了"万有丛书"系列。

介于业余爱好者和职业学者之间的是模糊的知识分子形象。这一术语可以追溯到20世纪初，起源于法国国内一场关于德雷福斯上尉的争议，他是一名法军军官，被指控犯有间谍罪。在争议中发表观点的作家和学者即以知识分子（*intellectuels*）的身份为人所知。[70]

然而，如果这一术语被用来泛指学者，那么它就应当把中世纪时期的大学教授和文艺复兴时期的人文主义者也包含在内。即便这一术语被严格限定于那些在报社等媒体发表政治意见的作者——所谓的"公共知识分子"——这一群体的历史也可以追溯到启蒙时期的法国思想家（*philosophes*），如伏尔泰和狄德罗等人。18世纪中期公共知识分子的兴起得益于文学市场的发展，这使得作家们从保护人那里独立出来，这是知识社会史中的一次重要事件。[71] 这种公共知识分子和"专家""技术官员"等人不同，后者是在城市发展和国家经济等方面给政府建言献策或听取建议的。

## 工人阶级

到目前为止，我们提到的关于知识群体的例子都属于中上阶层男性群体，这就带来了另一个问题：其他社会群体和知识的关系如何？在第四章，我们讨论了在工人阶层中传播知识，尤其是科学知识的努力。这种现象的出现伴随着英美国家中机械师协会的兴起，同时创建斯堪的纳维亚民众高等学校（*folkehøjskole*）和其他地区类似的机构。到了20世纪，人们致力于尽可能广泛地开设高等教育机构。例如，苏联的大学必须招收一定数量的无产阶级和农民子女，英国政府则会为来自无力支付高等教育学费的家庭的子女提供政府奖学金。

但是，民众获取知识的途径还是有限的。例如，英国机械师协会中更多人来自下层中产阶级，而非工人阶级，体现出所谓的"手工协会士绅化"。[72] 曼彻斯特欧文学院（1851）、纽卡斯尔自然科学学院（1871）、利兹约克郡科学学院（1874）、伯明翰梅森科学学院（1875）和谢菲尔德第五学院（1879）等机构，设立之初都是为了给手工艺人提供技术训练方面的课程，后来则渐渐变成了面向中产阶级的传统型大学。另外，成立于1899年的牛津大学鲁斯金学院则一直在招收工人阶层的学生。

第八章 知识社会学 | 263

从 18 世纪晚期开始，一场向公众开放图书馆、美术馆和博物馆的运动开始兴起（1793 年卢浮宫和哥本哈根的皇家图书馆、1809 年米兰的布雷拉博物馆、1814 年圣彼得堡的帝国图书馆、1818 年马德里的普拉多博物馆等），随后建立了更多这样的场馆。安德鲁·卡内基的很多慈善捐款被用来创建了 3000 多个公共图书馆。引起争议的问题是：谁是公众？

对很多公共图书馆的支持者来说，公共图书馆是知识民主化的一种工具。"这是为每个灵魂建立的免费图书馆"，麦尔威·杜威在文章中写道。不过，这些原则上向所有人开放的地方，实际上却时而会拒绝那些看上去不够体面的人。激进的记者威廉·科贝特（William Cobbett）批评大英博物馆是个"满足富人和好奇心的娱乐场所"。[73]1836 年，下议院的一个远称不上激进的委员会曾抱怨："公共和免费美术馆太少了"，由此导致的结果是："（不能满足）工业化人口中学习设计的需求"。南肯辛顿美术馆的建立（见第 92 页）就是为了弥补这一缺陷。[74]

当画廊和博物馆的确向公众开放了之后，中产阶级却会抵制这一做法。例如，在 19 世纪 30 年代，有人反对巴黎皇家图书馆中出现"无家可归的流浪汉和闲逛者"；大英图书馆馆长亨利·埃利斯（Henry Ellis）反对延长图书馆的开放时间，因为这可能招致"底层人士"，如果在复活节期间开放图书馆则意味着"粗俗的人大量涌入图书馆"，而在夜间开放图书馆则可以吸引"律师、教士"和"高贵的读者"。[75]

伦敦的国家美术馆在 19 世纪开始免费开放，如今仍是。但当美术馆中出现工人的身影，人们就会抱怨，这种抱怨在雨天尤甚。南肯辛顿美术馆（见第 92 页）夜间开放，这很独特，就是为了方便那些白天要长时间工作的参观者。场馆的开放问题在法国也引发了诸多争议。19 世纪 90 年代，卢浮宫是否要收费的问题成了一场全国性的公开讨论（画家卡米耶·毕沙罗 [Camille Pissarro] 就是支持免费开放的一员)。博物馆是否向儿童开放,这也有争议。例如,在德国,对这一问题的讨论揭示了两种对立的观点:博物馆是科学的圣殿还是共同教育的讲坛。[76]后一种观点成了主流。在英国,1902年颁布的《教育法案》确认了学生在教师的带领下参观博物馆的时间可以被算为学时。[77]

## 知识女性

女性对知识的获取和工人一样是个颇具争议的问题。[78]在今天,女性学习知识和作出原创贡献的机会越来越多,这可以追溯到1754年德国给女性授予的第一个博士学位(医学博士,德国哈雷)。

自19世纪早期开始,出现了许多专门为女性成立的学校,其中包括被称为"七姐妹"的北美七大文理学院(1837—1889)、伦敦的贝德福德学院(1849)、剑桥的格顿学院(1869)、东京津田塾女子大学(1900)和拉合尔女子学院(1922)。一些新成立的大学从一开始就同时招收男性和女性学生,如俄亥俄州的欧柏林大学(1833)、克拉克大学(1888)、芝加哥大学(1890)和伦敦政治经济学院(1895)。再晚一些成立的大学,如苏黎世大学,从19世纪60年代开始大量招收女生(包括1864—1872年间招收的148名俄国学生),还有康奈尔大学(成立7年后的1872年开始)、哥廷根大学(1893)、弗罗茨瓦夫大学(1895)和海德堡大学(1901)。[79]在法国,大学生中女性的比例从1902年的3.6%上升到1914年的10%。在德国,这一比例从1913年的不足6%升至1931年的19%。在俄罗斯,该比例从1928年的28%升至1937年的41%。[80]到2000年,英国接受高等教育的人口中53%是女性,美国的这一比例则高达56%。[81]

即便有哈雷的先例,普遍授予女性博士学位的现象还是发生得较晚,而女性在大学中担任教授的现象出现得更晚。1754年的哈雷之后,第二次授予女性医学博士学位是在1867年，美国在1877年第一次授予女性博士学位（波士顿大学），1908年地理学中第一次授予女性博士学位，1909年荷兰第一次向女性授予物理学博士学位，1927年日本第一次授予女性理学博士学位。1903年，诺贝尔奖第一次被授予女性（玛丽·居里）。1906年，索邦大学任命了第一位女教授（还是玛丽·居里），1912年加拿大和挪威首次任命了女教授，随后荷兰（1917年）、英国（剑桥，1937年，比牛津早11年）也任命了女教授。1945年，皇家学会第一次选举出一位女性成员。

这一系列学术机构向女性开放的事例听起来很美好，不过，换个角度看，这也体现出，在这些标志性的日期之前，什么东西是不向女性开放的。在这一时期的初期，一些女性尽可能充分地利用她们有限的机会，从而在促进科学的普及中发挥了重要的作用：从普里西拉·韦克菲尔德的《植物学入门》(Priscilla Wakefield, *Introduction to Botany*, 1796) 到简·马塞特的《化学谈话录》(Jane Marcet, *Conversations on Chemistry*, 1805)。[82] 更成熟的作品有苏格兰博学者玛丽·萨默维尔的一些综合性著作，如她的论文集《论物理学的联系》(Mary Somerville, *On the Connexion of the Physical Sciences*, 1834)。这些著作显示，如果萨默维尔能获得如天文学家卡洛琳·赫歇尔（Caroline Herschel）那样的机会的话，她可以进行真正的研究。赫歇尔曾是她著名的哥哥威廉·赫歇尔的助手，但是她也贡献了自己的发现。

在女性开始从事研究工作之后的一段时间，她们的工作很难得到认可，或者说只是"隐形的"。[83] 不太出名的科学家的成果常常被归功于科学史上更有名的人物——如牛顿和爱因斯坦，这被罗伯特·默顿称为"马太效应"，而这种现象在女性学者中尤为常见。因此，一位女性主义科学史家曾提出，应当讨论相应的"玛蒂尔达效应"(Matilda Effect)。[84] 例如，1944年因放射化学研究获得诺贝尔奖的奥托·哈恩(Otto Hahn)，这份荣誉应当和他的助手莉泽·迈特纳（Lise Meitner）

共享。同样，DNA 结构这一伟大发现一直被归于弗朗西斯·克里克和詹姆斯·沃森而非罗莎琳德·富兰克林（Rosalind Franklin）——她在这一集体工作中也作出了巨大的贡献。[85] 美国人爱丽丝·科博在破译线形文字 B 中发挥了重要作用，但她的贡献一直被低估，在一段时间内甚至完全不被提及；这一状况也发生在协助破译了玛雅象形文字的琳达·舒勒身上。[86] 古俄语词典的编纂由语言学家斯列兹涅夫斯基（Izmail Sreznevskii）开始，在他去世 30 年后由他的女儿斯列兹涅夫斯卡亚（Olga Sreznevskaia）完成，但是她做的这些却没有被记录下来。[87] 具有讽刺意味的是，"马太效应"这一概念本身也是"玛蒂尔达效应"的一个案例，因为默顿并没有给他后来的妻子、当时的研究助理哈里特·朱克曼（Harriet Zuckerman）相应的认可。像他后来坦白的那样："一直到现在（1973），我才迟钝地发现，我其实非常依赖朱克曼的考察和材料，显然，许多发表的论文本应是我们共同的成果。"[88]

像一些国家一样，一些学科更早地给女性提供了机会，且吸引女性研究者。英国文学就是一个例子：1914 年，牛津大学有 14 名男性和 25 名女性参加了期末考试。[89] 植物学早在 19 世纪就吸引了女性业余研究者，20 世纪出现了职业的女性植物学家：加拿大的第一位女教授就是麦吉尔大学的植物学家卡丽·德里克（Carrie Derick）。[90] 精神分析学几乎从一开始就吸引了很多有天赋的女性研究者，如梅兰妮·克莱恩（Melanie Klein）、卡伦·霍妮（Karen Horney）等，当然还有延续了家学的安娜·弗洛伊德（Anna Freud）。同样的情况也发生在新兴的经济史研究，其中的某些课题在今天看来更偏向社会学，1921 年，莉莲·诺尔斯（Lilian Knowles）成为伦敦政治经济学院第一位经济史教授，十年后，更为出名的艾琳·鲍尔（Eileen Power）接替了她。[91]

考古学和人类学也是较早向女性开放的学科。剑桥大学的第一位女教授是考古学家多萝西·加罗德（Dorothy Garrod），格特鲁德·卡顿－汤普森（Gertrude Caton-Thompson）和凯瑟琳·凯尼恩（Kathleen

Kenyon）分别因她们在大津巴布韦和杰里科的发掘而为众人所知。[92] 在人类学方面，鲁思·本尼迪克特、玛格丽特·米德、奥黛丽·理查德斯（Audrey Richards）和玛丽·道格拉斯（Mary Douglas）这些名字，都提醒着人们女性在这一领域的杰出表现，这些杰出的贡献始于 1900 年，至少在美国是这样的。1923 年，鲁思·本尼迪克特成为哥伦比亚大学的教授，而埃尔西·帕森斯（Elsie Parsons）很早就作为民间学者在这一领域耕耘了。[93]

同样在美国，19 世纪末出现了女性社会调查研究者。随着社会学的专业化，许多女性被挤出这一领域，或者被降入次等。但是女性学者逐渐回归主流，到了 2000 年，美国社会学协会中一半以上的成员都是女性。[94] 在其他地方，女性社会学家也在社会学的兴起中扮演了重要的角色。19 世纪 80 年代，还是比阿特丽斯·波特的比阿特丽斯·韦伯进行了大量社会学研究。在德国，海德堡大学的第一批女学生之一玛丽·伯尔奈斯（Marie Bernays）于 1910 年发表了她对一家纺织厂工作状况的社会学研究著作。

## 机构和创新

如我们所见，克拉克大学、芝加哥大学和伦敦政治经济学院这些新成立的大学，在成立之初就开始招收女性。这就提出了一个新问题：新机构在促进知识创新中发挥着什么样的作用？这一问题和之前讨论过的边缘机构在知识创新中的角色问题很类似，因为很多新成立的研究机构都是边缘性的，即便有些在后来占据了中心地位。

新成立的研究机构和旧有的研究所相比，原则上来说没有旧传统的负担。这些新机构尚未来得及形成社会学家所说的"结构惰性"。[95] 加入旧研究所的人会被鼓励尊重研究所的传统、在传统中下功夫。 对这些研究机构来说，创新是对这些工作的一种威胁，因而要抵制创新，随后出现了这种看起来矛盾的事情：成立一个新的研究机构———比如大学，比改革一个旧的更简单。

在近代早期，很多例子都证实了这个道理：和其他旧有大学的课程设计相比，阿尔卡拉、威滕伯格、莱顿、哈雷、哥廷根等新成立的大学的课程设计少了很多传统印记；对今天所谓"研究"工作的创新，更是发生在大学之外，比如在天文台、实验室，甚至自然哲学研究社团中。[96]

我们的时代也是如此。最先引入德语（Germanistik）这一新学科的三所大学是柏林大学、弗罗茨瓦夫大学和波恩大学，都是在它们成立的初期；英国的第一个英国文学讲席是成立不久的伦敦大学在1827年设立的。同样，1895年成立的伦敦政治经济学院很快组建了社会学系（1904），并设立了一个民族学讲席（1913）。相反，社会学在英国的老牌大学中遇到了很多阻力，尤其是在牛津和剑桥。[97] 同样，有人认为，20世纪30年代德语移民对美国社会学理论的贡献，在那些"新的机构组织"中影响更大，就像1919年成立的纽约社会研究新学院。[98] 对巴尔的摩的约翰·霍普金斯大学（1876）、斯特拉斯堡大学（1871、1919）和伯明翰附近的萨塞克斯大学（1961，图14）这三所大学的案例研究有助于论证这一观点。

约翰·霍普金斯大学和芝加哥大学、康奈尔大学等共属于美国新成立的一批大学，这些学校代表了一种新的大学形态：研究型大学。旧大学，如哈佛、耶鲁、普林斯顿等，继承了它们还是小型学院时的传统，着重于本科生教育。相比之下，这些新大学更关注研究生的学术训练和教职人员的学术研究。新学科也相继成立，例如，芝加哥大学成立了美国第一个地理学系和埃及学系，在社会学尚且是门新兴学科时对它也予以了支持。

约翰·霍普金斯大学的发展得益于其成立初期收到的一笔巨额遗

产捐赠——350 万美元（19 世纪 70 年代）——号称"美国高等教育机构收到的最大一笔单次遗产捐赠"。[99] 这所大学刚成立的前 15 年被称为一段"魔力时刻"，此时的约翰·霍普金斯大学有一股标志性的"自由气息和强劲的奉献精神"。[100] 这种神奇部分归功于学校规模较小，当时约翰·霍普金斯大学只有 6 名正教授和 18 名教职人员，形成了一个很紧密的学术共同体。的确，在这所大学成立的初期，教授们经常参加其他人的演讲，巩固了这份共同体事业。非正式的学术团体也繁荣起来，包括一些在私人住宅召开的学术会议，来自不同领域的学者在会议上介绍各自领域的学术问题。[101]

严格地讲，斯特拉斯堡大学并不是一所新的大学，因为早在 17 世纪它就已经成立。不过，事实上，这座城市孕育了两所新式大学：1871 年重新成立的德国斯特拉斯堡大学，这是随着阿尔萨斯在普法战争中回归德国后设立的；还有 1919 年的法国斯特拉斯堡大学，这是当这一地区再次归属法国时成立的。在这两次事件中，重新设立的机构都促进了知识创新。1871 年，社会学在斯特拉斯堡大学中迅速发展，其地位超过了德国其他大学，一系列语言学、历史学、政治学等学科的讨论会纷纷成立，这一模式随后被德国大学迅速学习和采纳。1919 年后，和其他旧式传统法国大学相比，斯特拉斯堡大学更注重学术研究，为此成立了一些促进不同领域合作的研究所，这在法国大学中是很罕见的，例如心理学家夏尔·布隆戴尔（Charles Blondel）与社会学家莫里斯·哈布瓦赫（Maurice Halbwachs）、历史学家吕西安·费弗尔、历史学家马克·布洛赫间的合作。[102]

斯特拉斯堡也经历了它的"魔力时刻"。在德国斯特拉斯堡大学，后来的教授们喜欢回顾那段"充满激情的初创期"；同样，在法国斯特拉斯堡大学，其早期也有一股团队合作的精神。像约翰·霍普金斯大学一样，斯特拉斯堡大学的教授们会去参加其他教授的讲演。[103] 一段时间后，费弗尔和布洛赫等一些杰出教授回到了巴黎，但是，在斯

图 14 萨塞克斯大学教学楼（1962）

特拉斯堡大学的经历帮助他们发展了跨学科的历史研究方法,这种方法和所谓的年鉴学派有很大关联(见第246页)。

至于萨塞克斯大学,它并非英国战后的第一所新式大学。1949年,英国在斯塔福德郡基尔市成立了一所新式大学,这所大学是一次教育实验的产物,是对英国高等教育中专门化特征的回应。在第一年或"基础年"中,学生们要广泛地接触很多学科,他们学习"辅助"课程,以便弥合后来人们所称的"两种文化"之间的鸿沟。[104]

作为20世纪60年代英国第一批成立的七所新式大学之一,萨塞克斯大学在这个方面走得更远,其成立的初衷是要"重绘教育地图"。[105] "研究组"(欧洲研究、社会研究等)代替了传统的系;在人文科学中,至少两位来自不同领域的老师一起开设联合课程,例如一位教文学,另一位教历史。

关于萨塞克斯大学的"魔力时刻",我的经历可以作证。1962年,我来到萨塞克斯大学,这里有年轻人的激情,没有传统束缚带来的眩晕感(或者说,是我们力图创造传统的集体努力),伴随一种共同在一项重要事业中努力的兴奋之情。和约翰·霍普金斯大学、斯特拉斯堡大学一样,这里的教师也会参加其他教师的讲座。这里几乎没有等级制,教授们纷纷忙于设计新的课程,以至于没有时间告诉新人应该做什么,即便他们本身曾希望这样做。

有时候,在一些成熟大学的成熟院系中也会有这样的"魔力时刻",例如20世纪40年代的哥伦比亚大学社会学系。随着保罗·拉扎斯菲尔德和罗伯特·默顿的到来,"拉扎斯菲尔德-默顿时代早期的哥大社会学系非常令人振奋",社会学家西摩·马丁·李普塞特(Seymour M. Lipset)这样写道,1949年他在哥伦比亚大学获得博士学位,"这里的学者感到自己在开创一项伟大的事业,这一事业即便不会改变世界,也将改变整个社会学"。[106]

这些新式研究所成立初期规模较小,学者们交流甚多,强化了一种共同体的事业感。基尔大学成立时只有 140 名学生，萨塞克斯大学有 40 名学生。教师团体相对年轻，这也有助于激发研究机构内的激情。基尔大学成立时，就任的 13 名教授全部不满 50 岁。斯特拉斯堡大学在 1873—1882 年间任命的 24 名正教授的平均年龄只有 38 岁。[107] 芝加哥大学的首任校长威廉·R. 哈珀（William Harper）就任时只有 34 岁。萨塞克斯大学历史系的阿萨·布里格斯在社会学研究乃至大学发展中都发挥了关键的作用，而他成为萨塞克斯大学历史系教授时只有 40 岁。萨塞克斯大学早期的许多助理讲师都在 25 岁左右。

"魔力时刻"并不能持续很久。约翰·霍普金斯大学的一名历史学家曾评论："在最早的 15 年过去后，这里的激情也渐渐消散。"[108] 在萨塞克斯大学，早期标志性、无处不在的电视摄像机逐渐关掉了，学生质量下降，学校的扩张期结束（在撒切尔时代迎来削减），包括我自己在内的很多教授都离开这里，去了牛津、剑桥。一个新生的研究所规模较小，与教职人员的青春一样，在人的眼中，其很快就不再新奇，首创性渐渐被例行公事取代。为了保持创造性，需要不断创立新的组织，不管这些新组织是不是大学。例如，100 年前，德国化学家威廉·奥斯特瓦尔德（Wilhelm Ostwald）曾提议在大学之外采取一种"新的功能形态"，以便科学家们有时间从事免于教学任务、不受干扰的研究活动。[109] 更近一些，有人认为私人企业比大学更为成功，因为它们不受过时的学科结构的阻碍。[110]

## 思想学派

思想史，尤其是 19、20 世纪的思想史，常常涉及"思想学派"（school of thought），这一主题也吸引了很多社会学家。[111] 这些学派往往与个人有关，如化学中的李比希学派、地理学中的拉采尔学派、心理学中的冯特学派、英国文学批评中以 F. R. 利维斯为代表的"利维斯派"。学派还和地域有关,一般来说是城市,如社会学和经济学中的芝加哥学派、批判理论中的法兰克福学派、符号学中的塔尔图学派、经济学中的维也纳学派,还有历史学、数学、化学等学科中的哥廷根学派等。[112]对学派的另一种描述是"学术团体"*,如哲学中的维也纳学派、语言学中的莫斯科学派和布拉格学派,还有 1890 年到 1914 年间活跃的莱比锡学派,这个涵盖了多个学科的学派中有文化历史学家卡尔·兰普雷希特、化学家威廉·奥斯特瓦尔德、地理学家弗雷德里希·拉采尔和心理学家威廉·冯特。[113]

学派的繁盛说明这样一点:领袖和追随者形成的团体,无论是在大学、俱乐部还是实验室,在知识的传播中都发挥了关键性的作用,对于传播乃至创造那些人们心照不宣的知识尤其如此。[114]有些学术团体(如莱比锡学派)是基于院系的,体现出教授的影响力,这一现象在德国尤甚。[115]有些学派超越了单一研究所的限制,[116]有些则以一个新研究所的形式出现——如国际精神分析协会(1910)。

值得注意的是,以上这些学派都产生于 1850—1950 年间,虽然这一现象早在林奈和他的"信徒"们那个时代就已存在。[117]宗教语言在学派语境中被频繁使用,人们会使用如主教、门徒、福音书、教派、教派分裂等词语,学派也常常与教派相提并论。[118]在物理学家奥斯卡·梅耶(Oskar Meyer)1861 年写给他老师弗朗茨·诺依曼(Franz Neumann)的信中,他把自己称为"您福音的信徒"。[119]分子生物学中的"噬菌体教派"也许听起来有些好笑,但这也揭示了一些重要的事情。[120]

在学派中,人们会辨认出异教徒,逐出教派的事也时有发生。例如,在利维斯晚年,他和妻子奎尼驱逐了很多早期利维斯主义者。一

---

\* circle,中文同样习惯译为学派。——译者注

个更臭名昭著的例子是弗洛伊德驱逐阿尔弗雷德·阿德勒（Alfred Adler）和卡尔·古斯塔夫·荣格一事，这起事件发生在精神分析运动从一个非正式的"宗派"成为一个正式"教派"的转变过程中，这也是某种大势所趋。的确，精神分析运动的发展中有很多标志性的分裂，如卡伦·霍妮和雅克·拉康（Jacques Lacan）的离开，这段历史确实值得历史学家来讲述。[121]

把"学派"当成一个简单的模型来研究是远远不够的，不能简单地假设信徒都盲目地追随老师，或者所有的成员都接受同一套思想体系。[122] 有时候，老师也会向他们的信徒学习，好比弗洛伊德曾向荣格、厄根·布洛伊勒（Eugen Bleuler）、桑多尔·费伦齐（Sándor Ferenczi）等人学习。同样，学派和俱乐部不同，其成员资格并非固定不变的。吉尔伯特·默里（Gilbert Murray）和弗朗西斯·康福德是剑桥古典学派的两名成员，他们和学派间的关系被描述为一种相互的具象化，更像是一种"围绕着简·哈里森（Jane Harrison）这一核心的原子运动"。[123] 有些学者更像是"半信徒"，他们尊重自己的导师，但并不全盘接受。一些学派的领袖特征更鲜明。相对而言，一些学派中等级分明，一些学派中更为平等（如同"学术团体"这个名字所展示的）；一些学派更自由开放，能容纳不同的观点，另一些则更注重排除异己。

举例来说，如今业已解散的底层研究学派\*的成员，或多或少是经验主义者、马克思主义者，或者是对结构主义和后结构主义感兴趣的学者。的确，从外部看起来整齐划一的学派，在其内部成员眼中则充满差异和矛盾。

最后这点在法国史学界的"年鉴学派"中尤为突出（继1929年同名刊物的发表而成立），因为很多年鉴学派的成员曾公开否认存在这一学派。[124] 与其说这是一个学派，不如说它是场运动更为精确：一场要改

---

\* 又译为"庶民研究组"。——译者注

革历史研究、重写历史的运动，将史学从对政治事件的过度关注中解放出来，将历史的范围扩展到经济史、社会史和文化史等。

不同寻常的是，这场运动由两个人引领——吕西安·费弗尔和马克·布洛赫，而非一人。同样不同寻常的是，这场运动持续了三四代之久（和它最接近的大概是社会学中的芝加哥学派，从20世纪20年代罗伯特·帕克开始持续到80年代尔文·戈夫曼［Erving Goffman］和埃弗里特·休斯［Everett Hughes］）。第二代领袖费尔南·布罗代尔时期的年鉴学派更像一个学派，追随者们受到家长式的管理，学派在高等教育学校（VIe Section of the École des hautes études）和后来的人类科学研究所（Maison des sciences de l'homme）等机构中占据统治地位。即便如此，当时的年鉴学派中也有很多内部矛盾，如对一些理论的使用——尤其是马克思主义，就有不同的看法。

一场运动的寿命和这场运动核心团体的延续性与领袖是否向信徒施以正统说法的压力有很大关系，不向"坚定的信徒"强加正统信念的运动往往更持久，其核心团体也能延续更长时间。[125] 吕西安·费弗尔很重视历史研究中的自由意志，但是他却把年鉴学派交给了倾向于决定论的布罗代尔。布罗代尔带领下的年鉴学派偏向经济史和社会史，而他的继任者却"从地下室搬到了阁楼"，转向了文化史。在利维斯的例子中，对正统的强调导致了学派本身的消亡。与之相反，在年鉴学派的例子中，学派的延续使得正统本身被稀释——假如不是消亡的话。

我们尚未涉及一个社会学意义上的核心问题：我们是否生活在一个"知识社会"？这样的一个社会和之前的社会有何不同？这种社会是如何形成的？在下一章中我们将试图回答这些问题，以及其他和年代有关的问题。

# 第九章　知识年代学

探讨完知识地理学和社会学之后，终于是时候来审视一下知识年代学了，即这本书所关注的 250 年间知识界发生的主要变化。这里的术语"年代学"（chronologies）本身应是复数的，好让人们有不同的视角来审视过去发生的事情，同时也使人能够比照不同潮流的长短，以及特定区域和学科的交叉结合。

这是专注于变化的一个章节，因此，在开始之前，较为明智的做法是再次强调一下连续的重要价值。断裂是人们容易注意到的部分，至少是人们相信自己看到了的部分，相反，连续性则更难以察觉。在考察我们这一时代的"信息革命"之前，值得一提的是，历史学家越来越怀疑是否存在 17 世纪的"科学革命"或是 18 世纪晚期的"工业革命"。这两个案例里，变化被日益视为一个持续的过程，而非突发性的事件。[1]

近来有许多人试图将我们所处的"信息时代"放入一个更长远的历史背景之中，有人甚至提出了"冰河世纪信息爆炸"（the Ice Age information explosion）的概念。我们倒不必走得这么远，但是关注传统的持续性还是十分有益的。[2]

科技、机构、智力和实践的变化速率不尽相同。科技变化十分迅速，尤其是在这个所谓"创新制度化"的时代。[3] 社会及其机构的改变相对要更为缓慢，这里有所谓的机构的"惯性"的作用。[4] 智力和实践往往是最后转变的，它是过去在当今世界中的遗留。

举例来说，新兴科技对我这一代研究生涯始于 20 世纪 60 年代的学者来说仍旧构成不小的挑战。那些日子里，"复制粘贴"并不是在电脑上轻轻点一下图标就能完成的。我们需要剪刀和胶水，有时胶水还会漏到桌面上，当然那也是木质的桌面。科学家或许还有回旋加速器之类的设备，但是在人文领域里，我们通常用鞋盒来装 5×3 英寸的记录卡片，用衬衫盒子来装 A4 纸大小的复印文档。[5] 我们仍在研究中使用索引卡片，现在它们自己也已经成为历史的一部分了，成了前来参观的研究生眼中的"惊奇之物"。如今的研究生属于"网络一代"，成长在"充满电子媒体"的环境之中。[6]

我们没有理由在 20 世纪 60 年代止步不前。当前对知识定位的兴趣标志着向 20 世纪 20 年代卡尔·曼海姆的知识社会学的回归，尽管部分参与者并没有意识到这一点。如今"大科学"的贴切说法是"更大的科学"（Bigger Science），因为科学范围的扩张和经费的增加是个长期的趋势，而不是短期的潮流。当下制定保护信息自由的法案，在瑞士人看来说不定早就是老一套了。他们的《媒体自由法案》（*Tryckfrihetsförordningen*）能够追溯到 1766 年。现在名为"大众科学"的行为能在 18 世纪找到其根源，那时已有不少业余观察家将其在植物学或者地理学上的发现寄送给学术团体。

同样，回溯之旅也不应该止步于 1766 年或者 1750 年。诺伯特·维纳（Norbert Wiener）就有著名的宣言，称莱布尼茨是控制论的"创始人"。[7] 前几章我们已经回顾了近代早期欧洲的历史，我们还可以追溯到更早的时候，但读者应该大致已经能领会其中的意味。即便是知识领域十分迅速的变化，也可能要花很长的时间才能影响到每个人。

## 知识爆炸

最为显著的长期趋势是所谓的"知识爆炸"。"爆炸"原是一种负面的形象，后来用以指代曾经颇具乐观主义精神的称呼：知识的增长或是知识的进步。不过这个新的比喻很好地结合了两个概念——快速的扩张和碎片化。

对充满了"信息焦虑"的消费者来说，更贴切的比喻似乎还是传统的"溺水"，以及新的"噪音"、"数据烟雾"或者"信息过载"。我们所阅读的是"信息洪水"或者说"信息海啸"，它们正"汹涌地拍打着文明世界的沙滩"。[8] 用更确切的例子来说：《华盛顿邮报》最近发布，估计每天都有 700 万的新增网页，这个数字让人震惊。[9]

美国博学者赫伯特·西蒙（Herbert Simon）的精妙总结道出了问题的实质："信息的富足带来了注意力的贫瘠。"[10] "某种程度上的输入"，近来一位评论家写道，过量的信息导致了"压力、混乱，甚至愚昧"。用美国前总统克林顿的话来说："从理解和解读能力的角度来看，太多的事情同时涌入人们的脑海当中，所带来的危险未必小于头脑空空。"[11]

问题的关键在于从信息理论家克劳德·香农（Claude Shannon）所说的无用"噪音"当中提取出有用的信息。美国政府没能事先发现"9·11"袭击事件的原因之一，就是情报机构的警告消失在了一片嘈杂的数据之中（见第五章）。其他评论家探讨了"信息过载"和"信息焦虑"。[12] 这种焦虑并不新鲜。对图书"洪流"和"暴雨"的控诉在印刷术发明的头一个世纪就出现了。[13] 不过随着知识生产和传播的加快，这个问题也越发严峻。

科学家和其他各种学者，无论是全职还是兼职的研究员，其数目都在大量增加，这也导致了科学发现和出版的速度超过以往任何时候，尤其是发表于专业期刊上的自然科学的论文。尽管有广播、电视和互联网的影响，图书印刷的数目仍在稳步增长：1955 年出版了 27 万种图书，1995 年这一数字是 77 万，而 2007 年则达到了 97.6 万。[14] 到 1934 年，比利时目录学家保罗·奥特勒已经积累了大约 1200 万份记录卡片。1981 年，FBI 的档案系统里有超过 6500 万份（5×3 厘米）的记录卡片，而在 2003 年他们已经有了 10 亿份在线档案。

知识科技化的趋势有利于知识的生产和传播，这个趋势表现为信息观察、测绘、记录、修补以及传播设备的快速增长。正如之前一章提到的，亚历山大·冯·洪堡在其著名的南美洲探险中就携带着一系列颇为丰富的工具。下面是一些洪堡时期开始到 1950 年之间发明的设备（我们会看到，1950 年之后科技发明的速度也在加快）。

  1816 年 听诊器

  1830 年 李斯特的复显微镜

  1859 年 分光镜

  1874 年 雷明顿打字机

  1881 年 录音机

  1889 年 霍尔瑞斯的电子制表系统

  1907 年 影印机

  1928 年 磁带

  1932 年 回旋加速器

  1944 年 哈佛·马克一号

  1947 年 晶体管

另外还有一股影响至今的潮流，虽然没有知识爆炸来得壮观，却也颇为重要，那就是知识的标准化，或者至少是知识采集、分析、检验和传播方式的标准化。科学设备越来越统一，这有助于重复做实验。图书馆目录以及读者填写的索书单也统一了格式（打印的索书单是 1837 年引入大英博物馆的阅览室的)。另一个标准化的例证是口试向笔试的转变,面向所有人的问题相同的试卷代替了教授面对面的对话。在社会学中,印刷问卷和记录答案的表格使得研究更加标准化。国际会议则帮助制定统一的命名、定义和分类方法,至少在某些学科里是这样的。

## 世俗化与反世俗化

只要是关于长期趋势的问题,我们就需要有意识地记住相反或者对抗力量之间的干扰和冲突——一种对抗性的平衡。正如我们所见,知识的国家化和国际化并存,专业化趋势受到跨专业化的制约。

另一种还未在本书中讨论过的相反的趋势是世俗化与反世俗化。[15]通常认为,这股潮流尤为显著地产生于19世纪晚期,其着重表现在宗教和世俗力量之间的冲突,例如新诞生的德国的文化运动(*Kulturkampf*)反抗天主教会的控制。[16]

有关宗教和世俗知识之间的关系,已有两位历史学家作出了阐释,其作品分别以英语出版于1875年和1876年。最先讲述这类历史的是科学家约翰·德雷珀的《宗教科学冲突史》(John Draper, *History of the Conflict between Religion and Science*),其次便是安德鲁·怀特的《科学神学战争史》(*History of the Warfare of Science with Theology*),他是康奈尔大学首任校长。在两人的笔下,伽利略都是科学事业的殉道者。根据这两位作者的观点,科学赢得了这场战役的胜利,曾经的宗教世界观变成了如今的世俗世界观。孔德认为,人类历史上的宗教阶段不可避免地紧跟着两个逐渐进步的(形而上学和科学)世俗化时期。从那时起,尤其是到了我们上一代,人们提出了不同的理由证明,将世俗化视为一种线性发展的趋势,这一看法过于简单。宗教世界观并未消失,恰恰相反,在一个基督教、伊斯兰教、犹太教和印度教盛行的时代,它变得越发重要。

由此,"反世俗化"这一词语的使用也日益频繁。

无论如何,世俗化这一理念过于简单,是因为他们忽视了许多科学家以及其他学者本身就笃信宗教这一事实。他们并没有觉得信仰和职业之间有什么冲突。的确,诚如我们所知,19世纪有大量教士,无论是天主教还是新教教徒,都在科学普及运动中十分活跃。对于那些不固守圣经字面意义的人来说,达尔文的学说是完全可以接受的。

在知识思想史关注思辨的同时,相应的社会史会更注意教士之类的社会团体,以及图书馆和大学等机构。在这一领域里,故事要简单得多。在我们的时代里,教士作为知识生产者和传播者的作用日趋减弱。18世纪晚期以来,图书馆也世俗化了,其所在地从诸如耶稣会学院之类的宗教机构转移到了大学等世俗机构。

大学里神学院的学生数目减少了,尤其是在18世纪晚期的德国。1830年德国大学里有超过30%的学生学习神学,但到了1908年,只剩下8%。近代早期阶段,大多数大学教授都是神职人员(直到19世纪70年代牛津和剑桥仍有这样的要求)。然而到了现代,相较之下,我们倒可以比较有把握地说这一职业日渐走向世俗化。不少新机构,例如伦敦大学(1826),在建立之初便是世俗化的,它们不需要学生通过宗教测试。

19世纪中叶兴起了一股世俗论者的潮流,至今方兴未艾,在这其中,产生了T. H. 赫胥黎之类的反神职学者和理查德·道金斯之类好战的无神论者,机构形式上则出现了挪威人文主义者协会(*Human-Etisk Forbund*, 1956)、英国世俗人文学委员会(Council for Secular Humanism in Britain)等类似的组织。

世俗化的悖论之处在于出于世俗目的而大量使用宗教语言,前文已经举了一些例子(见第245页)。奥古斯特·孔德的追随者成立了实证主义"教会"。维多利亚时代的反神职科学家弗朗西斯·高尔顿热衷于他所谓的"某种科学传教"。巴黎医学学院的院长在1836年的一次演讲中告诉学生，医生是教士真正合法的继承者。精神病医生施行的"安慰"疗法，就是从教士身上学来的，反过来又与教士竞争。[17] 正是基于这一传统，卡尔·古斯塔夫·荣格将心理分析师比作"教士"。

知识机构方面，世俗化似乎是主导力量，但是反世俗化的例子也不难发现。北卡罗来纳州的杜克大学（1838）就是由循道公会和贵格会信徒建立的。加尔文教徒建立了阿姆斯特丹自由大学（1880），浸信会教徒约翰·洛克菲勒建立了芝加哥大学（1890），天主事工会的领导则建立了纳瓦拉大学（1952）。

当今时代，学者经受着宗教和政治上的双重压力。欧内斯特·勒南出版的《耶稣传》（1863）让他丢了法兰西学院希伯来语教授的职位，因为他在书里呈现的耶稣不过是个凡人。威廉·罗伯逊·史密斯（William Robertson Smith）则是在苏格兰自由教会宣判其为异端之后丢掉了他在阿伯丁自由教会大学（Free Church College, 1881）的希伯来语职位。这个异端的指控来源于史密斯在《不列颠百科全书》里发表的一篇文章，文中隐含了不应从字面上理解《圣经》的意思。在 1925 年的田纳西州，一位高中生物教师约翰·斯科普斯（John Scopes）因为在课堂上告诉学生人类是从动物演化而来的而遭受审判。这个理论在当时的田纳西是违法的。宇宙创造说在美国和其他不少国家仍旧十分流行。

换个角度来说，1975 年到 2005 年间发生在美国的一系列法律判决无意识地对公众做了"上帝造人"的科学普及。世俗化的历史和任何历史一样，更是蜿蜒曲折，而非笔直平坦。

## 短期潮流

短期潮流可能推动，也可能阻碍长期趋势的发展——历史学家的指针里，50年也可视作"短期"。什么是我们时代中的大转折？一些历史学家喜欢将过去划分为人类的代际，如卡尔·曼海姆所言，将一代人结合在一起的是某些转折性事件的共同经验，比如说战争、革命或是各种危机。[18]

学者们发现了不少知识历史当中的危机和革命。哲学家埃德蒙德·胡塞尔（Edmund Husserl）相信知识或者说学科（Wissenschaften）在1900年经历了一次大的危机；科学史学家托马斯·库恩（Thomas Kuhn）归纳并划分了一系列科学革命。[19]考虑到日期问题，不同的学者提出了许多不相连续的主张，他们通常会过分概括某个特定地区或者学科的变化。

由此最好的方法似乎是尽可能保持一种开放的心态，并且审视一下5个相隔50年的阶段，分别始于1750年、1800年、1850年、1900年和1950年。这些都是大致的时间，并不一定具有什么标志性事件（例如在最后50年里，1940年比1950年更具转折性意义）。本章将会以反思近30年来的变化作结。

50年周期让人不禁想起俄罗斯经济学家尼古拉·康德拉捷夫（Nikolai Kondratiev）所说的经济长期运行周期——与其他商业周期相比相对较"长"，尽管可能在历史学家眼里根本不算长——他用此解释了资本主义周期性的经济危机。后来奥地利的约瑟夫·熊彼特等学者颠覆了康德拉捷夫的假说，认为所谓的"脑电波"要早于经济波动。根据这一观点，现在我们熟知的信息科技扮演了关键的角色，并"传递"着这些波动。[20]

接下来在描述知识系统的大体转变的同时，我将时不时地提到这些波动。读者们需要具有这样的意识：将一个时期繁复冗杂的事件缩减为几个重要的潮流是必要的；还有，一个精确的转折点永远是富有争议的。无论如何，重要的并不是日期，而是事件发生的顺序。就如同火箭发射的各个阶段，一个事件往往是另一个事件的基石。

# 知识改革（1750—1800）

《知识社会史》的上一册以《百科全书》（1751—1766）的出版作结。然而在这里，这部《百科全书》提供了衡量变化的基准。是什么让这部充满引证的著作前无古人，甚至也绝少来者？答案是编纂者的政治规划：他们利用知识服务于改革。

这50年作为"知识改革"（reform of knowledge）的时代似乎不无道理，"改革"有双重含义，不仅包括了基于知识的社会改革，也有重塑知识自身结构的意味。这个时期的关键词是"改革""进步""改善"，以及它们在其他语言之中对应的词语（法语的 *réforme* 和 *amélioration*；意大利语的 *riforma*、*miglioramento* 或 *perfezionare*；西班牙语的 *reforma* 或是 *arreglo*；德语的 *Reformation*、*Ausbesserung* 或是 *Verbesserung*；丹麦语的 *opkomst* 和 *forbedring*；等等）。

"改革"本来是一个宗教概念，但在这个时期世俗化了，应用于从农业到教育等不同领域和语境之中：林奈自认为发起了一场比任何前辈所做的都要宏大的"植物学改革"，[21] 拉瓦锡撰文强调化学语言改革的必要性，法国生理学家皮埃尔·卡巴尼斯（Pierre Cabanis）倡导"医学改革"，包括其语言。

知识往往被视作经济、社会或者政治改革的辅助物。诸如西班牙国王卡洛斯三世、女王玛利亚·特丽莎（Maria Theresa）或是腓特烈大帝等统治者都持有这种观点。腓特烈更是将《百科全书》称作自己的改革的推动力。他们的部分大臣也分享着同一种态度。例如法国的杜尔哥（Turgot）就十分热衷于通过人口统计研究将数学应用于行政改革之中，他也成立了一个质询委员会来调查流行病，以便帮助健康与卫生改革。[22] 在西班牙，马德里的新植物园（1781）被认为是"健康与卫生改革的启蒙手段"。[23]

在葡萄牙，庞巴尔（Pombal）侯爵的教育改革与经济改革密切相关。其他地方也纷纷起草教育改革的纲领，女王玛利亚·特丽莎的《教育计划》(Ratio Educationis, 1777) 尤为著名。这些纲领文件通常十分重视实用知识。举例来说，德语世界里出现了一种新型学校——实科中学（Realschule），教授具有实际操作价值的科目，与注重拉丁语、希腊语的传统语法学校并存。18 世纪中期以来，我们能看见一系列大学致力于改革，从科英布拉、哥本哈根、克拉科夫、美因茨、布拉格、罗马、萨拉曼卡、塞维利亚到维也纳。[24] 庞巴尔改革时期，科英布拉大学的新举措包括建立数学和哲学系，建造化学和物理实验室，以及一个植物园和天文台。这个时期的不少应用学科也进入了大学，例如布拉格大学 1762 年增设了采矿专业。这种学科设置改革扩展到了那不勒斯、哥廷根等政治经济共同体。受到政府的鼓励，各种实用、实践知识的专门机构也在这一时期如雨后春笋般出现。此时，在三个实用知识领域——战争（炮兵学院）、通信（工程师学校）和财富（农业、矿业和商业）——拥有制度化的训练体系。

如今我们称作"科学探险"的行为，在这个世纪的后半叶越来越频繁，且主要是由政府出于实际目的资助的。普及实用知识的自发性社团也快速增加，尤其是在农业领域，其中就有西班牙和西班牙－美洲的爱国主义社团——国家之友（Amigos del País）。[25]

人们不断修改、重写、重排百科全书，以便跟上新增的信息洪流。即便是著名的《百科全书》也很快需要改革，改革在这里意味着升级。对手也随之出现，其中有《不列颠百科全书》（1768 年以来）、《人类知识理性字典》(Dictionnaire raisonné des connaissances humaines, 58 卷，1770—1780)，还有《普遍百科全书》(Encyclopédie méthodique, 1782—1791，最终达到了 210 卷)。

百科全书的改革可以视作对某种更大范围知识改革的回应或者表现，这种改革同样包括了系统化。"系统"与"进步"和"研究"一起构成了这个时期的关键词。林奈对生物学的改革便是创造了一套新的系统来为植物分类，他最著名的书之一就叫作《自然系统》（*Systema Naturae*）。在英语里，"系统化"（systematize）一词产生于 18 世纪 60 年代。《不列颠百科全书》（1771）讨论了文化和科学系统，并将系统或体系定义为"原理和结论的横向或纵向集合，或是任何学说的整体，其间有关的几个部分连接在一起，相互依存；在这个意义上，我们能说，这是一种哲学体系，一种神学体系，等等"。

在苏格兰启蒙主义领袖之中，亚当·斯密提出了"政治经济体系"，大卫·休谟则谈到"欧洲总体体系"。亚当·弗格森为"骑士精神体系"和"礼仪体系"撰写文章，威廉·罗伯逊（William Robertson）则撰文阐述了哲学的学院"体系"、封建体系和"复杂有趣的意大利政治体系"。在德语世界里，温克尔曼将概念扩展至"古代艺术体系"（*System der antiken Kunst*），而约翰·克里斯多夫·加特雷尔（Johann Christoph Gatterer）则强调"系统性"（*systemweise*）学习历史的重要性。

与此同时，知识日益为实用性目的服务——农业、交通，尤其是工业生产。这在英国那段历史学家们仍然称其为"工业革命"的时代尤为显著，虽然绝不仅仅局限于这一时期。从安德鲁·米克尔（Andrew Meikle）的脱粒机到理查德·阿克莱特（Richard Arkwright）的梳毛机，一系列的机械发明标志着这个时代的来临。

## 知识革命（1800—1850）

1750 年以来的改变或许更应该视作知识的重组而非革命。革命本身出现于 18 世纪 90 年代。政治革命紧跟着知识系统的剧烈转变而来，尤其是在法国——1789 年到 1815 年间，其波及大学和学院（持续了几年，到拿破仑时代为止），以中央学校（*écoles centrales*）取代中学，建

第九章 知识年代学 | 287

立高等科技学院（*École Polytechnique*），以及颁布政令开放档案馆。[26]

人们或许可以在更普遍的意义上说，一个旧的知识政权瓦解了，取而代之的是一个崭新的政权。旧政权有严格的等级性，神学是王后，下面是法学和医学，然后是一般的人文学科，最后才是机械技术、农业和造船业。然而19世纪初期，传统人文学科的统治地位遭到了自然科学和科技爱好者的挑战。

科学史学家认为1800年前后发生了"第二次科学革命"，这一说法在当时就已流传（柯勒律治于1819年便提到过）。[27]19世纪30年代，英语中出现了"科学家"一词（同时也出现了德语对应词*Naturforscher*）就是专门化和职业化的表现，这两个趋势是那场革命的一部分。类似地，探险历史学家将这个时期称作"第二个大发现时代"。[28]

旧有等级制度的崩溃与知识多重性的深刻认知相关：能区分公众知识与精英知识，知道怎么做和做什么，等等。人们还意识到还有很多其他知识，尤其是欧洲学术传统来源之外的知识，或许可以不无夸张地说是"他者"的发现，无论是在时间（历史决定论）、空间（东方主义）还是社会（上流阶层和中产阶级的发现）层面。

"时间发现"（the discovery of time）这个词组就是某种历史主义兴起的表达，指代对于变化和过去与现在之间的文化距离越发敏锐的认识，"过去即异域"。[29]历史决定论运动着重于中世纪的文化，长期以来人们都忽视乃至蔑视的中世纪文化，现在获得了重估。人们日益致力于发展，为此引发了一系列改变，包括博物馆以时间顺序重新布置展品的做法。

历史决定主义绝不单是法国大革命的产物，不过它的动力肯定来自法国大革命及其之后历史加速发展的意识。[30]随着新的历史观而来的是新的未来观，以革命者为首，人们认为未来是可塑的，处于人类的掌控之下。正是这个原因使得不少德国历史学家将1800年前后视作一个分水岭，或者说鞍型期（*Sattelzeit*）。[31]

"东方的发现"是人们对埃及、波斯,尤其是印度(而对奥斯曼帝国和中国的兴趣可以追溯到近代早期)的兴趣的有效称呼。正如我们看见的(见第 26 页),拿破仑 1798 年的埃及远征使得埃及成了某种流行风尚。德国人对印度的兴趣格外浓厚,部分是为了寻找欧洲文化的起源,部分则是为了搜寻古典文化传统的替代物。[32]

　　中产阶级对流行文化的热情,正如对中世纪和"东方智慧"的热情一样,是启蒙运动所引发的效应。1800 年前后的时期也被称作"民族发现的时代",尤为显著的是德语国家,虽然不仅限于欧洲的这一部分。[33] 和"发现东方"类似,流行文化的吸引力很大程度上也来自其对"他者"的发现。各个民族具有神秘的特质,发现者用自身不具备(或者自认为不具备)的特征来描绘它们——自然、简单、本能、非理性,缺乏个体性,根植于传统,受到区域土壤的滋养。在这一运动中,人们注重搜集民间歌曲、民间故事、民间艺术和民间音乐。1846 年以来英国人所称的"民俗学"(德语是 *Volkskunde*)在某种程度上受到了民族即为知识和智慧的源泉这一信念的激励。

## 学科兴起(1850—1900)

　　1850 年前后的时期并不像改革和革命两个时期那样独特。不过从前文我们已经知道,19 世纪晚期是专业化历史中的关键时期。"1850 年到 1900 年,"有人认为,"西方科学从地方团体、地方研究机构和地方学术项目等松散的集合转变成了一系列专业性极强的学科领域,并在每个国家内都高度集中,且往往直接受到政府资助或者商业支持。"[34] 英语中并没有单独的词来形容这一发展,但德语将其称为规训(*Disziplinierung*)。

　　博士学位成了一种学术资格,同时越来越多的学科有了自主独立的院系。实证主义的时代，自然科学被认为是所有智力活动的楷模，从历史学到心理学，许多不同学科的学者都声称他们的工作是"科学的"（或者至少是学术的 [*wissenschaftlich*]）。

德国领导了这一潮流，这是 1850 年至 1914 年德国学术霸主地位的表现之一（见第 200 页），美国乃是其格外热衷的追随者。1852 年慕尼黑大学建立了化学学院，李比希担任首任主席（相较之下，在李比希自 19 世纪 20 年代开始为其工作的吉森大学，人们仍旧只在训练药剂师的学院里教授化学）。1862 年柏林大学成立了物理系（*Physikalische Institut*），紧接着是 1869 年的化学系。随后落成的约翰·霍普金斯大学则在 1876 年同时建立了物理系和化学系。

再有，很长时间内艺术史都是德语世界的特有学科，分别在柏林（1844）、维也纳（1852）、波恩（1860）和巴塞尔都设有专职讲席，1858 年，雅各布·布克哈特成为历史和艺术史双聘教授。[35] 普林斯顿大学的第一位艺术史讲师上任于 1859 年，尽管艺术史这一院系在 1883 年——近四分之一个世纪后——才正式成立。

本时期第二个足以区别于其他时期的重要主题是知识的普及化。通过发行出版物，科学向外行也揭开了神秘的面纱。如我们所见，这些出版物包括了大量出于此目的发行的期刊。另一个传播知识的强有力途径是 1851 年的世界博览会，以及其后的所有模仿者和竞争者：巴黎的世界博览会（1855、1867、1878、1889）、伦敦国际博览会（1862）、维也纳国际博览会（1873）、费城的百年博览会（1876），以及芝加哥的哥伦比亚博览会（1893）。

这些展览，尤其是 1851 年的展览，对于科技发明的重视不禁让人联想到康德拉捷夫经济周期所说的始于"机械时代"（从 19 世纪 40 年代中期开始）的第二次经济浪潮。[36] 正如所见，蒸汽时代科技——铁路和船只——改变了知识联邦，它们使得不同学科内频繁的国际会议成为可能，同时还有学者和科普作家的跨洋巡回讲座。铁路网的完善加速了创新。经理人为了保证安全和效率，需要时刻了解他们的移动货物所处的位置及时间，为此火车公司很快采用了打孔卡以及解读这些卡片的霍尔瑞斯机。[37]

这个时期在博物馆的历史里也相当重要，下面是几个此时新成立的机构。

1852 年　日耳曼国家博物馆，纽伦堡
1857 年　南肯辛顿博物馆，伦敦
1864 年　殖民博物馆，哈勒姆
1865 年　殖民博物馆，惠灵顿
1866 年　皮博迪自然历史博物馆，纽黑文
1868 年　人类学博物馆，巴黎
1868 年　民族志博物馆，慕尼黑
1869 年　民族志博物馆，莱比锡
1870 年　大都会艺术博物馆，纽约
1872 年　艺术史博物馆，维也纳
1873 年　民族志博物馆，柏林
1873 年　北欧博物馆，斯德哥尔摩（图 15）
1881 年　自然历史博物馆，伦敦
1885 年　科学博物馆，伦敦

出现在清单里的两个殖民博物馆足以向我们证明，这个时期"科学殖民主义"正处于其巅峰状态。[38]同另外三个德国、一个法国人类学或是民族学博物馆一样，它们展示了欧洲人从亚洲、非洲、南北美洲以及大洋洲掠夺而来的人工制品。这一时期为科学殖民主义设立的职位有索邦大学的殖民地理学讲席（1893）；其他组织有：培训机构，例如巴黎的殖民学院（1889）或是布鲁塞尔的国际殖民机构（1894）；

图 15　斯德哥尔摩北欧博物馆（1873）
Photo © Greg Carter 2006

博览会，例如柏林的殖民展览（1896）；19 世纪中叶，殖民者也开展了相关调查，例如印度地理调查（1851）或是荷兰殖民部的荷属东西印度群岛调查（1857）。19 世纪 60 年代俄国实施扩张并侵略中亚，引发了一系列中亚的地理学、考古学和人类学远征。

除了殖民之外，这也是西方知识渗透进东亚的时期。在中国，推动知识引进与传播的机构包括京师同文馆（1861[*]）、江南制造总局翻译馆（1879）、上海工艺学堂（1876）、试图在中国人中间传播基督教及通用知识的社团（上海，1887）、北京的京师大学堂（1898）。在日本，新的明治政权建立了帝国理工学院（1873）、东京大学（1877）和京都帝

---

[*] 时间应为 1862 年，此处似有误。——译者注

国大学（1897），19 世纪 80 年代则又引入了德国模式的博士学位。

## 知识危机（1900—1950）

前面援引的胡塞尔并不是唯一一位将 1900 年前后的时期视为学科危机时代的学者。这一危机常常被称作"实证主义的反叛"[39]，最显著或者说最迅速地发生在哲学领域，尤其是尼采的"观点主义"（perspectivism）。根据他的学说，不存在一个真实客观地看待世界的视角，只有各种各样的观点或视角。胡塞尔自己的"现象学"将外在世界和我们对于外在世界的假设在知识领域内相提并论，并分析那个领域内的生活经验。这些理论形成于 1914 年之前，需要一些时间来传播，在第一次世界大战及旧政权毁灭等集体创伤性事件之后，它们展现了前所未有的吸引力。

物理是对正统理论颠覆最显著的领域。无论是不是正确的理解，爱因斯坦著名的广义相对论（1915）促进了相对主义的发展，海森堡关于量子理论的不确定性原理（形成于 1927 年）在更广泛的意义上重创了确定性。在一个接一个的领域里，自认客观的声明逐一遭到怀疑，与之遇到相同危机的还有对普遍规律和普遍的可用方法的信任。[40]

在职业历史学家群体里，"历史不多不少正是一种科学"的信念（正如爱尔兰历史学家 J. B. 伯里 [J. B. Bury] 所言）转变成了这样一种观念：历史是一种艺术，是文学的一个分支，其中必然包含个人的观点。两个著名的对客观性的批评都来自美国历史学会主席的就任演说：卡尔·贝克（Carl Becker）的"每个人都是自己的历史学家"（1931）和查尔斯·比尔德（Charles Beard）的"作为信仰行为的历史书写"（1933）。[41]

社会学里也有相似的辩论，其致力于探讨这一领域的科学性。这与一个新产生的社会学分支有关，即"知识社会学"（Wissensoziologie），其结合了马克斯·舍勒（Max Scheler）和卡尔·曼海姆的理论，强调不同社会群体之间世界观的差异，尤其是不同的社会阶级，以及知识形态和社会环境两者密切的联系。[42] 至于知识社会学自身的定位，可以说是第一次世界大战后的幻灭情绪催生了曼海姆这类知识分子，他们与之前被视为理所当然的价值观保持距离。

除却削弱旧有确定性观念之外，第一次世界大战还为知识本身带来不少影响。为了打赢这场战争，交战双方利用了大量学术手段及其学术机构。物理学家为船只提供侦察潜艇的手段。心理学家评估飞行员的技能，并且给200万美国士兵做了智力测试。1920年曾有人评价道："战争最惊人的结果之一是，国家对于科学和研究给予了前所未有的重视。"[43] 正如我们所见，研究顾问团、委员会以及部门纷纷在法国、英国、俄国和美国成立，研究的数量得以增加。

情报部门同样得到了扩张。当然，某些著名机构的成立还要再早一些：美国联邦调查局成立于1908年，英国军情五处成立于1909年，SIS（之后的军情六处）成立于1912年。同时政府对人口信息也有前所未有的需求，以便为了战争时可快速动员资源。此时加强的中央集权遇到的阻力要比和平时期小得多。[44] 在英国，《国家登记法案》（1915）为整个人群制定了一套姓名、住址等级系统，并且要求所有个人携带身份证件，这一要求直到1919年才取消。英国、法国、德国重新采用了护照制度，这和其他一些战时措施一样成为永久性措施。[45]

敌意割裂了知识世界。美国社会学家阿尔比恩·斯莫尔与其前好友兼同事格奥尔格·齐美尔（Georg Simmel）断绝了关系。比利时历史学家皮朗则与兰普雷希特不再往来。1916年，皮朗因反抗德国在比利时的傀儡政府而入狱。然而战争之后，为了应对这一状况，国家合作以国际联盟的形式制度化了，并且扩展到了知识联邦。皮朗为国际历史学会议的复兴和历史学家团体对德国学者的重新接纳作出了巨大努力，他还主持了1923年的布鲁塞尔会议，并且提出比较历史学是国家主义的解毒剂。[46] 差不多的时间（1919年），仍旧是在布鲁塞尔，另一次会议启动了一个针对科学的国际研究委员会。德国人不再在这一知识联邦里占据领导地位，1850 年至 1914 年间其威信已经丧失殆尽。

19 世纪 90 年代第三个康德拉捷夫周期已经初见端倪，这是"电力革命"和诸如计算机器等信息科技创新的时代。[47] 19 世纪末，德国和美国的工业开始投资研究活动或者说"研究与发展"（R&D），从而引发了所谓的"第二次工业革命"。[48] 战争的确刺激了工业以及其他一些特定知识形式的发展。诚如一些学者所言，1914 年标志着"第三次工业革命"的开始，尽管通常认为这一革命的日期要更晚，如下所见。[49]

## 知识技术化（1940—1990）

相比第一次世界大战，第二次世界大战更能代表知识历史上的转折点。曼哈顿计划及其庞大的科学家队伍是新的高科技和政府投资时代的标志，不过"大科学"并未与原子弹同时产生。[50] 战争经验也为其他方面的创新提供了灵感。美国科学家诺伯特·维纳在研究如何"教会"高射炮瞄准快速移动的目标时发展出了控制论。

在第二次世界大战后第四个康德拉捷夫周期，即所谓的"电子时代"[51]，知识的技术化快马加鞭，下面是一些里程碑式的发明：

  1951 年 通用自动计算机（UNIVAC computer）

  1956 年 U-2 间谍机

  1957 年 人造地球卫星

  1958 年 复印机

  1959 年 第一颗天气卫星，先锋 2 号

  1961 年 幻灯片投影仪

  1961 年 微缩胶片

1969 年　美国高等研究计划署网络（阿帕网）
1970 年　美国国防支援计划卫星
1971 年　微处理器
1977 年　宇宙飞船旅行者 1 号和旅行者 2 号
1978 年　海洋卫星
1981 年　个人电脑
1984 年　光盘
1987 年　虹膜识别技术
1987 年　计算机演示文稿

科技创新加速带来的知识进步反过来促进了更多的创新，尽管这一趋势很难看清。更新换代比以往任何时候都要明显，正如 20 世纪八九十年代微缩胶片和传真机的兴衰。然而这一时期知识史上意义最为重大的发展一定是那些据说可以思考、理解和学习的机器，其可以用于下棋、发射导弹抑或为遥远的星球拍摄照片。20 世纪 50 年代以来，军用和民用的卫星监视器（包括天气和海洋的研究）流行开来。

第一次世界大战之后，为了应对国家间的敌对状态，1945 年人们试图建立国际合作机构。联合国教科文组织（UNESCO，1945）继承了国际联盟下属的知识合作委员会（1922），但是比之前要拥有更充沛的资源。英国科学家李约瑟和美国知识管理者万尼瓦尔·布什等人努力将"代表科学的 S"放入了联合国教科文组织这一名称与框架内，本来这只是为了文化和教育而建立的组织。另一位科学家朱利安·赫胥黎成了第一任总干事。

在知识联邦里，喷气时代取代了蒸汽时代，更加快捷的交通手段推动产生了特定主题的小型国际会议，当然也有上文提到的大型国际学科会议，而且它们的规模越来越大，然而，恰恰出于这个原因，真正的工作日益转移到了别处。

政府为科学提供资助持续到了1945年之后，主要是冷战的需求，尤其是美国和苏联的竞赛。如果没有这样的资助，如今我们所知的"第三个大发现时代"——空间和深海探索——是不可能的。[52] "第三次科学革命"也是如此，即计算机科学和分子生物学获得了快速发展。[53] 电信的发展和"信息理论"或者说"信息科学"密不可分，这些学说主要分析通信过程（编码、传播和解码），以便确保信息不被"噪音"侵蚀。

第三次科学革命连着"第三次工业革命"，这个词组通常用来形容20世纪后半叶的巨大变化。[54] 西方的经济，以及后来的日本、韩国和中国台湾，彻底被服务型产业——尤其是"知识产业"的兴起改变了，这也打击了传统制造业。[55] 现象级的案例是美国加州湾区"硅谷"的蓬勃发展，20世纪50年代信息产业已经在那里生根发芽，早在著名的家酿计算机俱乐部（Homebrew Computer Club）成立20年之前。史上第一次，高等教育学府——斯坦福大学（其顶尖的电子工程院系）和伯克利分校——的位置决定了一个重要产业的选址。[56]

"信息经济"和苹果、微软等产能建立在研究基础上的知识驱动型企业日益壮大，反之也推动了"后工业社会"的发展。另外为人们熟知的名称是"信息社会"或"知识社会"，新知识渗透进了人们日常生活的各个角落。部分读者可能认为知识社会是21世纪的现象，但值得强调的是，这个术语，连同它所带来的争论，都可追溯到20世纪70年代。正是在1973年，美国经济学家肯尼斯·阿罗（Kenneth Arrow）发表了一篇文章，其中他将信息形容为"一种具有经济价值的货物，迄今为止还未获得经济学者的注意"。[57]

知识工作者的数量和种类都在这个时期获得了长足的增长。这一工作大军由教授、档案管理员、馆长、记者、知识管理者、计算机工作者和各种各样的研究人员组成。他们或独立工作，或组成研究团队，抑或担任他人的研究助理。

知识社会的兴起见证了大学作为知识生产中心的重要地位的衰

落。考虑到知识的多样性，大学显然从未垄断过知识产品，但是它们的"股份"（价值）在这一时期缩水了。竞争压力来自各个方面，例如工业实验室（一种 19 世纪晚期的现象，如上所见）和智库，后者在 20 世纪的下半叶数量越来越多，也在越来越多的国家流行开来。[58]

本时期另一个大转变是西方在知识领域的衰落，这一衰落比政治或者经济领域里更为缓慢，但至少能够察觉出来。对西方民族优越论或者欧洲优越论的批评堆积如山，尤其是来自人类学家的。1950 年是一个标志性的时刻：列维－斯特劳斯担任法国巴黎高等研究实验学院"未开化民族"宗教学的研究席位，并将其名称改为"无文字记录民族"。他的文化相对主义在《种族和历史》（1952）、《忧郁的热带》（1955）和《野性的思维》（1962）中得以发扬光大。

也正是在这一时期，亚洲科学家开始获得诺贝尔奖；在历史学和社会学领域，欧洲和美国之外的声音引起了大家的关注。例如在历史学中，印度外交官潘尼迦用《亚洲和西方霸权》（Kavalam Panikkar, *Asia and Western Dominance*, 1953）挑战了他所称作"达·伽马时代"（1498—1945）的西式解读。《黑色雅各宾人》（*The Black Jacobins*），来自特立尼达的作家 C. L. R. 詹姆士（C. L. R. James）研究圣多明各革命（1791）的著作，早在 1938 年就出版了，虽然其影响力是在战后才产生的。墨西哥历史学家米格尔·莱昂－波蒂利亚的《征服者的视界》（*The Vision of the Vanquished*）从一个本地人的角度呈现了墨西哥的历史，这本书出版于 1961 年。

艾梅·塞泽尔（Aimé Césaire），法属马提尼克出生的诗人，在其《殖民主义话语》（*Discours sur le colonialisme*, 1950）一书中分析了殖民主义概念自身。同样来自马提尼克的精神病学专家弗朗茨·法农在《大地上的受苦者》（Frantz Fanon, *Les Damnés de la terre*, 1961）中也作出了自己的分析。所谓"后殖民主义研究"潮流激发并产生了更多的这类图书。这一潮流的标志性事件则是萨义德《东方学》（1978）的出版。[59]

20世纪五六十年代同样是发展经济的时代。发达国家、"欠发达国家"（后来改为"发展中国家"）泾渭分明。"依赖理论"（dependency theory）认为，发达国家通过强迫其他国家出口原材料并进口工业制品，使得其他国家"欠发达"。从另一个角度来说，依赖理论本身也是拉丁美洲和美国联合运作下的产物。

20世纪60年代之前，人们仍旧可以辨别出三股攻击传统历史社会分析的主要势力——这些分析被批评为精英的、西方的、男性的——相对应的则有女性主义、下层百姓支持者和边缘阶层的支持者。知识团体和大学课程的设立（女性研究、印第安人研究、非裔美国人研究等）以及诸如《历史工作坊》（History Workshop）或者《符号》（Signs）之类期刊的诞生，有助于传播并普及这些新方法，对知识社会史和思想史的传统构成了沉重的打击。

20世纪中期同样见证了人们对日渐严峻的专业化的抵抗。这一争论包括了C. P. 斯诺在英国关于"两种文化"的演讲（1959，见第163页）以及基尔大学（1950）、萨塞克斯大学（1961）这类机构的建立，在这些地方，跨学科性在本科阶段就以制度化的形式巩固了下来。然而，国际对两种文化的持续争论显示，与英国本土相比，人们更为担心这一问题，并试图努力作出弥补，至少在某些相关领域是如此。职业学者层面的努力包括了在帕罗·奥多建立的行为科学高等研究中心（1954）、巴黎的人类科学中心（Maison des sciences de l'homme, 1963）以及比勒费尔德的跨学科研究中心（Zentrum für interdisziplinäre Forschung, 1968）。

# 自反性时代（1990年至今）

回顾起来，我们的上一代在某种程度上似乎进入了知识史上的新阶段，而1989年至1990年标志着这一阶段的开始。柏林墙的倒塌、苏联解体以及东欧剧变带来了翻天覆地的变化。苏联科学院及其卫星学院的转变仅仅是其中的一小部分。人们发明了万维网（它的前身是美国军方系统阿帕网［ARPANET，美国高等研究计划署网络］，但是比其前身的覆盖要更广泛，也更容易操作），计算机开始在1990年诞生的欧洲核子研究组织的网络体系中运行。基于微电子的发展，经济历史学家将第五个康德拉捷夫周期定于20世纪80年代末。[60]

知识科技化过程持续加速，里程碑式的事件包括1990年的空间望远镜、1994年的网景通信公司（Netscape）、1995年的Java程序语言和1998年的谷歌。测量和监视同时都受益于卫星图像。火星全球勘测者号在1997年进入轨道。谷歌地球在2005年对公众开放。虽处信息爆炸时代，但这些信息并不一定是知识。如今电子数据以吉字节、太字节、拍字节与艾字节（百万的三次方个字节或者10亿个吉字节）计算。据估计，仅2005年人类就生产了150艾字节的数据，但是根据一家市场研究公司即国际数据公司的预测，2010年人们至少会生产1200艾字节的电子数据。[61]

无怪乎会有"知识管理"的需求，尤其是在商业领域，不少专业公司宣传自己的"知识管理服务"。第一位首席知识官（Chief Knowledge Officer，缩写为CKO）任命于1994年。自那时起，各家公司纷纷设立这一职位。[62] 经理人对知识的热情也前所未有地高涨，大学之类的知识机构对管理的兴趣要显得更为强烈。这完全可以理解，毕竟在这个竞争越发激烈的社会中，大学必须挣扎着保持自己的位置。其竞争对手不仅有其他大学，还有智库和工厂实验室等各类研究机构。[63]

如果托斯丹·凡勃伦能活到今天，那一想到现在大学和公司的关系比他那时还要密切，他的嘴角说不定会泛出一丝嘲讽的微笑。他或许会写出"知识麦当劳化"（或者麦知识［Mcknowledge]）这类词句，好指代一种大规模生产（学生数量的增长）、评估以提升效率的努力

（学生对教授的评估、引证索引、研究评估工作）、标准化（效率狂人麦尔威·杜威在19世纪就热衷于此）和在部分学习过程中用机器替代人（例如语言学实验室）的混合产物。不少大学引入了知识管理顾问来帮助它们提高效率。[64]

个人电脑和互联网的兴起彻底改变了学生和学者的日常工作，这些工作者有时被人们称为"第五等级"。[65] 单行本和由其复制的"预印本"，无论是面收还是邮寄，都由电子邮件文章取而代之，无论后者出版与否。实体报纸的销量正在下滑。尽管电子书籍的未来仍旧难以预知，但它们给书籍经销商、出版商以及其他专注纸质知识领域的工作者带来的威胁却是清晰可见的。[66] 迫于自卫，小型出版商要么联合起来，要么就被大型、国家化的组织收购。例如法国的阿歇特出版公司不再局限于出版法语图书；爱思唯尔（Elsevier），一家仍旧位于阿姆斯特丹的荷兰企业，出版了大量英语的科学文献；还有美国的约翰威利父子出版公司，在2007年收购了英国的布莱克威尔公司。

这种电子和纸质书籍期刊并存的情形在某种程度上让人联想到15世纪晚期欧洲最早的印刷书籍出现的时代的情形，当时的新媒介并未消灭手稿。两种形式并存互动，劳动分工也在两者之间产生。我个人对未来的预测是：纸质书籍和电子书籍会以相似的方式存在。虽然有可能书籍本身会"缩小规模"——隐喻意义上意味着重要性的丧失，但也在字面意义上意味着出版更小、更薄的书，以便日益习惯于从其他来源获得信息的读者群阅读。

知识全球化也显而易见。笔记本电脑和互联网正在侵蚀着知识边缘地带（所谓"外省"）和知识中心（巴黎、伦敦或者纽约）的分界。马歇尔·麦克卢汉（Marshall McLuhan）的著名表述"地球村"，虽然至今仍是夸张之词，但比起他那个时代（他于1980年去世）却显得前所未有的真实贴切。

1989年起，"跨国合作的飞速增长"引起了人们的注意。[67] 这一增长既有经济方面的原因，也有文化因素。大科学的特定阶段里国家支持是必不可少的，国际敌对，尤其是美国和苏联之间的敌对状态，使两国都投入了大规模的资金。然而最终"大科学"变得太过庞大，甚至无法仅靠一个国家支撑。举例来说，哈勃望远镜（1990，图 16）的开支高达 20 亿美金。[68] 无怪乎那时国际太空竞争转变成了国家空间站（1998）的合作。在欧洲，欧盟建立了欧洲核子研究组织（CERN，图 17）来支持核物理研究。这一项目同样是基于资金需求，要知道粒子加速器可是造价不菲（大型强子对撞机花费了近 90 亿美元）。无论如何，欧洲核子研究组织帮助创造了一个欧洲科学家的社区，至少对粒子物理学家来说是如此。

271　　全球化的潮流不仅借助了政治冰河期解冻的春风，也受益于英语作为新的通用语言（lingua franca）得以推行。英语是新的拉丁语，知识联邦的交际语言，日益在全球各地出版的学术期刊以及各个国家的大学课程中得到使用，无论是荷兰还是新加坡。全球英语（globish）的兴起也催生了"文本的不平等交换"。英语翻译过来的作品要比翻译成英语的作品多得多。[69] 从瑞典到巴西，部分国家的学者受到大学领导的压力，要求他们用英语出版作品而不是用自己的母语，以便能够提高学术机构的国际威信。[70] 基于英语的搜索引擎的繁荣（例如谷歌），连同几乎只关注英语书籍的谷歌图书项目，更是加重了这一趋势。人们努力寻找替代物，例如建立法语搜索引擎 *Quaero*（2005），也往往是杯水车薪。[71]

　　另一个主要趋势是知识的民主化，尤其是对许多地方的人来说，如今更方便获取知识。这是追随了上文所述 19 世纪的发展脚步，例如那时兴起了公共图书馆和机械研究所。读者们能接触到图书馆及其藏书，包括那些珍贵古籍和卷册，阅读变得越来越便捷。这多亏了不少新的项目和机构，例如谷歌图书搜索，它的目的是将上百万册图书数字化，使其在线可读。[72] 人们也采取了不少手段让档案更加容易获得：一个数字档案馆，它自身有可能成为一份"人民的档案"；一个"无

图 16　哈勃太空望远镜

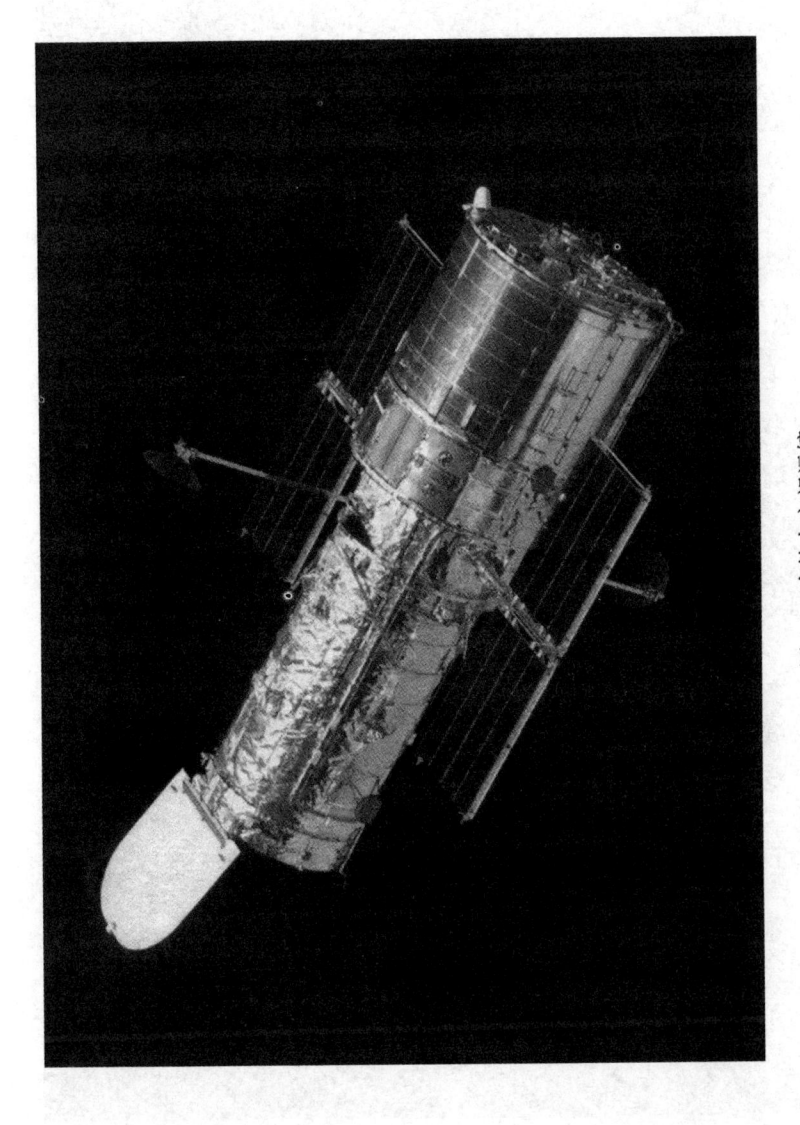

图 17 欧洲核子研究组织的大型强子对撞机（2008）
© Cern

墙档案馆",则为大众提供信息服务。[73] 博物馆对坐着轮椅的参观者比以往要更友好。充分翔实的展览介绍和解说替代了传统简单的标签（见第 236 页），也使博物馆在知识传播上更加贴近大众。

信息库和数据库建设发展迅速。它们的诞生要早于这个时代——比如说蛋白质数据库（1971）——但是过去 20 年里它们的数量激增，规模不断扩大。如今，从"法律法国"（*Legifrance*，关于法国的法律）到"海洋生物普查"（Census of Marine Life）抑或"斯隆数字巡天"（Sloan Digital Sky Survey，据说"在短短几周内收集了比整个天文学历史总和还要多的信息"），[74] 数据库各式各样。谷歌地球（2005）以极快的速度令具体地点的图片及其相关信息在网上有迹可循。

谷歌的"垄断倾向"令人担忧，正如专利制度把原本公共的知识个人化，这种"信息封建主义"在上面的章节中已经有所讨论。[75] 通过广告的投放，搜索引擎通常为雇主而不是客户的利益服务。不过信息垄断受到了部分学术项目不同程度的抵制，例如 JSTOR（1995），一个美国的非营利性服务项目，使人们能在线阅读学术期刊；古登堡计划，由美国历史学会和哥伦比亚大学出版社发起（1999），目的是出版电子学术著作；还有历史电子书计划（1999），由美国学术团体协会创立，囊括了十家大学出版社。[76]

"开放"大学或者说远距离大学对新媒体的运用使其能够覆盖比传统大学多得多的学生群体。截至 2000 年，英国的学生数量已经达到了 200 万，美国有 1400 万，而在中国，单单电视大学系统就覆盖了 58 万学生。[77] 网络推动了"大众科学"的发展，换言之，可利用"分散的非专业志愿者来收集数据"，例如，观测气候变化或者鸟类迁徙。人们组建了一个大众科学联盟来推动基于网络的集体项目。[78]

网络也被形容为一种民主的力量（数字民主），它使得政治消息传播得更广，也使得政治活动的组织者能够通过邮件召集支持者，组织集会和抗议。[79] 博客为个人发声提供了便利，相比写信给传统媒体这样的方式要更容易吸引公众的注意力。所谓的博客是一种新形式的公共场域。

其他地区对政府行为透明公开的要求也越来越常见,许多国家通过了《信息自由法案》(英国在 2000 年)。政府开始在互联网上公布官方数据,例如美国(2009)和英国(网站地址为 data.gov.uk,2010)。包括部长邮件之类的机密信息越发频繁地通过非官方途径被泄露给媒体,来源可能是个人,也可能是维基解密之类的组织(2007)。

知识的民主化同样影响到了百科全书。最值得一提的当然是在线的维基百科(2001 年由吉米·威尔士[Jimmy Wales]创立)。[80]原先的计划被称为"新百科全书"(Nupedia),要更加传统,由编辑将主题分配给特定的撰稿人。然而这个计划最终变成了"任何人都能在任何时候编辑任意页面",反映了麻省理工学院等大学"计算机文化"的分享和公开的精神特质。[81]

这一新形式使得维基百科成了大众科学的标志,当然是广义上的"科学",同时也是"业余爱好职业化"潮流的显著代表。或者更确切地说,就像我们前面见到的,维基百科象征一种业余学者的回潮。"业余爱好职业化"的代价是缺乏精确性,虽然并未想象中的那么糟糕。2005 年《科学》杂志上发表的一项研究显示,专家对维基百科上 42 篇科学主题的文章进行了评估,发现了 162 个错误(几天内就得到了纠正),而在线的《不列颠百科全书》则有 123 个错误。这些科学性文章或许给人留下了对维基百科总体上的可靠性过分乐观的印象,但是也有一位职业历史学家检查了 25 条美国历史名人传记,却仅仅发现 4 个错误,而且都可以说是微不足道的。[82]

维基百科和印刷的百科全书在很多方面都大相径庭。维基百科体量更大:到 2010 年,它已拥有 350 万篇以上的英语文章,超过 10 亿字。它有更多的语言选择(至少 25 种)。它处于永久的修正或重构的状态,同《不列颠百科全书》《拉鲁斯百科全书》《布罗克豪斯百科全书》等系列在时间滞差上形成鲜明的对比。但更令人难以置信的是,这部百科全书是"自下而上"由读者编辑的（大约有 20 万名，这令法国《百科全书》区区 140 位撰稿人相形见绌），并且检索也更加快捷（"维基"在夏威夷语里是"快速"的意思）。

创新也往往会带来问题，例如干扰或者"蓄意破坏"，无论其目的是删除还是加入对个人或者组织不满的评论，抑或是利用广告牟利。已经有人将维基百科批评为业余人员的毫无鉴别力的邪教。[83] 吉米·威尔士自己也提到过，维基百科有"一种对职业历史领域不尊重的倾向"。威尔士最初的合作者之一，拉里·桑格（Larry Sanger）对他所说的维基百科缺乏"专业人士的尊重"忍无可忍，转而建立了另一个与之抗衡、自上而下组织的项目："大众百科"（Citizendium, 2006）。[84] 评价这些批评——撰写维基百科的社会史——是一个棘手的任务，原因是它的文章都是匿名的。人们确知的是一小部分撰稿人贡献了大部分的条目，并且怀疑许多作者是男性、北美人士、计算机爱好者或是专业学者。

尽管这么说有拟人化的倾向，但维基百科的特别之处也在于它的"自我批评主义"，诸如"本文的客观性仍有争议"或"本文需要附加引用来证实，抑或是增加可靠引文以帮助提高本文质量。未表明来源的材料有可能遭受质询或被移除"。[85] 在这一点上，印刷版百科全书的编辑或许可以学习一下维基百科的做法。

维基百科是近来另一个重要趋势的生动案例——反射性。知识社会的讨论日益强调"社会日益增长的自反能力"，长期不断的"社会行为依据自身的知识不断进行自我修改"，"信息发展模式的特殊之处就在于知识可以成为自身生产力的来源"。[86]

商业的信息管理本身也成了一门成功的商业。皮埃尔·布迪厄的"反身性社会学"促使社会学家更加清晰地意识到他们自己的社会地位如何影响到他们解读社会的方式。这是我们时代的典型。[87] 历史学家也越来越自觉意识到他们在历史之中的地位。至于科学家，蒂姆·伯纳斯－李将有关信息的信息浪潮称为"新启蒙的开端"。[88]

卡尔·曼海姆关于知识社会"地位"的理念复兴了,[89]由此而来的是对旧有计划的热情,例如史学历史学、社会的社会学,以及科学的考古学、地理学、社会历史学,乃至于在德国,扩展到了整个知识范围（*Wissensoziologie*，*Wissenschaftsgeschichte* 或者 *Wissensgeschichte*）。[90]研究本身也日益成为社会学家、历史学家和研究评估方的研究对象。

人们对知识社会的热情高涨,突出体现在我们熟悉的方式上,例如设立学术职位,创办大学课程、期刊、学会以及其他组织。比如加州洛斯阿尔托斯的人类知识研究会,建于1969年。期刊则有《科学杂志》（*Zeitschrift für Wissenschaftsforschung*, 1981）、《语境科学》（1987）、《人类科学历史》（1988）、《知识结构》（1993）、《知识和社会》（1998）以及《欧洲文化年鉴》（*Jahrbuch für europäische Wissenschaftskultur*, 2005）。学会包括了国际科学社会研究学会（1975）以及国际知识结构学会（1989）。知识结构曾被视为图书管理员（以及少数哲学家）的事,但是如今却也自成一派,法语和德语分别是 *sciences de l'information* 和 *Informationwiss enschaft*（信息科学）。

本书一开始,我就提醒读者,人们对知识历史有着日渐浓厚的兴趣。知识史这一大军正吸引越来越多的参与者。柏林的马克斯·普朗克科学促进协会成立于1994年。经济历史学家将知识作为资本加以研究。[91]欧洲研究委员会最近资助了一个项目,研究"使用可靠知识"在全球物质进步历史中的作用。"知识文化"或者"学识文化"（*Wissenskultur*，*Wissenschaftskultur*）一词已经进入了大量学术项目——牛津大学就有一个,另一个在法兰克福,后者着重于"知识文化和社会变革"。[92]相反,奥格斯堡大学支持了一个"无知文化"（*Nichtwissenskulturen*, 2005）的项目。不久前,在埃尔福特大学有了一个有关欧洲近代早期"知识文化"的学术职位。简而言之,同上一册《知识社会史：从古登堡到狄德罗》一样,本册也成了这一潮流的一部分。我希望下一代能够继续扩展这一研究。

# 注　释

## 导言

1 Drucker (1993), 30.
2 Brown (1989); Ringer (1992); Cohn (1996).
3 Mannheim (1952). Cf. Kettler et al. (1984).
4 Davenport and Prusak (1998), ix.
5 On the exploration of the Arctic, Bravo and Sörlin (2002).
6 Otterspeer (1989); Berkel et al. (1999); Jong (2004).
7 Pickstone (2000), 21.
8 Blair (2010), 1–10.
9 Cf. Konvitz (1987); Brown (1989); Waquet (2003, 2008).
10 Rueschemeyer and Skocpol (1996), 3.
11 Znaniecki (1940); McNeely with Wolverton (2008); McNeely (2009); Thackray and Merton (1972), 473.
12 Fabian (2000), 25.
13 Hudson (1981); Kuklick (1993); Harley (2001); Lane (2001). Cf. Ringer (2000).
14 Oleson and Voss (1979), 440–455.
15 Knorr-Cetina (1999).
16 Quoted in Young (2004), 369.
17 Naisbitt and Aburdene (1990); Mittelstrass (1992). Cf. Davenport and Prusak (1998), 1–24.
18 Drucker (1993), 41. Cf. Messer-Davidow et al. (1993); Foucault (1997); Worsley (1997).
19 Burke (2000), 18.
20 Ryle (1949); Thelen (2004).
21 Foucault (1997), 8.
22 Furner and Supple (1990), 46. On the club, Phillipson (2010), 40, 129.
23 Raj (2007); Short (2009).

## 第一章　知识采集

1 Treverton (2001).

2　Fabian (2000), 198.
3　Geertz (1973), 15.
4　Raj (2007), 20–21.
5　Ginzburg (1989).
6　Fabian (2000), especially 180–208.
7　Goetzmann (1959).
8　Hemming (1998), 8.
9　Driver (2004).
10　Nicolson (1987); Ette et al. (2001); Rupke (2005).
11　Essner (1985), a study of 109 German travellers to Africa in the nineteenth century, identifies thirty-two scientists; cf. Fabian (2000). On Duveyrier, Heffernan (1989) and Trumbull (2009), 56–64.
12　Cutright (1969); Moulton (1986–2001).
13　Short (2009), 59–66.
14　Masterson and Brower (1948); Reinhartz (1994); Tammiksaar and Stone (2007).
15　Brower and Lazzerini (1997); Knight (1999).
16　Spary (2000).
17　Kury (1998).
18　Díez Torre et al. (1991), 22n, 51, 131. Cf. Pino (1988); Solano (1988); González Bueno and Rodriguez Noval (2000); Bleichmar (2008).
19　Quoted in Fernández-Armesto (2006), 381.
20　Quoted in McCannon (1998), 18.
21　Kunzig (2000).
22　Goetzman ([1986] 1995), 4.
23　Pyne (2010).
24　Rasmussen (1990); Carhart (2007), 27–68.
25　Godlewska (1988); Gillispie (1989); Laurens (1989).
26　Broc (1981); Bourguet et al. (1998), 71–95, 97–116; Droulia and Mentzou (1993), 81–90.
27　Quoted in Cole (1985), 287.
28　Malinowski (1922), xv.
29　Toulmin and Goodfield (1965); Rudwick (2005).
30　Richet (1999); Lewis (2000).
31　Glass (1973); Anderson (1988).
32　Rigaudias-Weiss (1936).
33　Allwood (1957).
34　Gillispie (1989), 455; Spary (2000).
35　Stanton (1975), 291.
36　Murray (1897).
37　Coombes (1994), fig. 73.
38　Glob ([1969] 2004), 18–36.
39　Mitchell (1991); Coombes (1994), 85–108.
40　Cole (1985), 123.
41　Ibid., 2.
42　Boyle (1972).

43　Boyer (1973); Rudwick (2005), 255n, 360; Pieters (forthcoming).
44　Spary (2000), 92.
45　Quoted in St. Clair ([1967] 1998), 63.
46　Penny (2002), 71. Cf. Coombes (1994), 9–28.
47　Carrington (2003).
48　Quoted in Penny (2002), 110.
49　Marchand (2009), 416–417.
50　Müntz (1894–1896).
51　Larsen ([1994] 1996), 262.
52　Marchand (2009), 159.
53　Carrington (2003).
54　Cañizares-Esguerra (2001), 170–203.
55　Pesce (1906).
56　Battles (2003), 4, 8, 86.
57　Livingstone (2003), 40–48.
58　Jardine et al. (1996), 249–265; Rudwick (2005), 41–44.
59　Stocking (1983). Cf. Gupta and Ferguson (1997).
60　Stocking (1983).
61　Clifford (1982).
62　Stocking (1983).
63　Quoted in Thompson (1996), 566.
64　Rivers (1913). Cf. Urry (1972); Stocking (1996), 122–124.
65　Stocking (1983), 70, 109; Young (2004), 161–164.
66　Gooding et al. (1989), 226–227.
67　Holmes (2008), 55.
68　Urry (1972).
69　Payne (1951).
70　Malinowski (1922), 7.
71　Crary (1990); Daston and Lunbeck (2011).
72　Foucault (1963).
73　Moore (1969); Moravia (1970), 80–85, 223–238; Chappey (2002).
74　Holmes (2008), 116.
75　Ginzburg (1989).
76　Madan (1920), 70.
77　Oberschall (1965), 60.
78　Summerfield (1985), 441; Hubble (2006).
79　Becker and Clark (2001), 169–195.
80　Foucault (1963); Urry (1990); Pratt (1992); Screech (1996).
81　Quoted in Nord (1985), 165.
82　Malinowski (1922), 7–8.
83　Platt (1996), 47.
84　Nord (1985).
85　Göhre (1891).
86　Clifford, in Stocking (1983), 121–156.
87　Gerald Carr, quoted in McNamara (2001), A–28.

88　Burke ([1978] 2009), ch. 1.
89　Ó Giolláin (2000), 132–143; Briody (2007).
90　Clifford, in Stocking (1983).
91　Labov (1966).
92　Mayhew (1851). Cf. Thompson and Yeo (1971), 54–64.
93　Zola (1986).
94　Quoted in Bulmer et al. (1991), 300.
95　Certeau (1975); Ozouf (1981).
96　Oberschall (1965), 19.
97　Robinson (1982).
98　Pyenson (1993), 17, 19.
99　Smith (1960).
100　Yorke (2007).
101　Clifford (1983); Bravo and Sörlin (2002), 218–222.
102　Briody (2007).
103　Blair (2010).
104　Winchester (2003).
105　Hopkins (1992).
106　Quoted in Dieckmann (1961), 84.
107　Pesce (1906), 34, broken down by nineteen archives.
108　Quoted from the UNESCO statistical yearbook, in Gibbons et al. (1994), 94.
109　http://liswiki.org/wiki/History_of_the_card_catalog.

## 第二章　知识分析

1　Marchand (2009), 174.
2　Pickstone (2000), 84. Cf. Pickstone (2007).
3　Merton (1949); Gellner (1973), 88–106.
4　Clarke (1973).
5　Foucault (1966). Cf. Pratt (1977).
6　Pickstone (2000), 30. Cf. Daudin (1926a).
7　Daudin (1926a); Jardine et al. (1996), 145–162; Koerner (1999).
8　Daudin (1926b). Cf. Ritvo (1997).
9　Flint (1904); Tega (1984); Porter (2003), 241–266.
10　Flint (1904), 142–144; Dieckmann (1961), 99; Darnton (1984), 194–201.
11　Flint (1904), 175–191, 227–238; Ellen and Reason (1979), 167–193.
12　Wiegand (1996), 21–23, 74–75, 113–114; Levie (2006), 54, 58, 67, 329
13　Caplan and Torpey (2001), 181ff.
14　Levie (2006), 98; Weinberger (2007), 20.
15　Weinberger (2007), 19, 78, 165, and passim.
16　Pope (1975); Parkinson (1999).
17　Cathcart (1994), 30–57; Larsen (1994).
18　Chadwick (1958); Coe (1992).
19　Robinson (2002), 110–111.
20　Kahn (1967), 286.

21　Kahn (1967); Hinsley and Stripp (1993).
22　Daudin (1926b); Outram (1984).
23　Quoted in Jokilehto (1999), 155.
24　Nora (1986), 613–649; Jokilehto (1999), 137–156.
25　Larsen (1994), 263.
26　Renfrew (1987); Clackson (2007). Cf. Davies ([1992] 1998).
27　On the parallel, Timpanaro ([1963] 2003), 73. Cf. Pasquali ([1934] 1952).
28　Madan (1920), 68–87.
29　Timpanaro ([1963] 2003).
30　Grafton (1990).
31　Gaskill (1991).
32　Meyerstein (1930), 104–125.
33　Baines (1999), 177–186.
34　Weiner (2003).
35　Kreuger (2007); Lopez (2008).
36　Grafton (1990), 35.
37　Larsen (1994), 166–176.
38　Gräslund (1974).
39　Frängsmyr (1976); Rossi ([1979] 1984); Rudwick (2005).
40　Trigger ([1989] 1996), 187, 196.
41　Baillie (1995).
42　Lewis (2000).
43　Renfrew (1973).
44　Latour (1987).
45　Frängsmyr et al. (1990), 315–342; Scott (1998), 14.
46　Cannon (1978), 75–80.
47　Gould ([1981] 1984); Kaluszynski (2001).
48　Murphy (1981).
49　Lazarsfeld (1961); Stigler (1986), 161–220, especially 169–174; Hacking (1990), 105–114.
50　Zande (2010).
51　Perrot and Woolf (1984); Bourguet (1988); Brian (1994).
52　Cullen (1975).
53　Kenny (1982).
54　Teng (1942–1943); Montgomery (1965); Roach (1971); Hoskin and Macve (1986); MacLeod (1982, 1988); Clark (2006), 93–140; Stray (2005); Whitley and Gläser (2007).
55　Desrosières (1993).
56　Tooze (2001), 62–63, 137, 256.
57　Cortada (1993), 44–63.
58　Kullmann (2004), 63, 81, 113ff., 120.
59　Ette et al. (2001), 58; Rudwick (2005), 75.
60　Ahmed (1978); Thompson (1996).
61　Huizinga ([1919] 1996), 43–44.
62　Thompson and Yeo (1971), 108–109.
63　Lepenies (1988), 19–90.

64　Auerbach ([1947] 2003), 447–455; Mitterand (1987), 37–55; Kullmann (2004).
65　Lepenies (1988).
66　Cunha ([1902] 1944), 89–90.
67　Geertz (1973), 3–30.
68　Leach (1965).
69　Renfrew (1973); Binford (1978).
70　Mill (1843).
71　Gooding et al. (1989).
72　Coleman and Holmes (1988); Pickstone (2000), 141–145.
73　Coles (1979); Morton and Williams (2010).
74　Popper (1945), 349.
75　Zelený ([1962] 1980).
76　Wright (1971), 4.
77　Lévi-Strauss ([1955] 1962), 44.
78　Hughes (1959), especially 33–66.
79　Collingwood ([1946] 1993), 214.
80　Marmor (1995).
81　Panofsky ([1939] 1962), 3–32.
82　Ast (1808); Mannheim (1952), 43–63. Cf. Hart (1993).
83　Ricoeur (1965).
84　Collingwood ([1946] 1993), 266–282, at 281. Cf. Ginzburg (1989).
85　Rudwick (2005); Hodder ([1986] 2003).
86　Wright (1971), 8.
87　Godlewska (1988), 38–87.
88　Burke (1991).
89　Beer (1983); Dear (1991).
90　Ricoeur (1983).
91　Lyotard ([1979] 1984). Cf. Berkhofer (1995).
92　Revel (1996); Burke (2008b).
93　Stone (1979). Cf. Burke (1991), 233–248; Fox and Stromqvist (1998).
94　Delgado (1989); Brooks and Gewirtz (1996).
95　Brody (1987); Hunter (1991).
96　Franzosi (1998).
97　Weinberg (1993); Gribbin (1998).
98　Neumann and Morgenstern (1944).
99　Hacking (1990), 1.
100　Merton (1949); Mills (1959).
101　Chadarevian (2002), 136–160, at 136.
102　Watson (1968), 83–85, 172–179, 194, 200, 206; Olby (1974); Chadarevian (2002), 164–165.
103　Chadwick (1979); Lenhard et al. (2006).

## 第三章　知识传播

1　Hayek (1945); Sunstein (2006), 9.
2　Quoted in Brown and Duguid ([2000] 2002), 123.

3  Quoted in Halavais (2009), 125.
4  William Guthrie, 1770, and William Young, 1790, quoted in Sher(2006), 1, 593.
5  Brown and Duguid ([2000] 2002).
6  On'popularizing'science, Andries (2003); Lightman (2007), 14-17.
7  Shinn and Whitley (1985), viii.
8  Irwin and Wynne (1996), 152; Secord (2000), 3, and passim.
9  Davenport and Prusak (1998), 29-30.
10  Raj (2007), 9, 13, 225.
11  Ibid., 223.
12  Briggs and Burke ([2002] 2009), 19, and passim.
13  Shinn and Whitley (1985); Bensaude-Vincent and Rasmussen (1997); Daum (1998); Kretschmann (2003).
14  On language, Montgomery (1996), 1-69.
15  Holmes (2008), xix.
16  *Oxford English Dictionary*, quoted in Lightman (2007), 11n; Bensaude-Vincent and Rasmussen (1997), 13n.
17  Béguet (1990), 20.
18  Harrison (1961).
19  Waquet (2003); Secord (2007).
20  Waquet (2003), 97-100; Stray (2005), 81, and passim; Clark (2006), 93-140.
21  Cooter (1984), 151-158.
22  Bakhtin ([1979] 1986).
23  Waquet (2003), 100-112; Smith (1998), 103-116; Clark (2006), 141-182.
24  H. B. Adams, quoted in Hawkins (1960), 224.
25  On posters, Waquet (2003), 125-129.
26  Béguet (1990), 133.
27  Secord (2007).
28  Secord (1994).
29  Castells (1996), 55; Russell (2010), 192.
30  Waquet (2003), 161, 295-317.
31  Inkster and Morrell (1983), 91-119; Van Wyhe (2004), 58.
32  Schaffer (1983); Fyfe and Lightman (2007), 336-370.
33  O'Connor (2007), 75, 80.
34  On Davy, Holmes (2008), 285-304; on sensationalism, Lightman (2007), vii, 177; on Pepper, Secord (2002).
35  Earlier examples are cited in Kusamitsu (1980).
36  Quoted in Auerbach (1999), 105.
37  Quoted in Physick (1982), 35.
38  Montijn (1983); Rydell (1984); Aimone and Olmo (1990); Meyer(2006).
39  Mitchell (1991).
40  Penny and Bunzl (2003), 127-155.
41  Forgan (1994).
42  Schwarcz (1988).
43  Mullan and Marvin (1987), 68-88; Drayton (2000).
44  J. G. Wood, 1887, quoted in Lightman (2007), 196.

45　Penny (2002), 141–151.
46　Boas quoted in Stocking (1985), 101.
47　Irwin and Wynne (1996), 152–171.
48　Cole (1985), 110–118; Stocking (1985), 77–81.
49　Kohn (1995), 11.
50　Hawkins (1960), 123.
51　Chandler and Cortada (2000), 76.
52　Hansen (2007); Dauser (2008).
53　Holl (1999); Ette et al. (2001), 279.
54　Mugglestone (2005), 210.
55　Weber (1956), 151–166; McNeely (2003).
56　Yates (1989), xv, 95–98; Chandler and Cortada (2000), 110, 112.
57　Kenna (2008); Salmi-Niklander (2004).
58　Moureau (1993), 143–165.
59　Feldbrugge (1975), 18.
60　Fontana (1985), 112–146.
61　Béguet (1990), 31.
62　Ibid., 84.
63　Lightman (2007), 295–352; on Germany, Shinn and Whitley (1985), 209–227.
64　Russell (2010), 70–74.
65　Ibid., 190–201.
66　Figures from UNESCO, quoted in Gibbons et al. (1994), 94.
67　Jardine et al. (1996), 145.
68　Rudwick (2005), 141.
69　Secord (2000), 18, 34.
70　Shinn and Whitley (1985), 209–227; Daum (1998).
71　Lightman (2007), 66, 175.
72　Béguet (1990), 61.
73　Glasgow (2001).
74　Béguet (1990), 26 (on France, but the trend is more general).
75　Kohler (1991), 287. Cf. Bowler (2009), 98–103.
76　Werskey (1978), 165. Cf. Bowler (2009), 107–113.
77　On visual display, Tufte (1983); Baigrie (1996).
78　Hacking(1990), 18.
79　Rudwick (2008), 166–167.
80　Tilling (1975).
81　Headrick (2000), 124, 129.
82　Gilbert (1958); Tufte (1983), 40.
83　Kolers et al. (1979), 135.
84　Thompson (2005), 394.

## 第四章　知识应用

1　Foucault (1975, 1980).
2　Certeau (1980).

3   Rossi ([1960] 2000); Yates (1966).
4   Middleton (1885) scratches the surface of a topic that deserves a more penetrating study.
5   Frasca-Spada and Jardine (2000), 402.
6   Miller (1969).
7   Higgs (2004), 96.
8   Yates (1989), 37.
9   Levie (2006).
10  Cravens et al. (1996), 24.
11  Porter (1977); Gascoigne (1998).
12  Quoted in Baber (1996), 151.
13  Kuznets ([1955] 1965), 61, 87, and passim.
14  Cf. Inkster (2006).
15  Quoted in Kevles ([1977] 1995), 47.
16  Quoted in Abelson (1996), 28.
17  Quoted in Kevles ([1977] 1995), 248.
18  Quoted in Werskey (1978), 144, 173.
19  Quoted in Johnson (1990), 153.
20  Bush (1945).
21  Stokes (1997).
22  Mokyr (2002), 28–77.
23  Glamann (2003); Conot (1979), 133.
24  Porter (1997), 449–450.
25  Reich (1985).
26  Johnson (1990), 154–155.
27  Shiva (1997); Drahos (2002), 2, 15, 45, 51, 201, and passim; Johns (2010).
28  Chandler and Cortada (2000), 82, 86.
29  Quoted in Chandler (1977), 102. Cf. Chandler and Cortada (2000), 83–85.
30  Chandler (1977).
31  Nelson (1980).
32  Ibid., 131–136; Price (1999).
33  Nelson (1980), 179.
34  Converse (1986), 89, 112.
35  Dandeker (1990), 63.
36  Nonaka (2005).
37  Foss (2007); Foss and Michailova (2009).
38  Stewart (1997), x.
39  Davenport and Prusak (1998), 114–122; Frappaolo (2006).
40  Nonaka and Takeuchi (1995).
41  Keegan (2003), 3–6, 26–65, 184–220.
42  Godlewska and Smith (1994), 41.
43  Quoted in Livingstone (1992), 241.
44  Pearton (1982), 230.
45  Price (2008), 8–14; Boas quoted at 12.
46  On the German side, Simon (1947); Schramm (1974). On the 'campus', Winks (1987), 441; cf. Katz (1989). 年轻的历史学家有费利克斯·吉尔伯特（Felix Gilbert）和卡

尔·休斯克（Carl Schorske）。
47 Winks (1987). Cf. Barnes (2006).
48 Price (2008), 91-116, 172-177.
49 Cravens (2004), 67-77.
50 Scott (1998), 2.
51 Caplan and Torpey (2001), 57.
52 Emerson (1968), especially 57-99.
53 Andrew and Gordievsky (1990), 4.
54 Ibid., 19.
55 Childs and Popplewell (1996).
56 Andrew and Gordievsky (1990), 173-174, 255-257, 260-261, 312-313, 322-325.
57 Richelson (1999).
58 Macrakis (2010).
59 Bernard (1991), 201-221.
60 Monas (1961); Bernard (1991), 128, 149-150.
61 Childs and Popplewell (1996).
62 Jeffreys-Jones (2007), 11, 72, 160, 204, 228.
63 Ibid., 185, 236.
64 Gould ([1981] 1984); Kaluszynski (2001).
65 Caplan and Torpey (2001), 164ff., 184ff.
66 Quoted in Kevles ([1977] 1995), 270.
67 Torpey (2000), 57-110; Piazza (2004).
68 Rueschemeyer and Skocpol (1996), 3, 5, 90-113, 117ff.
69 Heclo (1974), 43.
70 Rueschemeyer and Skocpol (1996), 233-263.
71 Ketelaar (2003).
72 Pearton (1982); Hevia (1998); Higgs (2004).
73 Leclerc (1979), 83.
74 Bourguet (1988), 98. Cf. Perrot and Woolf (1984); Woolf (1989).
75 Patriarca (1996), 7.
76 Monas (1961), 103; Matthews (1993).
77 Caplan and Torpey (2001), 83-100.
78 Tooze (2001), 24.
89 Aly and Roth ([1984] 2004), 2, 121.
80 Torpey (2000), 111ff. Cf. Caplan and Torpey (2001).
81 Gambi (1992); Godlewska and Smith (1994); Marshall (1998), 231-252.
82 Marshall (1970), 189.
83 On 'legibility', Scott (1998), passim.
84 Andrews ([1975] 2002), 119-126; Carter (1987); O'Cadhla (2007). Friel's play has been criticized as anachronistic: Bullock (2000).
85 Hewitt (2010), 44, 49, 99, 110ff., 127, 150, 171.
86 Hinsley (1981).
87 Knight (1999).
88 Bell et al. (1995), 80-92.
89 Droulia and Mentzou (1993); Bourguet et al. (1998), 71-95; Trumbull (2009).

90  Cohn (1996), 7. Cf. Bayly (1996); Edney (1997).
91  Cohn (1996), 8; Dirks (2001), 48-50, 198-228, 207-212.
92  Quoted in Dirks (2001), 48.
93  Sibeud (2002), 9-17, 121-152.
94  On the Dutch case, Otterspeer (1989), 187-203; Ellen (2006).
95  Sheets-Pyenson (1988); MacKenzie (2009).
96  Arnold (1988).
97  Quoted in Coombes (1994), 109.
98  Kuklick (1993), 182-241; Young (2004), 376.
99  Winkelmann (1966); Asad (1973); Stocking (1991); Kuklick (1993); Goody (1995).
100  Quoted in Veysey (1965), 149.
101  Quoted in Crick (1960), 19.
102  Quoted in Diamond (1992), 10.
103  Ibid., 55.
104  Chomsky, in Schiffrin (1997), 181.
105  Szanton (2002), 148-152.
106  Saunders (1999), 135.
107  Menand (2010), 54.
108  Redlich (1957), 35.
109  Quoted in Stone et al. (1998), 28.
110  On the IK, Tooze (2001), especially 103-148.
111  Stone et al. (1998); Stone and Denham (2004).
112  Brougham, quoted in Rueschemeyer and Skocpol (1996), 181. Cf Goldman (2002). On the ASSA, Calhoun (2007), 74-77; on the VSP, Rueschemeyer and Skocpol (1996), 117-162.
113  Andrew and Dilks (1984), 13.
114  Shapin (2008), 146-147, 152-156, 160.
115  Gibbons et al. (1994); Slaughter and Leslie (1997); Bok (2003); Shapin(2008).
116  Veblen (1918), 78-79.
117  Vucinich (1956), 13-14.
118  Ibid., 56; Graham (1967), 49.
119  Johnson (1990), 9.

## 第五章　知识丢失

1  Fabian (2000), 10; Wax (2008), 3.
2  Proctor and Schiebinger (2008), 24.
3  早期研究包括 Moore and Tumin (1949), Goody (1968) and Smithson (1989). 有关近期的研究，请参看 Böscher et al. (2004); Galison (2004); Wehling (2006); Brüsemeister and Eubel (2008)。
4  Wallis (1979). Cf. Porter (2003), 485-507.
5  Crystal (2000).
6  Quoted in Horgan (1996), 229.
7  Burke (2008a).
8  Harris (1998).

9　Mokyr (2002), 37n.
10　Paul (1985), 205.
11　Drahos (2002); Shapin (2008).
12　Fung et al. (2007), 9–10; Proctor and Schiebinger (2008), 11–18, 37–54, 90, 267–280.
13　Andrew and Dilks (1984), 5.
14　Godlewska (1988); Bourguet et al. (1998), 108.
15　Jacob (2007), 1226–1249.
16　Stark (2009).
17　Cooter (1984), 39–40.
18　Rueschemeyer and Skocpol (1996), 246.
19　Tooze (2001), 209, 216–217. On Britain, Bulmer (1979), 132–157.
20　Bulmer (1979), 141–142.
21　Vincent (1998).
22　Engerman (2009), 9.
23　Mugglestone (2005), 82.
24　On NASA, Borgman (2007), 137; Brown and Duguid ([2000] 2002), 201.
25　Quoted in Jeffreys-Jones (2007), 232.
26　Stanton (1975), 292, 296, 302, 323.
27　Penny (2002), 183, 193–194.
28　Kransdorff (1999); Delong (2004).
29　Coles (1979), 6ff.
30　Crystal (2000), 14–19.
31　Raven (2004).
32　Renfrew and Bahn ([1991] 2008), 571; Larsen ([1994] 1996), 24, 115, 156, 234.
33　Hochschild (1998), 294.
34　Stebelski (1964).
35　Quatremère de Quincy (1989), 44, 48, 192, 239. Cf. Schneider (1910), 166, 182, 184n; Maleuvre (1999).
36　Cole (1985).
37　Kidd (1989), 104.
38　Foss and Michailova (2009), 83.
39　Burke (2000); Blair (2010).
40　Galera Gomez (1981); Handler (2000); Frigessi (2003).
41　Gottfried (1990), 1–4; Mouffe (1999), 1–2.
42　Foucault (1969). Cf. Wehling (2006); Rupnow et al. (2008).
43　Quoted in Moore (2008), 25.
44　Yeo (2001), 90–91; Blair (2010), 5.
45　Yeo (2001), 68, 186.
46　Hughes (1951–1953).
47　Baker (2008).
48　Dogan and Pahre (1990), 45–46.
49　Shillingsburg (2006), 151–154.
50　Foucault (1997), 9; Rupnow et al. (2008), 7.
51　Bynum and Porter (1987), 1–3.
52　On 'pseudo-science', Rupnow et al. (2008), 24.

53  Gieryn (1983), 781. Cf. Gieryn (1995).
54  Bivins (2000), 153, 159, 176, 186.
55  Penny and Bunzl (2003), 47–85.
56  Thomas (1971), 283–385; Curry (1989).
57  Curry (1992), 61–108; 125–128.
58  Ibid., 138, 145, 151–152.
59  Oppenheim (1985), 159–197.
60  Curry (1992), 168.
61  Cooter (1984), 120. Cf. Giustino (1975); Van Wyhe (2004).
62  Van Wyhe (2004), 17.
63  Cooter (1984), 4.
64  Ibid., 2; Davies (1955), 11, 157.
65  Cooter (1984), 28ff., 90.
66  Shapin (1975), 231.
67  Oppenheim (1985), 208; Cooter (1984), 256.
68  Weinberger (2007), 48.
69  Cooter (1984), 258–260.
70  Wallis (1979), 237–271; Oppenheim (1985); Rupnow et al. (2008), 100–126.
71  On Italy, Gallini (1983); Cazzaniga (2010), 521–546.
72  Stepan (1982), focusing on Britain, suggests the dates 1800–1960.
73  Pearson to Galton, 1907, quoted in Kevles ([1985] 1995), 57. Cf. Mackenzie (1976).
74  Pearson, 1909, quoted in Kevles ([1985] 1995), 104.
75  Adams (1990), 170.
76  Weindling (1985); Weingart (1989); Turda and Weindling (2007).
77  Stocking ([1968] 1982), 195–233.
78  Werskey (1978); Stepan (1982), 147ff., 153.
79  Proctor (1988).
80  Rupnow et al. (2008), 241.
81  Kohn (1995), 7. Cf. Hammer (2001).
82  Barkan (1992); Kohn (1995).
83  The molecular biologist Robert Sinsheimer, quoted in Kevles ([1985] 1995), 267.
84  Rupnow et al. (2008), 241–250.
85  Jeggle (1988); Fischer (1990).

## 第六章　知识分类

1  Price (1963), 8; Crane (1972), 13n.
2  Quoted in Hufbauer (1982), 41.
3  Ziman (1995), 99–115.
4  Weber (1956), 311–339.
5  Collini (1991), 199–250.
6  Montgomery (1996), 7.
7  Polanyi (1958), 216.
8  Oleson and Voss (1979), 3–18, at 4. Cf. Stichweh (1977, 1984, 1992).
9  Oleson and Voss (1979), 3–18, at 6.

10　De Terra (1955); Rupke (2005).
11　Cantor (2004); Robinson (2005). On a later 'last man', Warren (1998).
12　Yeo (1993), 57.
13　Letter to Joseph Cottle, 1797.
14　Quoted Yeo (2001), 249. Cf. Yeo (1993), 58.
15　Hill (1964), 3−48.
16　Snow ([1959] 1993). Among the many discussions are Lepenies (1988); Kreuzer (1987); Olcese (2004); Eldelin (2006); Halfmann and Rohbeck (2007); Ortolano (2009).
17　Snow ([1959] 1993), 3, 9, 11, 14−15.
18　Roos (1977); Lepenies (1988), 164−171.
19　Lepenies (1988).
20　Stichweh (1977).
21　Quoted in Becher (2001), 66.
22　Holmes (2008), 393.
23　Fox (1980); Chaline (1995), 32.
24　Augello and Guidi (2001).
25　Boockman et al. (1972), 1−44.
26　Hufbauer (1982), 62−82, 93. Cf. Stieg (1986).
27　Abbott (2001), 68n.
28　Forbes (1978), 115−125.
29　Kevles ([1977] 1995), 26, 78, 202, 275.
30　Backhouse and Fontaine (2010), 18.
31　Jencks and Riesman (1968), 523. Cf. Peckhaus and Thiel (1999).
32　Thompson (2005), 177.
33　Whewell, 1834, quoted in Smith and Agar (1998), 184.
34　Cf. Hagstrom (1965), 192−193; Elias (1982), 62.
35　Smith (1998), 103−116; Clark (2006), 141−182.
36　McClelland (1980), 281, 285; Oberschall (1965), 13.
37　Ash (1980). Cf. Ben-David and Collins (1966).
38　Geiger (1986), 16, 37.
39　Quoted in Graff (1987), 57.
40　Thelen (2004), 35.
41　Clark (2006), 183−238.
42　Veysey (1965), 321; Abbott (2001), 122.
43　Graham (1967, 1975).
44　Thackray and Merton (1972), 474.
45　Lenoir (1997), 76; Mucchielli (1998), 527.
46　Hagstrom (1965), 215.
47　Perkin (1989); Cocks and Jarausch (1990);Malatesta (1995).
48　MacLeod (1988), 256.
49　MacLeod (1988), 19, 49, 90, 116.
50　Evans (2001).
51　Sabato (1981).
52　Milne (2008).
53　Bourdieu (1975).

54　Quoted in Yeo (2001), 140, and Smith and Agar (1998), 184.
55　Diderot, letter, 16 December 1748. Cf. Gelfand (1976).
56　Gelfand (1976), 511.
57　Huerkamp (1985), 177-185: Rosen (1944); Gelfand (1976), 511.
58　Ganz (1997).
59　Ziman (1987), 6.
60　Rosen (1944), 59-63.
61　Pascal (1962).
62　Darwin ([1876] 1958).
63　Sherif and Sherif (1969), 328-348.
64　Ziman (1987).
65　Sampson (1962), 204. 这篇论文的作者丹尼斯·贝瑟尔（Denis Bethell）后来成为一位著名的中世纪研究专家。
66　Gombrich (1970).
67　Reisch (1994).
68　Gallie (1960); Daiches (1964).
69　Chomsky (1997), 2-11.
70　Quoted in Yeo (1993).
71　Kogan (1958), 168;Turi (2002), 57.
72　Mugglestone (2005), 17.
73　Price (1963), 87-89.
74　Ziman (1987), 23-24; Smith et al. (1989); Szöllösi-Janze and Trischler (1990); Galison and Hevly (1992); Shapin (2008), 169-178.
75　Weinberg (1961).
76　Price (1963), 3. Cf. Szöllösi-Janze and Trischler (1990); Galison and Hevly (1992).
77　Morrell (1972).
78　Schaffer (1988).
79　Todes (2002).
80　Johnson (1990), 34.
81　Ó Giolláin (2000), 135; Briody (2007).
82　Vucinich (1956), 13-14.
83　Quoted in Mucchielli (1998), 213.
84　Cole and Crandall (1964).

## 第七章　知识地理学

1　Mannheim (1952).
2　Crampton and Elden (2007).
3　Livingstone (2003); Agnew (2007).
4　Golinski ([1998] 2005); Livingstone (2003).
5　Clifford and Marcus (1986).
6　Böröcz (1997); Connell (2007), 34; Burke and Pallares-Burke (2008), 191-192.
7　Chakrabarty (2000).
8　Certeau (1975), 65.
9　Contrast Said (1978) and Irwin (2006).

10　Foucault (1963); Crampton and Elden (2007), 151.
11　Latour and Woolgar (1979); Kohler (2008).
12　Kohler (1982), 50.
13　Ibid., 45-46, 69.
14　Smith and Agar (1998).
15　Dierig et al. (2003).
16　Kuklick (1980); Bulmer (1984); Lindner ([1990] 1996).
17　Johns (1998), 178-179, 553-555; Clark (2000).
18　Fleming and Bailyn (1969), 631.
19　Hall and Preston (1988), 124-137.
20　Chaline (1995), 38, 160.
21　Josephson (1997), xiii, 3.
22　Harwood (1987); Geison and Holmes (1993), 30-49; Barth et al. (2005); Macrakis (2010).
23　Helmholtz (1893), 24. Cf. Meinecke ([1907] 1970).
24　Berger et al. (1999); Berger and Lorenz (2008); Baár (2010).
25　Sagredo and Gazmuri (2005), xxxix.
26　Weber (1976).
27　Patriarca (1996), 8; Hooson (1994), 117.
28　Ganz (1973); Müller (1974).
29　Spiering (1999).
30　Kamusella (2009).
31　Poulot (1997).
32　Hamilakis (2007), 81.
33　Diaz-Andreu and Champion (1996), 33.
34　Sklenář (1983); Trigger ([1989] 1996), 248-261; Diaz-Andreu and Champion (1996), 123, 166, and passim.
35　Diaz-Andreu and Champion (1996), 176, 203.
36　Driessen (1993), 147.
37　Ó Giolláin (2000).
38　Bravo and Sörlin (2002), 76.
39　Jensen (1992); Bohman (1997); Jong (2004).
40　Miller (1969), 117, 134, 275.
41　Kamusella (2009), 407.
42　Turi (2002), 18, and passim.
43　Larsen (1994), 67, 95, 310.
44　Harnack, quoted in Marchand (2009), 421.
45　Rocke (2001), 292, and passim.
46　MacLeod (2001), 109.
47　Bravo and Sörlin (2002), 101.
48　Quoted in Holmes (2008), 103.
49　Pyenson (1989) 65-66.
50　Hufbauer (1982), 2, and passim.
51　Venner, quoted in Beer (1960). Cf. Pinkney and Ropp (1964), 37-51; Frängsmyr et al. (1990), 95-119.

52 Felsch (2010), 63.
53 Quoted in Cadbury (2000), 93–94, 168.
54 Olby (1966).
55 Ben-David (1970).
56 Spary (2000), 9 n22.
57 Quoted in Pyenson (2002), 244.
58 Quoted in Gizycki (1973), 485–486.
59 Wiegand (1999), 669–670.
60 Veysey (1965), 130.
61 Quoted in Allen (2001), 93.
62 Quoted in Hawkins (1960), 207.
63 Pyenson (1989), 139–246; Pyenson (2002), 241–245.
64 Harris (1998), 218.
65 Easton et al. (1991), 46.
66 Marie Jahoda, in Fleming and Bailyn (1969), 420.
67 Maiguashca (2011).
68 Merton (1968).
69 Ette et al. (2001), 170–176.
70 在1977年于纽约的宾厄姆顿为布罗代尔举行的会议上，他发表了闭幕谢词，我听到他做了这样的评论。
71 Bartholomew (1989), 5.
72 Raj (2007), 11.
73 Cole and Cole (1973).
74 Ben-David (1970), 175.
75 Darnton (1995).
76 Horowitz (1967), 296. Cf. Alatas (2003); Fan (2004), 4, 89, 138.
77 Connell (2007), 50.
78 Mignolo (2009), 159.
79 Pratt (1992); Fan (2004); Raj (2007).
80 Marshall (1970), 1–44; Almond (1988), 7–32. Cf. Goodwin(1994), 307–331.
81 Campbell (1980), 2–6, 21–28, 31–52, 55–60, 76–81; Goodwin (1994), 277–306; Zander (2007); Rupnow et al. (2008), 77–99. On Russia Rosenthal (1997).
82 Kuklick and Kohler (1996), 44–65.
83 Cohen (1974), 58–61.
84 Ares Queija and Gruzinski (1997); Schaffer et al. (2009).
85 Adorno (1986), preface.
86 Mignolo (2000), 12–14.
87 Sato (1991); Iggers et al. (2008), 137–143.
88 Trigger ([1989] 1996), 262–266, 277.
89 Burke and Pallares-Burke (2008).
90 Young (2001).
91 Guha and Spivak (1988), 37–44.
92 Guha and Spivak (1988); Mallon (1994).
93 Ziman ([1974] 1981), 259.
94 Harris (1998).

95　Fleming and Bailyn (1969); Timms and Hughes (2003).
96　有关社会研究所，请参见 Jay (1973); 有关沃尔伯格学院，请参见 Scazzieri and Simili (2008), 151−160.
97　Kamen (2007), 260−321.
98　Ash and Söllner (1996). Cf. Hoch (1985).
99　Quoted in Kettler et al. (1984), 118−119. Cf. Timms and Hughes (2003), 205.
100　Carlebach et al. (1991), 255−274; Timms and Hughes (2003), 52.
101　Dilly (1979); Beyrodt (1991), 313−333.
102　Quoted in Timms and Hughes (2003), 42.
103　Hoch (1985).
104　Jackman and Borden (1983), especially 111−120.
105　Merton (1972).
106　Crawford et al. (1992).
107　Fumian (2003).
108　Kopf (1969), 243−252.
109　Baber (1996), 226−228.
110　Kopf (1969); Raj (2007), 159−180, especially 161−162.
111　Kopf (1969), 6, 47, 147.
112　Ibid., 154, 179−180, 254.
113　Ibid., 180−183; Dalrymple (2006), 58−84, the quotation at 61.
114　Toynbee (1953), 25, 55.
115　Abu-Lughod (1963), 158.
116　Crabbs (1984), 67−86; Iggers et al. (2008), 88−91.
117　Elman (2006), 127.
118　Quoted in Wright (1998), 659.
119　Wright (2000), 100−127.
120　Schwartz (1964).
121　Schwinges (2001), 299.
122　Cheng (1991).
123　Elman (2006), 198. Cf. Buck (1981).
124　Ibid., 109, 210−211.
125　Howland (2001a, 2001b).
126　Quoted in Bartholomew (1989), 68.
127　Ibid., 76.
128　Schwinges (2001), 321.
129　Spaulding (1967), 48−49, 54−55; Teno (1942−1943).
130　Wright (2000), 200.
131　Howland (2001a, 2001b, 2005).
132　Howland (2001a), 2.
133　Schwab ([1950] 1984); Halbfass ([1981] 1988).
134　Marshall (1970).
135　Toynbee (1934−1961), vol. 10, 143.

## 第八章　知识社会学

1　Pearton (1982); Böhme and Stehr (1986); Neef (1998); Sörlin and Vessuri (2007).
2　Price (1963); Bunge and Shea (1979), 29-41; Johnson (1990);Szöllösi-Janze and Trischler (1990); Ritter (1992).
3　Nonaka and Takeuchi (1995).
4　Raj (2007), 98, 121, 153, 156.
5　Shapin (2008), 100.
6　Borscheid (1976); Cahan (1989); Vierhaus and Brocke (1990), 657-672.
7　MacLeod (1971); Alter ([1982] 1987), 38.
8　Otterspeer (1989); Wilson and Cayley (1995), 95.
9　Marchand (2009), 353.
10　Lautman and Lécuyer (1998).
11　Fosdick (1952); Oleson and Voss (1979), 313-341; Lagemann ([1989]1992); Berghahn (2001).
12　Mazon (1988).
13　Saunders (1999), 245.
14　Quoted in Reich (1985), 193.
15　Porter (1997), 449-450.
16　Slaughter and Leslie (1997).
17　Gibbons and Wittrock (1985); Etzkowitz and Leydesdorff (1997); Geiger (2004).
18　Geiger (1993), 318.
19　Furner (1975), 229-259.
20　Mazon (1988), 123, 127, 158.
21　Thompson (1970).
22　Cornford (1908). Cf. Bailey (1977).
23　Gemelli (1998), 91, 137-164.
24　Tooze (2001), 61.
25　Wagner (1990); Wagner et al. (1991).
26　Fernández-Armesto (2006), 305.
27　Gilpin (1968); Rueschemeyer and Skocpol (1996), 104-107.
28　Vucinich (1956); Graham (1967); Kasack (1974).
29　Kocka and Mayntz (1998), 435-460; Kocka (2002).
30　On classics, Stray (2010).
31　Alter ([1982] 1987); Gascoigne (1998).
32　Alter ([1982] 1987), 66; Fleming (1998); Daunton (2005).
33　Quoted in Daunton (2005), 20, and Alter ([1982] 1987), 72.
34　MacLeod (1971); Turner (1980); Alter ([1982] 1987), 76-118; Deacon et al. (2001), 49-55.
35　MacLeod (1975), 356.
36　Aigner (1971); Fischer (1990), 191-192.
37　Brentjes (1992), 8, 83.
38　Burleigh ([1988] 2002); Haar (2000).
39　Schönwälder (1992, 1996); Berger et al. (1999), 176-188.
40　Emmerich (1968), 155-157; Kater (1974).
41　Bausinger (1965); Emmerich (1968); Gerndt (1987); Jeggle (1988).
42　Emmerich (1968), 14-17.

43　Brocke (1991), 18.
44　Burckhardt (1975); Johnson (1990); Schafft (2004), 46−47.
45　Brocke (1980). On Göttingen, cf. Rupke (2002).
46　Brocke (1991), 307−336; Marchand (2009), 304; Chickering (1993), 85−87.
47　Fox(1973), 444.
48　Gilpin (1968), 151−187; Nye (1975); Claval (1998), 228.
49　Verger (1986), 375.
50　Quoted in Béguet (1990), 92.
51　Quoted in Lagemann ([1989] 1992), 42.
52　Kevles ([1977] 1995), 341.
53　Hughes (2002).
54　Schiffrin (1997), 2.
55　Shweder (2010), 5.
56　Edwards (1996), 115−125; Cravens (2004), 5.
57　Castells 1996, 6. Cf. Edwards (1996), 123−124, 264−273.
58　Pyne (2010), 322.
59　Turner and Turner (1990), 134.
60　Berger (1995); Szanton (2002); Lockman (2004); Feres (2005).
61　Szanton (2002), vii.
62　Horowitz (1967), 4, 285.
63　Quoted in Horowitz (1967), 6−7, 71, 283, 296.
64　Irwin (1995).
65　Morrell and Thackray (1981); Levine (1986).
66　Robinson (2002).
67　English examples in Lightman (2007), 39−94.
68　Clifford (1982). Cf. Stocking (1996), 17−34; Etherington (2005), 238−260.
69　Kohler (1991), 16.
70　Charle (1990).
71　Masseau (1994).
72　O'Connor (2007), 227.
73　Quoted in Miller (1969), 136.
74　Quoted in Physick (1982), 13.
75　Miller (1969), 139.
76　Penny (2002), 141−151.
77　Coombes (1994), 123.
78　有关这个主题的二手文献日益增多，包括 Feyl ([1981] 1999); Rossiter (1982); Abir-Am and Outram (1987);Schiebinger (1989); Bonta (1991); Huerkamp (1996); Shteir (1996); Bellamy et al. (2000); Krais (2000); Gianquitto (2007).
79　Nye (2003), 62−63.
80　Weisz (1983), 245; Cocks and Jarausch (1990), 270−288; Valkova (2008), 160.
81　On women in British universities, Dyhouse (1995).
82　Lightman (2007).
83　Oreskes (1996).
84　Rossiter (1993).
85　Feyl ([1981] 1999), 199−214; Maddox (2002).

86　On Kober, Robinson (2002), 60−72.
87　Valkova (2008), 142−143.
88　Merton (1973), 439n; Rossiter (1993).
89　Palmer (1965), 148.
90　Shteir (1996).
91　Berg (1992, 1996).
92　Díaz-Andreu and Stig Sørensen (1998).
93　Gacs et al. (1988); Kuklick (2008), 277−292.
94　Calhoun (2007), 112. Cf. Deegan (1988); Bulmer et al. (1991), 111−147.
95　Hannan and Freeman (1989), 66−90.
96　Burke (2000).
97　Halsey (2004), 99−104.
98　Jackman and Borden (1983), 113.
99　Hawkins (1960), 4.
100　Veysey (1965), 164.
101　Hawkins (1960), 90, 115, 213, 237.
102　Craig (1984), 44, 227−230; Schwinges (2001), 376, 378.
103　Craig (1984), 80, 230, 232.
104　Gallie (1960).
105　Daiches (1964).
106　Lautman and Lécuyer (1998), 262.
107　Gallie (I960), 106; Craig (1984), 70.
108　Veysey (1965), 164.
109　Johnson (1990), 47.
110　Gibbons et al. (1994).
111　Harvey (1987); Collins (1998), 64ff.
112　On the Frankfurt School, Jay (1973); Wiggershaus ([1986] 1995).
113　Rupke (2005), 69.
114　General discussions in Snizek (1979), 211−233; Harvey (1987); Geison and Holmes (1993); Platt (1996), 230−239; Steiner (2003). Tacit knowledge is emphasized in Geison and Holmes (1993), 11, and Olesko(1993), 17.
115　Morrell (1972).
116　Harvey (1987), 245.
117　On masters and disciples, Steiner (2003); Waquet (2008).
118　Crane (1972).
119　Quoted in Geison and Holmes (1993), 24.
120　Quoted in Fleming and Bailyn (1969), 179.
121　Makari (2008), 255, 260, 267−269, 480, 485.
122　Harvey (1987), 255−259.
123　Stray (2007).
124　Burke (1990).
125　我借鉴了布鲁姆（Harold Bloow）的"强势误读"概念，为此感谢《共同知识》的编者杰弗瑞·珀尔（Jeffrey Pearl）。

## 第九章　知识年代学

1　Fried and Süssmann (2001), 7–20.
2　Hobart and Schiffman (1998); Chandler and Cortada (2000); Vogel (2004); Wright (2007), 39.
3　Mokyr (2002).
4　Hannan and Freeman (1989).
5　On shoe-boxes, Darnton (2009), 60.
6　Tapscott (1998).
7　Wiener (1948), 12.
8　Shenk (1997). Cf. *The Economist,* 25 February 2010; Wurman (1989, 2001).
9　Weinberger (2007), 16.
10　Greenberger (1971), 41.
11　Shenk (1997), 15, 17.
12　Collins (1998), xvii; Wurman (2001).
13　Burke (2001); Blair (2010).
14　UNESCO statistical yearbooks, quoted in Thompson (2005), 47; Darnton (2009), xiv.
15　Overviews in Chadwick (1977); Burke (1979); Gorski (2000).
16　Clark and Kaiser (2003).
17　Goldstein (1987), 4–5, 273.
18　Mannheim (1952), 276–320.
19　Kuhn (1962); Oexle (2007).
20　Hall and Preston (1988).
21　Gourlie (1953), 147.
22　Hannaway (1972); Brian (1994).
23　Puerto (1988), 41, 66ff.
24　McClelland (1980).
25　Shafer (1958).
26　Fischer (1988); Dhombres (1989); Gillispie (2004).
27　Kuhn (1961); Holmes (2008), xvi. Cf. Cunningham and Jardine (1990); Breidbach and Ziche (2001).
28　Goetzmann ([1986] 1995).
29　Meinecke ([1936] 1972); Toulmin and Goodfield (1965); Lowenthal (1985).
30　Chateaubriand, quoted in Hartog (2003), 92.
31　Koselleck ([1979] 1985).
32　Schwab ([1950] 1984); Halbfass ([1981] 1988).
33　Burke ([1978] 2009), ch. 1.
34　Montgomery (1996), 364.
35　Dilly (1979); Beyrodt (1991).
36　Hall and Preston (1988), 19, 39–54.
37　Chandler (1977); Yates (1989).
38　Reingold and Rothenberg (1987).
39　Hughes (1959). Cf. Bruch et al. (1989); Burrow (2000).
40　Daston and Galison (2007).
41　Novick (1988).
42　Merton (1949); Kettler et al. (1984).

43 George E. Hale, quoted in Lagemann ([1989] 1992), 33.
44 Szölösi-Janze (2004), 303–304.
45 Torpey (2000).
46 Berger and Lorenz (2010), 404–414.
47 Hall and Preston (1988), 19, 57–58, 73–83.
48 Mokyr (1998).
49 Mokyr (2002), 105–112.
50 Szöllösi-Janze and Trischler (1990), 13.
51 Hall and Preston (1988), 19, 151–261.
52 Pyne (2010).
53 Grmek (1999).
54 Finkelstein (1989), 219–232; Kaplinsky and Cooper (1989); Greenwood (1996).
55 Machlup (1962).
56 Galison and Hevly (1992), 351–353; Hall (1998), 426–428.
57 Drucker (1969); Arrow ([1973] 1984); Bell (1973); Porat (1977); and a host of later writers. Cf. Rubin and Huber (1986).
58 Stone et al. (1998).
59 Young (2001).
60 Hall and Preston (1988), 284–288; Edwards (1996), especially 260ff.; Hafner and Lyon (1998); Rosenzweig (1998).
61 *The Economist,* 25 February 2010.
62 Nonaka and Takeuchi (1995).
63 McNeely (2009).
64 Ritzer (1993) did not discuss knowledge, to which the concept was extended in Hayes and Wynyard (2002). Cf. Wouters (2006); Whitley and Gläser (2007).
65 Dutton (2007).
66 Darnton (2008, 2009); Grafton (2009a); Grafton (2009b), 288–326.
67 Crawford et al. (1992), 4.
68 Smith et al. (1989).
69 Swaan (2001), 41–59.
70 Hannerz (2010), 113–130.
71 Jeanneney (2005). Ironically enough, this book circulates more widely in English translation than in the original French.
72 Darnton (2009), 3–20, 43–58; Grafton (2009b), 299–307.
73 Ketelaar (2003).
74 www.legifrance.gouv.fr; *The Economist,* 27 February 2010, special report, 3; Snelgrove (2010).
75 Drahos (2002); Darnton (2009), 33, 44–48. Cf. Shiva (1997).
76 Thompson (2005), 356–360; Darnton (2009), 79–102.
77 Brown and Duguid ([2000] 2002), 25.
78 Allen (2001), 368–369; Irwin (1995).
79 Stehr (2008); Noveck (2009); Veld (2010).
80 Weinberger (2007), 97–100, 134–143; Baker (2008); Lih (2009). Cf.Wikipedia on itself: http://en.wikipedia.org/wiki/Wikipedia (last accessed 10 January 2011).
81 Lih(2009), 14, 24.

82 Carr (2006); Rosenzweig (2006), 128; Dalby (2009), 56-58. On Wikipedia more generally, Rosenzweig (2006); Baker (2008); Runciman (2009).
83 Keen([2007] 2008), 37-46.
84 Quoted in Lih (2009), 190, and Rosenzweig (2006), 141. Cf. Keen([2007]2008), 185-189.
85 Wikipedia, 'Stalin', consulted 5 October 2009.
86 Böhme and Stehr (1986), 20; Giddens (1990), 40; Castells (1996), 17. Cf. Beck et al. (1994).
87 Bourdieu and Wacquant (1992).
88 Quoted in Tapscott (1998), 33.
89 Haraway (1988), Cf. Mannheim (1952).
90 Latour and Woolgar (1979); Mendelsohn and Elkanah (1981), 1-76;Latour (1987); Livingstone (2003).
91 Landes (1998).
92 Cf. Arnold and Dressel (2004).

# 参考文献

Abbott, A. (2001) *Chaos of Disciplines*. Chicago.
Abelson, D. E. (1996) *American Think Tanks and their Role in US Foreign Policy*. Basingstoke.
Abir-Am, P., and D. Outram (eds) (1987) *Uneasy Careers and Intimate Lives: Women in Science, 1789–1979*. New Brunswick, NJ.
Abu-Lughod, I. (1963) *The Arab Rediscovery of Europe: A Study in Cultural Encounters*. Princeton, NJ.
Adams, M. B. (ed.) (1990) *The Wellborn Science: Eugenics in Germany, France, Brazil and Russia*. New York.
Adorno, R. (1986) *Guaman Poma: Writing and Resistance in Colonial Peru*. Austin, TX.
Agnew, J. (2007) 'Know-Where: Geographies of Knowledge of World Politics', *International Political Sociology* 1, 138–148.
Ahmed, L. (1978) *Edward W. Lane*. London.
Aigner, D. (1971) 'Die indizierung "schädlichen und unerwünschten Schrifttums" im Dritten Reich', *Archiv für Geschichte des Buchwesens* 11, 933–1034.
Aimone, L., and C. Olmo (1990) *Le esposizioni universali 1851–1900*. Turin.
Alatas, S. F. (2003) 'Academic Dependency and the Global Division of Labour in the Social Sciences', *Current Sociology* 51, 599–614.
Allen, D. E. (2001) *Naturalists and Society: The Culture of Natural History in Britain, 1700–1900*. Aldershot.
Allwood, M. S. (1957) *Eilert Sundt: A Pioneer in Sociology and Social Anthropology*. Oslo.
Almond, P. (1988) *The British Discovery of Buddhism*. Cambridge.
Alter, P. ([1982] 1987) *The Reluctant Patron: Science and the State in Britain, 1850–1920*. Eng. trans., Oxford.
Aly, G., and K. H. Roth ([1984] 2004) *The Nazi Census: Identification and Control in the Third Reich*. Eng. trans., Philadelphia.
Anderson, M. J. (1988) *The American Census: A Social History*. New Haven, CT.
Andrew, C. M., and D. Dilks (eds) (1984) *The Missing Dimension: Governments and Intelligence Communities in the Twentieth Century*. London.
Andrew, C. M., and O. Gordievsky (1990) *KGB: The Inside Story of its Foreign Operations from Lenin to Gorbachev*. London.

Andrews, J. H. ([1975] 2002) *A Paper Landscape: The Ordnance Survey in Nineteenth-century Ireland*. 2nd edn, Dublin.
Andries, L. (ed.) (2003) *Le Partage des savoirs, 18e– 19e siècles*. Lyon.
Ares Queija, B., and S. Gruzinski (eds) (1997) *Entre dos mundos: fronteras culturales y agentes mediadores*. Seville.
Arnold, D. (ed.) (1988) *Imperial Medicine and Indigenous Societies*. Manchester.
Arnold, M., and G. Dressel (eds) (2004) *Wissenschaftskulturen, Experimentalkulturen, Gelehrtenkulturen*. Vienna.
Arrow, K. J. ([1973] 1984) 'Information and Economic Behaviour', repr. in *Collected Papers of Kenneth J. Arrow*, 4, Oxford, 136–152.
Asad, T. (1973) *Anthropology and the Colonial Encounter*. Ithaca, NY.
Ash, M. G. (1980) 'Academic Politics in the History of Science: Experimental Psychology in Germany, 1879–1941', *Central European History* 13, 255–286.
Ash, M. G., and A. Söllner (eds) (1996) *Forced Migration and Scientific Change: Emigré German-Speaking Scientists and Scholars after 1933*. Washington, DC, and Cambridge.
Ast, F. (1808) *Grundlinien der Grammatik Hermeneutik und Kritik*. Landshut.
Auerbach, E. ([1947] 2003) *Mimesis: The Representation of Reality in Western Literature*. Eng. trans., new edn, Princeton, NJ.
Auerbach, J. A. (1999) *The Great Exhibition of 1851: A Nation on Display*. New Haven, CT.
Augello, M., and M. E. L. Guidi (eds) (2001) *The Spread of Political Economy and the Professionalization of Economists: Economic Societies in Europe, America and Japan in the Nineteenth Century*. London.
Baár, M. (2010) *Historians and Nationalism: East-Central Europe in the Nineteenth Century*, Oxford.
Baber, Z. (1996) *The Science of Empire: Scientific Knowledge, Civilization and Colonial Rule in India*. Albany, NY.
Backhouse, R. E., and P. Fontaine (eds) (2010) *The History of the Social Sciences since 1945*. Cambridge.
Baigrie, B. S. (ed.) (1996) *Picturing Knowledge*. Toronto.
Bailey, F. G. (1977) *Morality and Expediency: The Folklore of Academic Politics*. Oxford.
Baillie, M. G. L. (1995) *A Slice through Time: Dendrochronology and Precision Dating*. London.
Baines, P. (1999) *The House of Forgery in 18th-Century Britain*. London.
Baker, N. (2008)'The Charms of Wikipedia', *New York Review of Books*, 20 March.
Bakhtin, M. ([1979] 1986) *Speech Genres and Other Late Essays*, Eng.trans., Austin, TX.
Barkan, E. (1992) *The Retreat of Scientific Racism: Changing Concepts of Race in Britain and the United States between the World Wars*. Cambridge.
Barnes, T. J. (2006) 'Geographical Intelligence: American Geographers and Research and Analysis in the Office of Strategic Services 1941–1945', *Journal of Historical Geography* 32, 149–168.
Barth, F., A. Gingrich, R. Parkin and S. Silverman (2005) *One Discipline, Four Ways: British, German, French and American Anthropology*. Chicago.
Bartholomew, J. R. (1989) *The Formation of Science in Japan: Building a Research Tradition*. New Haven, CT.
Battles, M. (2003) *Library: An Unquiet History*. London.

Bausinger, H. (1965) 'Volksideologie und Volksforschung: Zur national-sozialistischen Volkskunde', *Zeitschrift für Volkskunde* 61, 177−204.

Bayly, C. A. (1996) *Empire and Information: Intelligence Gathering and Social Communication in India, 1780−1870.* Cambridge.

Becher, T. (2001) *Academic Tribes and Territories: Intellectual Enquiry and the Cultures of Disciplines.* Milton Keynes.

Beck, U., A. Giddens and S. Lash (eds) (1994) *Reflexive Modernization Politics, Tradition and Aesthetics in the Modern Social Order.* Cambridge.

Becker, P., and W. Clark (eds) (2001) *Little Tools of Knowledge: Historical Essays on Academic and Bureaucratic Practices.* Ann Arbor.

Beer, G. de (ed.) (1960) *The Sciences Were Never at War.* London.

Beer, G. (1983) *Darwin's Plots: Evolutionary Narrative in Darwin, George Eliot and Nineteenth-Century Fiction.* Cambridge.

Béguet, B. (ed.) (1990) *La Science pour tous: sur la vulgarisation scientifique en France, de 1850 à 1914.* Paris.

Bell, D. (1973) *The Coming of Post-Industrial Society: A Venture in Social Forecasting.* New York.

Bell, M., R. Butlin and M. Heffernan (eds) (1995) *Geography and Imperialism, 1820−1940.* Manchester.

Bellamy, J., A. Laurence and G. Perry (eds) (2000) *Women, Scholarship and Criticism: Gender and Knowledge, c1790−1900.* Manchester.

Ben-David, J. (1970) 'The Rise and Decline of France as a Scientific Centre', *Minerva* 8, 160−179.

Ben-David, J., and R. Collins (1966) 'Social Factors in the Origin a New Science: The Case of Psychology', *American Sociological Review* 31, 451−465.

Bensaude-Vincent, B., and A. Rasmussen (eds) (1997) *La Science populaire dans la presse et l'édition: XIXe et XXe siècles.* Paris.

Berg, M. (1992) 'The First Women Economic Historians', *Economic History Review* 45, 308−329.

Berg, M. (1996) *A Woman in History: Eileen Power, 1889−1940,* Cambridge.

Berger, M. T. (1995) *Under Northern Eyes: Latin American Studies and US Hegemony in the Americas, 1898—1990.* Bloomington, IN.

Berger, S., and C. Lorenz (eds) (2008) *The Contested Nation: Ethnicity, Class, Religion and Gender in National Histories.* Basingstoke.

Berger, S., and C. Lorenz (eds) (2010) *Nationalizing the Past: Historians as Nation Builders in Modern Europe.* Basingstoke.

Berger, S., M. Donovan and K. Passmore (eds) (1999) *Writing National Histories: Western Europe since 1800.* London.

Berghahn, V. R. (2001) *America and the Intellectual Cold Wars in Europe.* Princeton, NJ.

Berkel, K. van, A. van Helden, and L. Palm (eds) (1999) *A History of Science in the Netherlands.* Leiden.

Berkhofer, Robert F. (1995) *Beyond the Great Story: History as Text and Discourse.* Cambridge, MA.

Bernard, P. P. (1991) *From the Enlightenment to the Police State: The Public Life of Johann Anton Pergen.* Urbana, IL.

Beyrodt, W. (1991) *Kunst und Kunsttheorie*. Wiesbaden.

Binford, L. R. (1978) *Nunamiut Ethnoarchaeology*. New York.

Bivins, R. (2000) *Acupuncture, Expertise and Cross-Cultural Medicine*. Basingstoke.

Blair, A. (2010) *Too Much to Know: Managing Scholarly Information before the Modern Age*. Cambridge, MA.

Bleichmar, D. (ed.) (2008) *Science in the Spanish and Portuguese Empires, 1500–1800*. Stanford, CA.

Bohman, S. (1997) *Historia, museer och nationalism*. Stockholm.

Böhme, G., and N. Stehr (eds) (1986) *The Knowledge Society*. Dordrecht.

Bok, D. (2003) *Universities in the Marketplace: The Commercialization of Higher Education*. Princeton, NJ.

Bonta, A. M. (1991) *Women in the Field: America's Pioneering Women Naturalists*. College Station, TX.

Boockman, H., et al. (1972) *Geschichtswissenschaft und Vereinswesen im 19 Jahrhundert*. Göttingen.

Borgman, C. L. (2007) *Scholarship in the Digital Age: Information, Infrastructure and the Internet*. Cambridge, MA.

Böröcz, J. (1997) 'Sociology is Elsewhere', *Budapest Review of Books* 7, 118–123.

Borscheid, P. (1976) *Naturwissenschaft, Staat und Industrie in Baden 1848–1914*. Stuttgart.

Böscher, S., M. Schneider and A. Lerf (eds) (2004) *Handeln trotz Nichtwissen: Vom Umgang mit Chaos und Risiko in Politik, Industrie und Wissenschaft*. Frankfurt.

Bourdieu, P. (1975) 'Le Champ scientifique', repr. in *Actes de la recherche en sciences sociales* 2 (1976), 88–104, Eng. trans., 'The Specificity of the Scientific Field', *Social Science Information* 14, 19–47.

Bourdieu, P., and L. Wacquant (1992) *An Invitation to Reflexive Sociology*. Cambridge.

Bourguet, M.-N. (1988) *Déchiffrer la France: la statistique départementale à l'époque napoléonienne*. Paris.

Bourguet, M.-N., B. Lepetit, D. Nordman and M. Sinarellis (eds) (1998) *L'Invention scientifique de la Méditerranée*. Paris.

Bowler, P. J. (2009) *Science for All: The Popularization of Science in Early Twentieth-Century Britain*. Chicago.

Boyer, F. (1973)'Le MHN et l'Europe des sciences sous la Convention, *Revue' d'histoire des sciences* 26, 251–257.

Boyle, L. (1972) *A Survey of the Vatican Archives*. Toronto.

Bravo, M., and S. Sörlin (eds) (2002) *Narrating the Arctic: A Cultural History of Nordic Scientific Practices*. Canton, MA.

Breidbach, O., and P. Ziche (eds) (2001) *Naturwissenschaften um 1800: Wissenschaftskultur in Jena-Weimar*. Weimar.

Brentjes, B. (ed.) (1992) *Wissenschaft unter dem NS Regime*. Berlin.

Brian, E. (1994) *La Mesure de l'état: adminstrateurs et géomètres au 18e siècle*. Paris.

Briggs, A., and P. Burke ([2002] 2009) *A Social History of the Media from Gutenberg to the Internet*. 3rd edn, Cambridge.

Briody, M. (2007) *The Irish Folklore Commission, 1935–1970: History, Ideology Methods*. Helsinki.

Broc, N. (1981) 'Les Grandes Missions scientifiques françaises au 19e siècle', *Revue d'histoire des sciences* 34, 319–358.

Brocke, B. vom (1980) *Hochschul- und Wissenschaftspolitik in Preussen und im Deutschen Kaiserreich 1882–1907: Das 'System Althoff'*. Stuttgart.

Brocke, B. vom (ed.) (1991) *Wissenschaftsgeschichte und Wissenschaftspolitik im Industriezeitalter: Das 'System Althoff' in historischer Perspektive*. Hildesheim.

Brody, H. (1987) *Stories of Sickness*. London.

Brooks, P., and P. Gewirtz (1996) *Law's Stories: Narrative and Rhetoric in the Law*. New Haven, CT.

Brower, D., and E. Lazzerini (eds) (1997) *Russia's Orient: Imperial Borderlands and Peoples, 1700–1917*. Bloomington, IN.

Brown, J. S., and P. Duguid ([2000] 2002) *The Social Life of Information*. Rev. edn, Boston.

Brown, R. D. (1989) *Knowledge is Power: The Diffusion of Information in Early America, 1700–1865*. New York.

Bruch, R. vom, F. W. Graf and G. Hübinger (eds) (1989) *Kultur und Kulturwissenschaften um 1900: Krise der Moderne und Glaube an die Wissenschaft*. Stuttgart.

Brüsemeister, T., and K.-D. Eubel (eds) (2008) *Evaluation, Wissen und Nichtwissen*. Wiesbaden.

Buck, P. (1981) 'Science and Modern Chinese Culture', in E. Mendelsohn and Y. Elkanah (eds), *Sciences and Cultures*. Dordrecht, 133–160.

Bullock, K. (2000) 'Possessing Wor(l)ds: Brian Friel's Translations and the Ordnance Survey', *New Hibernia Review* 4: 2, 98–115.

Bulmer, M. (ed.) (1979) *Censuses, Surveys and Privacy*. London.

Bulmer, M. (1984) *The Chicago School of Sociology*. Chicago.

Bulmer, M., K. Bales and K. Sklar (eds) (1991) *The Social Survey in Historical Perspective, 1880–1940*. Cambridge.

Bunge, M., and W. R. Shea (eds) (1979) *Rutherford and Physics at the Turn of the Century*. New York.

Burckhardt, L. (1975) *Wissenschaftspolitik im wilhelminischen Deutschland*. Göttingen.

Burke, P. ([1978] 2009) *Popular Culture in Early Modern Europe*. 3rd edn, Basingstoke.

Burke, P. (1979) 'Religion and Secularization', *New Cambridge Modern History* vol. 13, 293–317.

Burke, P. (1990) *The French Historical Revolution*. Cambridge.

Burke, P. (ed.) (1991) *New Perspectives on Historical Writing*. Cambridge.

Burke, P. (2000) *A Social History of Knowledge from Gutenberg to Diderot*. Cambridge.

Burke, P. (2001) 'Gutenberg bewältigen: Die Informationsexplosion im frühneuzeitlichen Europa', *Jahrbuch für Europäische Geschichte* 2, 237–248.

Burke, P. (2008a) 'Paradigms Lost: From Göttingen to Berlin', *Common Knowledge* 14, 244–257.

Burke, P. (2008b) 'The Invention of Micro-History', *Rivista di storia economica* 24, 259–273.

Burke, P., and M. L. G. Pallares-Burke (2008) *Gilberto Freyre: Social Theory in the Tropics*. Oxford.

Burleigh, M. ([1988] 2002) *Germany turns Eastwards. A Study of Ostforschung in the Third Reich*. Repr. London.

Burrow, J. W. (2000) *The Crisis of Reason: European Thought 1848–1914*. London.

Bush, V. (1945) *Science, the Endless Frontier*. Washington, DC.

Bynum, W. F., and R. Porter (eds) (1987) *Medical Fringe and Medical Orthodoxy, 1750—1850*. London.

Cadbury, D. (2000) *The Dinosaur Hunters*. London.

Cahan, D. (1989) *An Institute for an Empire: the Physikalisch-Technische Reichsanstalt 1871−1918*. Cambridge.

Calhoun, C. (ed.) (2007) *Sociology in America: A History*. Chicago.

Campbell, B. (1980) *Ancient Wisdom Revived*. Berkeley, CA.

Cañizares-Esguerra, J. (2001) *How to Write the History of the New World: Histories, Epistemologies and Identities in the 18th-Century Atlantic World*. Stanford, CA.

Cannon, S. F. (1978) *Science in Culture: The Early Victorian Period*. New York.

Cantor, G. (2004) 'Thomas Young', *Oxford Dictionary of National Biography* vol. 60. Oxford, 945−949.

Caplan, J., and J. Torpey (eds) (2001) *Documenting Individual Identity*. Princeton, NJ.

Carhart, M. (2007) *The Science of Culture in Enlightenment Germany*. Cambridge, MA.

Carlebach, J., G. Hirschfeld, A. Newman, A. Paucker and P. Pulzer (eds) (1991)*Second Chance: Two Centuries of German-Speaking Jews in the United Kingdom*. Tübingen.

Carr, N. (2006) "*Nature's* Flawed Study of Wikipedia's Quality', www. roughtype.com/archives/2006/02/community_and_h.php.

Carrington, M. (2003) 'Officers, Gentlemen and Thieves: The Looting of Monasteries during the 1903/4 Younghusband Mission to Tibet', *Modern Asian Studies* 37, 81−109.

Carter, P. (1987) *The Road to Botany Bay*. London.

Castells, M. (1996) *The Rise of the Network Society*. Oxford.

Cathcart, K. J. (ed.) (1994) *The Edward Hincks Lectures*. Dublin.

Cazzaniga, G. M. (ed.) (2010) *Storia d'Italia: annali*, vol. 25. Turin.

Certeau, M. de (1975) *L'Écriture de l'histoire*. Paris.

Certeau, M. de (1980) *L'Invention du quotidien*. Paris.

Chadarevian, S. de (2002) *Designs for Life: Molecular Biology after World War II*. Cambridge.

Chadwick, A. J. (1979) 'Settlement Simulation', in C. Renfrew and K. L. Cooke (eds), *Transformations: Mathematical Approaches to Culture Change*. New York.

Chadwick, J. (1958) *The Decipherment of Linear B*. Cambridge.

Chadwick, W. O. (1977) *The Secularization of the European Mind in the 19th Century*. Cambridge.

Chakrabarty, D. (2000) *Provincializing Europe*. Chicago.

Chaline, J.-P. (1995) *Sociabilité et érudition: les sociétés savantes en France*. Paris.

Chandler, A. D. (1977) *The Visible Hand: The Managerial Revolution in American Business*. Cambridge, MA.

Chandler, A. D., and J. W. Cortada (eds) (2000) *A Nation Transformed by Information*. New York.

Chappey, J.-L. (2002) *La Société des observateurs de l'homme (1799−1804) des anthropologues au temps de Bonaparte*. Paris.

Charle, C. (1990) *Naissance des 'intellectuels' 1880−1900*. Paris.

Cheng, H. (1991) 'The Impact of American Librarianship on Chinese Librarianship (1840−1949)', *Libraries and Culture* 26, 374−387.

Chickering, R. (1993) *Karl Lamprecht: A German Academic Life*. Atlantic Highlands, NJ.

Childs, D., and R. Popplewell (1996) *The Stasi*. London.
Chomsky, N. (ed.) (1997) *The Cold War and the University*. New York.
Clackson, J. (2007) *Indo-European Linguistics*. Cambridge.
Clark, C., and W. Kaiser (eds) (2003) *Culture Wars: Secular-Catholic Conflict in Nineteenth-Century Europe*. Cambridge.
Clark, P. (2000) *British Clubs and Societies 1580–1800*. Oxford.
Clark, W. (2006) *Academic Charisma and the Origins of the Research University*. Chicago.
Clarke, D. L. (1973) 'Archaeology: The Loss of Innocence', *Antiquity* 47, 6–18.
Claval, P. (1998) *Histoire de la géographie française de 1870 à nos jours*. Paris.
Clifford, J. (1982) *Person and Myth: Maurice Leenhardt in the Melanesian World*. Berkeley, CA.
Clifford, J., and G. E. Marcus (eds) (1986) *Writing Culture: The Poetics and Politics of Ethnography*. Berkeley, CA.
Cocks, G., and K. Jarausch (1990) *German Professions, 1800–1950*. London.
Coe M. (1992) *Breaking the Maya Code*. London.
Cohen, P. A. (1974) *Between Tradition and Modernity: Wang T'ao and Reform in Late Ch'ing China*. Cambridge, MA.
Cohn, B. S. (1996) *Colonialism and its Forms of Knowledge*. Princeton, NJ.
Cole, A. H., and R. Crandall (1964) 'The International Scientific Committee on Price History', *Journal of Economic History* 24, 381–388.
Cole, D. (1985) *Captured Heritage: The Scramble for Northwest Coast Artifacts*. Seattle.
Cole, J. R., and S. Cole (1973) *Social Stratification in Science*. Chicago.
Coleman, W., and F. L. Holmes (eds) (1988) *The Investigative Enterprise: Experimental Physiology in 19th-Century Medicine*. Berkeley, CA.
Coles. J. M. (1979) *Experimental Archaeology*. New York.
Collingwood, R. G. ([1946] 1993) *The Idea of History*. Rev. edn, Oxford.
Collini. S. (1991) *Public Moralists: Political Thought and Intellectual Life in Britain 1850–1930*. Oxford.
Collins, R. (1998) *The Sociology of Philosophies: A Global Theory of Intellectual Change*. Cambridge, MA.
Connell, R. (2007) *Southern Theory: The Global Dynamics of Knowledge in Social Science*. Cambridge.
Conot. R. E. (1979) *A Streak of Luck*. New York.
"Converse, J. M. (1986) *Survey Research in the United States: Roots and Emergence 1890–1960*. Berkeley, CA.
Coombes, A. E. (1994) *Reinventing Africa: Museums, Material Culture and Popular Imagination in Late Victorian and Edwardian England*. New Haven, CT.
Cooter, R, (1984) *The Cultural Meaning of Popular Science: Phrenology and the Organization of Consent in 19th-Century Britain*. Cambridge.
"Cornford, F. M. (1908) *Microcosmographia Academica: Being a Guide for the Young Academic Politician*. Cambridge.
Cortada, J. W. (1993) *Before the Computer*. Princeton, NJ.
Crabbs, J. A. (1984) *The Writing of History in Nineteenth-Century Egypt*. Cairo and Detroit.
Craig, J. E. (1984) *Scholarship and Nation Building: The Universities of Strasbourg and Alsatian Society, 1870–1939*. Chicago.

Crampton, J. W., and S. Elden (eds) (2007) *Space, Knowledge and Power: Foucault and Geography*. Basingstoke.

Crane. D. (1972) *Invisible Colleges: Diffusion of Knowledge in Scientific Communities*. Chicago.

Crary, J. (1990) *Techniques of the Observer: On Visions of Modernity in the Nineteenth Century.* Cambridge, MA.

Cravens, H. (ed.) (2004) *The Social Sciences go to Washington: The Politics of Knowledge in the Postmodern Era.* New Brunswick, NJ.

Cravens, H., A. I. Marcus and D. M. Katzman (eds) (1996) *Technical Knowledge in American Culture.* Tuscaloosa, AL.

Crawford, E., T. Shinn and S. Sörlin (eds) (1992) *Denationalizing Science.* Dordrecht.

Crick, B. (1960) *The American Science of Politics.* London.

Crystal, D. (2000) *Language Death.* Cambridge.

Cullen, M. J. (1975) *The Statistical Movement in Early Victorian Britain.* London.

Cunha, E. da ([1902] 1944) *Rebellion in the Backlands.* Eng. trans., New York.

Cunningham, A., and N. Jardine (eds) (1990) *Romanticism and the Sciences.* Cambridge.

Curry, P. (1989) *Prophecy and Power: Astrology in Early Modern England.* Cambridge.

Curry, P. (1992) *A Confusion of Prophets: Victorian and Edwardian Astrology,* London.

Cutright, P. R. (1969) *Lewis and Clark: Pioneering Naturalists.* Urbana, IL.

Daiches, D. (ed.) (1964) *The Idea of a New University: An Experiment in Sussex.* London.

Dalby, A. (2009) *The World and Wikipedia.* Draycott, Somerset.

Dalrymple, W. (2006) *The Last Mughal: The Fall of a Dynasty, Delhi 1857.* London.

Dandeker, D. (1990) *Surveillance, Power and Modernity: Bureaucracy and Discipline from 1700 to the Present Day.* Cambridge.

Darnton, R. (1984) *The Great Cat Massacre.* New York.

Darnton, R. (1995) *The Forbidden Bestsellers of Pre-Revolutionary France.* New York.

Darnton, R. (2008) 'The Library in a New Age', *New York Review of Books,* 12 June.

Darnton, R. (2009) *The Case for Books: Past, Present and Future.* London.

Darwin, C ([1876] 1958) *Autobiography.* Rev. edn, London.

Daston, L., and P. Galison (2007) *Objectivity.* New York.

Daston, L., and E. Lunbeck (2011) *Histories of Scientific Observation.* Chicago.

Daudin, H. (1926a) *De Linné a Jussieu: méthodes de la classification et idée de série en botanique et en zoologie (1740–1790).* Paris.

Daudin, H. (1926b) *Cuvier et Lamarck: les classes zoologiques et l'idée de série animale (1790–1830).* Paris.

Daum, A. W. (1998) *Wissenschaftspopularisierung im 19 Jahrhundert: bürger liche Kultur, naturwissenschaftliche Bildung und die deutsche Öffentlichkeit, 1848–1914.* Munich.

Daunton, M. (ed.) (2005) *The Organization of Knowledge in Victorian Britain.* Oxford.

Dauser, R. (ed.) (2008) *Wissen im Netz : Botanik und Pflanzentransfer in europäischen Korrespondenznetzen des 18. Jahrhunderts.* Berlin.

Davenport, T. H., and L. Prusak (1998) *Working Knowledge: How Organizations Manage What They Know.* Boston.

Davies, A. M. ([1992] 1998) *Nineteenth-Century Linguistics.* Eng. trans., London.

Davies, J. D. (1955) *Phrenology, Fad and Science: A 19th-Century American Crusade.* New Haven, CT.

Deacon, M., T. Rice and C. Summerhayes (eds) (2001) *Understanding the Oceans: A Century of Ocean Exploration*. London.
Dear, P. (1991) 'Narratives, Anecdotes and Experiments', in Dear (ed.), *The Literary Structure of Scientific Argument*. Philadelphia, 135–163.
Deegan, M. J. (1988) *Jane Addams and the Men of the Chicago School, 1892–1918*. New Brunswick, NJ.
Delgado, R. (1989) 'A Plea for Narrative', *Michigan Law Review* 87, 2411–2441.
Delong, D. W. (2004) *Lost Knowledge: Confronting the Threat of an Aging Workforce*. Oxford.
Desrosières, A. (1993) *La Politique des grands nombres: histoire de la raison statistique*. Paris.
De Terra, H. (1955) *Humboldt*, New York.
Dhombres, N. (1989) *Les Savants en revolution, 1789–1799*. Paris.
Diamond, S. (1992) *Compromised Campus: The Collaboration of Universities with the Intelligence Community, 1945–1955*. New York.
Diaz-Andreu, M., and T. Champion (eds) (1996) *Nationalism and Archaeology in Europe*. London.
Diaz-Andreu, M., and M. L. Stig Sørensen (eds) (1998) *Excavating Women*. London.
Dieckmann, H. (1961) 'The Concept of Knowledge in the *Encyclopédie*', in Dieckmann, *Essays in Comparative Literature*. St Louis, MO, 73–107.
Dierig, S., J. Lachmund and J. A. Mendelsohn (eds) (2003) *Science and the City*. Chicago.
Díez Torre, A., et al. (1991) *La ciencia española en ultramar*. Madrid.
Dilly, H. (1979) *Kunstgeschichte als Institution*. Frankfurt.
Dirks, N. B. (2001) *Castes of Mind: Colonialism and the Making of Modern India*. Princeton, NJ.
Dogan, M., and R. Pahre (1990) *Creative Marginality: Innovation at the Intersections of Social Sciences*. Boulder, CO.
Drahos, P. (2002) *Information Feudalism: Who Owns the Knowledge Economy?* London.
Drayton, R. (2000) *Nature's Government: Science, Imperial Britain and the Improvement of the World*. New Haven, CT.
Driessen, H. (ed.) (1993) *The Politics of Ethnographic Reading and Writing: Confrontations of Western and Indigenous Views*. Saarbrücken.
Driver, F. (2004) 'Travel, Exploration and Knowledge in the 19th Century', *Transactions of the Royal Historical Society* 14, 73–92.
Droulia, L., and V. Mentzou (eds) (1993) *Vers l'Orient par la Grèce*. Paris and Athens.
Drucker, P. F. (1969) *The Age of Discontinuity: Guidelines to our Changing Society*. London.
Drucker, P. F. (1993) *Post-Capitalist Society*. Oxford.
Dutton, W. H. (2007)'The Fifth Estate-Through the Network of Networks', www.ox.ac.uk/media/news_stories/2007/071016.html.
Dyhouse, C. (1995) *No Distinction of Sex? Women in British Universities, 1870–1939*. London.
Easton, D., J. Gunnell and L. Graziano (eds) (1991) *The Development of Political Science*. London.
Edney, M. (1997) *Mapping an Empire: The Geographic Construction of British India, 1765–1843*. Chicago.

Edwards, P. N. (1996) *The Closed World: Computers and the Politics of Discourse in Cold War America*. Cambridge, MA.

Eldelin, E. (2006) '*De två kulturerna' flyttar hemifrån: C. P. Snows begrepp i svensk idédebatt, 1959–2005*. Stockholm.

Elias, N. (1982) 'Scientific Establishments', in Elias, H. Martins and R. Whitley (eds), *Scientific Establishments and Hierarchies*. Dordrecht, 3–69.

Ellen, R. Y. (2006) 'The Development of Anthropology and Colonial Policy in the Netherlands: 1800–1960', *Journal of the History of the Behavioral Sciences* 12, 303–324.

Ellen, R. Y., and D. Reason (eds) (1979) *Systems of Classification and the Anthropology of Knowledge*. New York.

Elman, B. A. (2006) *A Cultural History of Modern Science in China*. Cambridge, MA.

Emerson, D. E. (1968) *Metternich and the Political Police: Security and Subversion in the Hapsburg Monarchy (1815–1830)*. The Hague.

Emmerich, W. (1968) *Germanistisches Volkstumsideologie: Genese und Kritik der Volksforschung im Dritten Reich*. Tübingen.

Engerman, D. C. (2009) *Know your Enemy: The Rise and Fall of America's Soviet Experts*. Oxford.

Essner, C. (1985) *Deutsche Afrikareisende im 19. Jahrhundert*. Stuttgart.

Etherington, N. (ed.) (2005) *Missions and Empire*. Oxford.

Ette, O., U. Hermanns, B. M. Scherer and C. Suckow (eds) (2001) *Alexander von Humboldt: Aufbruch in die Moderne*. Berlin.

Etzkowitz, H., and L. Leydesdorff (eds) (1997) *Universities and the Global Knowledge Economy: A Triple Helix of University-Industry-Governmet Relations*. London.

Evans, R. J. (2001) *Lying about Hitler: History, Holocaust and the David Irving Trial*. New York.

Fabian, J. (2000) *Out of our Minds: Reason and Madness in the Exploration of Central Africa*. Berkeley, CA.

Fan, F. T. (2004) *British Naturalists in Qing China: Science, Empire and Cultural Encounter*. Cambridge, MA.

Feldbrugge, F. J. M. (1975) *Samizdat and Political Dissent in the Soviet Union*. Leiden.

Felsch, P. (2010) *Wie August Petermann den Nordpol erfand*. Munich.

Feres, J. (2005) *A história do conceito de 'Latin America' nos Estados Unidos*. Bauru, São Paulo.

Fernández-Armesto, F. (2006) *Pathfinders: A Global History of Exploration*. Oxford.

Feyl, R. ([1981] 1999) *Der lautlose Aufbruch: Frauen in der Wissenschaft*. 2nd edn, Cologne.

Finkelstein, J. (ed.) (1989) *Windows on a New World*. New York.

Fischer, H. (1990) *Völkerkunde im Nationalsozialismus*. Berlin.

Fischer, J. (1988) *Napoleon und die Naturwissenschaften*. Wiesbaden.

Feming, D., and B. Bailyn (eds) (1969) *The Intellectual Migration: Europe and America, 1930–1960*. Cambridge, MA.

Feming, F. (1998) *Barrow's Boys*. London.

Flint, R. (1904) *Philosophy as Scientia Scientiarum and a History of the Classification of the Sciences*. London.

Fontana, B. M. (1985) *Rethinking the Politics of Commercial Society: The Edinburgh Review, 1802–1832*. Cambridge.

Forbes, E. G. A. (ed.) (1978) *Human Implications of Scientific Advance*. Edinburgh.

Forgan, S. (1994) 'The Architecture of Display: Museums, Universities and Objects in 19th-Century Britain', *History of Science* 32, 139−162.

Fosdick, R. B. (1952) *The Story of the Rockefeller Foundation*. London.

Foss, N. J. (2007) *The Emerging Knowledge Governance Approach: Challenges and Characteristics*. Oslo.

Foss, N. J., and S. Michailova (eds) (2009) *Knowledge Governance: Processes and Paradigms*. Oxford.

Foucault, M. (1963) *Naissance de la clinique: une archéologie du regard medical*. Paris.

Foucault, M. (1966) *Les Mots et les choses*. Paris

Foucault, M. (1969) *L'Archéologie du savoir*. Paris

Foucault, M. (1975) *Surveiller et punir*. Paris.

Foucault, M. (1980) *Power/Knowledge: Selected Interviews and Other Writings, 1972−1977*. Brighton.

Foucault, M. (1997) *Il faut défendre la société*. Paris.

Fox, J., and S. Stromqvist (eds) (1998) *Contesting the Master Narrative: Essays in Social History*. London.

Fox, R. (1973) 'Scientific Enterprise and the Patronage of Research in France, 1800−1870', *Minerva* 11, 442−473.

Fox, R. (1980) 'Learning, Politics and Polite Culture in Provincial France: The *sociétés savantes* in the Nineteenth Century', *Historical Reflections* 7, 543−564.

Frängsmyr, T. (1976) *Upptäckten av istiden*. Stockholm.

Frängsmyr, T., J. H. Heilbron and R. H. Rider (eds) (1990) *The Quantifying Spirit in the Eighteenth Century*. London.

Franzosi, R. (1998) 'Narrative Analysis: Or Why (and How) Sociologists Should Be Interested in Narrative', *Annual Review of Sociology* 24, 517−554.

Frappaolo, C. (2006) *Knowledge Management*. London.

Frasca-Spada, M., and N. Jardine (eds) (2000) *Books and the Sciences in History*. Cambridge.

Fried, J., and J. Süssmann (eds) (2001) *Revolutionen des Wissens: Von der Steinzeit bis zur Moderne*. Munich.

Frigessi, D. (2003) *Cesare Lombroso*. Turin.

Fumian, C. (2003) *Verso una società planetaria*. Rome.

Fung, A., M. Graham and D. Weil (2007) *Full Disclosure: The Perils and Promise of Transparency*. Cambridge.

Furner, M. O. (1975) *Advocacy and Objectivity: A Crisis in the Professionalization of American Social Science, 1865−1905*. Lexington, KY.

Furner, M. O., and B. Supple (eds) (1990) *The State and Economic Knowledge* Cambridge.

Fyfe, A., and B. Lightman (eds) (2007) *Science in the Marketplace 19th-Century Sites and Experiences*. Chicago.

Gacs, U., A. Khan, J. McIntyre and R. Weinberg (eds) (1988) *Women Anthropologists: A Biographical Dictionary*. New York.

Galera Gomez, A(1981) *Ciencia y delincuencia: el determinismo antropológico en la España del siglo XIX*. Seville.

Galison, P. (2004) 'Removing Knowledge', *Critical Inquiry* 31, 229−243.

Galison, P., and B. Hevly (eds) (1992) *Big Science: The Growth of Large-Scale Research*.

Stanford, CA.
Gallie, W. B. (1960) *A New University:A. D. Lindsay and the Keele Experiment*. London.
Gallini, C. (1983) *Magnetismo e ipnotismo nell'800 italiano*. Milan.
Gambi, L. (1992) *Geografia e imperialismo in Italia*. Bologna.
Ganz, D. (1997) 'Latin Paleography since Bischoff', www.kcl.ac.uk/content/1/c6/04/42/91/inaugural-lecture-1997.pdf.
Ganz, P. (1973) *Jacob Grimm's Conception of German Studies*. Oxford.
Gascoigne, J. (1998) *Science in the Service of Empire: Joseph Banks, the British State and the Uses of Science in the Age of Revolution*. Cambridge.
Gaskill, H. (ed.) (1991) *Ossian Revisited*. Edinburgh.
Geertz, C. (1973) *The Interpretation of Cultures*. New York.
Geiger, R. L. (1986) *To Advance Knowledge: The Growth of Amercan Research Universities, 1900–1940*. New York.
Geiger, R. L. (1993) *Research and Relevant Knowledge: American Research Universities since World War II*. New York.
Geiger, R. L. (2004) *Knowledge and Money: Research Universities and the Paradox of the Marketplace*. Stanford, CA.
Geison, G. L., and F. L. Holmes (eds) (1993) *Research Schools: Historical Reappraisals*. Chicago.
Gelfand, T. (1976) 'The Origins of a Modern Concept of Medical Specialization', *Bulletin of the History of Medicine* 50, 511–535.
Gellner, E. (1973) *Cause and Meaning in the Social Sciences*. London.
Gemelli, G. (ed.) (1998) *The Ford Foundation and Europe (1950s–1970s)*. Brussels.
Gerndt, H. (ed.) (1987) *Volkskunde und Nationalsozialismus*. Munich.
Gianquitto, T. (2007) '*Good Observers of Nature*': *American Women and the Scientific Study of the Natural World, 1820–1885*. Athens, GA.
Gibbons, M., and B. Wittrock (eds) (1985) *Science as a Commodity: Threats to the Open Community of Scholars*. London.
Gibbons, M., C. Limoges, H. Nowotny, S. Schwartzman, P. Scott and M. Trow (1994) *The New Production of Knowledge*. London.
Giddens, A. (1990) *The Consequences of Modernity*. Cambridge.
Gieryn, T. F. (1983) 'Boundary-Work and the Demarcation of Science from a Non-Science: Strains and Interests in Professional Ideologies of Scientists', *American Sociological Review* 48, 781–795.
Gieryn, T. F. (1995) 'Boundaries of Science', in S. Jasanoff et al. (eds) *Handbook of Science and Technology Studies*. Thousand Oaks, CA: 115–139.
Gilbert, E. W. (1958) 'Pioneer Maps of Health and Disease in England', *Geographical Journal* 124, 172–183.
Gillispie, C. G. (1989) 'Scientific Aspects of the French Egyptian Expedition', *Proceedings of the American Philosophical Society* 133, 447–474.
Gillispie, C. G. (2004) *Science and Polity in France: The Revolutionary and Napoleonic Years*. Princeton, NJ.
Gilpin, R. (1968) *France in the Age of the Scientific State*. Princeton, NJ.
Ginzburg, C. (1989) *Clues, Myths, and the Historical Method*. Eng. trans., Baltimore.
Giustino, D. de (1975) *Conquest of Mind: Phrenology and Victorian Social Thought*. London.

Gizycki, R. von (1973) 'Centre and Periphery in the International Scientific Community: Germany, France and Great Britain in the Nineteenth Century', *Minerva* 11, 474–494.

Glamann, K. (2003) *The Carlsberg Foundation: The Early Years*. Copenhagen.

Glasgow, E. (2001) 'Origins of the Home University Library', *Library Review* 50, 95–98.

Glass, D. V. (1973) *Numbering the People: the 18th Century Population Controversy and the Development of Census and Vital Statistics in Britain*. Farnborough.

Glob, P. U. ([1969] 2004) *The Bog People: Iron Age Man Preserved*. New edn, New York.

Godlewska, A. (1988) 'The Napoleonic Survey of Egypt: A Masterpiece of Cartographic Compilation and Early Nineteenth-Century Fieldwork', *Cartographica* 25, 1–171.

Godlewska, A., and N. Smith (eds) (1994) *Geography and Empire*. Oxford.

Goetzmann, W. H. (1959) *Army Exploration in the American West, 1803–1863*. New Haven, CT.

Goetzmann, W. H. ([1986] 1995) *New Lands, New Men: America and the Second Great Age of Discovery*. 2nd edn, Austin, TX.

Göhre, P. ([1891] 1895) *Three Months in a Workshop*. Eng. trans., London.

Goldman, L. (2002) *Science, Reform and Politics in Victorian Britain: The Social Science Association 1857–1886*. Cambridge.

Goldstein, J. (1987) *Console and Classify: the French Psychiatric Profession in the 19th Century*. Cambridge.

Golinski, J. ([1998] 2005) *Making Natural Knowledge*. 2nd edn, Cambridge.

Gombrich, E. H. (1970) *Aby Warburg: An Intellectual Biography*. London.

González Bueno, A., and R. Rodriguez Noval (2000) *Plantas americanas para la España ilustrada*. Madrid.

Gooding, D., T. Pinch and S. Schaffer (eds) (1989) *The Uses of Experiment*. Cambridge.

Goodwin, J. (1994) *The Theosophical Enlightenment*. Albany, NY.

Goody, J. (ed.) (1968) *Literacy in Traditional Societies*. Cambridge.

Goody, J. (1995) *The Expansive Moment: Anthropology in Britain and Africa, 1918–1970*. Cambridge.

Gorski, P. S. (2000) 'Historicizing the Secularization Debate: Church, State and Society in Early Modern Europe', *American Sociological Review* 65, 138–167.

Gottfried, P. (1990) *Carl Schmitt: Politics and Theory*. New York.

Gould, S. J. ([1981] 1984) *The Mismeasure of Man*. Rev. edn, Harmondsworth.

Gourlie, N. (1953) *The Prince of Botanists: Carl Linnaeus*. London.

Graff, G. (1987) *Professing Literature: An Institutional History*. Chicago.

Grafton, A. (1990) *Forgers and Critics*. London.

Grafton, A. (2009a) 'Apocalypse in the Stacks? The Research Library in the Age of Google', *Daedalus*, winter, 87–98.

Grafton, A. (2009b) *Worlds Made by Words*. Cambridge, MA.

Graham, L. R. (1967) *The Soviet Academy of Sciences and the Communist Party, 1927–1932*. Princeton, NJ.

Graham, L. R. (1975) 'The Formation of Soviet Research Institutes'. *Social Studies of Science* 5, 303–329.

Gräslund, B. (1974) *Relativ datering: om kronologisk metod i nordisk arkeologi*. Uppsala.

Greenberger, M. (ed.) (1971) *Computers, Communication, and the Public Interest*. Baltimore.

Greenwood, J. (1996) *The Third Industrial Revolution*. Rochester, NY.

Gribbin, J. (1998) *In Search of Susy.* London.
Grmek, M. D. (1999) 'La Troisième Revolution scientifique', *Revue médicale de la Suisse romande* 119, 955–959.
Guha, R., and G. Spivak (eds) (1988) *Selected Subaltern Studies.* Delhi.
Gupta, A., and J. Ferguson (eds) (1997) *Anthropological Locations: Boundaries and Grounds of a Field Science.* Berkeley, CA.
Haar, I. (2000) *Historiker im Nationalsozialismus: deutsche Geschicht-swissenschaft und der 'Volkstumskampf' im Osten.* Göttingen.
Hacking, I. (1990) *The Taming of Chance.* Cambridge.
Hafner, K., and A. Lyon (1998) *Where the Wizards Stay up Late: The Origins of the Internet.* New York.
Hagstrom, W. O. (1965) *The Scientific Community.* New York.
Halavais, A. (2009) *Search Engine Society.* Cambridge.
Halbfass, W. ([1981] 1988) *India and Europe.* Eng. trans., London.
Halfmann, J., and J. Rohbeck (eds) (2007) *Zwei Kulturen der Wissenschaft, Revisited.* Göttingen.
Hall, P. (1998) *Cities in Civilization.* London.
Hall, P., and P. Preston (1988) *The Carrier Wave: New Information Technology and the Geography of Innovation, 1846–2003.* Boston.
Halsey, A. H. (2004) *A History of Sociology in Britain.* Oxford.
Hamilakis, Y. (2007) *The Nation and its Ruins: Antiquity, Archaeology and National Imagination in Greece.* Oxford.
Hammer, O. (2001) *Claiming Knowledge: Strategies of Epistemology from Theosophy to the New Age.* Leiden.
Handler, R. (ed.) (2000) *Excluded Ancestors, Inventible Traditions: Essays Towards a More Inclusive History of Anthropology.* Madison.
Hannan, M. T., and J. Freeman (1989) *Organizational Ecology.* Cambridge, MA.
Hannaway, C. C. (1972) 'The Société Royale de Médecine and Epidemics in the Ancien Régime', *Bulletin of the History of Medicine* 46, 257–273.
Hannerz, U. (2010) *Anthropology's World: Life in a Twenty-First Century Discipline.* London.
Hansen, L. (ed.) (2007) *The Linnaeus Apostles.* London.
Haraway, D. (1988) 'Situated Knowledge', *Feminist Studies* 14, 575–599.
Harley, J. B. (2001) *The New Nature of Maps: Essays in the History of Cartography.* Baltimore.
Harris, J. R. (1998) *Industrial Espionage and Technology Transfer: Britain and France in the Eighteenth Century.* Aldershot.
Harrison, J. F. C. (1961) *Learning and Living, 1790–1860: A Study in the History of the Adult Education Movement.* London.
Hart, J. (1993) 'Erwin Panofsky and Karl Mannheim: A Dialogue on Interpretation', *Critical Inquiry* 19, 534–566.
Hartog, F. (2003) *Regimes d'historicité.* Paris.
Harvey, L. (1987) 'The Nature of "Schools" in the Sociology of Knowledge: The Case of the Chicago School', *Sociological Review* 35, 245–278.
Harwood, J. (1987) 'National Styles in Science', *Isis* 78, 390–414.

Hawkins, H. (1960) *Pioneer: A History of the Johns Hopkins University, 1874–1889*. Ithaca, NY.
Hayek, F. A. (1945) 'The Use of Knowledge in Society', *American Economic Review* 35, 519–530.
Hayes, D., and R. Wynyard (eds) (2002) *The McDonaldization of Higher Education*. Westport, CT.
Headrick, D. R. (2000) *When Information Came of Age: Technologies of Knowledge in the Age of Reason and Revolution, 1700–1850*. New York.
Heclo, H. (1974) *Modern Social Politics in Britain and Sweden*. New Haven, CT.
Heffernan, M. (1989) 'The Limits of Utopia: Henri Duveyrier and the Exploration of the Sahara in the Nineteenth Century', *Geographical Journal* 155, 349–352.
Helmholtz, H. von (1893) *Popular Lectures on Scientific Subjects*. New edn, London.
Hemming, J. (1998) *The Golden Age of Discovery*. London.
Hevia, J. L. (1998) 'The Archive State and the Fear of Pollution from the Opium Wars to Fu-Manchu', *Cultural Studies* 12, 234–254.
Hewitt, R. (2010) *Map of a Nation: A Biography of the Ordnance Survey*. London.
Higgs, E. (2004) *The Information State in England: The Central Collection of Information on Citizens, 1500–2000*. Basingstoke.
Hill, K. (ed.) (1964) *The Management of Scientists*. Boston.
Hinsley, C. M. (1981) *Savages and Scientists: The Smithsonian Institution and the Development of American Anthropology 1846–1910*. Washington, DC.
Hinsley, F. H., and A. Stripp (eds) (1993) *Codebreakers: The Inside Story of Bletchley Park*. Oxford.
Hobart, M. E., and Z. Schiffman (1998) *Information Ages: Literacy, Numeracy and the Computer Revolution*. Baltimore.
Hoch, P. K. (1985) 'Migration and the Generation of New Scientific Ideas', *Minerva* 25, 209–237.
Hochschild, A. (1998) *King Leopold's Ghost: A Story of Greed, Terror and Heroism in Colonial Africa*. Boston.
Hodder, I. ([1986] 2003) *Reading the Past: Current Approaches to Interpretation in Archaeology*. 3rd edn, Cambridge.
Holl, F. (ed.) (1999) *Alexander von Humboldt: Netzwerke des Wissens*. Berlin [exhibition catalogue].
Holmes, R. (2008) *The Age of Wonder*. London.
Hooson, D. (ed.) (1994) *Geography and National Identity*. Oxford.
Hopkins, J. (1992) 'The 1791 French Cataloging Code and the Origins of the Card Catalogue', *Libraries and Culture* 27, 378–404.
Horgan, J. (1996) *The End of Science: Facing the Limits of Knowledge in the Twilight of the Scientific Age*. London.
Horowitz, I. L. (ed.) (1967) *The Rise and Fall of Project Camelot: Studies in the Relationship between Social Science and Practical Politics*. Cambridge, MA.
Hoskin, K. W., and R. H. Macve (1986) 'Accounting and the Examination: A Genealogy of Disciplinary Power', *Accounting, Organizations and Society* 11, 105–136.
Howland, D. R. (2001a) *Translating the West*. Honolulu.
Howland, D. R. (2001b) 'Translating Liberty in Nineteenth-Century Japan', *Journal of the*

*History of Ideas* 62, 161–181.
Howland, D. R. (2005) *Personal Liberty and Public Good: The Introduction of John Stuart Mill to Japan and China*. Toronto.
Hubble, N. (2006) *Mass-Observation and Everyday Life*. New York.
Hudson, K. (1981) *A Social History of Archaeology*. London.
Huerkamp, C. (1985) *Der Aufstieg der Ärzte im 19. Jahrhundert*. Göttingen.
Huerkamp, C. (1996) *Bildungsbürgerinnen: Frauen im Studium und in akad-emischen Berufen, 1900–1945*. Göttingen.
Hufbauer, K. (1982) *The Formation of the German Chemical Community (1720–1795)*. Berkeley, CA.
Hughes, A. (1951–3) 'Science in English Encyclopaedias, 1704–1875'. *Annals of Science* 7, 340–370; 8, 323–367; 9, 233–264.
Hughes, H. S. (1959) *Consciousness and Society: the reorientation of European social thought, 1890–1930*. New York.
Hughes, J. (2002) *The Manhattan Project: Big Science and the Atom Bomb*. Cambridge.
Huizinga, J. ([1919] 1996) *Autumn of the Middle Ages*. Eng. trans., Chicago.
Hunter, K. (1991) *Doctor's Stories: The Narrative Structure of Medical Knowledge*. Princeton, NJ.
Iggers, G. G., E. Wang and S. Mukherjee (2008) *A Global History of Modern Historiography*. London.
Inkster, I. (2006) 'Potentially Global: "Useful and Reliable Knowledge" and Material Progress in Europe, 1474–1914', *International History Review 28*, 237–286.
Inkster, I., and J. Morrell (eds) (1983) *Metropolis and Province: Studies in British Culture, 1780–1950*. Philadelphia.
Irwin, A. (1995) *Citizen Science: A Study of People, Expertise and Sustainable Development*. London.
Irwin, A., and B. Wynne (eds) (1996) *Misunderstanding Science? The Public Reconstruction of Science and Technology*. Cambridge.
Irwin, R. (2006) *For Lust of Knowing: The Orientalists and their Enemies*. London.
Jackman, J., and C. M. Borden (eds) (1983) *The Muses Flee Hitler: Cultural Transfer and Adaptation, 1930–1945*. Washington, DC.
Jacob, C. (ed.) (2007) *Les Lieux de savoir*. Paris.
Jardine, N., J. Secord and E. Spary (eds) (1996) *Cultures of Natural History*. Cambridge.
Jay, M. (1973) *The Dialectical Imagination: A History of the Frankfurt School and the Institute of Social Research, 1923–1950*. Boston.
Jeanneney, J. N. ([2005] 2008) *Google and the Myth of Universal Knowledge*. Expanded Eng. trans., Chicago.
Jeffreys-Jones, R. (2007) *The FBI*. New Haven, CT.
Jeggle, U. (1988) 'L'Ethnologie dans 1, Allemagne nazie', *Ethnologie française* 18, 114–119.
Jencks, C., and D. Riesman (1968) *The Academic Revolution*. New York.
Jensen, J. (1992) *Thomsens Museum: historien om nationalmuseet*. Copenhagen.
Johns, A. (1998) *The Nature of the Book: Print and Knowledge in the Making*. Chicago.
Johns, A. (2010) *Piracy: The Intellectual Property Wars from Gutenberg to Gates*. Chicago.
Johnson, J. A. (1990) *The Kaiser's Chemists: Science and Modernization in Imperial Germany*. Chapel Hill, NC.

Jokilehto, J. (1999) *A History of Architectural Conservation*. Oxford.
Jong, A. de (2004) *De dirigenten van de herinnering: musealisering en nation-alisering van de volkscultuur in Nederland 1815–1940*. Amsterdam.
Josephson, P. R. (1997) *New Atlantis Revisited: Akademgorodok, the Siberian City of Science*. Princeton, NJ.
Kahn, D. (1967) *The Code-Breakers: The Story of Secret Writing*. New York.
Kaluszynski, M. (2001) *La République à l'épreuve du crime, 1880–1920*. Paris.
Kamen, H. (2007) *The Disinherited: The Exiles who Created Spanish Culture*. London.
Kamusella, T. (2009) *The Politics of Language and Nationalism in Modern Central Europe*. Basingstoke.
Kaplinsky, R., and C. Cooper (eds) (1989) *Technology and Development in the Third Industrial Revolution*. London.
Kasack, W. (1974) *Die Akademien der Wissenschaften der sowjetischen Unionsrepubliken*. Bonn.
Kater, M. (1974) *Das Ahnenerbe der SS 1935–1945: Ein Beitrag zur Kulturpolitk des Dritten Reiches*. Stuttgart.
Katz, B. M. (1989) *Foreign Intelligence: Research and Analysis in the Office of Strategic Services, 1942–1945*. Cambridge, MA.
Keegan, J. (2003) *Intelligence in War: Knowledge of the Enemy from Napoleon to Al-Qaeda*. London.
Keen, A. ([2007] 2008) *The Cult of the Amateur: How Today's Internet is Killing our Culture and Assaulting our Economy*. Rev. edn, London.
Kenna, M. E. (2008) 'Conformity, Humour and Parody: Handwritten Newspapers from an Exiles' Commune, 1938–1945', *Modern Greek Studies* 26, 115–157.
Kenny, A. (1982) *The Computation of Style: An Introduction to Statistics for Students of Literature and the Humanities*. Oxford.
Ketelaar, E. (2003) 'Being Digital in People's Archives', *Archives and Manuscripts* 31, 8–22.
Kettler, D., V. Meja and N. Stehr (1984) *Karl Mannheim*. Chichester.
Kevles, D. J. ([1977] 1995) *The Physicists: The History of a Scientific Community in Modern America*. 2nd edn, Cambridge, MA.
Kevles, D. J. ([1985] 1995) *In the Name of Eugenics: Genetics and the Uses of Human Heredity*, 2nd edn, Cambridge, MA.
Kidd, D. (1989) 'The History of the Early Modern European Collections in the British Museum', *Journal of the History of Collections* 1, 103–107.
Knight, N. (1999) 'Science, Empire and Nationality: Ethnography in the Russian Geographical Society, 1845–1855', in Jane Burbank and David L. Ransel (eds), *Imperial Russia*. Bloomington, IN.
Knorr-Cetina, K. (1999) *Epistemic Cultures: How the Sciences Make Knowledge*. New York.
Kocka, J. (ed.) (2002) *Die Berliner Akademien der Wissenschaften im geteilten Deutschland, 1945–1990*. Berlin.
Kocka, J., and R. Mayntz (eds) (1998) *Wissenschaft und Wiedervereinigung* Berlin.
Koerner, L. (1999) *Linnaeus: Nature and Nation*. Cambridge, MA.
Kogan, H. (1958) *The Great EB: The Story of the Encyclopaedia Britannica*. Chicago.
Kohler, R. E. (1982) *From Medical Chemistry to Biochemistry: The Making of a Biomedical Discipline*. Cambridge.

Kohler, R. E. (1991) *Partners in Science: Foundations and Natural Scientists, 1900–1945*. Chicago.
Kohler, R. E. (2008) 'Lab History', *Isis* 99, 761–768.
Kohn, M. (1995) *The Race Gallery: The Return of Racial Science*. London.
Kojevnikov, A. (2008) 'The Phenomenon of Soviet Science', *Osiris* 23, 115–135.
Kolers, P. A., M. E. Wrolstad and H. Bouma (eds) (1979) *The Processing of Visible Language*, Vol. 1. New York.
Konvitz, J. W. (1987) *Cartography in France, 1660–1848: Science, Enginering and Statecraft*. Chicago.
Kopf, D. (1969) *British Orientalism and the Bengal Renaissance:The Dynamics of Indian Modernization, 1773–1835*. Berkeley, CA.
Koselleck, R. ([1979] 1985) *Futures Past: On the Semantics of Historical Time*. Eng. trans., Cambridge, MA.
Krais, B. (ed.) (2000) *Wissenschaftskultur und Geschlechtordnung*. Frankfurt.
Kransdorff, A. (1999) *Corporate Amnesia: Keeping Know-How in the Company*. Oxford.
Kretschmann, C. (ed.) (2003) *Wissenspopularisierung*. Berlin.
Kreuger, F. H. (2007) *A New Vermeer: Life and Work of Han van Meegeren*.Rijswijk.
Kreuzer, H. (ed.) (1987) *Die zwei Kulturen*. Munich.
Kuhn, T. S. (1961) 'The Function of Measurement in Modern Physical Science', *Isis* 52, 161–190.
Kuhn, T. S. (1962) *The Structure of Scientific Revolutions*. Chicago.
Kuklick, H. (1980) 'Chicago Sociology and Urban Planning Policy: Sociological Theory as Occupational Ideology', *Theory and Society* 9, 821–845.
Kuklick, H. (1993) *The Savage Within: The Social History of British Anthropology, 1885–1945*. Cambridge.
Kuklick, H. (ed.) (2008) *A New History of Anthropology*. Oxford.
Kuklick, H., and R. E. Kohler (eds) (1996) *Science in the Field*. Chicago.
Kullmann, D. (2004) *Description: Theorie und Praxis der Beschreibung im französischen Roman von Chateaubriand bis Zola*. Heidelberg.
Kunzig, R. (2000) *Mapping the Deep: The Extraordinary Story of Ocean Science*. New York.
Kury, L. (1998) 'Les Instructions de voyage dans les expéditions scientifiques françaises, 1750–1830', *Revue d'histoire des sciences* 51, 65–91.
Kusamitsu, T. (1980) 'Great Exhibitions before 1851', *History Workshop Journal* 9, 70–89.
Kuznets, S. ([1955] 1965) 'Toward a Theory of Economic Growth', repr. In Kuznets, *Economic Growth and Structure*, New York, 1–81.
Labov, W. (1966) *The Social Stratification of English in New York City*. Washington, DC.
Lagemann, E. C. ([1989] 1992) *The Politics of Knowledge: The Carnegie Corporation, Philanthropy and Public Policy*. 2nd edn, Chicago.
Landes, D. S. (1998) *The Wealth and Poverty of Nations: Why Some are So Rich and Some So Poor*. London.
Lane, J. (2001) *A Social History of Medicine: Health, Healing and Disease in England, 1750–1950*. London.
Larsen, M.T. ([1994] 1996) *The Conquest of Assyria: Excavations in an Antique Land, 1840–1860*. Eng. trans., London.
Latour, B. (1987) *Science in Action*. Cambridge, MA.

Latour, B., and S. Woolgar (1979) *Laboratory Life*. Beverly Hills, CA.
Laurens, H. (1989) *L'Expédition d'Égypte: 1798–1801*. Paris.
Lautman, J., and B.-P. Lécuyer (eds) (1998) *Paul Lazarsfeld (1901–1976)*. Paris.
Lazarsfeld, P. (1961) 'Quantification in Sociology', *Isis* 52, 277–333.
Leach, E. (1965) 'Frazer and Malinowski', *Encounter* 25: 5, 24–36.
Leclerc, G. (1979) *L'Observation de l'homme: une histoire des enquêtes sociales*. Paris.
Lenhard, J., G. Küpper and T. Shinn (eds) (2006) *Simulation: The Pragmatic Construction of Reality*. Dordrecht.
Lenoir, T. (1997) *Instituting Science*. Stanford, CA.
Lepenies, W. (1988) *Between Literature and Science: The Rise of Sociology*. Cambridge.
Levie, F. (2006) *L'Homme qui voulait classer le monde: Paul Otlet et le mundaneum*. Brussels.
Levine, P. (1986) *The Amateur and the Professional: Antiquarians, Historians and Archaeologists in Victorian England*. London.
Lévi-Strauss, C. ([1955] 1962) *Tristes tropiques*. 2nd edn, Paris.
Lewis, C. (2000) *The Dating Game*. Cambridge.
Lightman, B. (2007) *Victorian Popularizers of Science: Designing Nature for New Audiences*. Chicago.
Lih, A. (2009) *The Wikipedia Revolution: How a Bunch of Nobodies Ctreated the World's Greatest Encyclopaedia*. London.
Lindner, R. ([1990] 1996) *The Reportage of Urban Culture: Robert Park and the Chicago School*. Eng. trans., Cambridge.
Livingstone, D. N. (1992) *The Geographical Tradition*. London.
Livingstone, D. N. (2003) *Putting Science in its Place: Geographies of Scientific Knowledge*. Chicago.
Lockman, Z. (2004) *Contending Visions of the Middle East: The History and Politics of Orientalism,* Cambridge.
Lopez, J. (2008) *The Man who Made Vermeers*. New York.
Lowenthal, D. (1985) *The Past is a Foreign Country*. Cambridge.
Lyotard, J. F. ([1979] 1984) *The Postmodern Condition: A Report on Knowledge*. Eng. trans., Manchester.
McCannon, J. (1998) *Red Arctic: Polar Exploration and the Myth of the North in the Soviet Union, 1932–1939*. New York.
McClelland, C. E. (1980) *State, Society and University in Germany 1700–1914*. Cambridge.
Machlup, F. (1962) *The Production and Distribution of Knowledge in the United States*. Princeton, NJ.
MacKenzie, D. A. (1976) 'Eugenics in Britain', *Social Studies of Science* 6, 499–532.
MacKenzie, J. M. (2009) *Museums and Empire*. Manchester.
MacLeod, R. M. (1971) 'The Support of Victorian Science', *Minerva* 4, 197–230.
MacLeod, R. M. (1975) 'Scientific Advice for British India', *Modern Asian Studies* 9, 343–384.
MacLeod, R. M. (ed.) (1982) *Days of Judgement: Science, Examinatiom and the Organization of Knowledge in Late Victorian England*. Driffield.
MacLeod, R. M. (ed.) (1988) *Government and Expertise: Specialists Administrators and Professionals, 1860–1919*. Cambridge.

MacLeod, R. M. (ed.) (2001) *Nature and Empire: Science and the Colonial Enterprise.* Chicago.

McNamara, B. (2001) *Into the Final Frontier: The Human Exploration of Space.* Orlando, FL.

McNeely, I. F. (2003) *The Emancipation of Writing: German Civil Society in the Making, 1790s–1820s.* Berkeley, CA.

McNeely, I. F. (2009) 'Current Trends in Knowledge Production: An Historical-Institutional Analysis', *Prometheus* 27, 335–355.

McNeely, I. F., with L. Wolverton (2008) *Reinventing Knowledge: From Alexandria to the Internet.* New York.

Macrakis, K. (2010) 'Technophilic Hubris and Espionage Styles during the Cold War', *Isis* 101, 378–85.

Madan, F. (1920) *Books in Manuscript.* Oxford.

Maddox, B. (2002) *Rosalind Franklin: The Dark Lady of DNA.* London.

Maiguashca, J.(2011) 'Historians in Spanish South America: Cross-References between Centre and Periphery', *Oxford History of Historical Writing*, Vol. 4. Oxford.

Makari, G. (2008) *Revolution in Mind: The Creation of Psychoanalysis.* London.

Malatesta, M. (ed.) (1995) *Society and the Professions in Italy 1860–1914.* Cambridge.

Maleuvre, D. (1999) *Museum Memories: History, Technology, Art.* Stanford, CA.

Malinowski, B. (1922) *Argonauts of the Western Pacific.* London.

Mallon, F. E. (1994) 'The Promise and Dilemma of Subaltern Studies: Perspectives from Latin American History', *American Historical Review* 99, 1491–1515.

Mannheim, K. (1952) *Essays in the Sociology of Knowledge.* London.

Marchand, S. L. (2009) *German Orientalism in the Age of Empire.* Cambridge.

Marmor, A. (ed.) (1995) *Law and Interpretation: Essays in Legal Philosophy.* Oxford.

Marshall, P. J. (1970) *The British Discovery of Hinduism in the Eighteenth Century.* Cambridge.

Marshall, P. J. (ed.) (1998) *Oxford History of the British Empire*, Vol. 2: *The Eighteenth Century.* Oxford.

Masseau, D. (1994) *L'Invention de l'intellectuel dans l'Europe du 18e siècle.* Paris.

Masterson, J. R., and H. Brower (1948) *Bering's Successors, 1745–1780: Contributions of Peter Simon Pallas to the History of Russian Exploration toward Alaska.* Seattle.

Matthews, M. (1993) *The Passport Society: Controlling Movement in Russia and the USSR.* Boulder, CO.

Mayhew, H. (1851) *London Labour and the London Poor.* London.

Mazon, B. (1988) *Aux origines de l'EHESS: le rôle du mécénat américain (1920–1960).* Paris.

Meinecke, F. ([1907] 1970) *Cosmopolitanism and the National State.* Eng.trans., Princeton, NJ.

Meinecke, F. ([1936] 1972) *Historism: the Rise of a New Historical Outlook.* Eng. trans., London.

Menand, L. (2010) *The Marketplace of Ideas: Reform and Resistance in the American University.* New York.

Mendelsohn, E., and Y. Elkanah (eds) (1981) *Sciences and Cultures.* Dordrecht.

Merton, R. K. ([1949] 1957) *Social Theory and Social Structure.* 2nd edn, Glencoe, IL.

Merton, R. K. (1968) 'The Matthew Effect in Science', *Science* 159, 56−63.
Merton, R. K. (1972) 'Insiders and Outsiders: A Chapter in the Sociology of Knowledge', *American Journal of Sociology* 78, 9−47.
Merton, R. K. (1973) *The Sociology of Science.* Chicago.
Messer-Davidow, E., D. R. Shumway and D. Sylvan (eds) (1993) *Knowledges: Historical and Critical Studies in Disciplinarity.* Charlottesville, VA.
Meyer, J. (2006) *Great Exhibitions, London-New York-Paris-Philadelphia, 1851−1900.* London.
Meyerstein, E. H. W. (1930) *A Life of Thomas Chatterton.* London.
Middleton, A. E. (1885) *All about Mnemonics.* London.
Mignolo, W. (2000) *Local Histories/Global Designs: Coloniality, Subaltern Knowledges and Border Thinking.* Princeton, NJ.
Mignolo, W. (2009) 'Epistemic Disobedience, Independent Thought and Decolonial Freedom', *Theory, Culture and Society* 26: 7/8, 159−181.
Mill, J. S. (1843) *A System of Logic.* London.
Miller, E. (1969) *Prince of Librarians: The Life and Times of Antonio Panizzi of the British Museum.* London.
Mills, C. W. (1959) *The Sociological Imagination.* New York.
Milne, D. (2008) *America's Rasputin: Walt Rostow and the Vietnam War.* New York.
Mitchell, T. (1991) *Colonizing Egypt.* Cambridge.
Mittelstrass, J. (1992) *Leonardo Welt.* Berlin.
Mitterand, H. (1987) *Le Regard et le signe: poétique du roman réalistie et naturaliste.* Paris.
Mokyr, J. (1998) 'The Second Industrial Revolution, 1870−1914', www.faculty.econ.northwestem.edu/faculty/mokyr/castronovo.pdf.
Mokyr, J. (2002) *The Gifts of Athena: Historical Origins of the Knowledge Economy.* Princeton, NJ.
Monas, S. (1961) *The Third Section: Police and Society under Nicholas I.* Cambridge, MA.
Montgomery, R. J. (1965) *Examinations: An Account of their Evolution as Administrative Devices in England.* London.
Montgomery, S. L. (1996) *The Scientific Voice.* New York.
Montijn, I. (1983) *Kermis van Koophandel.* Bussum.
Moore, F. C. T. (1969) 'Introduction' to J. M. Dégerando, *Observation of Savage Peoples.* London.
Moore, L. J. (2008) *Restoring Order: The École des Chartes and the Organization of Libraries and Archives in France, 1820−1870.* Duluth, MN.
Moore, W. E., and M. E. Tumin (1949) 'Some Social Functions of Ignorance', *American Sociological Review* 14, 787−795.
Moravia, S. (1970) *La scienza dell'uomo nel settecento.* Bari.
Morozov, E. (2010) *The Net Delusion: How Not to Liberate the World.* London.
Morrell, J. B. (1972) 'The Chemist Breeders: The Research Schools of Liebig and Thomson', *Ambix* 19, 146.
Morrell, J., and A. Thackray (1981) *Gentlemen of Science: Early Years of the British Association for the Advancement of Science.* Oxford.
Morton, R. B., and K. C. Williams (2010) *Experimental Political Science and the Study of Causality.* Cambridge.

Mouffe, C. (ed.) (1999) *The Challenge of Carl Schmitt*. London.
Moulton, G. E. (ed.) (1986–2001) *The Journals of the Lewis and Clark Expedition*. Lincoln, NE.
Moureau, F. (ed.) (1993) *De bonne main: la communication manuscrite au 18e siècle*. Paris and Oxford.
Mucchielli, L. (1998) *La Découverte du social: naissance de la sociologie en France, 1870–1914*. Paris.
Mugglestone, L. (2005) *Lost for Words: The Hidden History of the OED*. New Haven, CT.
Mullan, B., and G. Marvin (1987) *Zoo Culture*. London.
Müller, J. J. (ed.) (1974) *Germanistik und deutsche Nation, 1806–1848*. Stuttgart.
Müntz, E. (1894–6) 'Les Annexations de collections d'art', *Revue d'histoire diplomatique* 8, 481–497; 9, 375–393; 10, 481–508.
Murphy, T. D. (1981) 'Medical Knowledge and Statistical Methods in Early 19th-Century France', *Medical History* 25, 301–319.
Murray, J. (ed.) (1897) *Challenger Expedition Reports*, vol. 1. London.
Naisbitt, J., and P. Aburdene (1990) *Megatrends 2000: The Next Ten Years-Major Changes in your Life and World*. London.
Neef, D. (ed.) (1998) *The Knowledge Economy*. Boston.
Nelson, D. (1980) *Frederick W. Taylor and the Rise of Scientific Management*. Madison.
Neumann, J. von, and O. Morgenstern (1944) *Theory of Games and Economic Behaviour*. Princeton, NJ.
Nicolson, M. (1987) 'Alexander von Humboldt', *History of Science* 25, 167–194.
Nonaka, I. (ed.) (2005) *Knowledge Management: Critical Perspectives on Business and Management*, 3 vols. London.
Nonaka, I., and H.Takeuchi (1995) *The Knowledge Creating Company*. New York.
Nora, P. (ed.) (1986), *La Nation*. Paris.
Nord, D. E. (1985) *The Apprenticeship of Beatrice Webb*. Basingstoke.
Noveck, B. S. (2009) *Wiki Government*. Washington, DC.
Novick, P. (1988) *That Noble Dream: The 'Objectivity Question' and the American Historical Profession*. Cambridge.
Nye, N. J. (1975) 'Science and Socialism: The Case of Jean Perrin in the Third Republic', *French Historical Studies* 9, 141–169.
Nye, N. J. (ed.) (2003) *Cambridge History of Science*, Vol. 5. Cambridge.
Oberschall, A. (1965) *Empirical Social Research in Germany, 1848–1914*. The Hague.
O'Cadhla, S. (2007) *Civilizing Ireland: Ordnance Survey 1824–1842*. Dublin.
O'Connor, R. (2007) *The Earth on Show: Fossils and the Poetics of Popular Science, 1802–1856*. Chicago.
Oexle, O. G. (ed.) (2007) *Krise des Historismus–Krise der Wirklichkeit: Wissenschaft, Kunst und Literatur, 1880–1932*. Göttingen.
Ó Giolláin, D. (2000) *Locating Irish Folklore: Tradition, Modernity, Identity*. Cork.
Olby, R. C. (1966) *Origins of Mendelism*. London.
Olby, R. C. (1974) *The Path to the Double Helix*. London.
Olcese, G. (ed.) (2004) *Cultura scientifica e cultura umanistica: contrasto o integrazione?* Genoa.
Olesko, K. M. (1993) 'Tacit Knowledge and School Formation', *Osiris* 8, 16–29.

Oleson, A., and J. Voss (eds) (1979) *The Organization of Knowledge in Modern America, 1860–1922*. Baltimore.
Oppenheim, J. (1985) *The Other World: Spiritualism and Psychical Research in England, 1850–1914*. Cambridge.
Oreskes, N. (1996) 'Objectivity or Heroism? On the Invisibility of Women in Science', *Osiris* 11, 87–116.
Ortolano, G. (2009) *The Two Cultures Controversy: Science, Literature and Cultural Politics in Postwar Britain*. Cambridge.
Otterspeer, W. (ed.) (1989) *Oriental Connections 1850–1950*. Leiden.
Outram, D. (1984) *Georges Cuvier: Vocation Science and Authority in Post-Revolutionary France*. Manchester.
Ozouf, M. (1981) 'L'Invention de l'ethnographie française: le questionnaire de l'Académie celtique', *Annales: économies, sociétés, civilisations* 36, 210–230.
Palmer, D. J. (1965) *The Rise of English Studies*. London.
Panofsky, E. ([1939] 1962) *Studies in Iconology*. Repr. New York.
Parkinson, R. (1999) *Cracking Codes: The Rosetta Stone and Decipherment*. London.
Pascal, R. (1962) '*Bildung* and the Division of Labour', in *German Studies Presented to W. H. Bruford*. London, 14–28.
Pasquali, G. ([1934] 1952) *Storia della tradizione e critica del testo*. 2nd edn, Florence.
Patriarca, S. (1996) *Numbers and Nationhood: Writing Statistics in 19th Century Italy*. Cambridge.
Paul, H. W. (1985) *From Knowledge to Power: The Rise of the Scientific Empire in France 1860–1939*. Cambridge.
Payne, S. L. (1951) *The Art of Asking Questions*. Princeton, NJ.
Pearton, M. (1982) *The Knowledgeable State: Diplomacy, War and Technology since 1830*. London.
Peckhaus, V., and C. Thiel (eds) (1999) *Disziplinen im Kontext: Perspektiven der Disziplingeschichtsschreibung*. Munich.
Penny, H. G. (2002) *Objects of Culture: Ethnology and Ethnographic Museums in Imperial Germany*. Chapel Hill, NC.
Penny, H. G., and M. Bunzl (eds) (2003) *Worldly Provincialism: German Anthropology in the Age of Empire*. Ann Arbor, MI.
Perkin, H. (1989) *The Rise of Professional Society: England since 1880*. London.
Perrot, J.-C., and S. Woolf (1984) *State and Statistics in France, 1789–1815*. New York.
Pesce, A. (1906) *Notizie sugli archivi di stato*. Rome.
Phillipson, N. (2010) *Adam Smith: An Enlightened Life*. London.
Physick, J. F. (1982) *The Victoria and Albert Museum: The History of its Building*. Oxford.
Piazza, P. (2004) *Histoire de la carte nationale d'identité*. Paris.
Pickstone, J. V. (2000) *Ways of Knowing: A New History of Science, Technology and Medicine*. Manchester.
Pickstone, J. V. (2007) 'Working Knowledges before and after c.1800', *Isis* 98, 489–516.
Pieters, F. (forthcoming) *Natural History Spoils in the Low Countries in 1794/95*.
Pinkney, D. H., and T. Ropp (eds) (1964) *Festschrift for Theodore Artz*. Durham, NC.
Pino, F. del (ed.) (1988) *Ciencia y contexto histórico nacional en las expediciones ilustradas a América*. Madrid.

Platt, J. (1996) *A History of Sociological Research Methods in America, 1920–1960*. Cambridge.
Polanyi, M. (1958) *Personal Knowledge*. Chicago.
Pope, M. ([1975] 1999) *The Story of Decipherment from Egyptian Hieroglyphs to Maya Script*. 2nd edn, London.
Popper, K. (1945) *The Open Society and its Enemies*. London.
Porat, M. (1977) *The Information Economy: Definition and Measurement*. Washington, DC.
Porter, R. (1977) *The Making of Geology: Earth Science in Britain, 1660–1815*. Cambridge.
Porter, R. (1997) *The Greatest Benefit to Mankind*. London.
Porter, R. (ed.) (2003) *Eighteenth-Century Science*. Cambridge.
Poulot, D. (1997) *Musée, nation, patrimoine 1789–1815*. Paris.
Pratt, M. L. (1992) *Imperial Eyes: Travel Writing and Transculturation*. London.
Pratt, V. (1977) 'Foucault and the History of Classification Theory', *Studies in the History and Philosophy of Science* 8, 163–171.
Price, B. (1999) 'Frank Gilbreth', *American National Biography*, vol. 9, 12–13.
Price, D. H. (2008) *Anthropological Intelligence: The Deployment and Neglect of American Anthropology in the Second World War*. Durham, NC.
Price, D. J. de Solla (1963) *Little Science, Big Science*. New York.
Proctor, R. N. (1988) *Racial Hygiene: Medicine under the Nazis*. Cambridge, MA.
Proctor, R. N., and L. Schiebinger (eds) (2008) *Agnotology: The Making and Unmaking of Ignorance*. Stanford, CA.
Puerto, J. (1988) *La ilusion quebrada: botanica, sanidad y politica cientifica en la España ilustrada*. Barcelona.
Pyenson, L. (1989) *Empire of Reason: Exact Sciences in Indonesia, 1840–1940*. Leiden.
Pyenson, L. (1993) *Civilizing Mission: Exact Sciences and French Overseas Expansion, 1830–1940*. Baltimore.
Pyenson, L. (2002) 'Uses of Cultural History: Karl Lamprecht in Argentina', *Proceedings of the American Philosophical Society* 143, 235–255.
Pyne, S. J. (2010) *Voyager: Seeking Newer Worlds in the Third Great Age of Discovery*. New York.
Quatremère de Quincy, A.-C. (1989) *Lettres à Miranda sur le déplacement des monuments de l'art de l'Ialie*. Paris.
Raj, K. (2007) *Relocating Modern Science: Circulation and the Construction of Knowledge in South Asia and Europe, 1650–1900*. London.
Rasmussen, S. (ed.) (1990) *Den arabiske rejse 1761–1767*. Copenhagen.
Raven, J. (ed.) (2004) *Lost Libraries: The Destruction of Great Book Collections since Antiquity*. Basingstoke.
Redlich, F. (1957) 'Academic Education for Business: Its Development and the Contribution of Ignaz Jastrow', *Business History Review* 31, 35–91.
Reich, L. S. (1985) *The Making of American Industrial Research: Science and Business at GE and Bell, 1876–1926*. Cambridge.
Reingold, N., and M. Rothenberg (eds) (1987) *Scientific Colonialism: A Cross-Cultural Comparison*. Washington, DC.
Reinhartz, D. (1994) 'In the Service of Catherine the Great: The Siberian Explorations and Map of Sir Samuel Bentham', *Terrae Incognitae* 26, 49–60.

Reisch, G. A. (1994) 'Planning Science: Otto Neurath and the International Encyclopaedia of Unified Science', *British Journal for the Advancement of Science* 27, 153–175.
Renfrew, C. (1973) *Before Civilisation: The Radiocarbon Revolution and Prehistoric Europe*. London.
Renfrew, C. (1987) *Archaeology and Language: The Puzzle of Indo-European Origins*. London.
Renfrew, C., and P. Bahn ([1991] 2008) *Archaeology: Theories' Methods and Practice*. 5th edn, London.
Revel, J. (ed.) (1996) *Jeux d'échelles: la micro-analyse à l'expérience*. Paris.
Richelson, J. T. (1999) *America's Space Sentinels: DSP Satellites and National Security*. Lawrence, KS.
Richet, P. (1999) *L'Age du monde: à la découverte de l'immensité du* temps.
Ricoeur, P. (1965) *Freud and Philosophy*. Eng. trans., London.
Ricoeur, P. (1983) *Temps et récit*, 3 vols. Paris.
Rigaudias-Weiss, H. (1936) *Les Enquetes ouvrières en France entre 1830 et 1848*. Paris.
Ringer, F. K. (1992) *Fields of Knowledge: French Academic Culture in Comparative Perspective, 1890–1920*. Cambridge.
Ringer, F. K. (2000) *Toward a Social History of Knowledge: Collected Essays*. New York.
Ritter, G. A. (1992) *Grossforschung und Staat in Deutschland*. Munich.
Ritvo, H. (1997) *The Platypus and the Mermaid and Other Figments of the Classifying Imagination*. Cambridge, MA.
Ritzer, G. (1993) *The McDonaldization of Society*. Thousand Oaks, CA.
Rivers, W. H. R. (1913) *Reports upon the Science of Anthropology*. Washington, DC.
Roach, J. (1971) *Public Examinations in England, 1850–1900*. Cambridge.
Robinson, A. (2002) *The Man who Deciphered Linear B: The Story of Michael Ventris*. London.
Robinson, A. (2005) *The Last Man who Knew Everything: Thomas Young*. New York.
Robinson, A. H. (1982) *Early Thematic Mapping in the History of Cartography*. Chicago.
Rocke, A. (2001) *Nationalizing Science: Adolphe Wurtz and the Battle for French Chemistry*. Cambridge, MA.
Roos, D. A. (1977) 'Thomas Henry Huxley and Matthew Arnold', *Modern Philology* 74, 316–324.
Rosen, G. (1944) *The Specialization of Medicine with Particular Reference to Opthalmology*. New York.
Rosenthal, B. (ed.) (1997) *The Occult in Russian and Soviet Culture*. Ithaca, NY.
Rosenzweig, R. (1998) 'Wizards, Bureaucrats, Warriors and Hackers: Writing the History of the Internet', *American Historical Review* 103, 1530–1552.
Rosenzweig, R. (2006) 'Can History be Open Source? Wikipedia and the Future of the Past', *Journal of American History* 93, 117–146.
Rossi, P. ([1960] 2000) *Logic and the Art of Memory*. Eng. trans., Chicago.
Rossi, P. ([1979] 1984) *The Dark Abyss of Time: The History of the Earth and the History of Nations from Hooke to Vico*. Eng. trans., Chicago.
Rossiter, M. W. (1982) *Women Scientists in America*. Baltimore.
Rossiter, M. W. (1993) 'The Matthew/Matilda Effect in Science', *Social Studies of Science* 23, 325–341.

Rubin, M. R., and M. T. Huber (1986) *The Knowledge Industry in the United States, 1960–1980*. New Haven, CT.
Rudwick, M. J. (2005) *Bursting the Limits of Time: The Reconstruction of Geohistory in the Age of Revolution*. Chicago.
Rudwick, M. J. (2008) *Worlds before Adam: The Reconstruction of Geohistory in the Age of Reform*. Chicago.
Rueschemeyer, D., and T. Skocpol (eds) (1996) *States, Social Knowledge and the Origins of Modern Social Policy*. Princeton, NJ.
Runciman, D. (2009) 'Like Boiling a Frog', *London Review of Books*, 28 May.
Rupke, N. A. (ed.) (2002) *Göttingen and the Development of the Natural Sciences*. Göttingen.
Rupke, N. A. (2005) *Alexander von Humboldt. A Metabiography*. Frankfurt.
Rupnow, D., V. Lipphardt, J. Thiel and C. Wessely (eds) (2008) *Pseudowissenschaft – Konzeptionen von Nichtwissenschaftlichkeit in der Wissenschaftsgeschichte*. Frankfurt.
Russell, N. (2010) *Communicating Science: Professional, Popular, Literary*. Cambridge.
Rydell, R. W. (1984) *All the World's a Fair: Visions of Empire at the American International Expositions, 1876–1916*. Chicago.
Ryle, G. (1949) *The Concept of Mind*. London.
Sabato, L. J. (1981) *The Rise of Political Consultants*. New York.
Sagredo, R., and C Gazmuri (eds) (2005) *Historia de la vida privada en Chile*. Santiago.
Said, E. (1978) *Orientalism*. London.
St Clair, W. ([1967] 1998) *Lord Elgin and the Marbles*. 3rd edn, Oxford.
Salmi-Niklander, K. (2004) 'Manuscripts and Broadsheets: Narrative Genres and the Communication Circuit among Working-Class Youth in Early 20th-Century Finland', *Folklore* 33, 109–126.
Sampson, A. (1962) *Anatomy of Britain*. London.
Sato, M. (1991) 'Historiographical Encounters: The Chinese and Western Traditions in Turn-of-the-Century Japan', *Storia della storiografia* 19, 13–21.
Saunders, F. S. (1999) *Who Paid the Piper? The CIA and the Cultural Cold War*. London.
Scazzieri, R., and R. Simili (eds) (2008) *The Migration of Ideas*. Sagamore Beach, MA.
Schaffer, S. (1983) 'Natural Philosophy and Public Spectacle in the Eighteenth Century', *History of Science* 21, 1–43.
Schaffer, S. (1988) 'Astronomers Mark Time: Discipline and the Personal Equation', *Science in Context* 2, 115–145.
Schaffer, S., L. Roberts, K. Raj and J. Delbourgo (eds) (2009) *The Brokered World: Go-Betweens and Global Intelligence, 1770–1820*. Sagamore Beach, MA.
Schafft, G. E. (2004) *From Racism to Genocide: Anthropology in the Third Reich*. Urbana, IL.
Schiebinger, L. (1989) *The Mind has no Sex? Women in the Origins of Modern Science*. Cambridge, MA.
Schiffrin, A. (ed.) (1997) *The Cold War and the University*. New York.
Schneider, R. (1910) *Quatremère de Quincy et son intervention dans les arts*. Paris.
Schönwälder, K. (1992) *Historiker und Politik: Geschichtsmssenschaft im Nationalsozialismus*. Frankfurt.
Schönwälder, K. (1996) 'The Fascination of Power: Historical Scholarship in Nazi Germany', *History Workshop Journal* 42, 19–40.

Schramm, W. von ([1974] 1983) *Geheimdienst im zweiten Weltkrieg*. 4th edn, Munich.
Schwab, R. ([1950] 1984) *The Oriental Renaissance: Europe's Rediscovery of India and the East, 1680–1880*. Eng. trans., New York.
Schwarcz, L. M. (1988) *A era dos museus no Brasil (1870–1930)*. São Paulo.
Schwartz, B. (1964) *In Search of Wealth and Power: Yen Fu and the West*. Cambridge, MA.
Schwinges, R. C. (ed.) (2001) *Humboldt International: Der Export des deutschen Universitätsmodells im 19. und 20. Jahrhundert*. Basel.
Scott, J. C. (1998) *Seeing Like a State*. New Haven, CT.
Screech, T. (1996) *The Western Scientific Gaze and Popular Imagery in Later Edo Japan*. Cambridge.
Secord, A. (1994) 'Science in the Pub: Artisan Botanists in Early Nineteenth-Century Lancashire', *History of Science* 32, 269–315.
Secord, J. A. (2000) *Victorian Sensation: The Extraordinary Publication, Reception, and Secret Authorship of 'Vestiges of the Natural History of Creation'*. Chicago.
Secord, J. A. (2002) 'Quick and Magical Shaper of Science', *Science* 297, 1648–1649.
Secord, J. A. (2007) 'How Scientific Conversation became Shop Talk', *Transactions of the Royal Historical Society* 17, 129–156.
Shafer, R. J. (1958) *The Economic Societies in the Spanish World (1763–1821)*. Syracuse, NY.
Shapin, S. (1975) 'Phrenological Knowledge and the Social Structure of Early Nineteenth-Century Edinburgh', *Annals of Science* 32, 219–243.
Shapin, S. (2008) *The Scientific Life: A Moral History of a Late Modern Vocation*. Chicago.
Sheets-Pyenson, S. (1988) *Cathedrals of Science: The Development of Colonial Natural History Museums*. Montreal.
Shenk, D. W. (1997) *Data Smog: Surviving the Information Glut*. London.
Sher, R. B. (2006) *The Enlightenment and the Book*. Chicago.
Sherif, M., and C. W. Sherif (eds) (1969) *Interdisciplinary Relationships in the Social Sciences*. Chicago.
Shillingsburg, P. L. (2006) *From Gutenberg to Google: Electronic Representations of Literary Texts*. Cambridge.
Shinn, T., and R. Whitley (eds) (1985) *Expository Science: Forms and Functions of Popularisation*. Dordrecht.
Shiva, V. (1997) *Biopiracy: The Plunder of Nature and Knowledge*. Cambridge, MA.
Short, J. R. (2009) *Cartographic Encounters: Indigenous Peoples and the Exploration of the New World*. London.
Shteir, A. B. (1996) *Cultivating Women, Cultivating Science*. Baltimore.
Shweder, R. A. (2010) 'Intellectuals and "Humanity as a Whole"', *Common Knowledge* 16, 1–6.
Sibeud, E. (2002) *Une science impériale pour l'Afrique? La Construction des savoirs africanistes en France, 1878–1930*. Paris.
Simon, L. E. (1947) *German Research in World War II*. New York.
Sklenář, K. (1983) *Archaeology in Central Europe*. Leicester.
Slaughter, S., and L. L. Leslie (1997) *Academic Capitalism: Politics, Policies and the Entrepreneurial University*. Baltimore.
Smith, B. ([1960] 1985) *European Vision and the South Pacific*. 2nd edn, New Haven, CT.

Smith, B. G. (1998) *The Gender of History: Men, Women and Historical Practice.* Cambridge, MA.
Smith, C., and J. Agar (eds) (1998) *Making Space for Science: Territorial Themes in the Shaping of Knowledge.* Basingstoke.
Smith, R. W., P. Hanle and R. H. Kargon (1989) *The Space Telescope: A Study of NASA, Science, Technology, and Politics.* Cambridge.
Smithson, M. (1989) *Ignorance and Uncertainty: Emerging Paradigms.* New York.
Snelgrove, P. V. R. (2010) *Discoveries of the Census of Marine Life.* Cambridge.
Snizek, W. E. (ed.) (1979) *Contemporary Issues in Theory and Research.* Westport, CT.
Snow, C. P. ([1959] 1993) *The Two Cultures and the Scientific Revolution,* ed. Collini. Cambridge.
Solano, F. de (1988) 'Viajes, comisiones y expediciones científicas españolas a ultramar durante el siglo xviii', *Cuadernos hispanoamericanos* 2, 146–156.
Sörlin, S., and H. Vessuri (2007) *Knowledge Society v Knowledge Economy.* Aldershot.
Soyfer, V. *Lysenko and the Tragedy of Soviet Science.* New Brunswick, NT.
Spary, E. (2000) *Utopia's Garden: French Natural History from Old Regime to Revolution.* London.
Spaulding, R. M. (1967) *Imperial Japan's Higher Civil Service Examinations.* Princeton, NJ.
Spiering, M. (ed.) (1999) *Nation Building and Writing Literary History.* Amsterdam.
Stanton, W. R. (1975) *The Great US Exploring Expedition of 1838–1842.* Berkeley, CA.
Stark, G. D. (2009) *Banned in Berlin: Literary Censorship in Imperial Germany, 1871–1918.* New York.
Stebelski, A. (1964) *The Fate of Polish Archives during World War II.* Warsaw.
Stehr, N. (1994) *Knowledge Societies.* London.
Stehr, N. (ed.) (2008) *Knowledge and Democracy: A 21st-Century Perspective.* New Brunswick, NJ.
Steiner, G. (2003) *Lessons of the Masters.* London.
Stepan, N. L. (1982) *The Idea of Race in Science: Great Britain, 1800–1960.* London.
Stewart, T. A. (1997) *Intellectual Capital: The New Wealth of Organizations.* London.
Stichweh, R. (1977) *Ausdifferenzierung der Wissenschaft: Eine Analyse am deutschen Beispiel.* Bielefeld.
Stichweh, R. (1984) *Zur Entstehung des modernen Systems wissenschaftlicher Disziplinen: Physik in Deutschland, 1740–1890.* Frankfurt.
Stichweh, R. (1992) 'The Sociology of Scientific Disciplines', *Science in Gontext* 5, 3–16.
Stieg, M. (1986) *The Origin and Development of Scholarly Historical Periodicals.* Albany, NY.
Stigler, S. M. (1986) *The History of Statistics: The Measurement of Uncertainty.* London.
Stocking, G. W. ([1968] 1982) *Race, Culture and Evolution: Essays in the History of Anthropology.* 2nd edn, Chicago.
Stocking, G. W. (ed.) (1983) *Observers Observed: Essays on Ethnographic Fieldwork.* Madison.
Stocking, G. W. (ed.) (1985) *Objects and Others.* Madison.
Stocking, G. W. (ed.) (1991) *Colonial Situations: Essays on the Contextualization of Ethnographic Knowledge.* Madison.
Stocking, G. W. (1996) *After Tylor: British Social Anthropology 1888–1951.* London.

Stokes, D. E. (1997) *Pasteur's Quadrant: Basic Science and Technological Innovation*. Washington, DC.
Stone, D., and A. Denham (eds) (2004) *Think Tank Traditions: Policy Research and the Politics of Ideas*. Manchester.
Stone, D., A. Denham and M. Garnett (eds) (1998) *Think Tanks across Nations*. Manchester.
Stone, L. (1979)'The Revival of Narrative', *Past and Present* 85, 3–24.
Stray, C. (2005) 'From Oral to Written Examinations: Cambridge, Oxford and Dublin 1700–1914', *History of Universities* 20, 76–129
Stray, C. (2007) 'The Rise and Fall of Porsoniasm', *Cambridge Classical Journal* 53, 40–71.
Stray, C. (2010) 'The Absent Academy: The Organisation of Classical Scholarship in Nineteenth-Century England', *Hyperboreus* 17.
Summerfield, P. (1985) 'Mass-Observation: Social Research or Social Movement?' *Journal of Contemporary History* 20, 439–452.
Sunstein, C. R. (2006) *Infotopia: How Many Minds Produce Knowledge*. Oxford.
Swaan, A. de (2001) *Words of the World: The Global Language System*. Cambridge.
Szanton, D. L. (2002) *The Politics of Knowledge: Area Studies and the Disciplines*. Berkeley, CA.
Szöllösi-Janze, M. (2004) 'Wissengesellschaft in Deutschland', *Geschichte und Gesellschaft* 30, 277–313.
Szöllösi-Janze, M., and H. Trischler (eds) (1990) *Grossforschung in Deutschland*. Frankfurt.
Tammiksaar, E., and I. R. Stone (2007) 'Alexander von Middendorff and his Expedition to Siberia (1842–1845)', *Polar Record* 43:193–216.
Tapscott, D. (1998) *Growing up Digital: The Rise of the Net Generation*. New York.
Tega, W. (1984) *Arbor scientiarum*. Bologna.
Teng, S.-Y. (1942–1943) 'Chinese Influence on the Western Examination System', *Harvard Journal of Asiatic Studies* 7, 267–312.
Thackray, A., and R. Merton (1972) 'On Discipline-Building', *Isis* 63, 473–495.
Thelen, K. (2004) *How Institutions Evolve: The Political Economy of Skills in Germany, Britain, the United States and Japan*. Cambridge.
Thomas, K. V. (1971) *Religion and the Decline of Magic*. London.
Thompson, E. P. (ed.) (1970) *Warwick University Limited: Industry, Management and the Universities*. Harmondsworth.
Thompson, E. P., and E. Yeo (eds) (1971) *The Unknown Mayhew*. London.
Thompson, J. (1996) 'Edward William Lane's *Description of Egypt*', *International Journal of Middle East Studies* 28, 565–583.
Thompson, J. B. (2005) *Books in the Digital Age: The Transformation of Academic and Higher Education Publishing in Britain and the United States*. Cambridge.
Tilling, L. (1975) 'Early Experimental Graphs', *British Journal for the History of Science* 8, 193–213.
Timms, E., and J. Hughes (eds) (2003) *Intellectual Migration and Cultural Transformation*. Vienna and New York.
Timpanaro, S. ([1963] 2003) *La genesi del metodo del Lachmann*. Rev. edn, Turin.
Todes, D. P. (2002) *Pavlov's Physiological Factory*. Baltimore.
Tooze, J. A. (2001) *Statistics and the German State, 1900–1945: The Making of Modern Economic Knowledge*. Cambridge.

Torpey, J. (2000) *The Invention of the Passport.* Cambridge.
Toulmin, S., and J. Goodfield (1965) *The Discovery of Time.* New York. 1
Toynbee, A. J. (1934–61) *A Study of History,* 12 vols. London.
Toynbee, A. J. (1953) *The World and the West.* London.
Treverton, G. F. (2001) *Reshaping National Intelligence for the Age of Information.* Cambridge, MA.
Trigger, B. ([1989] 1996) *A History of Archaeological Thought.* 2nd edn, Cambridge.
Trumbull, G. R. (2009) *An Empire of Facts: Colonial Power, Cultural Knowledge and Islam in Algeria, 1870–1914.* Cambridge.
Tufte, E. R. (1983) *The Visual Display of Quantitative Information.* Cheshire CT.
Turda, M., and P. J. Weindling (eds) (2007) *Blood and Homeland: Eugenics and Racial Nationalism in Central and Southeast Europe, 1900–1940.* Budapest.
Turi, G. (2002) *Il mecenate, il filosofo e il gesuita: l'Enciclopedia italiana, specchio della nazione.* Bologna.
Turner, R. S. (1980) 'The *Bildungsbürgertum* and the Learned Professions', *Histoire Sociale/Social History* 8, 105–135.
Turner, S. P., and J. H. Turner (1990) *The Impossible Science: An Institutional Analysis of American Sociology.* New York.
Urry, J. (1972) "*Notes and Queries on Anthropology* and the Development of Field Methods in British Anthropology, 1870–1920', *Proceedings of the Royal Anthropological Institute,* 45–72.
Urry, J. (1990) *The Tourist Gaze: Leisure and Travel in Contemporary Societies.* London.
Valkova, O. (2008) 'The Conquest of Science: Women and Science in Russia, 1860–1940', *Osiris* 23, 136–165.
Van Wyhe, J. (2004) *Phrenology and the Origins of Victorian Scientific Naturalism.* Aldershot.
Veblen, T. (1918) *The Higher Learning in America: A Memorandum on the Conduct of Universities by Business Men.* New York.
Veld, R. J. in 't (ed.) (2010) *Knowledge Democracy.* Heidelberg.
Verger, J. (ed.) (1986) *Histoire des universités en France.* Paris.
Veysey, L. (1965) *The Emergence of the American University.* Chicago.
Vierhaus, R., and B. vom Brocke (eds) (1990) *Forschung im Spannungsfeld von Politik und Gesellschaft.* Stuttgart.
Vincent, D. (1998) *The Culture of Secrecy: Britain, 1832–1998.* Oxford.
Vogel, J. (2004) 'Von der Wissenschafts-zur Wissensgeschichte: Für eine Historisierung der "Wissensgesellschaft" ', *Geschichte und Gesellschaft* 30, 639–660.
Vucinich, A. (1956) *The Soviet Academy of Sciences.* Stanford, CA.
Wagner, P. (1990) *Sozialwissenschaften und Staat: Frankreich, Italien, Deutschland 1870–1980.* Frankfurt.
Wagner, P., C. H. Weiss, B. Wittrock and H. Wollmann (eds) (1991) *Social Sciences and Modern States.* Cambridge.
Wallis, R. (ed.) (1979) *On the Margins of Science: The Social Construction of Rejected Knowledge.* Keele.
Waquet, F. (2003) *Parler comme un livre.* Paris.
Waquet, F. (2008) *Les Enfants de Socrate: filiation intellectuelle et transmission du savoir,*

*XVIIe-XXIe siècle*. Paris.
Warren, L. (1998) *Joseph Leidy: The Last Man who Knew Everything*. New Haven, CT.
Watson, J. D. (1968) *The Double Helix*. London.
Wax, D. M. (ed.) (2008) *Anthropology at the Dawn of the Cold War: The Influence of Foundations, McCarthyism, and the CIA*. Ann Arbor, MI.
Weber, E. (1976) *Peasants into Frenchmen: The Modernization of Rural France, 1870–1914*. Stanford, CA.
Weber, M. (1956) *Soziologie*, ed. J. Winckelmann. Stuttgart.
Wehling, P. (2006) *Im Schatten des Wissens? Perspektiven der Soziologie des Nichtwissens*. Constance.
Weinberg, A. M. (1961) 'Impact of Large-Scale Science on the United States', *Science* 134, 161–164.
Weinberg, S. (1993) *Dreams of a Final Theory*. London.
Weinberger, D. (2007) *Everything is Miscellaneous: The Power of the New Digital Disorder*. New York.
Weindling, P. J. (1985) 'Weimar Eugenics', *Annals of Science* 42, 303–318.
Weiner, J. S. (2003) *The Piltdown Forgery: The Classic Account of the Most Famous and Successful Hoax in Science*. Oxford.
Weingart, P. (1989) 'German Eugenics between Science and Politics', *Osiris* 5, 260–282.
Weisz, G. (1983) *The Emergence of Modern Universities in France, 1863–1914*. Princeton, NJ.
Werskey, G. (1978) *The Visible College*. London.
Whitley, R., and J. Gläser (eds) (2007) *The Changing Governance of the Sciences: The Advent of Research Evaluation Systems*. Dordrecht.
Wiegand, H. E. (ed.) (1999) *Sprache und Sprachen in der Wissenschaft*. Berlin.
Wiegand, W. A. (1996) *Irrepressible Reformer: A Biography of Melvil Dewey*. Chicago.
Wiener, N. (1948) *Cybernetics; or, Control and Communication in the Animal and the Machine*. 2nd edn, Cambridge, MA.
Wiggershaus, R. ([1986] 1995) *The Frankfurt School*. Eng. trans., Cambridge.
Wilson, M., and J. Cayley (eds) (1995) *Europe Studies China*. London.
Winchester, S. (2003) *The Meaning of Everything: The Story of the OED*. Oxford.
Winkelmann, I. (1966) *Die bürgerliche Ethnographie im Dienste der Kolonialpolitik des deutschen Reiches (1870–1918)*. Berlin.
Winks, R. (1987) *Cloak and Gown: Scholars in America's Secret War*. London.
Woolf, S. J. (1989) 'Statistics and the Modern State', *Comparative Studies in Society and History* 31, 588–603.
Worsley, P. (1997) *Knowledges: What Different Peoples Make of the World*. London.
Wouters, P. (2006) 'Aux origines de la scientométrie: la naissance du Science Citation Index', *Actes de la recherche en science sociale* 164, 11–21.
Wright, A. (2007) *Glut: Mastering Information through the Ages*. Washington DC.
Wright, D. (1998) 'The Translation of Modern Western Science in Nineteent Century China', *Isis* 89, 653–673.
Wright, D. (2000) *Translating Science: The Transmission of Western Chemistry into Late Imperial China, 1840–1900*. Leiden.
Wright, G. H. von (1971) *Explanation and Understanding*. London.

Wurman, R. S. (1989) *Information Anxiety*. New York.
Wurman, R. S. (2001) *Information Anxiety 2*. New York.
Yates, F. A. (1966) *The Art of Memory*. London.
Yates, J. (1989) *Control through Communication: The Rise of System in American Management*. Baltimore.
Yeo, R. (1993) *Defining Science: William Whewell, Natural Knowledge, and Public Debate in Early Victorian Britain*. Cambridge.
Yeo, R. (2001) *Encyclopaedic Visions: Scientific Dictionaries and Enlightenment Culture*. Cambridge.
Yorke, M. (2007) *To War with Paper & Brush*. Upper Denby, Huddersfield.
Young, M. W. (2004) *Malinowski: Odyssey of an Anthropologist, 1884–1920*. New Haven, CT.
Young, R. J. C. (2001) *Postcolonialism: An Historical Introduction*. Oxford.
Zande, J. van der (2010) '*Statistik* and History in the German Enlightenment', *Journal of the History of Ideas* 71, 411–432.
Zander, H. (2007) *Anthroposophie in Deutschland*. Göttingen.
Zelený, J. ([1962] 1980) *The Logic of Marx*. Eng. trans., Oxford.
Ziman, J. M. ([1974] 1981) 'Ideas Move Around inside People', repr. in Ziman, *Puzzles, Problems and Enigmas*. Cambridge, 259–272.
Ziman, J. M. (1987) *Knowing Everything about Nothing: Specialization and Change in Scientific Careers*. Cambridge.
Ziman, J. M. (1995) *Of One Mind: The Collectivization of Science*. Woodbury, NY.
Znaniecki, F. (1940) *The Social Role of the Man of Knowledge*. New York.
Zola, E. (1986) *Carnets d'enquêtes: une ethnographie inédite de la France*, ed. H. Mitterand. Paris.

# 索　　引

（条目后数字为英文原书页码，即本书页边码）

accounting　会计学　172
Achenwall, Göttfried (1719-1772)　德国法学教授戈特弗里德·阿亨瓦尔　71
Acton, Lord (John Dalberg) (1834-1902)　盎格鲁-日耳曼历史学家阿克顿勋爵（约翰·达尔伯格）　201
Adams, Mikhail (1780-1838)　俄国植物学家米哈尔·亚当斯　15
Adler, Alfred (1870-1937)　奥地利心理学家阿尔弗雷德·阿德勒　245
Africa　非洲　13, 21-22, 27, 128-129, 146, 205
agnotology　比较无知学　139
agricultural science　农业科学　170, 255
Ahmed, Sheikh,　爱德华·连恩的顾问谢赫·艾哈迈德　205
Åkerblad, Johan David (1763-1819)　瑞典外交官约翰·大卫·阿克布拉德　56, 202, 234
Alembert, Jean-Baptiste d' (1717-1783)　法国数学家让-巴蒂斯特·达朗贝尔　54
Algeria　阿尔及利亚　20, 128
Ali, Malay assistant to Alfred Wallace　阿尔弗雷德·华莱士的马来群岛助手阿里　205
Ali, Muhammad (1805-1849), ruler of Egypt　埃及统治者穆罕默德·阿里　200, 213
Almond, Gabriel (1911-2002)　美国政治学家加布里埃尔·阿尔蒙德　119
Althoff, Friedrich (1839-1908)　德国知识经理人弗里德里希·阿尔特霍夫　228, 234
amateurs, amateurization　业余爱好者，业余爱好化　2, 232-233, 273-274
Amundsen, Roald (1872-1928)　挪威探险家罗尔德·阿蒙森　2, 18
anatomy　解剖学　58, 73, 156

Andreski, Stanislaw (1919-2007)　波兰裔英国社会学家斯坦尼斯拉夫·安德列斯基　210
Antal, Frederick (1887-1954)　匈牙利艺术史家弗雷德里克·安塔尔　210-211
anthropology　人类学　21, 31-35, 37, 44, 74, 90, 120, 129, 140, 148, 165-166, 171, 181, 187, 239
anthropometry　人体测量学　65, 123-124, 157
anthroposophy　人智学　204
Arago, Louis (1786-1853)　法国天文学家及物理学家路易·阿拉戈　101
archaeology　考古学　20-22, 25-26, 44-45, 50-51, 61, 63, 74-75, 78, 107, 119, 128, 146, 148, 181, 194, 196-197, 206, 239
architecture　建筑学　58-59, 62-63, 172, 182
archives　档案馆　30, 47, 53, 125, 143, 146, 149, 194
　　See also files　另见档案
Ardizzone, Edward (1900-1979)　英国艺术家爱德华·阿迪卓恩　44
area studies　区域研究　178, 231
Argentina　阿根廷　55, 123, 201-202, 209
Arkwright, Richard (1733-1792)　英国发明家理查德·阿克莱特　256
Armstrong, Neil (1930- )　美国宇航员尼尔·阿姆斯特朗　18, 35
Arnold, Matthew (1822-1888)　英国诗人及批评家马修·阿诺德　163, 212
Arrow, Kenneth (1921- )　美国经济学家肯尼斯·阿罗　264
art history　艺术史　36, 106-107, 167, 210-211, 258
Arteaga, Melchor (fl.1911)　秘鲁农民梅尔乔·阿特亚加　205

索　引　|　365

artists 艺术家 44
Asimov, Isaac (1920-1992) 俄裔美国生物化学家和作家艾萨克·阿西莫夫 102
Assyria 亚述 20, 26, 29, 57, 146, 196
Ast, Friedrich (1778-1841) 德国哲学家-语言学家弗雷德里克·阿斯特 77-78
Astor, John Jacob (1763-1848) 美国皮毛贸易商约翰·雅各布·阿斯特 220
astrology 占星学 152-154
astronomy 天文学 22, 39, 44, 54, 69, 81, 91, 165, 175, 179, 197
Attenborough, David (1926- ) 英国博物学家及广播主持人大卫·爱登堡 107
Aubin, Hermann (1885-1969) 德国历史学家赫尔曼·奥宾 227
Auerback, Erich (1892-1957) 德国文学学者埃里希·奥尔巴赫 208
Austria 奥地利 68, 140, 195, 244

Babbage, Charles (1791-1871) 英国发明家查尔斯·巴贝奇 225
Babinet, Jacques (1794-1872) 法国物理学家雅克·巴比内 99
Bacon, Francis (1561-1626) 英国哲学家弗朗西斯·培根 5, 55
Bakewell, Robert (1768-1843) 英国地质学家罗伯特·贝克韦尔 199
Bakhtin, Mikhail (1895-1975) 俄国文学理论家米哈伊尔·巴赫金 89
Banks, Joseph (1743-1820) 英国博物学家约瑟夫·班克斯 17, 34, 52, 112, 165, 197, 223, 225, 234
Barbosa, Ruy (1849-1923) 巴西总理罗伊·巴博萨 146
Barrow, John (1764-1848) 英国海军部官员约翰·巴罗 12, 225
Barth, Heinrich (1821-1865) 德国探险家海因里希·巴尔特 13
Barthélemy, Jean-Jacques (1716-1795) 法国东方学家让-雅克·巴泰勒米 56
Bartók, Béla (1881-1945) 匈牙利作曲家贝拉·巴托克 41, 45
Bastian, Adolf (1826-1905) 德国人类学家阿道夫·巴斯蒂安 21, 28
Bastide, Roger (1898-1974) 法国人类学家罗杰·巴斯蒂德 200
Baudin, Nicolas (1754-1803) 法国探险家尼古拉斯·博丹 13, 15-17, 36
Bauer, Hans (1878-1937) 德国东方学家汉斯·鲍尔 57
Bauman, Zygmunt (1925- ) 波兰裔英国社会学家齐格蒙·鲍曼 210
Bawden, Edward (1903-1989) 英国艺术家爱德华·鲍登 44
Baxandall, Michael (1933-2008) 英国艺术史学家迈克尔·巴克森德尔 211
Beard, Charles (1874-1948) 美国历史学家查尔斯·比尔德 261
Becker, Carl (1873-1945) 美国历史学家卡尔·贝克 261
Beckmann, Johann (1739-1811) 德国哲学家约翰·贝克曼 65, 132
Behring, Emil von (1854-1917) 德国生理学家埃米尔·冯·贝林 203
Beit, Alfred (1853-1906) 英国商人阿尔弗雷德·贝特 220
Belgium 比利时 58, 129, 146, 192, 195, 219, 262
Bell, Alexander (1874-1922) 英国发明家亚历山大·贝尔 112
Benedict, Ruth (1887-1948) 美国人类学家鲁思·本尼迪克特 120, 239
Bentley, Richard (1662-1742) 英国古典学者理查德·本特利 60
Berch, Anders (1711-1774) 瑞典政治经济学教授安德斯·伯谢 143
Berchtold, Leopold, Count von (1759-1809) 捷克旅行家利奥波德·冯·贝希托尔德伯爵 43
Berger, John (1926- ) 英国艺术评论家约翰·伯格 211
Bergman, Torbern (1735-1784) 瑞典矿物学家托尔本·伯格曼 53
Berlin, Isaiah (1909-1997) 俄裔英国哲学家以赛亚·伯林 91
Bernal, John Desmond (1901-1971) 爱尔兰化学家约翰·戴斯蒙德·伯纳尔 102, 113
Bernard, Claude (1813-1878) 法国生理学家克劳德·贝尔纳 75
Bernays, Marie (1883-1939) 德国社会学家玛丽·伯尔奈斯 239
Berners-Lee, Tim (1955- ) 英国计算机科学家蒂姆·伯纳斯-李 90, 274
Bernstein, Basil (1924-2000) 英国社会学家巴兹尔·伯恩斯坦 209
Bertalanffy, Ludwig von (1901-1972) 奥地利生物学家路德维希·冯·贝塔朗菲 84
Bertillon, Alphonse (1853-1914) 法国警官阿方斯·贝蒂荣 65, 123

Bertillon, Jacques (1851-1922) 法国物理学家雅克·贝蒂荣 53

Bertillon, Louis-Adolphe (1821-1883) 法国统计学家路易-阿道夫·贝蒂荣 67

Besant, Annie (1847-1933) 英国女权主义者及神智学者安妮·贝赞特 216

Bichurin, Nikita (1777-1852) 俄国传教士尼基塔·比丘林 233

'Big Science' "大科学" 180-182, 218, 229, 248, 262

Binford, Lewis (1931-2011) 美国考古学家刘易斯·宾福德 74

Bingham, Hiram (1875-1956) 美国考古学家海勒姆·宾厄姆 21, 29, 205

biology 生物学 84, 113, 145, 158, 170, 174-176, 199, 203, 215

See also natural history; zoology 另见自然历史, 动物学

Blavatsky, Helena (1831-1891) 俄国神智学者海伦娜·布拉瓦茨基 204, 216

Bletchley Park 布莱切利园 58, 142

Bleuler, Eugen (1857-1939) 瑞士精神病学家厄根·布洛伊勒 245

Bloch, Marc (1886-1944) 法国历史学家马克·布洛赫 74, 166, 242, 246

Blok, Petrus (1855-1929) 荷兰历史学家伯图斯·勃洛克 192

Blondel, Charles (1876-1939) 法国心理学家夏尔·布隆戴尔 242

Blumenbach, Johann Friedrich (1752-1840) 德国解剖学家约翰·弗雷德里克·布卢门巴赫 53, 156

Blunt, Antony (1907-1983) 英国艺术史学家及间谍安东尼·布朗特 6, 211

Boas, Franz (1747-1826) 德裔美国人类学家弗朗茨·博厄斯 21, 26, 33, 44, 93-94, 119, 124, 147, 157, 171, 205-207, 226

Bode, Johann (1747-1826) 德国天文学家约翰·巴德 44, 69

Boltzmann, Ludwig (1844-1906) 奥地利物理学家路德维希·玻尔兹曼 66

Bonaini, Francesco (1806-1874) 托斯卡纳档案管理学家弗朗切斯科·博纳尼 53

Bonpland, Aimé (1773-1858) 法国探险家埃梅·邦普朗 13

Booth, Charles (1840-1916) 英国商人及慈善家查尔斯·布思 104, 232

Borel, Emile (1871-1956) 法国数学家埃米尔·博雷尔 119

Bos, Willem Hendrik van den(1896-1974) 荷兰天文学家威廉·亨德里克·范·登·博斯 197

botany 植物学 52-53, 72, 93, 165, 170, 174-175, 219, 238-239, 254

Bottomore, Tom (1920-1992) 英国社会学家汤姆·巴特摩尔 210

Bourdieu, Pierre (1930-2002) 法国人类学家-社会学家皮埃尔·布迪厄 82, 274

Brady, Mathew (1822-1896) 美国摄影家马修·布雷迪 44

Brand, Stewart (1938- ) 美国生态学家斯图尔特·布兰德 69

Braudel, Fernand (1902-1985) 法国历史学家费尔南·布罗代尔 80, 181, 200, 202, 207, 246

Brazil 巴西 26, 71-73, 93, 146, 158, 192, 200, 207, 212, 234

Brazza, Pierre Savorgnan de (1852-1905) 法国探险家皮埃尔·萨沃尼昂·德·布拉柴 13

Breuil, Henri (1877-1961) 法国牧师及考古学家亨利·布勒尔 233

Brewer, Ebenezer(1810-1897) 英国大众文化普及者埃比尼泽·布鲁尔 101

Briggs, Asa (1921- ) 英国历史学家阿萨·布里格斯 243

Broca, Paul (1842-1880) 法国医学人类学家保尔·布罗卡 171

Brogniart, Alexandre (1770-1847) 法国地质学家亚历山大·布罗尼亚 63, 104

Bronn, Heinrich (1800-1862) 德国地质学家海因里希·布伦 103

Brougham, Henry (1778-1868) 英国大法官亨利·布鲁厄姆 70, 133

Brunner, John(1842-1919) 英国实业家约翰·布伦纳 219

Brunner, Otto (1898-1982) 奥地利历史学家奥托·布伦纳 227

Brzezinski, Zbigniew(1928- ) 波兰裔美国政治学家兹比格涅夫·布热津斯基 173

Buckland, William (1784-1856) 英国地质学家威廉·巴克兰 91

Buckle, Henry (1821-1862) 英国历史学家亨利·巴克尔 206

Buffon, Comte de (1707-1788) 法国自然学者孔特·德·布丰 22, 64, 69-70, 101

Bukharin, Nikolai (1888-1938) 俄国布尔什维克主义者尼古拉·布哈林 112

Bulgaria 保加利亚 195

Bundy, McGeorge (1919-1996) 美国总统国家安全事务助理麦克乔治·邦迪 131

Bunsen, Robert (1811—1899) 德国化学家罗伯特·本生 200
Burckhardt, Jacob (1818—1897) 瑞士历史学家雅各布·布克哈特 71, 79, 258
bureaucracy 官僚制 96, 117, 120—127
Burgess, John W. (1844—1931) 美国政治学家约翰·W. 伯吉斯 201
Burns, Ken (1953— ) 美国电影导演肯·伯恩斯 107
Bush, Vannevar (1890—1974) 美国工程师万尼瓦尔·布什 110—111, 113, 229—230, 263
business studies 商业研究 131—132, 139, 219, 267
Byron, George, Lord (1788—1824) 英国诗人乔治·拜伦勋爵 27

Cabanis, Pierre (1757—1808) 法国生理学家皮埃尔·卡巴尼斯 254
Cabral de Mello, Evaldo (1936— ) 巴西历史学家埃瓦尔多·卡布拉尔·德·梅罗 234
Cai Yuanpei (1868—1940) 中国大学改革者蔡元培 214
Caillié, René (1799—1838) 法国探险家勒内·加耶 13
Caldas, Francisco José (1768—1816) 南美科学家弗朗西斯科·何塞·卡尔达斯 202
Calder, Ritchie (1906—1982) 英国记者里奇·考尔德 100
Camelot project 卡米洛特工程 231
Campbell, Donald T. (1916—1996) 美国博物学家唐纳德·T. 坎贝尔 177
Canada 加拿大 26, 68, 239
Candolle, Augustin de (1778—1841) 瑞士植物学家奥古斯丁·德·堪多 53, 72
card-index 卡片索引 46, 49, 68, 116, 248
Carey, William (1761—1834) 英国传教士威廉·克里 233
Carnegie, Andrew (1835—1919) 苏格兰裔美国商人安德鲁·卡内基 112, 236
Carnegie Institution 卡内基研究所 112, 234
Casper, Johann Ludwig (1796—1864) 德国医生约翰·路德维格·卡斯帕 65
Cassirer, Ernst (1874—1945) 德国哲学家恩斯特·卡西尔 208
catalogues 目录 46, 55, 69
Catlin, George (1796—1872) 美国艺术家乔治·凯特林 44
Caton-Thompson, Gertrude (1888—1985) 英国考古学家格特鲁德·卡顿-汤普森 239

censorship 审查 142, 203, 226, 252
censuses 人口统计 23, 68, 96, 121, 128, 143, 222
centres and peripheries 中心与边缘 198—204
CERN (Conseil Européen pour la Recherche Nucléaire) 欧洲核子研究组织 90, 268
Certeau, Michel de (1925—1986) 法国博学者米歇尔·德·塞尔托 109, 182, 188
Césaire, Aimé (1913—2008) 马提尼克作家艾梅·塞泽尔 265
Chadwick, Edwin (1800—1890) 英国社会改革家埃德温·查德维克 24
Chadwick, John (1920—1998) 英国古典学家约翰·查德维克 57
*challenger*, ship 挑战者号, 船 18—19, 25, 69, 225
Chambers, Ephraim (1680—1740) 英国百科全书作者伊弗雷姆·钱伯斯 174, 179
Champollion, Jean-François (1790—1832) 法国语言学家让-弗朗索瓦·商博良 56, 162
Chandrasekhar, Subramanyan (1910—1995) 印度物理学家苏布拉马尼扬·钱德拉塞卡 206
Chatterton, Thomas (1752—1770) 英国诗人、伪造者托马斯·查特顿 61
chemistry 化学 50, 53, 64, 81, 90—91, 104, 106, 114—115, 150—151, 166, 169, 175, 189, 198, 201, 206, 219, 254, 258
Chen Ning Yang (1922— ) 华裔美国物理学家杨振宁 206
Chevrières, Jean Guillaume de (fl. 1730—1775) 法国档案管理学家让·纪尧姆·德·舍夫里耶尔 53
Chile 智利 192, 197, 202
China 中国 21, 27—28, 67, 74, 152, 206, 220—221, 229, 257, 259—260, 272
Chomsky, Noam (1928— ) 美国语言学家诺姆·乔姆斯基 82, 230
CIA (Central Intelligence Agency) 美国中央情报局 32, 121—122, 131—132, 220—221, 231
citizen science 大众科学 232, 272
Clark, Kenneth (1903—1983) 英国艺术史学家肯尼斯·克拉克 210—211
Clark, William (1770—1838) 英国探险家威廉·克拉克 15, 204
classics 古典学 50, 60, 62, 150, 177, 193, 233, 238, 245
classification 分类 52—56, 111, 214, 255
Clerk Maxwell, James (1831—1879) 英国物理学家詹姆斯·克拉克·麦克斯韦 81
Cobbett, William (1763—1835) 英国记者威

廉·科贝特　236
Cochet, Jean-Benoît (1812-1875)　法国神父、考古学家让-贝努瓦·科歇　233
codes　密码　56-58
Coleridge, Samuel (1772-1843)　英国诗人及哲学家塞缪尔·柯勒律治　162，256
Collingwood, Robin G. (1889-1943)　英国哲学家、历史学家罗宾·G. 科林伍德　77-78，182
colonialism, colonial studies　殖民主义，殖民研究　127-129，203，205，220，259，265
Combe, George (1788-1858)　美国律师、颅相学者乔治·康布　154
commonwealth of learning　知识联邦　197-198，271
comparison　比较　52，58，73-75
competition　竞赛　167，169，196-197，203，214-215，230，264，268
Comte, Auguste (1798-1857)　法国哲学家奥古斯特·孔德　54，161，252
congresses　国会　89，166-167，191，200，212，262
Conze, Werner (1910-1986)　德国历史学家维尔纳·康策　227
Cook, James (1728-1779)　英国海军军官及探险家詹姆斯·库克　16-17，23，26，44，204
Cornford, Francis M. (1874-1943)　英国古典学家弗朗西斯·M. 康福德　222，245
Costa e Silva, Alberto da (1931- )　巴西历史学家阿尔贝托·达·科斯塔·厄·席尔瓦　234
countervailing trends　反向潮流　2，176，211，250，252，272
Cournot, Augustin (1801-1877)　法国数学家、经济学家奥古斯丁·库尔诺　12，66
craniology, craniometry　颅骨学，颅骨测量学　65，154，156-158
Crick, Francis (1916-2004)　英国生物学家弗朗西斯·克里克　84，90
criminology　犯罪学　65-66，148
crises　危机　253，260-262
Crookes, William (1832-1919)　英国化学家威廉·克鲁克斯　155
Crossley, Archibald (1896-1985)　美国广播民意调查人阿奇博尔德·克罗斯利　116
Cuba　古巴　206，231
Cunha, Euclides da (1866-1909)　巴西作家、工程师欧克里德斯·达·库尼亚　72-73
Curie, Marie ( 母姓 Sklodowska ［斯克洛多夫斯卡］, 1867-1934)　波兰裔法国科学家玛丽·居里　237
Cushing, Frank (1857-1900)　美国人种学家弗兰克·库欣　33
Cuvier, Georges (1769-1832)　法国化石学家乔治·居维叶　12，22，36，58，70，73，104，170
Czechs　捷克　192-195，199

Dalton, John (1766-1844)　英国化学家约翰·道尔顿　104
Darwin, Charles (1809-1882)　英国自然学家查尔斯·达尔文　46，77，80-81，95，101，176-177，232
dating artefacts　人工制品年代测定　62-64
Davy, Humphry (1778-1829)　英国化学家汉弗莱·戴维　12，90-91，101
Dawkins, Richard (1941- )　英国科普作家理查德·道金斯　102，251
Debussy, Claude (1862-1918)　法国作曲家克劳德·德彪西　92
deciphering　解码　56-58
Degérando, Joseph-Marie (1772-1842)　法国哲学家约瑟夫-玛丽·德杰朗多　36
Denmark　丹麦　2，20，25-26，63，88，114，157，194-196，202
dependency　属国　203，266
Derick, Carrie M. (1862-1941)　加拿大植物学家卡丽·M. 德里克　239
description　描述　69-73
detectives　侦探　78-79，123
Dewey, Melvil (1851-1931)　美国图书馆员麦尔威·杜威　46，55，110，214，236
Dhorme, Edouard (1881-1966)　法国东方学家爱德华·多尔姆　57
Diamond, Jared (1937- )　美国博学者贾雷德·戴蒙德　183
dictionaries　词典　46，95，144，179，195-196
Diderot, Denis (1713-1784)　法国哲学家德尼·狄德罗　54，174，179
digitization　数字化　56，125，267
Dilthey, Wilhelm (1833-1911)　德国哲学家威廉·狄尔泰　77
dinosaurs　恐龙　22，58，91
Disciplines　领域　167-172，258
disqualification　不合格　151
Dollo, Louis (1857-1931)　比利时古生物学家路易·道罗　58
Douglas, Mary (1921-2007)　英国人类学家玛丽·道格拉斯　239
Douglass, Andrew (1867-1962)　美国天文学家

索引 | 369

安德鲁·道格拉斯 64
Doyle, Arthur Conan (1859—1930) 《夏洛克·福尔摩斯》作者亚瑟·柯南·道尔 36
Draper, John W. (1811—1882) 英裔美国科学家约翰·W. 德雷珀 250
Drucker, Peter (1909—2005) 奥地利裔美国管理学作者彼得·德鲁克 1, 5
Du Bois, W. E. B. (1868—1963) 美国社会学家 W. E. B. 杜波依斯 24
Duby, Georges (1919—1996) 法国历史学家乔治·杜比 107
Dudin, Samuil (1863—1929) 俄国民族学家塞缪尔·杜丁 16, 44
Durkheim, Emile (1858—1917) 法国社会学家埃米尔·涂尔干 74, 80, 170—171, 181, 201
Duruy, Victor (1811—1894) 法国教育部长维克多·杜卢伊 197
Duveyrier, Henri (1840—1892) 法国探险家亨利·杜韦里埃 13

e-books 电子书 267—268
ecology 生态学 4, 72, 174, 189, 207
economics 经济学 6, 66, 75, 82—84, 103, 126, 131, 165—166, 169—170, 218—221, 244, 255, 264
Eddington, Arthur (1882—1944) 英国物理学家亚瑟·爱丁顿 102
Edison, Thomas (1847—1931) 美国发明家托马斯·爱迪生 114
Edvinsson, Leif (1946— ) 瑞典知识管理人雷夫·艾文森 117
Egypt, Egyptology 埃及，埃及学 20, 26—27, 33, 44, 56, 69—70, 92, 142, 179, 200, 213—214, 219, 240, 257
Einstein, Albert (1879—1955) 德国物理学家阿尔伯特·爱因斯坦 81, 100, 261
Elgin, Thomas (1766—1841) 英国收藏家托马斯·额尔金勋爵 27, 147
Elias, Norbert (1897—1990) 德国社会学家诺贝特·埃利亚斯 168, 209—211
Eliot, George（玛丽·安·伊文思，1819—1880）英国作家乔治·艾略特 163
Ellis, Henry (1777—1869) 英国图书馆长亨利·埃利斯 236
empires 帝国 127—129, 140
See also colonialism；dependency 另见殖民主义，属国
Encyclopédia《百科全书》 54—55, 179, 253—254

Engels, Friedrich (1820—1895) 德国记者弗里德里希·恩格斯 24, 71
engineering 工程学 51, 130, 171—172, 189, 219, 255
ethnography 人种学，民族学
see also anthropology 另见人类学
Ettlinger, Leopold (1913—1989) 德国艺术史学家利奥波德·艾特林格 210
eugenics 优生学 156—158
Euler, Leonhard (1707—1783) 瑞士数学家莱昂哈德·欧拉 51
Evans, Arthur (1851—1941) 英国考古学家阿瑟·埃文斯 20
Evans, Richard J. (1947— ) 英国历史学家理查德·J. 伊文思 173
Evans-Pritchard, Edward (1902—1973) 英国人类学家艾德华·伊凡-普理查 41, 90, 126
evolution 进化 94, 139
See also Darwin 另见达尔文
Examinations 考试 67, 88
exhibitions 展览 91—94, 258
exiles 流亡 207—211
experiments 实验 34, 75, 156, 169, 187
Experts 专家 172
exploration 探险 12—18

Fanon, Frantz (1925—1961) 马提尼克精神病医生、评论家弗朗茨·法农 265
Farr, William (1807—1883) 英国医生、统计学家威廉·法尔 103, 233
FBI (Federal Bureau of Investigation) 美国联邦调查局 111, 123, 131, 146, 249, 261
Febvre, Lucien (1878—1956) 法国历史学家吕西安·费弗尔 166, 181, 242, 246
Fedchenko, Alexei (1844—1873) 俄国博物学家阿里克·费琴科 128
Ferber, Johann Jakob (1743—1790) 瑞典矿物学家约翰·雅各布·费伯 208
Ferenczi, Sándor (1873—1933) 匈牙利裔精神分析学家桑多尔·费伦齐 245
Ferguson, Adam (1733—1816) 英国哲学家亚当·弗格森 161, 255
fieldwork 田野调查 31—35, 37, 41, 44
files 档案 45—46, 110, 144
fingerprints 指纹 55, 111, 123, 126
Finland 芬兰 2, 96, 194
Fiorelli, Giuseppe (1823—1896) 意大利考古学家朱塞佩·费奥莱利 63
Fischer, Emil (1852—1919) 德国化学家埃米

尔·弗希尔 180

Flammarion, Camille (1842-1925) 法国天文学家卡米耶·弗拉马里翁 101

Flandin, Eugène (1809-1889) 法国艺术家尤金·法兰登 44

Fleure, Herbert (1877-1969) 英国博学者赫伯特·弗勒 182

Flinders, Matthew (1774-1814) 英国海军军官马修·弗林德斯 17

folklore 民俗学 41, 43, 45, 158, 181, 194, 227, 232, 257

Fontane, Theodor (1819-1898) 德国记者、小说作家特奥多尔·冯塔纳 72

Ford Foundation 福特基金会 220, 222, 234

forensic science 法医学 123

forgery 伪造 60-62, 156

Forsskål, Peter (1732-1763) 瑞典植物学家彼得·福斯科尔 20

fossil 化石 22, 27, 63, 103, 174

Foucault, Michel(1926-1984) 法国哲学家米歇尔·福柯 5, 52, 70, 109, 148, 151, 170, 182, 187-188, 222

Fouché, Joseph (1759-1820) 法国警察局长约瑟夫·富歇 122

Frank, Othmar (1770-1840) 德国东方学家奥斯马尔·弗兰克 216

Franklin, Rosalind (1920-1958) 英国化学家罗莎琳德·富兰克林 238

Franz, Günther (1902-1992) 德国历史学家冈瑟·弗朗茨 227

Frazer, James (1854-1941) 英国古典学家、人类学家詹姆斯·弗雷泽 32, 74, 171

Freud, Anna (1895-1982) 奥地利裔英国精神分析学家安娜·弗洛伊德 239

Freud, Sigmund (1856-1939) 奥地利精神分析学家西格蒙德·弗洛伊德 36, 76, 78, 155, 212, 245

Freyre, Gilberto (1900-1987) 巴西社会学家、历史学家吉尔贝托·弗雷雷 71, 182, 206-207

Fryer, John (1839-1928) 英国传教士傅兰雅 214, 233

Fuchs, Klaus (1839-1928) 德国物理学家及间谍克劳斯·福克斯 122

Fukui, Kenichi (1918-1988) 日本化学家福井谦一 206

Fukuzawa, Yukichi (1835-1901) 日本学者福泽谕吉 206

Furnivall, Frederick (1825-1910) 英国语言学家弗雷德里克·弗尼瓦尔 167

Gagarin, Yuri (1934-1968) 俄国宇航员尤里·加加林 18

Galbraith, John Kenneth (1908-2006) 美国经济学家约翰·肯尼斯·加尔布雷斯 134

Gall, Franz Joseph (1758-1828) 德国颅相学家弗朗茨·约瑟夫·加尔 142, 154

Gallup, George (1901-1984) 美国民意调查人乔治·盖洛普 116-117

Galton, Francis (1822-1911) 英国博学者弗朗西斯·高尔顿 55, 65-67, 111, 157, 252

Gamio, Manuel (1883-1960) 墨西哥考古学家曼纽尔·加米欧 206

Garrod, Dorothy (1892-1968) 英国考古学家多萝西·加罗德 239

Gates, Bill (1955- ) 美国商人比尔·盖茨 49, 55

Gatterer, Johann Christoph (1727-1799) 德国历史学家约翰·克里斯多夫·加特雷尔 256

Gauss, Carl Friedrich (1777-1855) 德国数学家、天文学家卡尔·弗雷德里希·高斯 81

Geertz, Clifford (1926-2006) 美国人类学家克利福德·格尔茨 11, 73, 78

Geijer, Erik (1783-1847) 瑞典历史学家埃里克·耶伊尔 192

gender 性别 237-239

generations 代 253

genetics 基因学 see also biology 另见生物学

geography 地理学 12-18, 38, 44, 50-51, 70, 72, 82-83, 118-119, 129, 165, 167, 169, 171, 174, 193, 199, 201, 240, 259

geology 地质学 22, 45, 53, 63-64, 75, 77-79, 104, 128, 165, 167, 175, 197, 199, 223

Gervinus, Georg (1805-1871) 德国历史学家格奥尔格·格维努斯 171, 193

Gibbon, Edward (1737-1794) 英国历史学家爱德华·吉本 161

Giddens, Anthony (1938- ) 英国社会学家安东尼·吉登斯 209

Gilbreth, Frank B. (1868-1924) 美国商人弗兰克·B. 吉尔布雷斯 116

Gilbreth, Lillian B. (1878-1972) 美国心理学家莉莲·B. 吉尔布雷斯 116

Gilman, Daniel C. (1831-1908) 约翰·霍普金斯大学校长丹尼尔·C. 吉尔曼 201

Gini, Corrado (1884-1965) 意大利统计学家克拉多·基尼 65, 149

Gladstone, William (1809-1898) 英国首相威

廉·格莱斯顿 233

Gluckman, Max (1911-1975) 南非人类学家麦克斯·格鲁克曼 129

Gmelin, Samuel (1745-1774) 德国博物学家萨姆埃尔·格默林 208

Göhre, Paul (1864-1928) 德国社会调查员保罗·格雷 38

Goldthorpe, John (1935- ) 英国社会学家约翰·戈德索普 209

Gombrich, Ernst (1909-2001) 奥地利裔英国艺术史学家恩斯特·贡布里希 210-211

Google 谷歌 38, 271

Gould, Stephen J. (1941-2002) 美国古生物学家史蒂芬·J. 古尔德 102

Gray, Asa (1810-1888) 美国植物学家阿萨·格雷 53

Greece 希腊 27, 96, 192, 194, 196

Gregoire, Henri (1750-1831) 法国革命传教士亨利·格雷高尔 43

Griaule, Marcel (1898-1956) 法国人类学家马塞尔·格里奥列 21, 38, 41, 181, 205

Grimm, Jacob (1785-1863) 德国语言学家雅各布·格林 82, 193, 202

Groethuysen, Bernard (1880-1946) 德国哲学家伯纳德·格罗修森 47

Grote, George (1794-1871) 英国银行家、古典学家乔治·格罗特 233

Guaman Poma, Felipe (c.1535-c.1616) 秘鲁历史学家菲利佩·瓜蔓·波马 205

Guha, Ranajit (1922- ) 印度历史学家拉纳吉特·古哈 207

Guillaume, Günther (1927-1995) 民主德国间谍冈瑟·纪尧姆 121

Guizot, François (1787-1874) 法国历史学家、政治家弗朗索瓦·基佐 192-206

Gyarmathi, Samuel (1751-1830) 匈牙利语言学家萨穆埃尔·焦尔毛蒂 73

Haddon, Alfred (1855-1940) 英国生物学家、人类学家阿尔弗雷德·哈登 6, 31, 33-34, 171

Hahn, Otto (1879-1968) 德国化学家奥托·哈恩 238

Halbwachs, Maurice (1877-1945) 法国社会学家莫里斯·哈布瓦赫 242

Haldane, J. B. S. (1892-1964) 英国基因学家J. B. S. 霍尔丹 102, 157

Haller, Albrecht von (1708-1777) 瑞士解剖学家阿拉布伦特·冯·哈勒 160

Hamada, Kosaku (1881-1938) 日本考古学家滨田耕作 206

Hansteen, Christopher (1784-1873) 挪威物理学家克里斯托弗·汉斯廷 15

Hardy, Thomas (1840-1928) 英国小说家托马斯·哈代 72

Harnack, Adolf von (1851-1930) 德国神学家阿道夫·冯·哈纳克 113

Harper, William R. (1856-1906) 芝加哥大学校长威廉·R. 哈珀 243

Harris, William T. (1835-1909) 美国哲学家、教育学家威廉·T. 哈里斯 55

Harrison, Jane (1850-1928) 英国古典学家简·哈里森 245

Hartung, Fritz (1883-1967) 德国历史学家弗里兹·哈通 227

Hastings, Warren (1732-1818) 印度总督沃伦·黑斯廷斯 127

Havas, Charles-Louis (1783-1858) 新闻社创始人查尔斯-路易斯·哈瓦斯 98

Hawking, Stephen (1942- ) 英国宇宙物理学家史蒂芬·霍金 102

Hedin, Sven (1865-1952) 瑞典地理学家斯文·赫定 16

Heidegger, Martin (1889-1976) 德国哲学家马丁·海德格尔 227

Heisenberg, Werner (1901-1976) 德国物理学家维尔纳·海森堡 261

Helmholtz, Hermann von (1821-1894) 德国科学家赫尔曼·冯·亥姆霍兹 110, 192

Hemming, John (1935- ) 加拿大探险家约翰·海明 13

hermeneutics 诠释学 77

Hernández, Francisco (1514-1587) 西班牙医生、自然学家弗朗西斯科·赫尔南德斯 16

Herschel, Caroline (1750-1848) 英裔德国天文学家卡洛琳·赫歇尔 238

Herschel, John (1792-1871) 英国科学家约翰·赫歇尔 99

Herschel, William (1738-1822) 英裔德国天文学家威廉·赫歇尔 36, 39, 103, 197

Hesse, Hermann (1877-1962) 德国作家赫尔曼·黑塞 216

Heyne, Christian (1729-1812) 德国古典学家克里斯蒂安·海涅 60

Higham, John (1920-2003) 美国历史学家约翰·海厄姆 161

Hincks, Edward (1792-1866) 爱尔兰牧师、东方学者爱德华·辛克斯 57, 233

Hintze, Otto (1861-1940) 德国历史学家奥

托·辛策 74
history 历史 4, 67, 71, 74, 80, 89, 129, 140, 166–167, 177, 181, 188, 192, 201, 205–207, 209, 220, 227, 234, 242, 245–246, 257, 261–262
history of knowledge 知识史 1, 275
history of science 科学史 167, 170, 187, 189
Hobhouse, Leonard (1864–1929) 英国记者、社会学家列奥纳德·霍布豪斯 171
Hodges, William (1744–1797) 英国艺术家威廉·霍奇斯 44
Hoffmann, Roald (1937– ) 波兰裔美国化学家罗德·霍夫曼 206
Hoffmann, August Wilhelm von (1818–1892) 德国化学家奥古斯特·威廉·冯·霍夫曼 106
Hogben, Lancelot (1895–1975) 英国动物学家兰斯洛特·霍格本 102, 113, 157
holism 整体论 75–76
Holker, John (1719–1786) 英国纺织工人约翰·霍克尔 208
Hollerith, Herman (1860–1929) 美国统计学家赫尔曼·霍尔瑞斯 68, 110
Holmes, Arthur (1890–1965) 英国地质学家亚瑟·霍姆斯 22
Horney, Karen (1885–1952) 德裔美国精神分析学家卡伦·霍妮 239, 245
Horrabin, James F. (1884–1962) 英国艺术家詹姆斯·F. 霍拉宾 102
Howard, Luke (1772–1864) 英国化学家卢克·霍华德 53
Hoyle, Fred (1915–2001) 英国天文学家弗雷德·霍伊尔 22, 91
Hubble, Edwin (1889–1953) 美国天文学家埃德温·哈勃 22
Hughes, Everett (1897–1983) 美国社会学家埃弗里特·休斯 246
Hughes, Stuart H. (1916–1999) 美国历史学家斯图亚特·H. 休斯 131
Huizinga, Johan (1872–1945) 荷兰历史学家约翰·赫伊津哈 71, 201
Humboldt, Alexander von (1769–1859) 德国博学者亚历山大·冯·洪堡 13–15, 17, 34, 36, 65, 72, 90, 95, 104, 161–162, 202, 249
Hume, David (1711–1776) 英国哲学家大卫·休谟 149, 255
HUMINT (Human Intelligence) 人工情报 38, 122
Hungary 匈牙利 41, 193, 195
Hunt, George (1854–1933) 弗朗茨·博厄斯助手乔治·亨特 205

Hunter, John (1728–1793) 英国医生约翰·亨特 144
Huntington, Samuel P. (1927–2008) 美国政治学家塞缪尔·P. 亨廷顿 173, 231
Husserl, Edmund (1859–1938) 奥地利哲学家埃德蒙德·胡塞尔 253, 260–261
Huxley, Thomas Henry (1825–1895) 英国生物学家托马斯·亨利·赫胥黎 99, 101, 163, 173, 212, 214, 251

IBM (International Business Machines) 国际商业机器有限公司 69
Iceman 冰人 26
iconography 肖像研究 55, 78
images 图像 55, 78, 102–108, 111
see also photographs 另见照片
Imlay, Gilbert (1754–1828) 美国军人、作家吉尔伯特·伊姆利 70
India 印度 23, 55, 74, 93, 127–128, 142, 206–207, 213, 216–217, 219, 237, 245–246, 257, 265
Indians, American 印第安人, 美洲人 15, 127, 145, 205, 223
information 信息
  economy 信息经济 264
  explosion 信息爆炸 9, 160, 248–250
  feudalism 信息封建主义 115, 141, 272
  management 管理 117, 125, 141, 219, 228, 234, 267, 274
  overload 过载 3, 160, 249
  retrieval 检索 109–111
  revolution 革命 247, 256
  society 社会 264
  vs knowledge 与知识 5
Institutes for Advanced Study 高等研究所 178
intellectual property 知识产权 115
intellectuals 知识分子 234–235
intelligence 情报 see spies 见间谍
interdisciplinarity 跨学科 176–178, 188, 242–244, 266
Internet 互联网 49, 90, 144, 150, 249, 266–267, 272
interrogation 审讯 41
interview 采访 41–42, 96, 100
Ireland 爱尔兰 41, 45, 127, 181, 194
Ireland, William Henry (1775–1835) 英国艺术伪造者威廉·亨利·爱尔兰德 61
Irving, David (1938– ) 英国历史学家大卫·欧文 173

索 引 | 373

Ishi (c.1860—1916) 亚希部落最后一位幸存者伊支 145
Italy 意大利 29, 47, 53, 125, 129, 149, 193, 195—196, 209

Jacobsen, Jacob Christian (1811—1887) 丹麦实业家雅各布·克里斯汀·雅各布森 114, 195
James, C. L. R. (1901—1989) 特立尼达作家 C. L. R. 詹姆士 265
James, William (1842—1910) 美国心理学家威廉·詹姆斯 155, 200
Japan 日本 117, 120, 133, 202—203, 206, 219—220, 229, 237, 260
Jeans, James (1877—1946) 英国宇宙学家詹姆斯·琼斯 102
Jesuits 耶稣会士 30, 182
Jevons, William (1835—1882) 英国经济学家威廉·杰文斯 66
Joliot, Jean-Frédéric (1900—1958) 法国物理学家让-弗雷德里克·约里奥 228
Jones, William (1746—1794) 英国东方学家威廉·琼斯 73, 204—205
journalism 新闻业 32, 41—42, 100, 171, 182
Journals 杂志, see periodicals 见期刊
Jouvenel, Bertrand de (1903—1987) 法国知识分子贝特朗·德·茹文内尔 221
Jowett, Benjamin (1817—1893) 英国古典学者本杰明·乔伊特 5
Jung, Carl Gustav (1875—1961) 瑞士心理学家卡尔·古斯塔夫·荣格 95, 153—155, 212, 245, 252
Jussieu, Antoine Laurent de (1748—1836) 法国植物学家安托万·洛朗·德·朱西厄 53

Kameralwissenschaft 官房学 131
Kaufmann, Stuart (1939— ) 美国生物学家斯图尔特·考夫曼 140
Kenyon, Kathleen (1906—1978) 英国考古学家凯瑟琳·凯尼恩 239
Keynes, John Maynard (1883—1946) 英国经济学家约翰·梅纳德·凯恩斯 82
KGB 克格勃（苏联情报部门）121
Khan, Syed Ahmad (1817—1898) 印度教育家赛义德·艾哈迈德·汗 213
Kiaer, Anders (1838—1919) 挪威统计学家安德斯·凯尔 67
Kingsley, Charles (1819—1875) 英国作家、历史学家查尔斯·金斯莱 193

Kinsey, Alfred (1894—1956) 美国动物学家阿尔弗雷德·金赛 24
Kissinger, Henry (1923— ) 美国政治学家、外交官亨利·基辛格 173
Kitasato, Shibasaburo (1853—1931) 日本微生物学家北里柴三郎 203, 215
Klein, Melanie (1882—1960) 奥地利裔英国精神分析学家梅兰妮·克莱恩 239
Klemm, Gustav (1802—1867) 德国图书馆员、历史学家古斯塔夫·克林姆 194
Kluckhohn, Clyde (1905—1960) 美国人类学家克莱德·克拉克洪 120
Knorozov, Yuri (1922—1999) 俄国语言学家尤里·科诺洛佐夫 57
knowledge 知识
  economy 知识经济 264
  management 知识管理 117, 125, 141, 219, 228, 234, 267, 274
  society 知识社会 264—265
Knowles, Lilian (1870—1926) 英国经济历史学家莉莲·诺尔斯 239
Kober, Alice (1906—1950) 美国古典学家爱丽丝·科博 57, 238
Koch, Lauge (1892—1964) 丹麦地质学家、探险家劳奇·科赫 45
Koch, Robert (1843—1910) 德国微生物学家罗伯特·科赫 215
Kodály, Zoltán (1882—1967) 匈牙利作曲家科达伊 41
Koening, Friedrich (1774—1833) 德国发明家弗雷德里希·柯尼希 97
Koestler, Arthur (1905—1983) 英裔匈牙利作家亚瑟·库勒斯 156
Kolberg, Oskar (1814—1890) 波兰人类学家奥斯卡·科尔伯格 194
Koldewey, Robert (1855—1925) 德国考古学家罗伯特·科尔德威 20
Kondratiev, Nikolai (1892—1938) 俄国经济学家尼古拉·康德拉捷夫 253
Kozlov, Pyotr (1863—1935) 俄国考古学家彼得·科兹洛夫 21, 29
Kraepelin, Emil (1856—1926) 德国精神分析学家埃米尔·克雷佩林 53
Kuhn, Thomas S. (1922—1996) 美国科学史学家托马斯·S. 库恩 253
Kula, Witold (1916—1988) 波兰历史学家维托德·库拉 202
Kurz, Otto (1908—1975) 奥地利艺术史学家奥托·库尔兹 210
Kuznets, Simon (1901—1985) 俄裔美国经济学

家西蒙·库兹涅茨 112

La Pérouse, comte de (1741—1788) 法国海军军官、探险家拉帕鲁兹伯爵 16—17
laboratories 实验室 123, 180, 188—189, 219, 254
Lacan, Jacques (1901—1981) 法国精神分析学家雅克·拉康 245
Lachmann, Karl (1793—1851) 德国语言学家卡尔·拉赫曼 60
Lamarck, Jean-Baptiste (1744—1829) 法国博物学家让-巴普蒂斯·拉马克 12, 53
Lambert, Johann Heinrich (1728—1777) 瑞士数学家约翰·海因里希·兰伯特 103
Lamprecht, Karl (1856—1915) 德国历史学家卡尔·兰普雷希特 212, 228, 262
Lane, Edward William (1801—1876) 英国旅行家爱德华·威廉·连恩 33, 38, 70, 205, 232
Lange, Dorothea (1895—1965) 美国摄影师多罗西亚·兰格 44
Langer, William (1896—1979) 美国外交史学家威廉·兰格 119
Lankester, Ray (1847—1929) 英国动物学家雷·兰科斯特 200
Lanson, Gustave (1857—1934) 法国文学评论家、历史学家居斯塔夫·朗松 193
Lassen, Christian (1800—1876) 挪威东方学家克里斯蒂安·拉森 202
Latour, Bruno (1947— ) 法国社会学家布鲁诺·拉图尔 64
Lavoisier, Antoine Laurent (1743—1794) 法国税收包办人、化学家安托万·洛朗·拉瓦锡 53, 151
law 法律 77—78, 80—81, 123
Layard, Austen Henry (1817—1894) 英国外交官奥斯汀·亨利·莱亚德 20, 26, 196—197, 234
Lazarsfeld, Paul (1901—1976) 奥地利裔美国社会学家保罗·拉扎斯菲尔德 67, 220, 243
Le Moine, Pierre Camille (1723—1780) 法国档案管理员皮埃尔·卡米尔·勒穆瓦纳 53
Le Play, Frédéric (1806—1882) 法国工程师、社会学家弗雷德里克·勒普莱 37
Leakey, Louis (1903—1972) 肯尼亚古生物学家路易斯·利奇 22
Leakey, Mary (1913—1996) 英国考古学家玛丽·利奇 22
Leavis, Frank R. (1895—1978) 英国文学评论家弗兰克·R.利维斯 163, 244—245
Leenhardt, Maurice (1878—1954) 法国传教士、人类学家莫里斯·莱纳特 33, 233
Legge, James (1815—1897) 英国传教士、汉学家理雅各 205, 233
legibility 合法性 120—121, 127
León-Portilla, Miguel (1926— ) 墨西哥历史学家米格尔·莱昂-波蒂利亚 205, 265
Lévi-Strauss, Claude (1908—2009) 法国人类学家克劳德·列维-斯特劳斯 5, 77, 200, 265
Lewis, Meriwether (1774—1809) 美国探险家梅里韦瑟·刘易斯 15, 204
Libby, Willard (1908—1980) 美国物理化学家威拉德·利比 64
libraries 图书馆 30, 46, 54—55, 110, 145, 149, 195, 214, 236
  Biblioteca Nacional, Madrid 国家图书馆,马德里 195
  Biblioteca Nazionale, Rome 国家图书馆,罗马 195
  Bibliothèque Nationale, Paris 国家图书馆,巴黎 31, 47—48, 190, 236
  Bodleian Library, Oxford 伯德利图书馆,牛津 31
  British Library, London 大英图书馆,伦敦 29, 31, 47, 110, 146, 195, 250
  Bulgarian National Library 保加利亚国家图书馆 195
  Harvard University Library 哈佛大学图书馆 31, 46
  Hungarian National Library, Budapest 匈牙利国家图书馆,布达佩斯 195
  Imperial Library, St. Petersburg 帝国图书馆,圣彼得堡 30, 236
  Library of Congress, Washington 国会图书馆,华盛顿 31, 45, 47, 55, 145
  New York Public Library 纽约公共图书馆 214, 220
  Royal Library, Copenhagen 皇家图书馆,哥本哈根 236
  Royal Library, The Hague 皇家图书馆,海牙 195
  Staatsbibliothek, Berlin 国家图书馆,柏林 146
  Staatsbibliothek, Munich 国家图书馆,慕尼黑 30—31
  University of Berlin 柏林大学图书馆 29
  University of Cöttingen 哥廷根大学图书馆 31
  Turin 都灵图书馆 145
  Vatican, Rome 梵蒂冈图书馆,罗马 29
Liebig, Justus von (1803—1873) 德国化学家尤

索 引 | 375

斯蒂斯·冯·李比希 170, 180, 200, 244–245, 258
Li Ji (1896–1979) 中国考古学家李济 206
linguistics 语言学 40–41, 50–52, 59, 73–74, 82, 87, 145, 201, 204
Linnaeus, Carl (1707–1778) 瑞典植物学家卡尔·林奈 34, 52–53, 95, 101, 170, 193, 245, 254
Lipset, Seymour M. (1922–2006) 美国社会学家西摩·马丁·李普塞特 243
literature 文学 167, 171, 193, 238, 240
Locard, Edmond (1877–1966) 法国颅相学家埃德蒙·罗卡 123
Lombroso, Cesare (1835–1909) 意大利犯罪学家塞萨尔·龙勃罗梭 65, 148
London 伦敦 191, 199
looting 掠夺 26–27, 29
Lot, Ferdinand (1866–1952) 法国历史学家费迪南·洛特 200
Lubbock, John (1834–1913) 英国银行家约翰·卢伯克 232
Lüthy, Herbert (1918–2002) 瑞士历史学家赫伯特·卢瑟 221
Lutoslawski, Wincenty (1863–1954) 波兰学者文森特·卢托斯瓦夫斯基 67
Lyell, Charles (1797–1875) 英国地质学家查尔斯·莱尔 75, 99, 101, 199, 212, 233
Lyotard, Jean-François (1924–1998) 法国哲学家让-弗朗索瓦·利奥塔 80

Macaulay, Thomas (1800–1859) 英国历史学家托马斯·麦考利 212–213
McDonaldization of Knowledge 知识麦当劳化 267
McDougall, William (1871–1938) 英国心理学家威廉·麦独孤 155–156
Mackinder, Halford (1861–1947) 英国地理学家哈尔福德·麦金德 18
Maclean, Donald (1913–1983) 英国外交官、俄国间谍唐纳德·麦克林 122
McLuhan, Marshall (1911–1980) 加拿大媒体批评家马歇尔·麦克卢汉 268
McNamara, Robert S. (1916–2009) 美国国防部长罗伯特·麦克纳马拉 120
Macpherson, James (1736–1796) 苏格兰作家、学者詹姆斯·麦克弗森 60–61
Maggiolo, Louis 法国教师路易·马乔洛 232
Malaspina, Alessandro (1754–1810) 服役于西班牙的意大利海军军官亚历山德罗·马拉斯皮纳 16
Malinowski, Bronislaw (1884–1942) 波兰人类学家布罗尼斯拉夫·马林诺夫斯基 5, 21, 32–35, 37, 41, 171, 206
Malone, Edmund (1741–1812) 爱尔兰文学家埃德蒙德·马隆 61
Malthus, Thomas (1766–1834) 英国人口学作家托马斯·马尔萨斯 176, 233
management 管理学 1, 11, 85, 116–117
Manhattan Project 曼哈顿计划 119, 122, 229, 262
Mannheim, Karl (1893–1947) 匈牙利社会学家卡尔·曼海姆 78, 187, 209–210, 226, 248, 253, 274
Mantell, Gideon (1790–1852) 英国古生物学家吉迪恩·曼特尔 233
Manzoni, Alessandro (1785–1873) 意大利作家亚历山达罗·曼佐尼 80
maps 地图 44, 104, 118, 127–128, 142
Marcet, Jane (1769–1858) 英国科普作家简·马塞特 238
Martineau, Harriet (1802–1876) 英国社会改革家哈丽特·马蒂诺 37
Marx, Karl (1818–1883) 德国哲学家卡尔·马克思 76–77, 82, 191, 208
Mason, Otis (1838–1908) 美国人类学家奥蒂斯·梅森 94
Mass–Observation 大众观测 37, 39
mathematics 数学 51, 66, 70–71, 81–82, 254
Matilda Effect 玛蒂尔达效应 238
Matthew Effect 马太效应 202, 205, 238
Maury, Matthew F. (1806–1873) 美国海洋学家马修·F. 莫里 104, 234
Mauss, Marcel (1872–1950) 法国人类学家马尔塞·莫斯 90, 171
Mayhew, Henry (1812–1887) 英国记者亨利·梅耶 42, 71
MBA degree 工商管理学位 131
Mead, Margaret (1901–1978) 美国人类学家玛格丽特·米德 90, 239
medicine 医学 39, 52–53, 65, 70, 75, 81, 103, 130, 151–152, 167, 172, 174, 176, 214–215, 252, 254
Meegeren, Han van (1889–1947) 荷兰艺术家、伪造者汉·凡·米格伦 61–62
Meinecke, Friedrich (1878–1968) 德国历史学家弗里德里希·迈内克 198
Meitner, Lise (1862–1954) 奥地利物理学家莉泽·迈特纳 238
memory 记忆 109–110, 139

Mendel, Gregor (1822–1884) 奥地利僧侣、生物学家格雷戈尔·孟德尔 199
Mendeleev, Dmitri (1834–1907) 俄国化学家德米特里·门捷列夫 17
Mengele, Josef (1911–1979) 纳粹军官、集中营医生约瑟夫·门格勒 157
Menger, Carl (1840–1921) 奥地利经济学家卡尔·门格尔 75, 82
Mercier, Louis-Sébastien (1740–1814) 法国记者路易 – 塞巴斯蒂安·梅西埃 149
Merton, Robert K. (1910–2003) 美国社会学家罗伯特·K. 默顿 202, 211, 238, 243
methodological individualism 方法论个人主义 75–76
Mexico 墨西哥 20, 27, 93, 205–206, 212, 265
Meyer, Oskar Emil (1834–1909) 德国物理学家奥斯卡·埃米尔·梅耶 245
MI5 (Military Information 5) 英国军情五处； MI6 英国军情六处 6, 121, 142, 261
Michaelis, Johann David (1717–1791) 德国圣经学者约翰·大卫·米凯利斯 18, 43
Middendorff, Alexander von (1815–1894) 俄国动物学家亚历山大·冯·米登多夫 15–16
Mignolo, Walter (1941– ) 阿根廷批评家沃尔特·米格诺罗 203
migrants 移民 207–211
Mill, John Stuart (1806–1873) 英国哲学家约翰·斯图尔特·穆勒 75, 161, 214–216
Minard, Charles Joseph (1781–1870) 法国土木工程师夏尔·约瑟夫·米纳尔 104
missionaries 传教士 33, 214, 233–234
Mitchell, Peter C. (1864–1945) 英国动物学家彼得·C. 米歇尔 201
Mitchell, Thomas (1792–1855) 英国军人、测量员托马斯·米歇尔 118
models 模型 82–83
Moigno, François (1804–1884) 法国科普作家弗朗索瓦·穆瓦尼奥 106
Momigliano, Arnaldo (1908–1987) 意大利历史学家阿纳尔多·莫米利亚诺 209
Mommsen, Theodor (1807–1903) 德国历史学家西奥多·蒙森 180
Mond, Ludwig (1839–1909) 英国商人路德维格·蒙德 219
Monge, Gaspard (1746–1818) 法国数学家加斯帕尔·蒙日 71
Montelius, Oscar (1843–1921) 瑞典考古学家奥斯卡·蒙特留斯 63
Moore, Barrington (1913–2005) 美国社会学家巴林顿·摩尔 119

Morelli, Giovanni (1816–1891) 意大利艺术批评家乔万尼·莫雷利 36
Morrison, Richard James ('Zadkiel' 1795–1847) 英国占星学家理查德·詹姆斯·莫里森（"撒加尔"大天使）153
Mukerjee, Radhakamal (1889–1968) 印度社会学家拉德哈克马尔·穆卡吉 207
Müller, Max (1823–1900) 德国东方学家马克斯·缪勒 74, 87
Mumford, Lewis (1895–1990) 美国博学者刘易斯·芒福德 176, 182
Muñoz, Juan Bautista (1745–1799) 西班牙印第安历史学家胡安·包蒂斯塔·穆尼奥斯 30
Murray, Gilbert (1866–1957) 澳大利亚 – 英国古典学家吉尔伯特·默里 245
Murray, Henry (1837–1915) 英国辞典编纂人亨利·穆雷 95, 144, 179
museums 博物馆 46, 93–94, 114, 147, 190, 236–237, 259, 271
  Brera, Milan 布雷拉博物馆，米兰 236
  British Museum, London 大英博物馆，伦敦 26–27, 29, 31, 46, 93–94, 147, 191, 236
  Colonial Museum, Wellington 殖民博物馆，惠灵顿 259
  Danish National Museum, Copenhagen 丹麦国家博物馆，哥本哈根 63, 93, 195
  Ethnological Museum, Berlin 人类学博物馆，柏林 29
  Fridericianum, Kassel 弗雷德里克宫，卡塞尔 93
  Germanisches Nationalmuseum, Nuremberg 日耳曼国家博物馆，纽伦堡 259
  Koloniaal Museum, Haarlem 殖民博物馆，哈勒姆 259
  Kunsthistoriches Museum, Vienna 艺术史博物馆，维也纳 259
  Louvre, Paris 卢浮宫，巴黎 26, 46, 93, 190, 236
  Metropolitan Museum of Art, New York 大都会艺术博物馆，纽约 93, 259
  Musée d'histoire naturelle, Paris 自然历史博物馆，巴黎 25, 93, 144–145, 200
  Museo de Historia Natural, Bogotá 自然历史博物馆，波哥大 93
  Museo Nacional de Historia Natural, Santiago 国家自然历史博物馆，圣地亚哥 93
  Museum of National History, Hillerød 国家历史博物馆，希勒勒 195
  Museum of Natural History, New York 自然历史博物馆，纽约 93

索 引 | 377

National Gallery, London 国家美术馆，伦敦 236

National Museum, Prague 国家博物馆，布拉格 195

Natural History Museum, Berlin 自然历史博物馆，柏林 25

Natural History Museum, London 自然历史博物馆，伦敦 25, 46, 93, 191, 259

Natural History Museum, Vienna 自然历史博物馆，维也纳 93–94

Nordiska Museet, Stockholm 北欧博物馆，斯德哥尔摩 194, 259

Peabody Museum of Natural History, Yale 皮博迪自然历史博物馆，耶鲁 93, 259

Prado, Madrid 普拉多博物馆，马德里 236

Science Museum, London 科学博物馆，伦敦 46, 94, 191, 259

Smithsonian Museum, Washington 史密森尼博物馆，华盛顿 93–94, 45

South Kensington Museum (now Victoria and Albert Museum) 南肯辛顿博物馆（现维多利亚和阿尔伯特博物馆） 92, 94, 114, 191, 236

musicology 音乐学 41, 45, 168

Myrdal, Gunnar (1898–1987) 瑞典经济学家冈纳·缪尔达尔 181

Namier, Lewis (1888–1960) 波兰裔英国历史学家路易斯·内米尔 71

Nansen, Frijthof (1861–1930) 挪威探险家弗里乔夫·南森 2, 17

Napoleon (1769–1821) 法国皇帝拿破仑 20, 26, 29, 56, 104, 118, 147, 179, 228

Napoleon III (1808–1873) 法国皇帝拿破仑三世 27

narration 叙事 79–81

NASA (National Aeronautical and Space Administration) 美国国家航空航天局 18, 144, 230

Nathorst, Alfred (1850–1921) 瑞典探险家阿尔弗雷德·纳特霍斯特 2, 17–18

nationalization of knowledge 知识国家化 192–197

Native Americans 美国原住民 15, 127, 145, 205, 223, 266

natural history 自然史 25, 53, 93, 259
　see also biology; zoology 另见生物学，动物学

Needham, Joseph (1900–1995) 英国生物化学家、科学技术史家李约瑟 182, 263

Netherlands 荷兰 2, 26–27, 29, 35, 47, 61–62, 84, 128–129, 192, 194–196, 220, 237, 268

Neumann, Franz (1789–1895) 德国数学家弗朗茨·诺依曼 245

Neurath, Otto (1882–1945) 奥地利科学哲学家奥图·纽拉特 177, 189

Neustadt, Ilya (1915–1993) 俄国社会学家伊利亚·诺伊斯塔特 209

New Zealand 新西兰 208

newspapers 报纸 41–42, 44, 96–98

Niebuhr, Carsten (1733–1815) 德国探险家卡斯滕·尼布尔 18, 20, 70

Nietzsche, Friedrich (1844–1900) 德国哲学家弗里德里希·尼采 260

NKVD 苏联内卫军 6, 121

Nobel, Alfred (1833–1896) 瑞典发明家、商人阿尔弗雷德·诺贝尔 220

Nöldeke, Theodor (1836–1930) 德国东方学家西奥多·诺尔德克 50

Nordenskiöld, Adolf (1832–1901) 芬兰探险家阿道夫·诺登舍尔德 2

Norway 挪威 2, 24, 67, 135, 195, 202, 251

notes 笔记 45–46, 110

observation 观测 35–39

observatories 天文台 39, 180, 190–191, 255

Office of Strategic Services (OSS) 战略服务局

Office of Systems Analysis 系统分析部 120

Office of War Information (OWI) 战时新闻局 119–120

Ogotemmêli, Dogon hunter 多贡族猎手奥格特梅利 205

Oken, Lorenz (1779–1851) 德国博物学家洛伦兹·奥肯 190

Old, Walter (1864–1929) 英国占星学家沃尔特·欧德 153

Operational Research 运筹学 119

orality 口语 88–91

oriental studies 东方学 165, 167, 169–170, 188, 200, 220, 228, 231, 233

Ortiz, Fernando (1881–1969) 古巴社会学家费尔南多·奥尔蒂斯 206

Ostwald, Wilhelm (1853–1932) 德国化学家威廉·奥斯特瓦尔德 244

Otlet, Paul (1868–1944) 比利时目录学家保罗·奥特勒 55, 110–111, 249

Owen, Richard (1804–1892) 英国古生物学家理查德·欧文 58, 73

Pächte, Otto (1902—1988) 奥地利历史学家奥托·帕赫特 210
Palachý, František (1789—1876) 捷克历史学家弗兰蒂谢克·帕拉茨基 192
palaeography 古文字学 36, 174
palaeontology 古生物学 22, 58, 170, 174
Pallas, Peter Simon (1741—1810) 德国博物学家彼得·西蒙·帕拉斯 15, 208
Panizzi, Antonio (1797—1879) 意大利裔英国图书馆学家安东尼·帕尼齐 110, 195
Pannikar, Kavalam (1895—1963) 印度外交官、历史学家卡瓦兰·潘尼迦 265
Panofsky, Erwin (1892—1968) 德国艺术史学家埃尔温·潘诺夫斯基 69, 78
Paparrigopoulos, Konstantinos (1815—1891) 希腊历史学家康斯坦丁·帕帕里戈普洛斯 192
parapsychology 通灵学 155—156
Pareto, Vifredo (1848—1923) 意大利工程师、经济学家、社会学家维弗雷多·帕累托 171
Park, Robert E. (1864—1944) 美国记者、社会学家罗伯特·E. 帕克 171, 189, 246
Parlin, Charles (1872—1942) 美国市场研究学家查尔斯·帕林 116
Parsons, Elsie Clews (1875—1941) 美国人类学家埃尔西·克鲁斯·帕森斯 239
Parsons, Talcott (1902—1979) 美国社会理论家塔尔科特·帕森斯 82, 131
passports 护照 126, 262
Pasteur, Louis (1822—1895) 法国化学家路易·巴斯德 113
Pauw, Cornelius de (1739—1799) 荷兰哲学家科尼利厄斯·德保 12
Pavlov, Ivan Petrovich (1849—1936) 俄罗斯生理学家伊万·彼得罗维奇·巴甫洛夫 180
Peacock, Thomas (1785—1866) 英国小说家托马斯·皮科克 163
Pearson, Karl (1857—1936) 英国统计学家、基因学家卡尔·皮尔森 157
Peary, Robert (1856—1920) 美国探险家罗伯特·皮尔里 2
Pelliot, Paul (1878—1945) 法国汉学家保罗·伯希和 205
Pepper, John Henry (1821—1900) 英国讲师约翰·亨利·佩珀尔 91, 106
Pergen, Graf Johann Anton von (1725—1814) 奥地利警长格拉夫·约翰·冯·佩尔根 122
periodicals 期刊 98—99, 104, 160, 163, 166, 179—180, 201, 272, 275
Perkin, William (1838—1907) 英国化学家威廉·珀金 201

Perrin, Jean Baptiste (1870—1942) 法国物理学家让·巴蒂斯特·佩兰 102, 228
Peru 秘鲁 21, 29, 205
Petermann, August (1822—1878) 德国制图师奥古斯特·彼得曼 199
Petrie, Flinders (1853—1942) 英国考古学家弗林德斯·皮特里 20, 206
Peuckert, Will-Erich (1895—1969) 德国民俗学家威尔-埃里希·波伊克特 227
Pevsner, Nikolaus (1902—1983) 德裔英国艺术史学家尼古拉·佩夫斯纳 210—211
pharmacology 药理学 115, 168, 258
PhD degree 博士学位 95, 169—170, 201, 260
philology 语言学 59, 73—74, 82, 165, 167—169, 193
philosophy 哲学 50, 77, 80—81
Phipps, Constantine (1744—1792) 英国海军军官康斯坦丁·菲普斯 17
photographs 摄影照片 44—45, 104, 106, 267
phrenology 颅相学 90, 154—155
physics 物理学 66, 76, 81, 102, 119, 122, 166—169, 174—175, 203, 206, 258, 261, 268
physiology 生理学 75, 167, 180, 189
Pipes, Richard (1923— ) 美国历史学家理查德·派普斯 134
Pirenne, Henri (1862—1935) 比利时历史学家亨利·皮朗 74—75, 95, 201, 262
Pitt-Rivers, Augustus (1827—1900) 英国考古学家奥古斯都·皮特-利弗斯 234
Place, Victor (1818—1875) 法国考古学家维克多·普莱斯 197
Playfair, William (1759—1823) 苏格兰工程师、政治经济学家威廉·普莱费尔 103
Poland 波兰 29—30, 146, 193—194, 202, 210, 226
Polanyi, Michael (1891—1976) 匈牙利裔英国博学者迈克尔·波兰尼 161, 182
police 警察 111, 121—125
political science 政治学 67, 74—75, 117, 166, 169, 201—202
politics of knowledge 知识政治学 4—5, 221—232, 272—273 和其他页码
*Polizeiwissenschaft* 管理之术 120
polymaths 博学者 161—162, 176, 182—183
polytechnics 理工学院 87, 132—134, 163, 219
Pombal, Marquis of (1699—1782) 葡萄牙政治家庞巴尔侯爵 254
Popper, Karl (1902—1994) 奥地利裔英国哲学家卡尔·波普尔 76, 208
Portugal 葡萄牙 129, 132, 254

positivism 实证主义 77, 79
postcolonial studies 后殖民研究 207, 265
Powell, John W. (1834–1902) 美国人类学家约翰·W. 鲍威尔 172
Power, Eileen (1889–1940) 爱尔兰经济史学家艾琳·鲍尔 239
Preusker, Karl (1786–1871) 德国图书馆管理员卡尔·普鲁斯克 164
Priestley, Joseph (1733–1804) 英国博学者约瑟夫·普里斯特利 103
professionalism, professionalization 专业化, 职业化 98, 121, 160, 165–166, 172, 176, 211, 239, 256, 273–274
Przevalsky, Nikolai (1839–1888) 俄罗斯探险家尼古拉·普热瓦利斯基 13, 16
pseudo-sciences 伪科学 151–152
psychology (psychiatry, psychoanalysis) 心理学（精神病学，精神分析） 36, 75, 77, 116, 120, 153, 155–156, 166–167, 169–171, 175, 202, 228, 239, 245, 252, 261
Pulitzer, Joseph (1847–1911) 匈牙利裔美国人报社老板约瑟夫·普利策 98
Putnam, Herbert (1861–1955) 国会图书馆员赫伯特·普特南 55

quantification 量化 64–69, 124, 157, 267
Quatremère de Quincy, Antoine-Chrysostome (1759–1849) 法国建筑理论家安托万-克里索斯东·伽特赫梅赫·德·昆西 147
Quesada, Ernesto (1858–1934) 阿根廷历史学家埃内斯托·克萨达 201
questionnaires 调查问卷 34–35, 42–43
Quetelet, Adolphe (1796–1874) 比利时统计学家、天文学家阿道夫·凯特勒 66–67, 103
Quincey, Thomas de (1785–1859) 英国作家托马斯·德·昆西 161

Races, race theories 种族, 种族理论 53, 94, 156–157
Radcliffe-Brown, Alfred (1881–1955) 英国社会人类学家阿尔弗雷德·拉德克利夫-布朗 90, 171
radio 广播 91
Raman, Chandrasekhara Venkata (1888–1970) 印度物理学家钱德拉塞卡拉·拉曼 206
Ranke, Leopold von (1796–1886) 德国历史学家利奥波德·冯·兰克 74, 89, 140, 169–170
Rask, Rasmus (1787–1832) 丹麦语言学家拉斯姆斯·拉斯克 20, 62, 202
Rasmussen, Knud (1879–1933) 格陵兰岛裔丹麦探险家库纳德·拉斯穆森 2
Ratzel, Friedrich (1844–1904) 德国地理学家弗里德里希·拉采尔 171, 244
Rawlinson, Henry C. (1810–1895) 英国军官亨利·C. 罗林森 57, 196, 234
Read, Conyers (1881–1959) 美国历史学家科尼尔斯·里德 119
reception 接受 6, 86
reconstruction 重建 58–60
Rees, Abraham (1743–1825) 英国百科全书学者亚伯拉罕·里斯 150, 233
reflexivity 自反能力 274–275
religious studies 宗教研究 74, 204, 251, 256
Renan, Ernest (1823–1892) 法国东方学家欧内斯特·勒南 229, 252
renegades 叛徒 171–172
Renfrew, Colin (1937– ) 英国考古学家科林·伦福儒 74
Rennell, James (1742–1830) 英国士兵、考察员詹姆斯·伦内尔 23, 118
'republic of letters' 文人共和国 197–198
research 研究 12, 113–117, 119, 124, 130, 133–134, 169, 180–181, 219, 223, 230, 262
Retzius, Anders (1796–1860) 瑞典解剖学家安德斯·雷济厄斯 156
Reuter, Paul (1816–1899) 德裔英国报社创始人保罗·路透 98
Rhine, Joseph B. (1895–1980) 美国超心理学家约瑟夫·B. 莱茵 156
Richards, Audrey (1899–1984) 英国人类学家奥黛丽·理查德斯 239
Rickman, Thomas (1776–1841) 英国建筑师托马斯·里克曼 62–63
Ricoeur, Paul (1913–2005) 法国哲学家保罗·利科 80
Riess, Ludwig (1861–1928) 德国历史学家路德维希·里斯 206
Ritschl, Friedrich Wilhelm (1806–1876) 德国语言学家弗里德里希·威廉·里奇尔 59
Rivers, William H. (1864–1922) 英国医师、人类学家威廉·H. 里弗斯 34, 171
Robertson, William (1721–1793) 英国历史学家威廉·罗伯逊 255
Rockefeller Foundation 洛克菲勒基金会 112, 181, 209, 220–221, 234
Rokkan, Stein (1921–1979) 挪威政治学家斯泰因·罗坎 74
Rörig, Fritz (1882–1952) 德国历史学家弗里

兹·罗杰 227
Ross, Edward A. (1866–1951) 美国经济学家、社会学家爱德华·A. 罗斯 221
Rostovtsev, Mikhail (1870–1952) 俄罗斯历史学家米哈伊尔·罗斯托夫采夫 208
Rostow, Walt W. (1916–2003) 美国经济学家沃尔特·W. 罗斯托 82, 119, 134, 173
Rothschild, Edmond de (1845–1934) 法国银行家埃德蒙·德·罗斯柴尔德 220
Rowland, Henry (1848–1901) 美国物理学家亨利·罗兰 113
Rowntree, Benjamin S. (1871–1954) 英国企业家本杰明·S. 朗特里 232
Royce, Josiah (1855–1916) 美国哲学家乔赛亚·罗伊斯 200
rubbish 垃圾 148, 151
Russell, Bertrand (1872–1970) 英国哲学家伯特兰·罗素 91, 151
Russell, Peter (1913–2006) 新西兰西葡研究家、间谍彼得·罗素 6
Russell Sage Foundation 罗素·赛奇基金会 112, 133
Russia 俄罗斯/俄国 2, 15–16, 23, 29–30, 58, 88, 97, 101, 104, 112, 119, 121–122, 125–128, 135, 142, 144, 148, 170, 180–181, 191, 196, 208, 223, 226, 233, 235, 272
Rutherford, Ernest (1871–1937) 新西兰物理学家欧内斯特·卢瑟福 64

Sacajawea (c,1787–1812) 肖肖尼族印第安人向导萨卡加维亚 7, 205
Sacy, Antoine Silverstre de (1758–1838) 法国东方学家安东尼·西尔维斯特·德·萨西 56, 200
Safran, Nadav (1925–2003) 埃及裔美国学者纳达夫·萨弗兰 131
Said, Edward (1935–2003) 巴勒斯坦裔美国评论家爱德华·萨义德 188, 207, 265
St-Hilaire, Etienne Geoffroy (1771–1844) 法国博物学家艾蒂安·乔弗莱·圣伊莱尔 25
St Joseph, Kenneth (1912–1994) 英国考古学家肯尼斯·圣约瑟夫 45
Sampson, Anthony (1926–2004) 英国记者安东尼·桑普森 177
Samuelson, Paul (1915–2009) 美国经济学家保罗·萨缪尔森 66
Sánchez-Albornoz, Claudio (1893–1984) 西班牙历史学家克劳迪奥·桑切斯-阿尔沃诺斯 209

Sanctis, Francesco de (1817–1883) 意大利批评家弗朗西斯科·德·桑克蒂斯 193
Sanger, Larry (1968– ) 维基百科联合创始人拉里·桑格 274
Sarton, George (1884–1956) 比利时科学史学家乔治·萨顿 167
Sarzec, Ernest de (1874–1922) 法国考古学家厄内斯特·德·萨尔泽克 20
Saussure, Ferdinand de (1857–1913) 瑞士语言学家费尔迪南·德·索绪尔 201
Sauvages de Lacroix, François (1706–1767) 法国植物学家、医师弗朗索瓦·萨瓦格·德拉克洛瓦 52
Saxl, Fritz (1890–1948) 奥地利艺术史学家弗兰斯·扎克斯尔 210
Schaeffer, Jacob (1752–1826) 德国医师雅各布·谢弗 70
Schama, Simon (1945– ) 英国历史学家西蒙·沙玛 107
Schele, Linda (1942–1998) 美国玛雅学者琳达·舒勒 57, 238
Scheler, Max (1874–1928) 德国哲学家马克斯·舍勒 261
Schlegel, August Wilhelm (1767–1845) 德国作家、学者奥古斯特·威廉·施莱格尔 193
Schlegel, Friedrich (1772–1829) 德国作家、学者弗里德里希·施莱格尔 216
Schleicher, August (1821–1868) 德国哲学家奥古斯特·施莱谢尔 59
Schleiermacher, Friedrich (1768–1834) 德国神学家弗里德里希·施莱尔马赫 77
Schliemann, Heinrich (1822–1890) 德国考古学家海因里希·施里曼 20, 26
Schlözer, August von (1735–1809) 德国历史学家奥古斯特·冯·施洛塞尔 7, 37, 208
Schmitt, Carl (1888–1985) 德国政治学家卡尔·施密特 148
Schoolcraft, Henry (1793–1864) 美国"印第安事务官"亨利·斯库克拉夫特 127
schools of thoughts 思想学派 244–246
Schumpeter, Joseph (1883–1950) 美国经济学家约瑟夫·熊彼特 82, 147, 253
Schweinfurth, Georg (1836–1925) 德国植物学家格奥尔格·施魏因富特 13
Scott, Robert (1868–1912) 英国海军军官、探险家罗伯特·斯科特 2
Scott, Walter (1771–1832) 英国小说家沃尔特·司各特 70
second age of discovery 第二次大发现时代 12–16

索 引 | 381

scientific revolution 第二次科学革命 256
secrecy 机密 141-144
　see also spies 另见 间谍
secularization 世俗化 250-252
Semenov, Pyotr (1827-1914) 俄罗斯地理学家彼得·谢苗诺夫 201
seminars 研讨会 89-90, 168-169
Shackleton, Ernest (1874-1922) 英裔爱尔兰探险家欧内斯特·萨克里顿 2
Shannon, Claude (1916-2001) 美国数学家克劳德·香农 249
Shen Zhurong (1884-1977) 中国图书馆学家沈祖荣 214
Shils, Edward (1910-1995) 美国社会学家爱德华·希尔斯 119
Shmidt, Otto (1891-1956) 俄罗斯探险家奥托·施密特 2
Sicard, Abbé (1742-1822) 法国聋哑特教教师西卡尔神父 36
Sidgwick, Henry (1838-1900) 英国哲学家亨利·西奇威克 155
Siegfried, André (1875-1959) 法国学者安德烈·西格弗里德 233
Siemens, Werner von (1816-1892) 德国商人维尔纳·冯·西门子 219
Simmel, Georg (1858-1918) 德国社会学家格奥尔格·齐美尔 262
Simon, Herbert (1916-2001) 美国博学家赫伯特·西蒙（司马贺）249
Sion, Jules (1879-1940) 法国地理学家朱尔斯·希安 50
Small, Albion (1854-1926) 美国社会学家阿尔比恩·斯莫尔 201, 262
Smith, Adam (1723-1790) 英国哲学家、政治经济学家亚当·斯密 6, 161, 170, 214, 255
Smith, William (1769-1839) 英国调查员、地质学家威廉·史密斯 104
Smith, William Robertson (1846-1894) 英国东方学家威廉·罗伯逊·史密斯 252
Snouck Hurgronje, Christiaan (1857-1936) 荷兰东方学家克里斯蒂安·史努克·许尔赫洛涅 38
Snow, Charles P. (1905-1980) 英国化学家、小说家查尔斯·P. 斯诺 163, 266
Snow, John (1813-1855) 英国医师约翰·斯诺 104
societies, learned and professional 社会，受教育人群和专家 66, 111-112, 133, 154-155, 157, 164-166, 172, 190-191, 200, 206, 214, 232, 245

sociology 社会学 4, 37, 54, 67, 75, 81-82, 103, 120, 166, 169, 171, 187, 201, 203, 206-207, 209-211, 239-240, 243-244, 246, 261
Solander, Daniel (1733-1782) 瑞典植物学家丹尼尔·索兰德 17
Solvay, Ernest (1838-1922) 比利时商人欧内斯特·索尔维 219
Sombart, Werner (1863-1941) 德国社会学家维尔纳·桑巴特 212
Somerville, Mary (1780-1872) 英国博物学家玛丽·萨默维尔 238
Spain 西班牙 16, 23, 30, 93, 107, 195-196, 209, 222, 252, 254-255
specialization 专业化 160-183, 188, 256, 258
Spencer, Herbert (1820-1903) 英国博物学家赫伯特·斯宾塞 54, 161, 164, 214-215
spies 间谍 6-7, 11, 32, 38, 45, 118-119, 121-122, 141-142, 144, 261
Spivak, Gayatri Chakravorty (1942-    ) 印度文化理论家伽亚特里·查克拉沃蒂·斯皮瓦克 207
Spurzheim, Johann Gaspar (1776-1832) 德国颅相学家约翰·卡斯帕·斯普尔茨海姆 90, 154, 156
Sputnik 斯普特尼克 18, 230
Sraffa, Piero (1898-1983) 意大利经济学家皮埃罗·斯拉法 209
Sreznevskaia, Olga (1845-1930) 俄罗斯语言学家斯列兹涅夫斯卡亚 238
Sreznevskii, Izmail (1812-1880) 俄罗斯语言学家斯列兹涅夫斯基 238
standardization 标准化 55, 193, 250, 267
Stanford, Leland (1824-1893) 美国铁路巨头利兰·斯坦福 220
Stasi 斯塔西 45, 121-123
statistics 统计学 65-68, 71, 124-125, 143, 233
Stead, William Thomas (1849-1912) 英国记者威廉·托马斯·斯替德 42
Steffens, Lincoln (1866-1936) 美国记者林肯·斯蒂芬斯 42
Stein, Aurel (1862-1943) 匈牙利裔英国考古学家奥莱尔·斯坦因 29, 205
Steiner, Rudolf (1861-1925) 德国人智学家鲁道夫·斯坦纳 204
Steno, Nicolaus (1638-1686) 丹麦学者尼古拉斯·斯坦诺 63
Stone, Shepard (1908-1990) 福特基金会官员谢泼德·斯通 234
Stouffer, Samuel A. (1900-1960) 美国社会学家萨缪尔·斯托佛 120

Strutt, Robert (1875–1947) 英国物理学家罗伯特·斯特拉特 22
stylometrics 文体统计学 67
Sundt, Eilert (1817–1875) 挪威社会学家埃勒尔特·森特 24
surveillance 监视 38, 117, 125–126, 267
surveys 调查 23–24, 116–118, 124, 127–128, 267
Süssmilch, Johan Peter (1707–1767) 德国教士约翰·彼德·苏斯密尔希 233
Sweden 瑞典 23, 70, 95, 117, 124–125, 143, 157, 192–194, 197, 208, 248
Swinton, John (1703–1777) 英国语言学家约翰·斯文顿 56
Switzerland 瑞士 143, 146

tacit knowledge 隐性知识 5, 145, 244
Tagore, Rabindranath (1861–1941) 印度作家罗宾德拉纳特·泰戈尔
al-Tahtāwi, Rifā'ah (1801–1873) 埃及学者里法·塔闼维 214
Taine, Hippolyte (1828–1893) 法国评论家、历史学家伊波利特·丹纳 72
Tarkapanchanan, Jagannath (*fl.* 1780) Hindu pandit 205 塔卡潘查南((*fl.* 1780)) 印度祭司
Taylor, Alan John Percival (1906–1990) 英国历史学家艾伦·约翰·珀西瓦尔·泰勒 107
Taylor, Frederick W. (1856–1915) 美国工程师弗雷德里克·泰勒 96, 116, 135
teamwork 团队合作 178–182
TECHINT 技术情报 38, 122
technology 技术 132, 141
telegraph 电报 98, 115
telescopes 望远镜 39–40, 218, 268
television 电视机 38, 107, 126, 272
textual criticism 文本批评 59–60
theology 神学, *see* religious studies 另见宗教研究
theory 理论 81–84, 203–204
theosophy 神智学 204, 217
Thierry, Augustin (1795–1856) 法国历史学家奥古斯汀·梯叶里 70
think tanks 智库 133, 220, 265
third age of discovery, industrial revolution, scientific revolution 第三个大发现时代, 工业革命, 科学革命 18, 264
Thomas, William I. (1863–1947) 美国社会学家威廉·托马斯 42
Thompson Edward P. (1924–1993) 英国历史学家爱德华·汤普森 63
Thomsen, Christian (1788–1865) 丹麦考古学家克里斯蒂安·汤姆森
Thomson, Joseph John ('J. J.' 1856–1940) 英国物理学家约瑟夫·约翰·汤姆森 51
Thomson, Thomas (1773–1852) 英国化学家托马斯·汤姆森 150
Thomson, William, Lord Kelvin (1824–1907) 英国物理学家凯尔文男爵威廉·汤姆逊 22, 84
Thünen, Johan Heinrich von (1783–1850) 德国经济地理学家约翰·海因里希·冯·杜能 82
Tibet 西藏 28, 216
Tinbergen, Jan (1903–1994) 荷兰经济学家简·丁伯根 84
Tissandier, Gaston (1843–1899) 法国科学家加斯东·蒂桑迪耶 229
Titchener, Edward (1867–1927) 英国心理学家爱德华·铁钦纳 171
Tollund Man 图伦男子 25
Tolstoy, Lev Nikolayevich (1828–1910) 俄国作家列夫·尼古拉耶维奇·托尔斯泰 88
Tönnies, Ferdinand (1855–1936) 德国社会学家斐迪南·滕尼斯 37, 212
Toynbee, Arnold J. (1889–1975) 英国历史学家阿诺德·汤因比 213, 217
Traube, Ludwig (1861–1907) 古文书学家路德维希·特劳伯 36
Troeltsch, Ernst (1865–1923) 德国宗教历史学家恩斯特·特勒尔奇 212
Trotsky, Leon (1879–1940) 俄国革命家列昂·托洛茨基 148
Trudaine de Montigny, Daniel–Charles (1703–1769) 法国工程师特吕代纳·德·蒙蒂尼 208
Tsung-dao Lee (1926– ) 华裔美国物理学家李政道 206
Tupaia (*c.* 1725–1770) 波利尼西亚领航员杜帕伊阿 204
Turgot, Anne–Robert–Jacques (1727–1781) 法国经济学家、行政管理者安·罗伯特·雅克·杜尔哥 254
Tylor, Edward (1832–1917) 英国人类学家爱德华·泰勒 35
Tytler, James (1745–1804) 英国百科全书作家詹姆斯·泰特勒 179

UAV (Unmanned Aerial Vehicles) 无人机 38, 122
Ubell, Earl (1927–2007) 美国记者厄尔·乌贝

索 引 | 383

尔 100
UNESCO 联合国教科文组织 88, 263
Universities 大学 188-189, 200, 235, 265, 272
　　Aberystwyth 亚伯里斯特威斯（2013年统一中文译名为亚伯大学） 182
　　Amsterdam 阿姆斯特丹 222, 252
　　Basel 巴塞尔 258
　　Beijing 北京 214, 260
　　Berlin 柏林 129, 168, 178, 193, 220, 222, 229, 240, 258
　　Birmingham 伯明翰 209-210, 235
　　Bombay 孟买 213
　　Bonn 波恩 240, 258
　　Bordeaux 波尔多 203
　　Boston 波士顿 237
　　Breslau 弗罗茨瓦夫 227, 237, 240
　　Brown 布朗 111
　　Brussels 布鲁塞尔 222
　　Calcutta 加尔各答 213
　　California 加利福尼亚 178, 183, 264
　　Caltech 加州理工 134
　　Cambridge 剑桥 89, 129, 164, 170, 182, 188, 201, 237, 239-240
　　Cape Town 开普敦 171
　　Chicago 芝加哥 130-131, 169, 171, 189, 220, 237, 240, 243, 352
　　Clark 克拉克 169, 171, 237
　　Coimbra 科英布拉 254
　　Columbia 哥伦比亚 169, 171, 207, 239, 243
　　Copenhagen 哥本哈根 254
　　Cornell 康奈尔 130, 169, 237
　　Cracow 克拉科夫 171, 226, 254
　　Delhi 德里 171
　　Dublin 都柏林 131
　　Duke 杜克 156, 252
　　Edinburgh 爱丁堡 130, 140, 156
　　Erlangen 埃朗根 169
　　Florence 佛罗伦萨 174
　　Freiburg 弗赖堡 227
　　Giessen 吉森 180, 258
　　Glasgow 格拉斯哥 130, 189
　　Göttingen 哥廷根 31, 65-66, 71, 89, 131, 168
　　Halle 哈雷 169, 193
　　Harvard 哈佛 131, 169, 178, 221, 231
　　Heidelberg 海德堡 227, 237, 239
　　Helmstedt 黑尔姆施泰特 169
　　Helsinki 赫尔辛基 194
　　Johns Hopkins 约翰·霍普金斯 89, 95, 129-130, 169, 177, 201, 242, 258
　　Keele（英国）基尔 78, 242-243
　　Keio 庆应义塾 215
　　Kiel（德国）基尔 169, 226
　　Kyoto 京都 260
　　Lahore 拉合尔 237
　　Leeds 利兹 210, 235
　　Leicester 莱斯特 209
　　Leiden 莱顿 129, 192
　　London 伦敦 100, 157, 171, 191, 193, 209-210, 220, 237, 240
　　Louvain (Leuven) 鲁汶 174
　　Lund 隆德 117
　　Lwów 利沃夫 228
　　Madras 马德拉斯 213
　　Mainz 美因茨 254
　　Manchester 曼彻斯特 134, 182, 209, 235
　　MIT 麻省理工 131, 133-134, 273
　　Munich 慕尼黑 258
　　Naples 那不勒斯 131
　　Navarre 纳瓦拉 252
　　Newcastle 纽卡斯尔 235
　　Open University 开放大学 107
　　Oxford 牛津 91, 100, 129, 156, 177, 182, 192, 201, 210, 220, 234-235, 237-238, 240
　　Paris 巴黎 174, 234, 237, 259
　　Pennsylvania 宾夕法尼亚 131
　　Phoenix 凤凰城 107
　　Prague 布拉格 174, 254-255
　　Princeton 普林斯顿 258
　　Reading 雷丁 210
　　Rome 罗马 254
　　Salamanca 萨拉曼卡 254
　　Seville 塞维利亚 254
　　Sheffield 谢菲尔德 235
　　Stanford 斯坦福 220-221, 231, 264
　　Strasbourg (Strassburg) 斯特拉斯堡 242
　　Sussex 萨塞克斯 178, 188, 242-244
　　Sydney 悉尼 171
　　Texas 得克萨斯 130
　　Tokyo 东京 206, 215, 237
　　Tübingen 图宾根 227
　　Utrecht 乌特勒支 220
　　Vienna 维也纳 174, 254, 258
　　Warwick 华威 221
　　Yale 耶鲁 93, 119, 130, 177
　　Zürich 苏黎世 237
useful knowledge 实用/有用的知识 111-112, 173, 213-214, 219, 221, 254

Valla, Lorenzo （1405-1457） 意大利人文主义者洛伦佐·瓦拉 60
Van Gulik, Robert （1910-1967） 荷兰外交官、汉学家高罗佩 234
Veblen, Thorstein （1922-1956） 美国社会学家托斯丹·凡勃伦 134-135, 267
Ventris, Michael （1922-1956） 英国建筑师迈克尔·文斯特里 57, 233
Vernadsky, George （1887-1973） 俄裔美国历史学家乔治·范伦斯基 208
Vietnan 越南 231
Villermé, Louise-René （1782-1863） 法国医生路易斯-勒内·维勒梅 233
Viollet-le-Duc, Eugène （1814-1879） 法国建筑师、修复家尤金·维欧勒·勒·杜克 58-59
Virchow, Rudolf （1821-1902） 德国医师、人类学家鲁道夫·菲尔绍 157
Vivekananda, Swami （1863-1902） 印度宗教领袖辨喜 217
Vocel, Jan （1803-1871） 捷克考古学家简·伊拉齐姆·沃塞尔 194
Voyager 旅行者号 230
Vucetich, Juan （1858-1925） 阿根廷警官胡安·布切蒂西 55

Waal, Henri van de （1910-1972） 荷兰艺术史家亨利·范·德·瓦尔 55
Wachtel, Nathan （1935- ） 法国历史学家纳唐·华德 205
Wahlenberg, Göran （1780-1851） 瑞典博物学家戈兰·瓦伦伯格 70
Wakefield, Priscilla （1751-1832） 英国科学作家普里西拉·韦克菲尔德 238
Wales, Jimmy （1966- ） 维基百科创始人吉米·威尔士 273-274
Waley, Arthur （1889-1966） 英国东方学家亚瑟·威利 50
Wallace, Alfred Russel （1823-1913） 英国博物学家阿尔弗雷德·拉塞尔·华莱士 25, 155, 205
Wang Dao （1828-1897） 中国学者王韬 205
Wang Yuanlu （c. 1849-1931） 道士王圆箓 205
Warburg, Aby （1866-1929） 德国图像史家阿比·瓦尔堡 7, 177, 211
Ward, Adolphus （1834-1924） 英国历史学家阿道弗斯·沃德 171
Ward, Lester （1841-1913） 美国社会学家莱斯特·沃德 171
Wargentin, Per （1718-1783） 瑞典天文学家佩尔·瓦尔根廷 66
wars 战争 117-120, 229-230
　Crimean War 克里米亚战争 104
　First World War 第一次世界大战 119, 229, 261-262
　Franco-Prussian War 普法战争 119, 229
　Gulf War 海湾战争 119
　Napoleonic wars 拿破仑战争 118, 198
　Second World War 第二次世界大战 118-120, 144, 146, 181, 229, 262-263
Watson, James （1928- ） 美国生物学家詹姆斯·沃森 84
Weaver, Warren （1894-1978） 美国知识管理者瓦伦·韦弗 112, 234
Webb, Beatrice(*née* Potter 原姓波特, 1858-1943） 英国社会学家比阿特丽斯·韦伯 37, 239
Webber, John （1751-1793） 英国艺术家约翰·韦伯 44
Weber, Max （1864-1920） 德国社会学家、历史学家马克斯·韦伯 74, 77, 95-96, 120, 152, 160, 170
Weinberg, Alvin （1915-2006） 美国核物理学家阿尔文·温伯格 180
welfare state 福利国家 124-126, 222
Wells, Herbert George （1866-1946） 英国作家赫伯特·乔治·韦尔斯 102
Westergaard, Niels L. （1815-1878） 丹麦语言学家尼尔·L.韦斯特高 202
Wharton, Joseph （1826-1909） 美国商人约瑟夫·沃顿 219
Wheeler, Mortimer （1890-1976） 英国考古学家莫蒂默·惠勒 107
Whewell, William （1794-1866） 英国博学家威廉·休厄尔 54, 162, 168, 174
White, Andrew D. （1832-1918） 康奈尔大学校长安德鲁·D.怀特 130, 250
Whyte, William F. （1914-2000） 美国社会学家威廉·F.怀特 34
Wiener, Norbert(1894-1964) 美国数学家诺伯特·维纳 259, 263
Wikileaks 维基解密 144, 273
Wikimorgue 傲慢的维基 150
Wikipedia 维基百科 47, 232, 273-274
Wilamowitz-Moellendorff, Ulrich von （1848-1931） 德国语言学家乌尔里希·冯·维拉莫维茨-莫伦多夫 50
Wilde, Johannes （1891-1970） 匈牙利艺术史家约翰内斯·韦尔德 210
Wilson, Bryan （1926-2004） 英国社会学家布莱

恩·威尔逊　209
Winckelmann, Johann Joachim (1717–1768)　德国艺术史家约翰·约阿希姆·温克尔曼　62, 256
Wind, Edgar (1900–1971)　德国艺术史家埃德加·温德　210
Windelband, Wilhelm (1848–1915)　德国哲学家威廉·文德尔班　81
Wittkower, Rudolf (1901–1971)　德国艺术史家鲁道夫·维特科夫尔　210
women, women's studies　女性，女性研究　237–239, 266
Wood, John George (1827–1889)　英国科普作家约翰·乔治·伍德　101
Woodward, Robert S. (1849–1924)　卡内基研究所所长罗伯特·S. 伍德沃德　234
Woolley, Leonard (1880–1960)　英国考古学家伦纳德·伍利　119
World Wide Web　万维网　49, 90, 144, 150, 249, 266–267, 272
Worsaae, Jens (1821–1885)　丹麦考古学家琼斯·沃尔塞　63, 194
Wundt, Wilhelm (1832–1920)　德国心理学家威廉·冯特　169–170, 200, 244

Yan Fu (1854–1921)　中国翻译家严复　214–215
Young, Thomas (1773–1829)　英国博学家托马斯·杨　162
Yugoslavia　南斯拉夫　196

Zadkiel　然德基尔, see Morrison 另见 莫里森
Zedler, Johann Heinrich (1706–1751)　德国出版商约翰·海因里希·泽德勒　35
Znaniecki, Florian (1882–1958)　波兰社会学家弗洛里安·兹纳涅茨基　3
Zola, Emile (1840–1902)　法国小说家埃米尔·左拉　42, 72, 76, 79, 87
zoology　动物学　93, 165, 175, 201
　see also biology; natural history 另见 生物学, 自然史
Zuckerman, Harriet (1937– )　美国社会学家哈里特·朱克曼　238

*A Social History of Knowledge II: From the Encyclopédie to Wikipedia*

by Peter Burke

Copyright © 2012 by Peter Burke

The right of Peter Burke to be identified as author of this work has been asserted in accordance with the Copyright, Designs and Patents Act 1988.

First published in 2012 by Polity Press

This edition is published by arrangement with Polity Press Ltd., Cambridge

本书译自彼得·伯克首版 *A Social History of Knowledge II: From the Encyclopédie to Wikipedia*

由剑桥Polity出版社安排出版

Simplified Chinese translation copyright © 2024

by Zhejiang University Press Co., Ltd.

All rights reserved.

浙江省版权局著作权合同登记图字：11-2016-87号